Jenseits der Marktwirtschaft

Oliver Stengel

Jenseits der Marktwirtschaft

Ökonomie im 21. Jahrhundert

Oliver Stengel
Hochschule Bochum
Bochum, Deutschland

ISBN 978-3-658-11758-0   ISBN 978-3-658-11759-7 (eBook)
DOI 10.1007/978-3-658-11759-7

Die Deutsche Nationalbibliothek verzeichnet diese Publikation in der Deutschen Nationalbibliografie; detaillierte bibliografische Daten sind im Internet über http://dnb.d-nb.de abrufbar.

Springer
© Springer Fachmedien Wiesbaden 2016
Das Werk einschließlich aller seiner Teile ist urheberrechtlich geschützt. Jede Verwertung, die nicht ausdrücklich vom Urheberrechtsgesetz zugelassen ist, bedarf der vorherigen Zustimmung des Verlags. Das gilt insbesondere für Vervielfältigungen, Bearbeitungen, Übersetzungen, Mikroverfilmungen und die Einspeicherung und Verarbeitung in elektronischen Systemen.
Die Wiedergabe von Gebrauchsnamen, Handelsnamen, Warenbezeichnungen usw. in diesem Werk berechtigt auch ohne besondere Kennzeichnung nicht zu der Annahme, dass solche Namen im Sinne der Warenzeichen- und Markenschutz-Gesetzgebung als frei zu betrachten wären und daher von jedermann benutzt werden dürften.
Der Verlag, die Autoren und die Herausgeber gehen davon aus, dass die Angaben und Informationen in diesem Werk zum Zeitpunkt der Veröffentlichung vollständig und korrekt sind. Weder der Verlag noch die Autoren oder die Herausgeber übernehmen, ausdrücklich oder implizit, Gewähr für den Inhalt des Werkes, etwaige Fehler oder Äußerungen.

Lektorat: Cori A. Mackrodt, Monika Mülhausen
Umschlagbild: Space dawn. The Earth texture of this image furnished by NASA.
Fotolia 50896199, © Tsiumpa

Gedruckt auf säurefreiem und chlorfrei gebleichtem Papier

Springer Fachmedien Wiesbaden GmbH ist Teil der Fachverlagsgruppe
Springer Science+Business Media
(www.springer.com)

Inhalt

Vorwort | VII

Einleitung | 1

I Diesseits der Marktwirtschaft | 23
1 Knappheit und Überfluss | 29
2 Die Verknappung von Natur | 55
3 Die Verknappung von Arbeit | 83

II Jenseits der Marktwirtschaft | 107
1 Wirtschaft ohne Markt | 111
2 Fortschritt ohne Wettbewerb | 163
3 Die große Transformation | 183

III Wozu Wettbewerb? | 195
1 Die große Flucht | 205
2 Guter Wettbewerb? | 225
3 Der Sinn des Wirtschaftens | 251

Schluss | 257

Literatur | 269

Vorwort

Gegenwärtig diskutieren Geologen, ob es angemessen ist, der Erdgeschichte eine neue Epoche – das Anthropozän – hinzuzufügen. Die Menschheit hat den Planeten an der Oberfläche, in den Ozeanen und in der Atmosphäre so grundlegend umgestaltet, dass ihr Einfluss (etwa die Folgen von Erderwärmung und Atombombentests) noch in Jahrtausenden nachweisbar sein wird und der Unterschied zum relativ stabilen Holozän erdgeschichtlich evident sein könnte.

Gegenwärtig proklamieren Ökonomen und Informatiker den Anbruch eines Zweiten Maschinenzeitalters. In diesem wandeln sich Produktionsabläufe so sehr, wie dies beim Einsetzen der Industriellen Revolution und zu Beginn des Ersten Maschinenzeitalters der Fall war. Damals ersetzten und verstärkten mechanische Maschinen die menschliche Muskelkraft, inzwischen ersetzen und verstärken digitale Maschinen zunehmend auch die menschliche Geisteskraft. Sie werden in hohem Tempo immer besser darin, Arbeiten auszuführen, für die die meisten Menschen seit Jahrhunderten bezahlt werden und die Konsequenz wird eine historisch beispiellose technisch bedingte Arbeitslosigkeit sein.

Gegenwärtig vollzieht sich ein historisch umfassender Übergang vom Industrie- ins Digitalzeitalter, von dem der Anbruch des neuen Maschinenzeitalters ein Teilprozess ist. Durch die Digitalisierung werden Wirtschaft, Arbeit und Freizeit neu gestaltet und wissenschaftliche Prozesse beschleunigt, wodurch gesellschaftliche Veränderungen zusätzlich forciert werden.

In der Zivilgesellschaft entwickeln sich gegenwärtig außerdem neue Weisen des Wirtschaftens – die Sharing Economy und die Open Source Economy –, die auf einer neuen kooperativen Logik jenseits von Markt und Staat basieren. Zwar ragen kommerzielle Interessen in sie hinein und verwerten das Neue nach den Gesetzmäßigkeiten des Alten; dennoch könnte aus ihr eine neue Wirtschaftsepoche hervorgehen. Und die hinter den Diskussionen um eine neue Erd- und Maschinenepoche wirkenden Faktoren sprechen funktional und normativ für den Beginn einer neuen Wirtschaftsepoche.

In dieser sollten der fossile Energie- und der Ressourcenverbrauch trotz wachsender Weltbevölkerung erheblich reduziert werden. Denn der »safe operating space« der Menschheit wird kleiner, je größer ihre ökologischen Eingriffe sind. In der neuen Wirtschaftsepoche sollte aber auch der soziale Zusammenhalt gestärkt werden, obwohl zunehmend mehr Menschen auf den Arbeitsmarkt drängen, zugleich aber immer mehr Menschen durch die neuen Maschinen und smarte Software entweder vom Arbeitsmarkt verdrängt oder in prekäre Arbeitsverhältnisse gedrängt werden.

Mit der bisherigen Wirtschaftsweise lassen sich die geschilderten Probleme nicht bewältigen, dazu braucht es eine Wirtschaft jenseits der Marktwirtschaft. Diese beiden Thesen arbeitet das vorliegende Buch aus. Schließlich geht es um die Frage, was der Gesellschaft eigentlich abhandenkommt, wenn die Marktwirtschaft abgelöst werden sollte; und die dritte These lautet, dass eine solche Ablösung kein Rückschritt wäre, sondern eine Chance für eine nachhaltige Entwicklung böte.

Dieses Buch bewegt sich dramaturgisch *diesseits* und *jenseits* der Marktwirtschaft. Diesseits der Marktwirtschaft untersucht es zwei aus ihr resultierende negative *Effekte* (die Umgestaltung der Biosphäre und technische Arbeitslosigkeit) sowie zwei grundlegende *Annahmen,* auf denen die gegebene Wirtschaftsweise basiert: die der Knappheit, die es zu bewältigen gilt und die des Wettbewerbs, dem zahlreiche positive Funktionen nachgesagt werden.

Diese Annahmen scheinen auf brüchigem Untergrund gebaut. Dazu resultieren aus dem Versuch, Knappheit zu bewältigen, und aus dem Wettbewerb auf Märkten jene erwähnten negativen ökologischen und sozialen Effekte. Jenseits der Marktwirtschaft stellt das Buch »Bausteine« eines alternativen Wirtschaftsmodells vor. Dieses basiert u. a. auf Kooperation, statt auf der Konkurrenz zwischen Unternehmen und sollte besser als das bisherige System an ökologische und digitale Herausforderungen angepasst sein.

Nun gibt es *die* kapitalistische Marktwirtschaft ebenso wenig, wie es *den* Islam oder *das* Christentum gibt. Aber es gibt Kernelemente, die jede Variation des jeweiligen Glaubenssystems charakterisieren. Marktwirtschaft in ihrer reinen Form, die weder durch staatliche Regulierungen oder der organisierten Arbeiterschaft gezügelt wurde, herrschte nur im Großbritannien des 18. und frühen 19. Jahrhunderts vor. In der zweiten Hälfte des 19. Jahrhunderts wurde sie dann mittels sozialstaatlicher Regelungen gezähmt. Nichtsdestotrotz basiert jede Variation, vom liberalen Frühkapitalismus, über die koordinierten Formen des rheinischen, skandinavischen, japanischen und keynesianischen Kapitalismus bis zum neoliberalen und dem nach der Finanzkrise verbreiteten Hybrid aus Staat und Privatwirtschaft auf folgenden vier Kernelementen:

- Privateigentum an Produktionsmitteln und Konsumgütern,
- Marktwettbewerb um natürliche Ressourcen, Arbeitskräfte und Produkte,
- Wachstumszwang als Folge des Wettbewerbs, d. h. Investitionen von Kapital mit dem Ziel, mehr Kapital zu erwirtschaften,
- Erwerbsarbeit.

Das macht es legitim, von *dem* Kapitalismus bzw. *der* Marktwirtschaft im Singular zu sprechen. Zuweilen wird zwischen Kapitalismus und Marktwirtschaft unterschieden (und hat die freie Marktwirtschaft in Umfragen eine höhere Zustimmungswerte als der Kapitalismus). So sei Marktwirtschaft streng genommen eine Wirtschaft, bei welcher der Austausch von Gütern durch das Zusammenspiel von Angebot und Nachfrage auf Märkten koordiniert wird wobei offen ist, wie diese Koordination erfolgt. Dagegen ist Kapitalismus eine Ordnung, die festlegt, wie dieser Austausch auf Märkten koordiniert wird (z. B. nicht durch staatliche Steuerung). Allerdings wird in der Alltagssprache beides gleichgesetzt, da die kapitalistische Variante der Marktwirtschaft die seit 1990 einzige in der Realität vorkommende Konkretisierung eines marktwirtschaftlichen Systems ist. Dieser Gleichsetzung schließe ich mich in diesem Buch an.

Bei anderen Unterscheidungen ist Marktwirtschaft die domestizierte Version des Kapitalismus, sie verhalte sich zu ihm wie der dressierte Haushund zum wilden Wolf. Marktwirtschaftler begrüßen staatliche Interventionen in Form von Aufsichtsratsbehörden, sozialstaatlichen Regulierungen und Verbraucherschutzgesetzen. Kapitalisten tun dies nicht. Im Kapitalismus dominiert die Wirtschaft die Politik, in der Marktwirtschaft nicht. Diese Unterscheidung ist jedoch eher oberflächlich, tiefer reichen die Gemeinsamkeiten darunter. Zudem schlummert ein Wolf in jedem Hund, und wo die Fesseln staatlicher Regulierung gelockert werden (etwa in der Finanzwirtschaft), birst aus der Marktwirtschaft das Wölfische hervor. Überdies prägen ökonomische Lobbyisten auch in der Marktwirtschaft die (Post-)Demokratie. Folglich bleibt der Singular bestehen, werden Marktwirtschaft und Kapitalismus in dieser Arbeit synonym verwendet. Und wenn zuweilen vom »Markt« die Rede ist, wird damit der von kommerziellen bzw. kapitalistischen Mechanismen koordinierte Markt gemeint.

In diesem Jahrhundert wird die Menschheit lernen müssen, *mit sich und ihrer Welt* zurechtzukommen. Sie muss ihren planetaren Naturverbrauch einschränken, wenn sie sich selbst nicht in ernste Schwierigkeiten bringen möchte und aus dem gleichen Grund müsste sie die bedenklichen Folgen ihrer Technik und Wirtschaftsweise in den Griff bekommen. Das 21. Jahrhundert wird digital, es sollte auch menschen- und umweltfreundlicher werden. Nur jenseits der Marktwirtschaft werden letztere Ziele realisiert werden können und was jenseits ihrer sein könnte, wird im Buch diskutiert.

Struktur und Thesen des Buches

Gegliedert ist das Buch in drei Teile. Nach einer Einleitung, die den internationalen Diskussionsstand zur »Ökonomischen Frage« zusammenfasst (d.h. die Diskussion um marktwirtschaftlich bedingte Missstände und deren Überwindung), erörtert es im ersten Teil das vermeintliche Knappheitsproblem: Dieses ist der Ausgangs- und Kernpunkt der Marktwirtschaft. Zwar beansprucht sie, die Knappheit einerseits zu bewältigen, andererseits muss Knappheit in ihr jedoch erzeugt werden, damit Unternehmen und die Volkswirtschaft vital bleiben können (Kapitel I.1). Aus dieser Ineffizienz resultieren ein ineffizienter Umgang mit natürlichen Ressourcen und ein neues Knappheitsproblem: der Schwund von Ökosystemleistungen, die für die Menschheit essenziell sind (Kapitel I.2). In Kapitel I.3 tritt das Buch in das digitale Zeitalter ein. Die Kombination aus Digitalisierung und Wettbewerbsdruck bedingt eine kaum zu verhindernde Automatisierungswelle und daraus resultierend eine Verknappung von Berufen. Dabei handelt es sich um eine weitere echte Verknappung, die es problematisch macht, die bisherige Wirtschaftsweise fortzuführen. Dass dies mehr eine Chance als ein Problem sein kann, zeigt sich u. a. in Kapitel I.2, in dem deutlich wird, dass der Wettbewerbsmechanismus Maßnahmen schwächt, die der ökologischen Verknappung entgegenwirken.

Im zweiten Teil werden Kernelemente einer Ökonomie jenseits der Marktwirtschaft vorgestellt. Die Grundzüge einer nicht auf Konkurrenz, sondern einer auf Kooperation basierenden, wachstumsunabhängigen, internationalen Ökonomie werden vorgeschlagen und beschrieben. Dabei handelt es sich um eine Ökonomie, welche neue Praktiken und Möglichkeiten der Digitalisierung ebenso aufgreift wie interdisziplinäre Kritiken am bestehenden Modell, und sich dabei als Lösungsansatz für Umweltprobleme und die bevorstehende Verknappung von Arbeitsplätzen versteht. Das Ergebnis ist eine neue Wirtschaftsweise (Kapitel II.1), die auch jenseits des Wettbewerbs zwischen Unternehmen innovativ und dynamisch ist (Kapitel II.2). Schließlich stellt sich die Frage nach ihrer Umsetzung (Kapitel II.3).

Wettbewerb ist das große Thema des dritten Teils. Entgegen der ökonomischen Lehrmeinungen werden hier grundlegende vermeintlich positive Wirkungen des Konkurrenzkampfes auf Märkten untersucht: Nachdem Kapitel II.2 schon zur Schlussfolgerung gelangte, dass miteinander konkurrierende Unternehmen weniger innovativ sind als gemeinhin angenommen, wird in Kapitel III.1 die These vertreten, dass der Wettbewerb von Arbeitnehmern und Unternehmen in der Regel nicht gewollt, sondern zumeist verweigert wird, sobald die Möglichkeit dazu besteht. Das führt zur Vermutung, dass die gegenwärtige ökonomische Praxis der conditio humana in manchen Hinsichten zuwiderläuft. Nicht zuletzt beeinträchtigt die Wettbewerbsökonomie die Lebensqualität der Bürger in gleich dreifacher Hinsicht (Kapitel III.2): in moralischer, in ethischer (das gute Leben betreffend) und in gesundheitlicher. Damit erschwert die Wettbewerbsökonomie die Erhöhung des Gemeinwohls, das zu erhöhen ihr behauptetes Anliegen ist. Die Frage, die in diesem Kapitel erörtert wird, lautet, was der Menschheit wirklich verloren ginge, sollte die Marktwirtschaft abgelöst werden. Schließlich (Kapitel III.3) bleibt allgemein zu klären, welche Funktion der Wirtschaft überhaupt zukommt und welchen gesellschaftlichen Stellenwert sie folglich einnehmen sollte. Im Schlusskapitel folgt eine Zusammenfassung zentraler Argumente des Buches.

In meinem Vorgängerbuch SUFFIZIENZ, in dem ich das Verhältnis von Ökonomie und Ökologie analysierte, war meine These, dass sich die von den Industrieländern ausgehenden globalen Umweltbelastungen durch veränderte Konsumstile erheblich verringern ließen. Auch hatte ich die Barrieren, die einer solchen kollektiven Veränderung entgegenstehen, untersucht sowie die *handlungstheoretischen* Bedingungen ihrer Überwindung eruiert.[1] Nur am Rande der Untersuchung waren die *strukturellen* Bedingungen der umweltintensiven Konsumstile in den Industrieländern Gegenstand – d. h. die Marktwirtschaft. In diesem Buch hat sich mein Fokus erweitert. Es geht nicht vorrangig um die Konsum-, sondern auch um die Produktionsverhältnisse, nicht vordergründig nur um industrielle, sondern auch um digitalisierte Gesellschaften, nicht um No Tech, sondern um High Tech, nicht primär um mehr Rücksicht auf die äußere Natur, sondern auch um mehr Rücksicht auf die Bürger[2] (und ihre innere Natur).

In SUFFIZIENZ ging es um Verzicht, ein Begriff, der zuweilen *dystopische* Fantasien aufscheuchte – obwohl die Botschaft lautete, dass wir auf bestimmte Dinge zu verzichten bereit sind, weil uns anderes wichtiger ist, weil wir auf anderes nicht verzichten wollen. Dieses Buch fokussiert gesellschaftliche Verhältnisse und hat einen tendenziell *utopischen* Gehalt: Wir können dauerhaft leben, wie es sich viele Schreiber moderner Utopien für die Menschen wünschten. Dazu wird hier untersucht, wie die menschliche Lebensqualität von der Menge des Warenkonsums und des Energie- und Ressourcenverbrauchs, von Kommerz, Konkurrenz- und Wachstumsdruck, von Einkommen und Lohnarbeit entkoppelt werden kann.

---

1 Stengel 2011
2 Ich verzichte auf die umständliche und vermeintlich »politisch korrekte« Schreibweise »Bürger und Bürgerinnen« (oder Bürger_innen) und verwende das generische Maskulinum obzwar ich gegen die Diskriminierung z. B. von Geschlechtern bin. Der »korrekten« Schreibweise liegt die These zu Grunde, dass die (geschriebene) Sprache das Denken verändert. Tatsächlich verhält es sich – wie man spätestens seit Jean Piaget wissen könnte – umgekehrt: Das Denken beeinflusst die Sprache. Darum hat das Denken die diskriminierungsfreie Schreibweise hervorgebracht und nicht die Schreib- die entsprechende Denkweise.

Die Menschheit ist auf dem Weg zu einer Typ-II-Zivilisation auf der Kardaschow-Skala. Diesen Weg mit einem Minimum an Zerstörung und Leid und ohne Rückschläge zu ebnen, darum geht es in diesem Jahrhundert.

Münster, Bochum
Sommer 2015

Einleitung

Welche Bezeichnung könnten Historiker des 22. Jahrhunderts unserer Epoche geben? Vielleicht werden sie selbige eine ökonomistische nennen. Die Bezeichnung *Ökonomismus* enthält, was Gesellschaften und deren Zeitgeist womöglich schon seit dem Merkantilismus, spätestens aber seit dem Beginn des Industriezeitalters prägt und was bis in den Beginn des digitalen Zeitalters ragt: Die gesellschaftlichen Verhältnisse, kulturelle Leitbilder und die Lebensführung werden von wirtschaftlichen Strukturen bestimmt. Vor der ökonomistischen Epoche war die Wirtschaft in soziale Beziehungen und kulturelle Zusammenhänge eingebettet, weshalb z. B. in Erlassjahren Schulden getilgt, Zinsen von der Antike bis ins Mittelalter, von Aristoteles bis Aquin, angeprangert wurden, Geld und Gewinnsucht in der christlichen Welt negativ besetzt waren und nur wenige ihr Geldvermögen rational und systematisch mehrten.[1]

Im 18. Jahrhundert begann sich die Ökonomie zu verselbstständigen, wurden westliche Gesellschaften Marktwirtschaften und als solche zunehmend von der Logik der Kapitalverwertung regiert. Mit der Kritik an langen Arbeitstagen (bis zu 16 Stunden) und -wochen (sechs bis sieben Tage), dem »Iron Law of Wages«, dem ehernen Gesetz, das die Lohnobergrenze mit dem Existenzminimum zusammenlegte; mit der Kritik an einem sich vergrößernden Proletariat und der grassierenden sozialen Ungleichheit wurde die kommunistische Idee populär. Als Folge ging 1917 mit der Oktoberrevolution die rivalisierende Planwirtschaft hervor und der Kampf beider Wirtschaftsordnungen um den Vorrang hätte beinahe den Dritten Weltkrieg ausgelöst. Schon der zweite hatte ökonomische Wurzeln – die Weltwirtschaftskrise in den frühen 1930ern. Über diese schrieb der Historiker Eric Hobsbawm, ohne sie »hätte es mit Sicherheit keinen Hitler und mit ziemlicher Sicherheit auch keinen Roosevelt ge-

---

1   Le Goff 2011

geben. Es wäre auch äußerst unwahrscheinlich gewesen, dass das sowjetische System in diesem Fall als ernsthafter wirtschaftlicher Rivale und als Alternative zum Weltkapitalismus angesehen worden wäre. [...] Kurzum, die Welt in der zweiten Hälfte des 20. Jahrhunderts wäre nicht zu verstehen, sähe man nicht die Auswirkungen des wirtschaftlichen Zusammenbruchs.«[2] Im gesamten 20. Jahrhundert hatten die in jeder Dekade wichtigsten politischen Besorgnisse meistens einen ökonomischen Hintergrund.

Nach dem friedlichen Zusammenbruch des Ostblocks markierte diese Rivalität das »kurze 20. Jahrhundert«. Im noch frühen 21. Jahrhundert steuert die Marktwirtschaft die Entwicklung der Weltgesellschaft allein. Diese wird von den Zwängen des wirtschaftlichen Wettbewerbs beherrscht, Milliardäre sind ihre gefeierten Kulturheroen. Schon 1944 stellte Polanyi fest, was nun, wenige Enklaven ausgenommen, für die Weltgesellschaft gilt: Die Mechanismen des marktförmigen Tauschhandels hatten sich zu seiner Zeit in den westlichen Gesellschaften verselbstständigt, weshalb letztere für Polanyi nur noch ein »Anhängsel des Marktes« waren.[3] Michael Sandel erneuerte diese Diagnose jüngst mit der Feststellung, dass wir keine *Marktwirtschaft haben*, sondern eine *Marktgesellschaft sind*. »Der Unterschied: Eine Marktwirtschaft ist ein Werkzeug [...]. Eine Marktgesellschaft jedoch ist eine Lebensweise, in der das Wertesystem des Marktes in alle Aspekte menschlicher Bemühung eingesickert ist.«[4] Seine Gegenwartsdiagnose basiert auf der Beobachtung, dass kommerzielle Normen in immer mehr Bereiche der Gesellschaft Einzug gehalten haben und damit auch in solche, die zuvor durch andere Normen geregelt wurden.

Im 19., 20. und frühen 21. Jahrhundert war und ist die (Markt-)Wirtschaft durchgängig das zentrale Motiv in Zeitdiagnosen und Gesellschaftsanalysen. Max Weber hieß den Kapitalismus – das Synonym der Marktwirtschaft –, die »schicksalsvollste Macht unseres modernen Lebens«.[5] Wie keine zweite steuere er die Lebensführung der Einzelnen. Und auch die neueren Zeitdiagnosen von Richard Sennett, Eva Illouz, Benjamin Barber, Hartmut Rosa, Sighard Neckel, Alain Ehrenberg und Paul Verhaeghe besagen, dass Marktmechanismen in das Innerste der Menschen vordringen und ihr Denken, Fühlen und Handeln und damit den Zeitgeist prägen.[6]

Keynes erachtete den Einfluss von Wirtschaftswissenschaftlern für nicht minder schicksalsvoll. »Die Welt«, meinte er, »wird in der Tat durch nicht viel

---

2 Hobsbawm 1998, 116
3 Polanyi 1978 [1944], 88
4 Sandel 2012, 18
5 Weber 1991 [1920], 12
6 Sennett 1998, Ehrenberg 2004, Rosa 2005, Illouz 2007, Barber 2007, Neckel 2008, Verhaeghe 2013

anderes beherrscht. Praktiker, die sich ganz frei von intellektuellen Einflüssen glauben, sind gewöhnlich die Sklaven irgendeines verblichenen Ökonomen.«[7] Mit ihrem Urteil über das, was »wirtschaftlich« und »unwirtschaftlich« ist, definiert die Wirtschaftswissenschaft das zentrale Entscheidungskriterium des Ökonomismus. Denn, so Schumacher, keine »anderen Entscheidungsvorgaben üben einen größeren Einfluß auf die Handlungen von einzelnen und Gruppen und auch von Regierungen aus.«[8] Nicht nur aus diesem Grund ist die Wissenschaft von der Ökonomie »die Theologie unseres Zeitalters«, die wichtigste der Wissenschaften geworden.[9] Sie richtet über gute und schlechte Taten, von ihr hängen Segen und Unheil der Nationen ab.

Wir leben, konstatiert auch Rifkin, »unter der unsichtbaren Macht des Marktes nach dessen Regeln und richten unser Leben nach der Maxime, billig zu kaufen und teuer zu verkaufen. Wir lernen, dass Erwerb und Akkumulation von Besitz ganz wesentlich zu unserem Dasein gehören, lernen, dass das, was wir sind, zu einem guten Teil Spiegelbild dessen ist, was wir besitzen.«[10] Ein Element des Ökonomismus ist der *Konsumismus*: die Idee, ein gutes Leben, Sinn, sozialer Status und die eigene Identität könnten durch den Kauf von Waren realisiert oder manifestiert werden. Sofern es sich bei Waren um Produkte handelt, werden sie als Eigentum deklariert. Dadurch werden andere von ihrer Nutzung ausgeschlossen. Auch darum streben Individuen in der Epoche des Ökonomismus nach der Akkumulation von Eigentum. Um Waren kaufen zu können, müssen sie ihre Arbeitskraft auf dem Arbeitsmarkt an Unternehmen verkaufen. Dieser Vorgang bestimmt die Lebensführung in marktwirtschaftlich organisierten Gesellschaften. Kennzeichnend für den ökonomistischen Alltag ist, dass die Einnahme und Ausgabe von Geld das Denken und Handeln wesentlich steuern – und dass diese Vorgänge im Allgemeinen *normal* und *notwendig* erscheinen.

Die *Massenproduktion* wandelt die natürliche Umwelt – so sehr, dass Stratigrafen, Paläontologen und Biologen ein neues *Massenaussterben* von Arten diskutieren.[11] Ein neues Erdzeitalter, das Anthropozän, soll diesen Einschnitt in der Geschichte der Erde und des Lebens auf ihr markieren.[12] Und selbst wenn die neue geologische Epoche oder Subepoche nicht bestätigt wird, ist schon die ernsthaft geführte Diskussion über ein Anthropozän vielsagend. Forscher theoretisieren über Terraforming, also darüber, unwirtliche Planeten in lebensfreundliche zu verwandeln. Faktisch terraformt die Menschheit

---

7 Keynes 1966 [1936], 323
8 Schumacher 1977, 36
9 Skildesky/Skidelsky 2013, 131
10 Rifkin 2007 [2000], 10
11 Ceballos et al. 2015, Barnowsky et al. 2011
12 Zalasiewicz et al. 2010

ihren Heimplaneten – doch verschlechtert sie die Umwelt- und Lebensbedingungen dabei. Und nicht zufällig fällt das Anthropozän in die Epoche des Ökonomismus, es ist deren Resultat. Im Ökonomismus sind auch Ökosysteme ein Anhängsel des Marktes geworden. Polanyi musste darum schon seinerzeit die »Unterwerfung der Oberfläche des Planeten unter die Erfordernisse einer Industriegesellschaft« vermerken.[13]

Demütigte die Wissenschaft den Menschen in den letzten Jahrhunderten noch durch Kopernikus, Darwin, Freud und Hubble, indem sie seine Bedeutung ein ums andere Mal schmälerte, gibt ihm die Diskussion um das Anthropozän verloren gegangene Prominenz zurück: »Noch vor 70 000 Jahren«, schreibt der der Historiker Harari, »war der Homo sapiens ein unbedeutendes Tier, das in einer abgelegenen Ecke Afrikas seinem Leben nachging. In den folgenden Jahrtausenden stieg es zum Herrscher des gesamten Planeten auf und wurde zum Schrecken des Ökosystems.«[14] Dabei handelt es sich um eine göttergleiche Leistung, denn die Umgestaltung der Erdoberfläche, der Atmosphäre und der Ozeane erfordert scheinbar überirdische Kräfte. Andererseits bahnt sich mit der fortschreitenden Digitalisierung schon eine weitere Demütigung an: Künstliche Intelligenzen und Algorithmen erweisen sich zunehmend als dem Menschen überlegen und machen diesen in vielen Berufen sukzessive überflüssig.

Die unsichtbare Faust

Der Ausgangspunkt des Ökonomismus ist die die Konkurrenzsituation auf den Märkten. Ihr liegt die Idee der *unsichtbaren Hand* zugrunde: Aus dem Wettbewerb vieler, primär am Eigennutzen orientierter Unternehmer und Verbraucher resultiert ungeplant, staatlich nicht gesteuert, selbstorganisatorisch eine *nicht intendierte Aufwärtsspirale*. Das allgemeine Wohlergehen verbessert sich zunehmend. Ihren Charme hat diese Idee auch nach Jahrhunderten nicht verloren. »It is from competition among greedy lawyers that powerless people are legally protected; it is from competition among academics and journalists in search of fame that political and economic powers become accountable«, meint z. B. Luigi Zingales, und ist in diesem Sinne ebenso der Ansicht »free and competitive markets are the creators of the greatest wealth ever seen in history.«[15]

---

13 Polanyi 1978 [1944], 245
14 Harari 2013, 507
15 Zingales 2012, xxv, 46 f.

Tatsächlich haben in den industrialisierten Nationen zu Beginn des 21. Jahrhunderts lebende Menschen mehr Freizeit als in den Jahrhunderten zuvor, ist der Wohlstand breiter verteilt als in den Jahrtausenden davor, werden die Menschen im Durchschnitt größer und älter als in den Jahrmillionen davor. Ende 2012 titelte The Spectator in seinem Jahresrückblick gar, 2012 sei das Annus mirabilis, das beste Jahr der menschlichen Geschichte gewesen und begründete dies so: »Never has there been less hunger, less disease or more prosperity. The West remains in the economic doldrums, but most developing countries are charging ahead, and people are being lifted out of poverty at the fastest rate ever recorded. The death toll inflicted by war and natural disasters is also mercifully low. We are living in a Golden Age.«[16]

In fast allen Ländern sinkt die Armut, ebenso die durchschnittliche Kinderzahl pro Frau; die durchschnittliche Lebenserwartung steigt weltweit, die Alphabetisierungsrate ebenfalls, die Kindersterblichkeit fällt – all dies ist wahr, und die unsichtbare Hand hat ihren Anteil daran. Doch bleibt das Unbehagen, dass diese Zeitdiagnose voreilig ist. Zwar leben die meisten Menschen gegenwärtig besser als Menschen früherer Generationen und im Vergleich zu ihnen tatsächlich in einem Goldenen Zeitalter. Doch absolut betrachtet sind sie diesem noch so fern sind wie die chinesische Dschunke dem Carbon-Katamaran. Oder sollte mit der Diagnose, dass Mensch, Umwelt und Gesellschaft ein Anhängsel des Marktes sind, schon der Endpunkt der zivilisatorischen Entwicklung erreicht sein?

Unbehagen begleitete die unsichtbare Hand schon früh. Nur zwanzig Jahre nach ihrer »Entdeckung« durch Adam Smith Ende des 18. Jahrhunderts, setzte ihr Thomas R. Malthus in seinem BEVÖLKERUNGSGESETZ die *unsichtbare Faust* entgegen. Eigennütziges Handeln, argumentierte er, könne auch in eine *nicht intendierte Abwärtsspirale* führen: Eltern produzieren aus selbstischen Gründen viele Nachkommen (Kinder waren damals Arbeitskräfte und Alterssicherung) – da andere ebenso denken und handeln, vergrößert sich die Bevölkerung – dadurch verschlechtern sich die Ernährungsbedingungen der nachfolgenden Generationen. Doch die Historie widerlegte Malthus, weil die Landwirtschaft effektiver wurde und die Neue Welt viel Platz für Auswanderer und Äcker bot.

Durch Produktivkraftinnovationen (z. B. die Grüne Revolution) können heute mehr Menschen denn je ernährt werden – allerdings auf Kosten der natürlichen Umwelt. Die Abwärtsspirale hat sich vom *Anbau von Nahrungsmitteln* zum *Abbau von Ökosystemen* verschoben: Über 30 Prozent der eisfreien Landoberfläche der Erde sind mittlerweile Ackerland und Viehweide. Die Entwaldung und die Verkleinerung von Lebensräumen, Bodenerosion und die

---

16 The Spectator, 15.12.2012

Versalzung von Böden, der Einsatz toxischer Chemikalien, die Leerfischung der Weltmeere, die Emissionen klimawandelnder Gase und der übermäßige Einsatz von Stickstoff und Phosphor als künstlichem Dünger, setzen Ökosystemen weltweit zu. Einst wurde künstlicher Dünger als Rettung der Menschheit gefeiert, weil es die Produktivität auf den Feldern erheblich steigerte. Doch durch die seit Jahrzehnten andauernde Anreicherung von Stickstoff in den Böden und Meeren, wo der überschüssige Stickstoff letztlich landet, entstanden neue Umweltprobleme (z. B. Sauerstoffmangel in den Ozeanen, Artensterben und Freisetzung von Treibhausgasen). All dies sind nicht intendierte Folgen der gesteigerten Nahrungsproduktion.

Diese unsichtbare Faust ist nicht die des Malthus', verschwunden aber ist sie nicht. Nicht auf die Menschen, sondern auf die natürliche Umwelt schlägt sie ein. Da die Menschen aber (noch) von ihrer natürlichen Umwelt abhängig sind, trifft sie indirekt auch diese. Offensichtlich werden wünschenswerte Resultate durch die unsichtbare Hand primär private Güter (z. B. bezahlbare Lebensmittel) realisiert, nicht bei öffentlichen Gütern (z. B. eine intakte Umwelt). Jedoch wirken sich verschlechternde Umweltbedingungen auch auf die Menge, den Preis und die Qualität von Lebensmitteln aus.

Die wachsende Weltbevölkerung setzt Ökosystemen nicht allein zu, mehr noch sind daran ihre steigende Kaufkraft und ihre wachsenden materiellen Ansprüche beteiligt – und diese entspringen zu einem nicht unerheblichen Teil (wie noch zu demonstrieren sein wird) marktwirtschaftlichen Mechanismen. Aber auch ohne ökologische Schäden anzurichten kann bezweifelt werden, dass die Marktwirtschaft in die beste aller Welten führt.

Denn das Schema der unsichtbaren Hand gibt zwar vor, das *Allgemeinwohl* zu verbessern, konzentriert sich aber auf das *Wohl der Konsumenten* und hier auch nur auf den *materiellen Lebensstandard* der Konsumenten. Diese doppelte Reduktion ist dem Umstand geschuldet, dass sich die Wirtschaftswissenschaft nur mit Dingen beschäftigt, die Kosten verursachen und einen Preis haben – und das sind in erster Linie Waren (definiert als zu kaufende Produkte und Dienstleistungen). Der Wohlstand der Nationen ist damit auf Einkommen und Warenwohlstand beschränkt.

Während es beim materiellen Lebensstandard tatsächlich zu einer Aufwärtsspirale gekommen ist – insofern er sich in den klassischen Konsumgesellschaften bis weit ins 20. Jahrhundert deutlich verbesserte und in den neuen Konsumgesellschaften seit dem Ende des 20. Jahrhunderts –, wird von Apologeten des Marktes oft übersehen, dass Menschen *nicht nur Verbraucher* sind. *Menschen sind zugleich Arbeitnehmer, Unternehmer, Bürger, Elternteil und Teil der natürlichen Umwelt.* Und die Bürger marktwirtschaftlicher Gesellschaften verbringen einen Großteil ihrer wachen Lebenszeit nicht beim Konsum, sondern in der Familie, bei der Arbeit; sie sind permanent eingebettet in ökologische Systeme, von deren Zustand sie existenziell abhängig sind.

Finden sich in den Rollen und Räumen jenseits des Konsums ebenfalls Aufwärtsspiralen? Zu Beginn des 21. Jahrhunderts ist die Marktwirtschaft einer internationalen und interdisziplinären Kritik ausgesetzt, die ihr Fundament bislang zwar nicht erschüttern konnte, aber nicht entstanden wäre, hätte uns die unsichtbare Hand den Weg ins Goldene Zeitalter gewiesen:

(1.) Die *ökologische Kritik* weist darauf hin, dass sich die natürliche Umwelt schon länger in einer Abwärtsspirale befindet und die Marktwirtschaft diesen Niedergang durch ihren wachsenden Verbrauch an (fossiler) Energie und Rohstoffen verstärkt. Dies ist allein schon deswegen problematisch, weil sich das Wohlergehen vieler Menschen in Gesellschaften, die sich an die Folgen ökologischer Veränderungen nicht anpassen können, verschlechtert.[17] So warnt die Weltbank vor Ernährungskrisen in einer um vier Grad wärmer gewordenen Welt (im Vergleich zu vorindustrialisierten Zeit).[18] Ferner bedroht die marktwirtschaftliche Praxis gar ihren eigenen Fortbestand, da sie ihre materielle Basis schädigt. Umgekehrt konnte in einer etwa zweijährigen Phase nach der 2007 einsetzenden Weltwirtschaftskrise beobachtet werden, dass eine schrumpfende Produktion der beste Umwelt- und Klimaschutz war.

(2.) Die *ethische,* von der Frage nach dem guten Leben inspirierte *Kritik* merkt an, dass die Bürger industrialisierter Gesellschaften in den letzten Dekaden trotz gestiegener Wirtschaftsleistung und Einkommen im Durchschnitt nicht zufriedener wurden. Das Leben wird ihnen nicht zuletzt durch eine Wachstums- und Wirtschaftspolitik beschwerlicher gemacht, deren Nebenwirkungen prekäre Beschäftigungsverhältnisse oder Arbeitslosigkeit, ein großer Niedriglohnsektor, zunehmende soziale Ungleichheit, Stress am Arbeitsplatz und die Verlagerung von Arbeit in die Freizeit, Flexibilisierung und Verschuldung sind. Mit dem Unmut der Betroffenen sind nahe Angehörige konfrontiert sowie Dritte: Sozialarbeiter, Polizisten, Richter, Lehrer, Angestellte bei Arbeitsagenturen, Gewerkschaftsaktivisten oder Ladenbesitzer, die bestohlen werden.[19] Überdies gefährdet die westliche Lebens- und Wirtschaftsweise wegen ihrer Umwelteingriffe zunehmend die Möglichkeit junger und künftiger Generationen, ein selbstbestimmtes Leben führen zu können, da ihre Lebensführung und Freiheitsvoraussetzung durch absolute Knappheit (materielle Versorgung, Gesundheit, Sicherheit) eingeengt wird.[20]

---

17 Bardi 2013, Kapp 1979 [1963]
18 World Bank 2013; die Ernährungslage sehen Wheeler & Braun (2013) im südlichen Asien und Afrika schon bei einer geringeren mittleren Klimaerwärmung sehr kritisch.
19 Groll 2014, Treek 2012, Lohmann-Haislah 2012, Stiglitz et al. 2010, Wilkinson/Pickett 2009, Binswanger 2006, Layard 2005, Bourdieu et al.1993
20 Ekardt 2010

Die kombinierte ökologische und ethische Kritik findet ihren Ausdruck in Büchern mit Titeln wie ENOUGH, HOW MUCH IS ENOUGH oder ENOUGH IS ENOUGH. Ihr Tenor ist die Feststellung, dass die ökonomischen Steigerungsimperative weder für die natürliche Umwelt noch für ein gutes Leben förderlich sind.[21]

(3.) Die *Kritik* von *Produktdesignern* weist schon seit Jahrzehnten darauf hin, dass ihr Fach »Teil des Problems« ist, obwohl es »Teil der Lösung« sein könnte. Prinzipiell ist es demnach möglich, humanistische und umweltfreundliche Produkte und Produkt-Dienstleistungssysteme zu konzipieren (d. h. ein Human centered Design), um zu einer nachhaltigen Entwicklung beitragen zu können. Die Marktlogik fordert diese jedoch nicht, sondern die Gestaltung von Produkten, die entweder Produktionskosten senken oder den Produktabsatz erhöhen (d. h. ein Profit centered Design).[22]

(4.) Die *soziologische Kritik* macht die Steigerungsimperative des Marktes für mehrere das Gemeinwohl beeinträchtigende Trends verantwortlich: (a) Das systembedingte Vordringen von Marktmechanismen in soziale Bereiche, die zuvor nicht durch den Markt geregelt wurden, um diese der kapitalistischen Verwertungslogik verfügbar zu machen (z. B. die Patentierung von Genen, die Privatisierung von Staatsbetrieben, die Universität als Unternehmen, Kinder werden zu Konsumenten). Die *Marktwirtschaft* nähert sich so sukzessive einer *Marktgesellschaft,* d. h. einem totalitären System an (nach Sandel ist sie dies bereits).[23] Ihre Steigerungslogik beschleunigt (b) Produktionsprozesse und Konsumakte (etwa durch sich verkürzende Modezyklen oder einer Steigerung der angebotenen Konsumoptionen), was einer nachhaltigen Entwicklung im Wege steht, da der Energie- und Ressourcenverbrauch dadurch gesteigert wird.[24]

In vielen westlichen Ländern werden Arbeitnehmer (c) seit den 1990ern durch den Abbau sozialstaatlicher Leistungen verstärkt zur Integration in den Arbeitsmarkt aktiviert, um auch innerhalb prekärer Beschäftigungsverhältnisse zu arbeiten. Dieser Umbau geht auf den Druck zurück, im internationalen Wettbewerb zu hohe Lohnkosten meiden zu müssen sowie auf die politische Notwendigkeit, wiederkehrende ökonomische Krisen durch Konjunkturaus-

---

21 Dietz/O'Neill 2013, Skidelsky/Skidelsky 2013, Naish 2008
22 Joost 2012, Gekeler 2012, Vezzoli/Manzini 2010, Manzini/Vezzoli 2002, Manzini 1994, Buchanan 2001, Margolin 2002, Papanek 1985
23 Brembs/Brennicke 2015, Sandel 2012, Knobloch 2012, Münch 2011, Binswanger 2010, Dörre/Neis 2010, Dörre 2009, Schor 2005
24 Shove 2012, Rosa 2009, 2005

gaben zu überwinden.²⁵ Unsicherer werdender Beschäftigungsverhältnisse wegen haben sich die Biografien flexibilisiert, nomadisieren viele Arbeitnehmer (d) von Job zu Job und von einem Ort zum nächsten, wobei der Planungshorizont für die selbstbestimmte Gestaltung ihres Lebens schrumpft, mit dem Verlust von Freundschaften sowie der Möglichkeit einhergeht, eine berufliche Expertise ausbilden zu können.²⁶

(5.) Die, nennen wir sie die *digitale Kritik,* geht noch einen Schritt weiter. Sie wird in der Regel von Informatikern, aber auch von Ökonomen vorgetragen und prognostiziert das absehbare Auslaufen der Lohnarbeit und damit die zunehmende Wahrscheinlichkeit, dass sich viele Menschen trotz einer sie »aktivierenden« Sozialpolitik nicht in den Arbeitsmarkt integrieren können. Neue Maschinen, Künstliche Intelligenzen, Software und Algorithmen werden in wenigen Jahrzehnten womöglich die Hälfte aller Berufe vaporisieren, da diese dann ohne Menschen ausgeübt werden können. Und der Kostendruck wird dafür sorgen, dass sie ohne Menschen ausgeübt werden müssen. Eine auf Lohnarbeit basierende Wirtschaft darf darum nicht die Zukunft sein.²⁷ Andernfalls ist die Stabilität von Gesellschaften bedroht und obendrein die wirtschaftliche, da die Kaufkraft im Fall hoher Arbeitslosenzahlen erodiert. Auch in dieser Hinsicht erweist sich Marktwirtschaft als dysfunktional. Kritisiert wird zudem der Verlust von Privatsphäre und Freiheitsrechten, da Internetnutzer bei jedem Click, Chat, Like und Post von Dutzenden Programmen beobachtet, analysiert und ihre gesammelten Daten gespeichert und an Agenturen verkauft werden, die ihnen personen- und standortgenaue Werbung aufdrängen und ihr Kaufverhalten vorherzusagen versuchen. Man kritisiert, was schon seit der Jugendzeit der Marktwirtschaft angeprangert wird: Profitgetriebene Akteure streben nach der Kontrolle über Konsumenten. Durch die Möglichkeiten der Digitalisierung haben sie jedoch einen »Informationskapitalismus« verwirklicht, in dem persönliche Daten wie Rohstoffe gehandelt und Methoden zur Gewinnung dieser Daten entwickelt werden, die vielleicht bald jene übertreffen, mit denen Diktaturen einst ihre Bürger überwachten. »Wir werden«, spitzt Kucklick zu, »nicht mehr wie in der Moderne *ausgebeutet,* sondern *ausgedeutet.*«²⁸

(6.) Die *theologische Kritik* beklagt von Papst Johannes Paul II., über Benedikt XVI. zu Franziskus die Vergötzung der Märkte und das Fehlen eines morali-

---

25 Lessenich 2013, 2009
26 Sennett 1998, 2005
27 Ford 2015, 2009, Lanier 2014, Rifkin 2014, Frey/Osborne 2013, Kurz/Rieger 2013, Bergmann 2005
28 Kucklick 2014, 11 (im Original kursiv), Hofstetter 2014

schen Fundaments der Marktwirtschaft, deren Folge ihr inhumanes, unsolidarisches und ungerechtes Wesen sei. Dies trete umso mehr hervor, je weniger die Wirtschaft reguliert sei. Durch sie könnten sich wenige auf Kosten vieler bereichern, werde der Mensch zum Konsumgut degradiert, das man auf Plantagen, in Bergwerken und Fabriken benutzen und wegwerfen könne. Zudem mündeten der Fetischismus des Geldes und die schöpferische Zerstörung in die Zerstörung der Schöpfung.[29]

(7.) Die *politologische Kritik* diagnostiziert demokratische Steuerungsdefizite, bedingt durch die Entdifferenzierung von Staat und Markt bzw. durch die Kolonisierung der Politik durch den Markt. Auf der formal-institutionellen Ebene bleiben demokratische Institutionen und Prozeduren erhalten, auf der partizipatorisch-legitimatorischen Ebene nimmt nicht mehr die Mehrheit der Wähler gestaltenden Einfluss auf die gesellschaftliche Entwicklung, sondern eine kleine Elite nicht gewählter Experten. Diese vertreten nicht Gemeinwohlinteressen, sondern private und partikulare Interessen von Konzernen und Wirtschaftsverbänden.[30] Nicht zu unterschätzen ist auch die Möglichkeit künftiger Öko-Diktaturen, die bei Business as usual (und für Business as usual setzen sich die einflussreichsten Lobbygruppen ein) aufkeimen können. Diese können mit Freiheitsverlusten einhergehen, die ideengeschichtlich mit der Moderne inkompatibel sind.

(8.) Die *ökonomische Kritik* stammt aus den eigenen Reihen der Wirtschaftswissenschaft und weist dem ökonomischen Standardmodell erhebliche Mängel nach: Die wirtschaftliche Praxis funktioniert anders als die Lehrbuchtheorie, das Menschenbild des Homo oeconomicus ist reduktionistisch (das zeigen Studien der Behavioral Economics), das Verständnis des Liberalismus ebenso, der Freihandel ist dem Protektionismus nicht überlegen (das zeigte der Aufstieg der asiatischen Tigerstaaten), Märkte regulieren sich nicht von selbst, die Pareto-Effizienz ist kein optimales Bewertungskriterium. Banken, Ratingagenturen, überhaupt der Finanzsektor, nehmen doch eine aktive Rolle im Wirtschaftsverlauf ein (das zeigte die Finanzkrise), Finanzmärkte spiegeln Preise für Vermögenswerte oft unsachlich wieder (das zeigten verschiedene Blasen) und Steuernachlässe für obere Einkommensklassen wirken sich nicht positiv auf das Gemeinwohl aus (das zeigt sich z. B. in den USA). Wirtschaftswachstum verringert nicht Verteilungsdisparitäten (das zeigt sich ebenfalls in den USA) und die Mathematisierung der Ökonomie blendet wesentliche Aspekte der Ökonomie aus. Das BIP weist als gesellschaftlicher Kompass in eine fal-

---

29 Franziskus 2015, 2013, Benedikt XVI. 2009, Johannes Paul II. 1987, 1981
30 Vogl 2015, Gammelin 2014, Lessig 2012, Mouffe 2011, Ritzi/Schaal 2010, Crouch 2008, Buchstein/Nullmeier 2006

sche Richtung und Unternehmen schaden sich selbst, wenn sie ihrer Umwelt und Gesellschaft schaden, weil ihr einziger Zweck darin besteht, den Profit zu steigern.[31]

Zum anderen wird versucht, alternative und wachstumskritische Modelle zum Standardmodell zu konzipieren, welche das menschliche Wohlergehen fördern und den ökologischen Raubbau minimieren sollen. Wurde zunächst noch für eine Steady-State-Ökonomie argumentiert, eine Wirtschaft, die *stagniert*,[32] geht eine neue Generation von Degrowth-Ökonomen und -Politikern weiter und spricht sich für eine Wirtschaft aus, die *schrumpft*.[33] Andere wiederum versuchen, das Gemeinwohl durch grundlegende Reformen zu erhöhen.[34]

(9.) Die *zivilgesellschaftliche Kritik* erwartet von Unternehmen und Banken zunehmend mehr, als nur Geschäfte zu machen.[35] Sie empört sich über die »Gier« von Managern und Finanzspekulanten, die auch nach der 2007 ausgelösten Finanzkrise dreist geblieben ist, und fordert die Begrenzung ihrer Boni und Gehälter. Kritisiert wird auch die Spekulation mit Agrarland und Lebensmitteln; der Versuch der EU-Kommission, die Wasserversorgung zu privatisieren, aktivierte die europäische Zivilgesellschaft und scheiterte an ihr. Rund 300 Organisationen aus 24 EU-Ländern haben Millionen Unterschriften gegen das Freihandelsabkommen TTIP gesammelt, das, so die Befürchtung, rechtliche Standards für Lebensmittelsicherheit und Umweltschutz zu Gunsten ökonomischer Interessen aufweicht.

Ferner hat sich neben Protestbewegungen (die Attac- und Occupy-Bewegungen waren in über 50 Ländern aktiv) gegen den »Raubtier-, Turbo-, und Casinokapitalismus« eine Parallelökonomie formiert, die aus einer kapitalistischen Gegenkultur gespeist wird. In ihr steht nicht der profitgetriebene Verkauf von Gütern, sondern deren gemeinsame Nutzung, ihr Tausch und Verleih, ihre Reparatur und unentgeltliche Abgabe im Vordergrund.[36] Nach Rifkin handelt es sich bei dieser kollaborativen Ökonomie um »das erste neue ökonomische Paradigma seit dem Aufkommen von Kapitalismus und Sozialismus im frühen 19. Jahrhundert, das tatsächlich Wurzeln zu fassen vermag.«[37]

---

31 Piketty 2014, Costanza et al. 2014, Lewis 2014, Herzog 2014, 2013, Porter/Kramer 2011, Rogall 2011, Benkler 2011, Diefenbacher/Zieschank 2011, Hill/Myatt 2010, Häring 2010, Lawson 2009, Chang 2011
32 Daly 1973, 1992
33 Paech 2012, Alexander 2012, Jackson 2011, Heinberg 2011, Miegel 2010, Seidl/Zahrnt 2010, Latouche 2009, Victor 2008
34 Felber 2010, Barnes 2008, Vanderborght/Paijs 2005
35 UN Global Compact 2014, Sukhdev 2013, Porter/Kramer 2011
36 Baier et al. 2013, Botsman/Rogers 2010, Graeber 2012
37 Rifkin 2014, 9

Umfragen bezeugen zudem einen Zukunftspessimismus, der darauf zurückgeht, dass die Staatsverschuldung in den meisten Ländern *trotz* ökonomischen Wachstums nicht schrumpft und das Leben *wegen* ökonomischen Wachstums unsicherer wird: Klimawandel, Ressourcenverknappung und die steigende Staatsverschuldung, so die Befürchtung, werden die Möglichkeiten einer gelingenden Lebensführung verengen.[38] Kersting stellt in Bezug auf die liberale Ökonomie ernüchternd fest, »der Liberalismus hat keine Freunde. Die Menge liebt ihn nicht.«[39] Und wahrlich: Eine 2009 und erneut 2012 in 22 Ländern durchgeführte Umfrage für die BBC offenbarte erstaunlich geringe Zustimmungswerte für die Marktwirtschaft. So fanden 2012 große Mehrheiten die Verteilung ökonomischer Lasten und Vorteile unfair – 94 % in Spanien, 85 % in Frankreich, 81 % in Süd-Korea, 80 % in Chile, 78 % in Russland, 69 % in Brasilien, 67 % in Deutschland und 65 % in den USA (hier sogar 11 % mehr als 2009). 25 % der Befragten waren der Meinung, die Marktwirtschaft sei »fatally flawed and needs to be replaced« (2 % mehr als 2009). Indes waren nur 13 % der Ansicht, das ökonomische System funktioniere gut und brauche nicht verbessert zu werden. In den USA, dem Kernland der freien Marktwirtschaft, waren nur 27 % der Befragten dieser Ansicht – womit die Bürger der USA schon zu den stärksten Befürwortern der gegebenen Wirtschaftsordnung zählten (auf Platz zwei folgte China mit 22 % ungetrübter Zustimmung).[40] Nach einer 2014 durchgeführten Umfrage für die Global-Compact-Initiative der UN mit 30 000 Teilnehmern aus zwanzig Ländern in fünf Kontinenten waren 72 % der Befragten (darunter 88 % der deutschen Teilnehmer) der Meinung, »that business is failing in its responsibilities to the planet and society.«[41] Ein Jahr zuvor ließ die UN-Initiative über tausend CEOs aus 27 Industriebranchen und 103 Ländern befragen. Dabei kam heraus, »just 32 % believe that the global economy is on track to meet the demands of a growing population within global environmental and resource constraints, and a clear majority – 67 % – do not believe that business is doing enough to address global sustainability challenges.«[42] Verbraucher *und* Industriekapitäne teilen die Meinung, dass die bisherige Wirtschaftsweise die Menschheit in eine falsche Richtung führt. Und schließlich setzten sich Bürgerinitiativen in der Schweiz und auf EU-Ebene für die Einführung eines bedingungslosen Grundeinkommens ein – für eine Wirtschaftsstruktur also, die sich von der gegenwärtigen ebenfalls distanziert.

---

38 Pew Research Center 2012, Seidel 2012
39 Kersting 2009, 157
40 Globescan 2012
41 UN Global Compact 2014, 6
42 UN Global Compact 2013, 11

Diese neun Kritikpunkte sind schon darum relevant, weil ihnen nicht mit dem liberalökonomischen Standardargument begegnet werden kann, die das Wohlergehen erhöhende Wirkung des Marktes könne fehlerhafter politischer Interventionen wegen nicht zum Zuge kommen. Nur in einer Marktwirtschaft, in der sich Individuen und Unternehmen in freier, uneingeschränkter Konkurrenz gegenübertreten, könne die Marktwirtschaft ihr volles Potenzial zur Entfaltung bringen[43] – allerdings, so die Fortführung des Argumentes, sei die real existierende Marktwirtschaft des 20. und 21. Jahrhunderts nicht frei, sondern überreguliert. Zum einen bezeugt jedoch die Debatte um die Post-Demokratie, dass umgekehrt, Unternehmen politische Entscheidungen regulieren. Zum anderen müssen die meisten der hier angeführten interdisziplinären Kritiken nicht zwischen einer freien und regulierten Marktwirtschaft unterscheiden, da sie entweder ihren Maschinenraum, d.h. ihre Wachstumslogik – definiert als systemisch erzwungene Steigerung der Produktion und des Konsums von Waren – für negative externe Effekte verantwortlich machen oder ihr theoretisches Gerüst beanstanden. Zudem hatte gerade der unregulierte Frühkapitalismus eine Serie negativer sozialer und ökologischer Effekte verursacht und hatte der kaum regulierte Finanzmarkt die schwerste Weltwirtschaftskrise seit der Großen Depression ausgelöst. Zusammengenommen deuten die Kritiken darauf hin, dass die Marktwirtschaft nicht ein Problem *hat,* sondern ein Problem *ist* und moderne Gesellschaften *wegen* ihrer Wachstumsdynamik an Stabilität verlieren.[44]

Die Suche nach Alternativen

Die Jahre zwischen 1990 und 2007 waren so etwas wie die *Goldene Ära der Marktwirtschaft,* da ihr größter Kontrahent, der Sozialismus, in dieser Phase kollabierte und damit das einzige Alternativmodell, auf das ihre intellektuellen Kritiker immer wieder verweisen konnten. Die Marktwirtschaft zog nun in neue Gesellschaften ein und wurde überdies, mehr als in den hundert Jahren zuvor, dereguliert. THE ROARING NINETIES nannte Stiglitz diese Phase in seinem gleichnamigen Buch und in dessen Untertitel, THE WORLD'S MOST PROSPEROUS DECADE, nannte er den Grund für das Gebrüll.[45]

In dieser Ära zeigte sich jedoch auch die ambivalente Wirkung der entfesselten Marktwirtschaft: Sie spendete materiellen Wohlstand, doch kam dieser in den klassischen Industrieländern vor allem bei der ökonomischen Ober-

---

43 Zingales 2012, Friedman (1971) [1962]
44 vgl. Dörre et al. 2010
45 Stiglitz 2003

schicht an. In den Schwellenländern schaffte sie dagegen so viel Wohlstand, dass die Konsumstile einer neuen globalökonomischen Mittelschicht planetare Ökosysteme beeinträchtigen. Die Marktwirtschaft hob die Lebensqualität und senkte sie an anderer Stelle wieder, indem sie ein neues Proletariat und Prekariat erzwang. Sie ermöglichte die Finanzierung von Umweltschutz und forcierte zugleich die Umweltzerstörung. Die Finanzwirtschaft löste erst einen Boom, dann einen Crash aus und somit das Ende dieser goldenen Epoche.

Inmitten jenes Finanzcrashs erneuerte David Rubenstein, Mitgründer und Managing Director des Finanzinvestors Carlyle Group, die altbekannte These Churchills, »Capitalism may be the worst economic system except for any of the others.«[46] Rubenstein argumentierte, kein anderes Wirtschaftssystem habe in den letzten Jahrzehnten so viel Wohlstand und Arbeitsplätze geschaffen, wie der Kapitalismus. Zu oft aber handelte und handelt es sich dabei aber um geistlose und gesundheitsschädliche, schlecht bezahlte, unsichere und zeitlich eng befristete Stellen. Außerdem ist zu vermuten, dass die Verschmelzung von Marktwirtschaft und Digitalisierung in eine Epoche bislang unbekannter Massenarbeitslosigkeit führen könnte.

Kritiken und Negationen der Marktwirtschaft sind zahlreich. Wenn man jedoch, mahnt der Ökonom Lester Thurow, »den Kapitalismus ablehnt, muss man eine brauchbare Alternative vorweisen können. Es genügt nicht, nur gegen etwas zu sein, und zurzeit verfügt keine nichtkapitalistische Alternative auch nur über die geringste Glaubwürdigkeit.«[47] Die gegenwärtige Wirtschaftsordnung hat einen destruktiven Einfluss auf das globale Ökosystem. Und die schon ernste Lage wird noch ernster, weil eine praktikable Alternative nicht vorhanden ist:

Der real existierende *Sozialismus* war totalitär wie die Religion des Mittelalters und konnte als marktwirtschaftlicher Gegenentwurf nicht überdauern. Bislang fehlt ein Realisierungskonzept für eine vitale *Degrowth-Economy*.[48] Ferner hat sich auf internationalen Umweltkonferenzen gezeigt, dass die Regierungen der Entwicklungs- und Schwellenländer ihren Wachstumskurs nicht aufzugeben bereit sind und die wirtschaftsstarken Nationen dem Erhalt ihrer Arbeitsplätze und dem Abbau ihrer Staatsverschuldung Priorität einräumen – und aus diesen Gründen eine wachstumsaffine Politik forcieren. Außerdem ist zu berücksichtigen, dass Degrowth für Unternehmen oder Branchen wenig konstruktiv ist, die zur Reduktion des Energie- und Ressourcenverbrauchs beitragen und somit zu einer nachhaltigen Entwicklung.[49]

---

46 zit. in: Monck 2012
47 Thurow 2004, 99
48 Pennekamp 2011
49 Scherhorn 2010

Das Vorläuferkonzept der *Steady State Economy* kann in einer bereits überstrapazierten Umwelt keine Anwendung finden. Damit die Ökonomie stationär werden kann, muss sie zunächst auf ein Maß schrumpfen, das innerhalb der ökologischen Tragfähigkeit der Erde liegt[50] – und wie dies realisiert werden kann, ist bereits das Problem der Degrowth-Economy. Außerdem enthält Dalys Modell, wie Mills' »Stationary state«-Konzept, die Stagnation des Bevölkerungswachstums, und eine Geburtenkontrolle ist in liberal-demokratischen Gesellschaften kaum durchsetzungsfähig.[51] Schließlich steht hier weniger die Frage im Fokus, ob die Wirtschaft ökologischer Grenzen wegen unbegrenzt wachsen kann oder nicht, sondern die Frage, ob es klug und richtig ist, den Planeten um des ökonomischen Wachstums willen zu verschmutzen, vergiften, versauern, versanden, erodieren, entwalden, erwärmen, entgletschern und, als Folge, meterhoch zu fluten.

Das neueste Reformkonzept, die *Green Economy*, konnte nicht nachweisen, dass bzw. wie Wirtschaftswachstum mit einer absoluten Entkopplung des Energie- und Ressourcenverbrauchs kompatibel gemacht werden kann.[52] Das *Kapitalismus 3.0*-Konzept konnte den realpolitischen Vorwurf nicht entkräften, dass Länder wie China, Russland, der Iran oder die USA kein Interesse daran haben, Teile ihre Souveränität aufzugeben, um ihre machtstrategisch wichtigen Ressourcen einer inter- oder supranationalen Behörde zu unterstellen.[53] Ob die Felbersche *Gemeinwohlökonomie*[54] eine transformative Wirkung entfalten kann, ist ungewiss. Bislang haben sich ihr zwar fast zweitausend Unternehmen angeschlossen, primär aber kleine und mittelständische. Der ökonomische Taktstock wird dagegen noch von den großen und internationalen Konzernen und Banken geschwungen. Der Einführung eines *bedingungslosen Grundeinkommens* stehen noch ungelöste Fragen im Weg, z. B. wie die soziale Ordnung ohne Arbeit sichergestellt werden kann, welche Höhe es haben sollte und wie es dauerhaft finanziert werden könnte.[55]

Die Tatsache, dass gegenwärtig keine akzeptierte Alternative zur Marktwirtschaft besteht, bedeutet jedoch nicht, dass diese alternativlos ist. Fast allen Menschen scheinen die Verhältnisse, innerhalb derer sie leben, die notwendigen Verhältnisse zu sein. Notwendig aber sind sie nie. Mehr noch, die interdisziplinären Kritiken fordern nachgerade dazu auf, nach alternativen Verhältnis-

---

50 Darauf weist konsequenterweise Brian Czech, Gründer des Center for the Advancement of the Steady State Economy, hin: »In fact, the global economy will probably have to shrink before a steady state can fit the planet« (2013, vx).
51 Daly 1973, 1992
52 UNEP 2011
53 Barnes 2008
54 Felber 2012
55 HWWI 2007, Vanderborght/Parijs 2005

sen zu suchen – und die bisherigen Alternativansätze weisen in die Richtung, in der zu suchen ist. Nicht zuletzt beginnen sich die Verhältnisse, innerhalb derer wir leben, schon allmählich zu wandeln und dieser Wandel wirkt tief auch in die Wirtschaft hinein.

Vom Industrie- zum Digitalzeitalter

Inmitten der Suche nach einer Alternative und einer neuerlichen Großen Transformation transformiert sich die Gesellschaft seit Ende der 1990er grundlegend und dieser Wandel wurde von den vorgeschlagenen Alternativmodellen noch nicht hinreichend berücksichtigt. Gewissermaßen als Vorbote wurde eine neue globale Generation identifiziert, die »Digital Natives«, welche sich durch neue Mediennutzungsformen, neue Kommunikations- und Konsumweisen, neue Freizeitgewohnheiten und neue soziale Beziehungen von allen Vorgängergenerationen unterscheidet.[56] Auf sie lässt sich der stattfindende Wandel jedoch nicht reduzieren. Tatsächlich vollzieht sich gegenwärtig eine epochale Umwälzung.[57] Die Geschichte menschlicher Gesellschaften wurde bislang in drei historische Kapitel unterteilt: Aus Jäger- und Sammler-Gemeinschaften entwickelten sich in der Antike Agrargesellschaften und aus diesen gingen in der Moderne Industriegesellschaften hervor. Die Transformation zur Agrargesellschaft wurde durch die Neolithische Revolution eingeleitet und der Wandel zur Industriegesellschaft durch die Industrielle Revolution. Nun ereignet sich ein weiterer Umbruch, wird ein viertes großes Kapitel in der menschlichen Geschichte geschrieben. Dieser Umbruch vollzieht sich als Digitale Revolution und führt in das Digitalzeitalter, deren Frühphase erst vor wenigen Jahrzehnten begonnen hat. Aller Voraussicht nach werden sich die meisten Gesellschaften in den bevorstehenden Dekaden so grundlegend verändern, wie sie dies beim Übergang von der Agrar- zur Industriegesellschaft taten.

Die Digitalisierung, welche die Lebensstile der Digital Natives von allen vorigen Generationen abhebt, wirkt sich in fast allen alltäglichen und gesellschaftlichen Bereichen aus – auch und besonders in der Welt der Wirtschaft.[58] Die Art und Weise, wie produziert, konsumiert und gearbeitet wird, gilt in den westlichen Industriegesellschaften seit mindestens zweihundert Jahren als unumstößlich, befindet sich nunmehr jedoch im Zustand der Auflösung. Dabei handelt es sich u. a. um Umbrüche

---

56 Palfrey/Gasser 2008
57 Castells 2010, Fuller 2011
58 Pelzer/Burgard 2014, Redlich 2011, Tapscott/Williams 2009

- vom ersten Maschinenzeitalter (Dampfmaschinen) zum zweiten (Künstliche Intelligenz, Robotik, 3D-Druck),
- von der Elektrifizierung zur Digitalisierung,
- von der Demokratisierung der Politik zur Demokratisierung der Produktionsmittel (Peer Production, FabLabs),
- von einer Kultur des Besitzens zu einer Kultur des Teilens,
- von Betriebsgeheimnissen zu Open Source und Open Innovation,
- von der Ausbeutung der Arbeiter zur Ausdeutung der Konsumenten,
- von der Nutzung fossiler zur Nutzung regenerativer Energieträger,
- von maschinell hergestellten Dingen, zu maschinell hergestellten Dingen, die miteinander (Web 3.0) und mit Menschen (Web 4.0) kommunizieren,
- von der Abwanderung der Erwerbsbevölkerung vom Feld in die Fabrik und später in den Dienstleistungssektor zur ihrer Abwanderung aus Fabriken und aus dem Dienstleistungssektor,
- von der Urbanisierung in Industriegesellschaften zur globalen Urbanisierung,
- von der Verdopplung der durchschnittlichen Lebenserwartung (von 40 Jahre um 1870 auf 80 Jahre um 1990) zu einer geschätzten weiteren Verdopplung am Ende des 21. Jahrhunderts.

All dies wandelt herkömmliche Geschäftsabläufe, kann aber auch einen grundlegenden ökonomischen Strukturwandel nach sich ziehen. Kapitalismus war die Wirtschaftsweise des Industriezeitalters, wird er aber auch die Wirtschaftsweise des Digitalzeitalters bleiben?

Der Wandel vom Industrie- zum Digitalzeitalter ging auch nach der im Jahr 2000 geplatzten Dotcom-Blase weiter und vollzieht sich rasch. Er lässt sich vielleicht besonders deutlich am Auto ablesen, einem der Vorzeigeprodukte des Industriezeitalters: Das Auto war einst ein von Dutzenden Designern entwickeltes und in einer menschenvollen Fabrik hergestelltes Fließbandprodukt mit Verbrennungsmotor, das käuflich erworben werden musste, einen hohen sozialen Status besaß und von einem Fahrer zu steuern war. Autos im digitalen Zeitalter werden anders sein. Wenn sie noch in Fabriken hergestellt werden, dann in solchen, in denen Roboter die Mehrheit der Belegschaft ersetzen. Alternativ können sie auch außerhalb von Fabriken konzipiert und mittels 3D-Drucker produziert werden. Der Zugang zu den Konstruktionsdaten ist transparent, und entwickelt werden sie kollaborativ von einer globalen Online-Community. Die Autos haben einen Elektromotor, werden geteilt (Car Sharing), nicht besessen, haben keinen signifikanten sozialen Status und werden von einem Bordcomputer gesteuert. Und schließlich könnten Autos in der Hochphase des Digitalzeitalters schlicht überflüssig werden.

Hierzulande werden jene die Wirtschaft erfassenden technischen Veränderungen auf der politischen Ebene unter der Bezeichnung »Industrialisierung 4.0« diskutiert. Zwar wird diese mit der Digitalisierung der Produktion, dem »Internet der Dinge« (die Kommunikation zwischen Maschinen und Dingen) und smarten Maschinen in Verbindung gebracht, aber auch auf diese Phänomene reduziert. Damit wird unterstellt, es handle sich bei dem sich vollziehenden Wandel lediglich um die Fortsetzung der Industrialisierung mit anderen Mitteln. Das ist nicht der Fall. Und wie die Industrielle Revolution soziale und ökologische Verwerfungen mit sich brachte, deutet die bisherige Entwicklung darauf hin, dass auch die Digitale Revolution soziale und ökologische Umwälzungen nach sich ziehen könnte. Gleichwohl eröffnen sich gerade in diesen Dimensionen auch neue Möglichkeiten, die eine nachhaltige Entwicklung begünstigen können. Diese gilt es bei der Suche nach einem ökonomischen Alternativmodell zu berücksichtigen. Sie zu ignorieren bedeutet die Zeichen der Zeit zu verkennen.

Und die Finanzwirtschaft?

Indem die Legitimation und der Modus des Wettbewerbs hinterfragt werden, konzentriert sich das vorliegende Buch auf die »reale« Wirtschaft, während die »virtuelle« Wirtschaft, die Finanzwirtschaft, kaum adressiert wird. Dies ist insofern von Bedeutung, als manche Theoretiker der Meinung sind, die reale Marktwirtschaft sei nicht das Problem, sondern lediglich das gegenwärtige, fragiler werdende Finanzsystem, in welchem mit Krediten Wetten auf steigende und fallende Kurse abgeschlossen werden und auf Unternehmer zusätzlicher Druck geladen wird (da sie den oft hohen Kurserwartungen gerecht werden sollen). Und Anleger treffen schlechte Entscheidungen, da man sie falsch oder gar nicht berät. Ein primär und unverantwortlich auf die Vermehrung von Finanzkapital ausgerichtetes System störe die an sich wohltuende Wirkung des realen Wettbewerbs und des an sich gemeinnützlichen Finanzmarktes und kann solide Unternehmen und Volkswirtschaften tatsächlich in die Krise stoßen. Folglich müsse das Anreizsystem und die Transparenz des Finanzmarktes in unterschiedlichen Ausmaßen repariert werden,[59] während der unternehme-

---

59 Shiller 2012, Martin 2011. Während Martin für eine Abkehr vom Shareholder Value hin zum Customer Value plädiert und damit für einen *Bedeutungsverlust* des spekulativen Finanzmarktes, argumentiert Shiller für eine Stärkung der Shareholder und einen *Bedeutungsgewinn* des Finanzmarkts. Möglichst viele Bürger sollen Zugang zu einer transparenteren, d. h. besseren Finanzberatung erhalten, um so vor zu hohen Schulden geschützt zu werden und bessere Spekulationsentscheidungen treffen zu können. Shiller fordert eine Demokratisierung des Finanzsystems, das jedermann,

rische Wettbewerb (z. B. durch den Abbau von Lobbyismus und Subventionen) gar zu verschärfen sei.[60]

Tatsächlich kann die virtuelle die reale Wirtschaft und Gesellschaft in Bedrängnis bringen, wie man seit der Großen Depression weiß. Und doch lautet die hier vertretene These, dass vom realen Wettbewerb eine Reihe negativer externer Effekte für Mensch und natürliche Umwelt ausgehen, die nicht wünschenswert sind. Die Untaten am virtuellen Markt – der Verkauf riskanter und unverständlicher Finanzprodukte sowie Manipulationen wie Insidergeschäfte und sich im Hochfrequenzhandel gegenseitig täuschende Algorithmen[61] – machen eine ohnehin schon reformwürdige Struktur lediglich noch reformwürdiger, weshalb der Finanzmarkt hier nicht im Fokus der Analyse steht. Schließlich ist dieser lediglich die Fortsetzung der realen Wirtschaft, da auch in der virtuellen Finanzwirtschaft unter Wettbewerbsbedingungen Kapital mit dem Ziel eingesetzt wird, mehr Kapital zu realisieren – und dies ist das eigentliche Problem. Es ist wahrscheinlich, dass von der aufgeblähten Finanzwirtschaft eine neuerliche Depression ausgelöst wird und Finanzreformen folgen. Banken könnten dann auf ihre eigentliche Aufgabe, realwirtschaftliche Investitionen zu finanzieren, reduziert werden.

Doch bliebe das Fundament der Marktwirtschaft – der Wettbewerb zwischen privaten Unternehmen um Profite – im Kern bestehen und mit ihm blieben jene von diesem Wettbewerb ausgehenden negativen Wirkungen erhalten. Der Frühkapitalismus, in welchem der Finanzsektor noch nicht so aufgedunsen war, bezeugt das Konfliktpotenzial dieses Fundaments. Und auch der sozialstaatliche Kapitalismus war nicht frei von Konflikten, wurde die natürliche Umwelt ausgeräubert, wo immer es profitabel schien. Je schärfer der Konkurrenzdruck ist, desto größer werden die vom Konkurrenzkampf ausgehenden negativen Effekte sein. Schon der Begriff *Kampf* signalisiert Problempotenzial.

---

nicht nur einer vergleichsweise. kleinen Kaste von Finanzprofis, Gewinne bescheren kann. Dagegen sollen Gewinne nach Martin primär auf dem realen Markt erzielt werden.
60 Meltzer 2012, Zingales 2012
61 Lewis 2014

I

Diesseits der Marktwirtschaft

Das marktwirtschaftliche Modell fußt auf zwei zentralen Annahmen. Sie betreffen ihre Legitimation und ihren Modus: Jegliche Marktwirtschaft basiert auf den Ideen von *Knappheit* (Legitimation) und *Wettbewerb* (Modus). Der Wettbewerb legitimiert sich aus der Knappheitssituation, und aus dem Wettbewerb folgt, von der unsichtbaren Hand gelenkt, Wohlstand – aber auch der für Marktwirtschaften charakteristische *Wachstumszwang*. Das Knappheitspostulat und der Wettbewerb auf den Märkten sind Grund und Motor für das Wirtschaftswachstum und wer den Wachstumsdrang und dessen Konsequenzen kritisiert oder eine Postwachstumsgesellschaft fordert bzw. konzipiert, muss sich folglich mit den Ursachen des Wachstums auseinandersetzen.

»*Knappheit ist das Grundgesetz der Ökonomie*«.[1] Sie kommt, so die Begründung des Ausgangspunktes, dadurch zustande, dass die Summe menschlicher Bedürfnisse die Summe der Möglichkeiten ihrer Befriedigung übersteigt. Obendrein müssen die unbegrenzten Bedürfnisse mit knappen Mitteln befriedigt werden, da die der Produktion zur Verfügung stehenden Ressourcen begrenzt sind. Dieser Knappheit wegen muss gewirtschaftet, können die Güter nicht kostenlos verteilt werden. Zudem heißt es, der Wettbewerb zwischen Anbietern sei *die effizienteste Methode,* die unersättlichen Bedürfnisse des Menschen zu befriedigen. Überhaupt versprechen sich Marktökonomen viel vom Wettbewerb. Ihre Annahme ist, dass die Marktwirtschaft die Freiheit, die Moral und den Fortschritt fördere, bessere und billigere Waren anbiete und so das Wohl des Konsumenten steigere.

Diese Grundannahmen dürfen nicht selbstverständlich akzeptiert werden. Zwar neigen Ökonomen seit Paul Samuelsons formellastigem FOUNDATION OF ECONOMIC ANALYSIS[2] zu der Annahme, ihre Wissenschaft hätte weniger

---

1 Baßeler et al. 2010, 22 (im Original nicht kursiv)
2 Samuelson 1947

mit Annahmen, sondern vorrangig mit *Mathematik* zu tun. Schließlich verleiht die Bevorzugung mathematischer Formalismen ihrer Disziplin naturwissenschaftliche Präzision, Strenge, Klarheit, den Anschein harter Argumente – und von Wahrheit. Tatsächlich aber ist Wirtschaft, dies zeigen die Schriften z. B. von Smith, Marx, Weber und Schumpeter, mehr eine kulturelle als eine naturwissenschaftliche Erscheinung. Als solche basiert sie auf Annahmen und Werturteilen, die fallibel und außerhalb mathematischer Analysen reflektierbar sind. Von diesen Annahmen ausgehend werden in der neoklassischen Theorie mathematische Modelle deduziert. Sind aber die Annahmen falsch, resultieren daraus subsumtionslogische Fehler – mögen die Graphen und Gleichungen auch elegant und logisch gültig sein. Die Mathematik ökonomischer Analysen ist beeindruckend, entscheidend ist sie nicht.[3] Die Konsistenz der abgeleiteten mathematischen Modelle führt lediglich zur Immunisierung der Prämissen, weil diese zur unbegründeten, axiomatischen Ausgangsbasis und Grundlage der Kohärenz gemacht werden.

---

3   Und dies in mehrfacher Hinsicht. Robert Kuttner, Mitgründer des Economic Policy Institute, beklagte einmal, »departments of economics are graduating a generation of idiot savants, brilliant at esoteric mathematics yet innocent of actual economic life« (Kuttner 1985). Noch deutlicher wurde der Wirtschaftsnobelpreisträger Wassily Leontief. Die Ökonomie habe sich davon entfernt eine empirische Wissenschaft zu sein und sich in mathematischen Formalismen verloren, die – weil sie zwar kompliziert aussähen, tatsächlich aber eine krasse Vereinfachung sozialen und wirtschaftlichen Handelns seien – darüber hinwegtäuschten, dass der Kaiser in Wirklichkeit keine Kleider anhabe: »Page after page of professional economic journals are filled with mathematical formulas leading the reader from sets of more or less plausible but entirely arbitrary assumptions to precisely stated but irrelevant theoretical conclusions« (Leontief 1982, 104). Leontiefs Kritik ist Dekaden alt – aber aktuell geblieben. Obwohl die soziale Wirklichkeit sehr komplex ist, versuchen die meisten Ökonomen sie weiterhin durch allzu reduktionistische mathematische Modelle zu beschreiben. Ihre formalistischen Modelle passen schlecht zum Untersuchungsgegenstand und darum ist das »fundamental problem of modern economics«, so Tony Lawson, Mathematiker, Ökonom, Philosoph und viel zitierter Kritiker des ökonomischen Formalismus, »the mainstream *insistence* that mathematical modelling is the only useful, and the proper, way to do economics« (Lawson 2009, 762). Als Beleg für den unangemessen Einsatz der deduktiven mathematischen Modelle in der sozialen Welt sei die »repeated predictive failure of economic forecasting models over the last 50 years […] itself sufficient to cast significant doubt« (ibid., 764). Fehlprognosen sind in der Ökonomie mitnichten die Ausnahme, was in der Naturwissenschaft ausreicht, eine Theorie oder ein Modell zu falsifizieren. Und das mündet in eine skurrile Situation: Einerseits gilt die Ökonomie als die Königin der Wissenschaft, nach deren Maßstäben politische, die gesamte Gesellschaft und deren Zukunft betreffende Entscheidungen gefällt werden; andererseits muss sich die ökonomische Theorie den Vorwurf gefallen lassen, dass ihr Grundgerüst morsch ist.

Um Knappheit und Wettbewerb rankt sich eine Reihe von Annahmen, die nicht-mathematisch zu überprüfen sind. Knappheit ist zu einem nicht unerheblichen Anteil *konstruiert* und der Wettbewerb ist *nicht* das effizienteste Mittel zur Bewältigung der Knappheit, er wirkt ihrer Bewältigung sogar entgegen. Zudem unterwandert er moralische Normen, fördert manche Freiheiten, beschneidet aber andere, und ein dynamischer Fortschritt würde sich auch ohne ihn vollziehen. Außerdem bevorzugen Menschen Kooperation, nicht Konkurrenz. Da das Postulat der Knappheit die Notwendigkeit und Berechtigung der Marktwirtschaft erklären soll, ist der Analyse des Knappheitspostulats die Frage inhärent, ob es der Marktwirtschaft wirklich zwingend bedarf.

1 Knappheit und Überfluss

Ausgangspunkt nahezu aller ökonomischen Lehrbücher ist das Postulat der Knappheit. Stets wollen Menschen mehr als sie haben können, und was in der gewünschten Menge nicht zur Verfügung steht, ist knapp. Darum müssen sie wählen. Jede Wahl für eine Sache ist dabei zugleich der notgedrungene Verzicht auf eine andere. Verzicht ist Zwang, die Ursache für Unzufriedenheit – und für das rationale Wirtschaften. Die These vom unersättlichen Menschen vertritt auch Alan Weisman, weshalb er angesichts der zahlenmäßig wachsenden Weltbevölkerung auf Familienplanung zur Reduktion der Konsumenten setzt und auf eine veränderte Wirtschafts- und Lebensweise nicht setzen kann: Denn »die Vorstellung«, schreibt er, »dass unser aller Konsumdrang in absehbarer Zukunft erstickt werden könnte, ist wahrscheinlich Wunschdenken. Wenn die Rettung des Planeten von der habsüchtigen Natur des Menschen abhängt [...], wird die Erde wahrscheinlich gründlich geplündert worden sein, lange bevor dieser Wandel vollzogen ist.«[1]

Nie zu stillende Bedürfnisse und daraus resultierende Knappheit bilden das Axiom, die Ur-Vorstellung, das Fundament, die Grundtatsache der Wirtschaftswissenschaft. »Mit dem Begriff der Knappheit«, notieren Fischbach & Wollenberg in ihrem volkswirtschaftlichen Lehrbuch, »hat man den Dreh- und Angelpunkt der Wirtschaftswissenschaften erfaßt. Die Knappheit ist das entscheidende Charakteristikum dieser Wissenschaft. *Ohne Knappheit* gäbe es keine wirtschaftlichen Probleme, keine Kosten, Preise, Löhne, Zinsen, keinen Reichtum, keine Armut, kein Geld«.[2]

Die Welt der Marktwirtschaft ist eine Welt der Knappheit und des Mangels und das Ziel der Marktwirtschaft ist der optimale Ausgleich zwischen der Knappheit und den Bedürfnissen bzw. die unter Knappheitsbedingungen ma-

---

1 Weisman 2013, 57 f.
2 Fischbach/Wollenberg 2003, 14 (im Original nicht kursiv)

ximal mögliche Bedürfnisbefriedigung. Die Knappheit ist das Kernproblem ökonomischer Analysen; sie ist *das* Problem, das bewältigt werden muss; sie erst ist der Anlass und die Legitimation des wirtschaftlichen Wettbewerbs. An ihrem Erfolg, die Knappheit in den Griff zu bekommen, misst sich der Erfolg der Marktwirtschaft. Mit den gegebenen Mitteln gilt es dazu ein Höchstmaß an kollektiver Bedürfnisbefriedigung zu erlangen – durch Ausweitung des Warenangebots, Kostenminimierung und eine optimale Aufteilung der zur Verfügung stehende Warenpalette.

Zur Verringerung des Mangels soll den Menschen ein breites und günstiges Angebot an Waren mit stetig besser werdender Qualität auf Märkten zur Verfügung gestellt werden. Dies ist der ganze Sinn des Wettbewerbs: Indem Unternehmen gegeneinander um die Gunst des Konsumenten kämpfen, produzieren sie effizienter, kostensparender, aber qualitativ auch hochwertiger. Die Preise sinken, Marktlücken werden besetzt, das Angebot wird größer und vielfältiger, das Wohl des Verbrauchers steigt – gleichwohl: Die Knappheit bleibt. Darum können ökonomische Lehrbücher auch seit Jahrzehnten Knappheit diagnostizieren, obwohl die Wirtschaftsleistung industrialisierter Länder und damit die Produktion seit Jahrzehnten wächst. Auch nach *weiteren hundert Jahren* stetigen Wirtschaftswachstums würde sich an dieser Diagnose nichts verändern.

Knapp sind die Dinge nämlich im Vergleich zu den menschlichen Bedürfnissen, deren Befriedigung sie dienen. Nicht, dass es wenig Waren gäbe, aber, so die Lehrmeinung, die menschlichen Bedürfnisse sind ungleich höher. In jeder Gesellschaft, ob arm oder reich, besteht folglich eine hohe Diskrepanz zwischen dem Angebot an Waren und den Bedürfnissen. »Man kann sich schließlich keinen Zustand vorstellen, in dem die Knappheit allgemein verschwindet«, so Fischbach & Wollenberg.[3]

Knapp sind zudem die Mittel bzw. Produktionsfaktoren (vor allem Geld und natürliche Ressourcen, zuweilen auch Fachkräfte) die zur Produktion der Waren eingesetzt werden müssen. Damit so viele Bedürfnisse wie möglich durch Waren abgedeckt werden können, müssen diese Mittel so effizient wie möglich eingesetzt werden. Die größte Effizienz verspricht dem Standardmodell nach der ökonomische Wettbewerb – und daraus ergibt sich eine grundlegende Legitimation für ihn, denn jede andere Wirtschaftsordnung wäre lediglich eine *Verschwendung* knapper Mittel. Der Wettbewerb ist damit die beste Lösung des Knappheitsproblems. Durch ihn lässt sich die Knappheit zwar nie *überwinden,* aber am effizientesten *bewältigen.*

Das Knappheitsproblem ist in der Marktökonomie so selbstverständlich, dass es kaum hinterfragt wird.[4] Dazu besteht auch kein Anlass, da die Stan-

---

3 ibid., 16
4 Eine Ausnahme ist Emily Northrop 2000

dardlehrbücher unisono das gleiche behaupten und sich so gegenseitig bestätigen. Selbstverständlich scheint folglich auch das Menschenbild zu sein, das dem Knappheitspostulat zugrunde liegt: Der Mensch ist, aus welchem Grund auch immer (das hat den Ökonomen nicht zu interessieren), materiell nie gesättigt. Stets will er mehr, als er hat – eben darum besteht das Knappheitsproblem, kann es nur gemanagt, nie aber überwunden werden. Nicht nach jeder Ware kennt sein Verlangen keine Grenzen. Besitzt er genug Hosen, begehrt es ihn nach Schuhen, dann nach einem Buch, einem neuen Einrichtungsgegenstand, etwas zu essen, etwas zu trinken, Musik – ein Verlangen folgt dem nächsten und nur der traumlose Tiefschlaf unterbricht diese sonst endlose Karawane nörgelnder Wünsche für eine Weile. Knapp und begrenzt sind per definitionem die Mittel und Ressourcen des Wirtschaftens, wenn die menschlichen Wünsche und Bedürfnisse unbegrenzt sind. Individuen und Gesellschaften mögen arm oder unermesslich reich sein, der Mangel beherrscht sie dennoch. Die lehrbuchgemäße Standardstrategie zur bestmöglichen Bewältigung des Knappheitsproblems ist folglich die Erhöhung der Produktion. Und gleich wie hoch sie ist, sie muss weiter wachsen.

Damit hat die Marktwirtschaft gewissermaßen eine ewige Legitimation – zumindest dann, wenn sie sich auf materielle Bedürfnisse bezieht, denn Bedürfnisse nach mehr Freizeit, mehr Wissen, Selbstbestimmung, Sinn, neuen Freunden, intakter Natur etc. sind keine, die in die Domäne der ökonomischen Versorgung fallen. Um sie zu stillen muss die Produktion nicht unaufhörlich weiter wachsen.

Drei Knappheiten

Empirisch ist die Unterstellung der materiellen Unzufriedenheit oder gar Unersättlichkeit des Menschen schon deshalb kritikwürdig, weil es weltweit eine stattliche Anzahl von Menschen gibt, die ihren Konsum bewusst zurückschrauben, materiell (auch auf bescheidenem Niveau) gesättigt sind, bewusst weniger Einkommen erwirtschaften, um weniger Stress zu haben oder schlicht mehr Zeit.[5]

Auch *analytisch* bröckelt das Axiom der ewigen Knappheit, nimmt man Knappheit genauer unter die Lupe. Knappheit hat drei verschiedene Ausprägungen und Ursachen. Man kann von einer *absoluten Knappheit* von Trinkwasser in der Wüste, von sauberer Luft in indischen und chinesischen Megacities, von Zeit bei berufstätigen Eltern oder von Sicherheit während des

---

5 Alexander/Ussher 2012

Dreißigjährigen Krieges sprechen. Es besteht *soziale Knappheit* dann, wenn jemand weniger (Einkommen oder Besitz) als andere hat und dies als Mangel empfindet. Ferner kann man von *systemischer Knappheit* sprechen, wenn das Angebot produzierter Waren größer ist, als die eigenen Möglichkeiten dieses konsumieren zu können. Wird dieses Realisierungsdefizit als Mangel empfunden, herrscht Knappheit. Systemische Knappheit besteht auch, wenn durch verschiedene Strategien intendiert Mangel bzw. Knappheit konstruiert und dem Konsumenten so Unzufriedenheit suggeriert wird. »Systemisch« ist die Knappheit, wenn sie künstlich aufrechterhalten wird, wenn das Konsumniveau absichtsvoll aufrechterhalten und gesteigert wird, um Bedürfnisse der Produzenten zu befriedigen.

Absolute Knappheit, z. B. an Nahrung, war schon den Australopithecina, den vor mehr als drei Millionen Jahren lebenden Vormenschen, bekannt. Soziale Knappheit zeigte sich vor 12 000 Jahren in den frühen Agrargesellschaften, als man begann, Besitz in geringem Umfang anzusammeln. Die einen hatten mehr als die anderen und durch den sozialen Vergleich wurde diese Diskrepanz bewusst. Die soziale (oder relative) Knappheit ist nicht Ausdruck der Nichtbefriedigung materieller, sondern *immaterieller* Bedürfnisse: Menschen möchten ein positives Selbstbild haben und von ihrer Gemeinschaft oder Gesellschaft anerkannt und nicht desintegriert, schlechter gestellt bzw. abgehängt werden. Der Minderbemittelte empfindet zwar einen Mangel an Einkommen oder Besitz relativ zu anderen, dabei geht es ihm aber zuvorderst um sein Selbstbild und die Anerkennung anderer.

Auf jeder Stufe der gesellschaftlichen Entwicklung kam eine neue Quelle der Knappheit dazu, indes die vorigen erhalten blieben. Systemische Knappheit ist jungen Ursprungs. Sie ist marktinduziert und setzte spürbar in den Industriegesellschaften des 20. Jahrhunderts ein, als das Angebot immer vielfältiger und es überdies notwendig wurde, Präferenzen durch Marketing zu beeinflussen und das Bedürfnis nach Waren zu generieren. Neue Waren und Optionen, neue Modelle mit neuen Extras und Moden nährten das Bedürfnis nach ihrem Besitz und ihrer Auskostung. Obwohl das Vorjahresmodell noch funktioniert, die letztjährige Modeware noch nicht abgenutzt ist, ist es psychologisch nicht mehr das gleiche, weil überholt und nicht mehr »in«. Die Unzufriedenheit ist geweckt und mit ihr das Bedürfnis, das Neue zu konsumieren. Das Neue poppt auf den Märkten unentwegt auf – und mit ihm ein chronisches Defizitbewusstsein. Dieses ist für Wolfgang Sachs *die* Quelle unstillbaren Verlangens: »Mit der zunehmenden Fülle an Erlebnismöglichkeiten, mit der steigenden Zahl an glücksversprechenden Waren und Diensten setzt sich in der Alltagserfahrung das Grundgefühl fest, immer mehr zu brauchen und nie genug zu kriegen und erledigen zu können«.[6] »Die Unendlichkeit der Bedürf-

---

6 Sachs 1990, 196

Knappheit und Überfluss

nisse, jene berühmte Grundannahme der Ökonomie, ist die subjektive Seite des unendlichen Stroms an industriell produzierten Neuheiten«, so Sachs an anderer Stelle.[7] Das Neue hat, obwohl meist nur geringfügig und an der Oberfläche verändert, überdies Prestige, und so wirkt die systemische auch in die soziale Knappheit hinein: Wer das Neue hat, hat seinen Mitmenschen gegenüber einen Vorsprung und die Zurückgebliebenen spüren Mangel. Der Reigen der Neuheiten schafft soziale Ungleichheit, weckt soziale Bedürfnisse, verachtet und erniedrigt das Alte, fordert die Trennung, fördert die Wegwerfmentalität und forciert ökologische Probleme.

Geld ist das Mittel, mit dem sich diese drei Mangelzustände so gut beheben lassen, wie es mit Geld eben möglich ist. Je mehr man davon hat, desto besser gelingt dies. DIE VERHEISSUNG DES ABSOLUTEN REICHTUMS besteht darum darin, alle drei Knappheiten bis zum Lebensende *überwinden* zu können.[8]

Es ist wichtig, sich diese drei Kategorien von Knappheit bewusst zu machen, wenn die Bewältigung oder gar Überwindung des Mangels das Ziel ist. Keynes berücksichtigte zwei Kategorien und kam dadurch schon zu einer differenzierteren Einschätzung der Lage:

Absolute und soziale Knappheit

In seinem berühmten Aufsatz WIRTSCHAFTLICHE MÖGLICHKEITEN FÜR UNSERE ENKELKINDER war er anno 1930 der Meinung, dass die menschlichen Bedürfnisse in zwei Kategorien zerfallen, »solche Bedürfnisse, die *absolut* in dem Sinne sind, daß wir sie fühlen, wie auch immer die Situation unserer Mitmenschen sein mag, und solche, die *relativ* [bzw. sozial] in dem Sinne sind, daß wir sie nur fühlen, wenn ihre Befriedigung uns über unsere Mitmenschen erhebt, uns ein Gefühl der Überlegenheit gibt.« Die Bedürfnisse der letzten Kategorie, so Keynes, seien fürwahr unersättlich. Die der ersten dagegen nicht. »Unter der Annahme, daß keine bedeutenden Kriege und keine erhebliche Bevölkerungsvermehrung mehr stattfinden, komme ich zu dem Ergebnis, daß das *wirtschaftliche Problem* innerhalb von hundert Jahren gelöst sein dürfte, oder mindestens kurz vor der Lösung stehen wird. Dies bedeutet, daß das wirtschaftliche Problem – wenn wir in die Zukunft sehen – nicht das *beständige Problem der Menschheit* ist.«[9] Keynes nahm an, dass das dringlichste Wirtschaftsproblem, die Versorgung aller Menschen mit den zur Befriedigung der absoluten Bedürfnisse notwendigen Grundgütern im Jahr 2030 gelöst sein

---

7   ibid., 170
8   Deutschmann 1999
9   Keynes 1930, 140 f.

könnte. Die Überwindung der absoluten Bedürfnisse, war die vorherrschende Aufgabe aller menschlichen Gemeinschaften und Gesellschaften in den letzten Jahrmillionen. Um sie drehte sich das gesellschaftliche Leben – und eben diese Aufgabe, so Keynes, könnte schon bald eine nur noch randständige Bedeutung haben.

In der Zeit und auf dem Territorium des römischen Imperiums war ein bescheidener Wohlstand durchaus weit verbreitet. Mit dem Untergang Roms schlitterte das Abendland jedoch in eine rund tausend Jahre lange Phase der absoluten Knappheit und Armut, die nur kurzfristig von Seuchen und großen Kriegen unterbrochen wurde, weil sie Arbeiter verknappten und Löhne steigen ließen. Absolut waren Knappheit und Armut, weil Elend und Hungersnöte der Normalzustand waren und auch der Reichtum der Wenigen nicht ausgereicht hätte, um den Hunger der Vielen zu beenden. Noch um 1800 musste eine fünfköpfige Maurerfamilie in Deutschland 73 Prozent des Familieneinkommens für Lebensmittel ausgeben. Für die übrigen Grundbedürfnisse blieb nicht mehr viel.

In den Industrienationen verbesserte sich der Lebensstandard zunehmend und dann sprunghaft in der zweiten Hälfte des 20. Jahrhunderts – so sehr, dass Galbraith in den 1950er Jahren eines seiner Bücher den Titel GESELLSCHAFT IM ÜBERFLUSS gab. Darin behauptete er – nur zwei Jahrzehnte nachdem Keynes in den 1930ern davon sprach, das wirtschaftliche Problem der Menschheit könnte in hundert Jahren gelöst sein –, dass das wirtschaftliche Problem in den Industriegesellschaften *bereits gelöst* ist. Und er behauptet dies, obwohl der rund zehn Jahre davor ausgeklungene Zweite Weltkrieg einen großen Teil der Welt in eine tiefe Krise gestürzt hatte: »In Ricardos Welt waren die Güter knapp«, resümiert Galbraith. »Heute gibt es Waren in Hülle und Fülle. In den Vereinigten Staaten sterben mehr Menschen an zu reichlichem Essen als an Unterernährung. Während man früher annahm, der Bevölkerungszuwachs würde auf die Lebensmittelversorgung drücken, drückt heute die Lebensmittelzufuhr erbarmungslos auf die Bevölkerungszahl. [...] Trotzdem kreisen unsere Gedanken noch immer um die Produktion.«[10]

Peter Barnes unterscheidet zwei Stadien, welche die Marktwirtschaft in ihrer bisherigen Entwicklung durchlaufen habe. Das erste Stadium nennt er Kapitalismus 1.0, den *Mangelkapitalismus*. Das war die Welt Ricardos. Sie zeichnete sich durch absolute Knappheit aus, d.h. dadurch, dass die Nachfrage größer als das Angebot war. Auf dieses Stadium folgte in den 1950ern der Kapitalismus 2.0, der *Überflusskapitalismus*. In diesem »gibt es für Unternehmen keine Produktgrenzen. Ihr Problem besteht darin, Käufer zu finden. Ein erheblicher Teil des Bruttoinlandsprodukts wird ausgegeben, um Menschen dazu

---

10 Galbraith 1958, 138 f.

zu bringen, diese unnötigen Produkte zu begehren.«[11] Im Überflussstadium übertrifft das Angebot die Nachfrage; werden mehr Lebensmittel, Kleidungsstücke, Zeitschriften, Möbel und andere Dinge hergestellt, als verbraucht werden; halten verschiedene Marketingstrategien (günstige Kredite, Werbung und weitere) das allgemeine Konsumniveau sowie Konsumwünsche so hoch wie möglich. Das Problem des Kapitalismus 2.0 ist nicht die *absolute* Knappheit, sondern die Erzeugung *systemischer* Knappheit.

Heute belaufen sich die Ausgaben für Lebensmittel in den wirtschaftsstarken Ländern auf 15–20 Prozent des Gesamteinkommens privater Haushalte. Vor leeren Schüsseln sitzt in Konsumgesellschaften kaum jemand, dennoch ist Armut in ihnen weit verbreitet. Hierbei handelt es sich jedoch um eine andere Form von Armut, um *relative Armut*. Die meisten Menschen sind hierzulande nicht absolut arm, sondern arm in Relation zu anderen, die mehr haben. »Würde man heutzutage den Maßstab absoluter Armut an die moderne Industriegesellschaft anlegen, so fänden sich dort keine Armen mehr«, merkt der Wirtschaftshistoriker Pierenkemper an.[12] »Es stehen«, so Schumpeter, »dem modernen Arbeiter gewisse Dinge zur Verfügung, über die Ludwig XIV. entzückt gewesen wäre, wenn er sie hätte haben können«.[13] Selbst Sozialhilfeempfänger haben heute einen ungleich höheren materiellen Lebensstandard, als ein mittelalterlicher Landwirt oder ein Industriearbeiter des 19. Jahrhunderts. Die Wirtschaftsgeschichte verkehrte die marxsche Verelendungsthese der Arbeiter ins Gegenteil: Die Bürger und Arbeiter in industrialisierten Ländern verarmten nicht, sie wurden *reich*. Wer Sozialhilfeempfänger arm nennt, denkt nicht an deren absolute, sondern an deren soziale Knappheit und Armut: Sie haben historisch betrachtet viel, zeitgenössisch betrachtet jedoch weniger als der Durchschnitt.

In wohlhabenden Ländern gelten als arm jene Haushalte, deren nach Haushaltsgröße gewichtetes Einkommen einen bestimmten Anteil (z. B. 50 oder 60 Prozent) unterhalb des Durchschnittseinkommens ihres Landes liegt. Nach der komparativen Methode wird damit relative Armut – und mit ihr die soziale Knappheit – bis zum Ende der Geldwirtschaft fortbestehen. Die Wirtschaft und die Durchschnittseinkommen könnten in schwindelnde Höhen wachsen,

---

11 Barnes 2008, 48
12 Pierenkemper 2009, 18
13 Schumpeter 1975 [1942], 113. Vgl. Herrmann (2013, 17): »Wir leben nicht wie frühere Könige – wir leben weitaus besser als sie. Die Schlösser waren damals zwar prächtig, aber es fehlte ihnen an Toiletten, und sie waren schlecht beheizt. Reisen war ebenso ungemütlich: Als die österreichische Prinzessin Marie-Antoinette 1770 nach Frankreich verheiratet wurde, war ihre Brautkutsche 24 Tage unterwegs, um von Wien nach Paris zu gelangen. Heute benötigt der Nachtzug für die gleiche Strecke nur zwölf Stunden und ist besser gefedert als jedes königliche Gefährt.«

die relative Armut und die mit ihr verbundene Unzufriedenheit sowie das Gefühl, zu wenig zu haben, aber bliebe.[14] *Umgekehrt schwindet die relative Armut umso mehr, je geringer die soziale Ungleichheit (speziell die Einkommensungleichheit) zwischen den Menschen wird.*

Armut ist relativ, Zufriedenheit ebenfalls. Der Ökonom Martin Binswanger erkennt an, dass Geld Menschen zufrieden machen könne – sofern andere weniger haben als sie: »Auf der ganzen Welt empfinden Menschen tiefe Befriedigung darin, mehr zu verdienen oder zu besitzen als ihre Kollegen, Nachbarn oder Familienmitglieder, das bringt sozialen Status. Allerdings gibt es da folgendes Problem: Nicht alle können mehr als der Durchschnitt verdienen. [...] Auch wenn das Einkommensniveau in einem Land *absolut steigt*, bleibt dann eine Mehrheit der Bevölkerung unter dem Durchschnittseinkommen«.[15] Dies, so Binswanger, ist – neben dem Gewöhnungseffekt an einen höheren Lebensstandard – ein Grund für die wiederholt gemessene stagnierende Zufriedenheit der Bevölkerungen wohlhabender Nationen.

Gefragt ob sie lieber in Welt A leben wollten, in der man in einem 400 m² großen Haus leben könnte, während jeder andere ein 600 m²-Haus zu seiner Verfügung hat oder in Welt B, in der man ein 200 m²-Haus hat, alle anderen dagegen ein Haus mit einer 100 m² großen Wohnfläche, wählen die meisten Menschen in Umfragen Welt B, obwohl die Wohnung dort doppelt so klein ist.[16] Diese Entscheidung ist einerseits Ausdruck des immateriellen Verlangens nach Status, andererseits aber auch Ausdruck des Wunsches nicht benachteiligt zu werden. In einer imaginären Welt C, in der allen Bewohnern 100 m² Wohnfläche zur Verfügung stünden, bestünde beim Wohnen weder Neid noch Benachteiligung, d.h. kein Anlass zur Unzufriedenheit. Wie in puncto Wohnfläche verhält es sich beim Einkommen und in anderen Konsumbereichen. Da sich Menschen daran orientieren, was andere tun, können und haben, und daraus ableiten, was sie meinen, brauchen zu müssen, um ihr Selbstbild verbessern oder mithalten zu können,[17] wird ein 400 m² großes Haus zu Recht als unerträglicher Mangel oder Armut empfunden, wenn die Majorität in einem grö-

---

14 Und diese Unzufriedenheit wiederum ist Antrieb zur Erwirtschaftung höheren Einkommens. »Die Bedeutung des Einkommens für das Wohlbefinden«, heißt es bei Tim Jackson (2011, 69), »ist innerhalb der jeweiligen Länder vor allem eine Frage des Vergleichs. *Es kommt weniger auf die absolute Höhe des Einkommens an als darauf, ob wir mehr oder weniger als andere besitzen.* Dies trifft vor allem in sehr ungleichen Gesellschaften zu, wo Unterschiede beim Einkommen signifikante Unterschiede im gesellschaftlichen Status ausdrücken. Die Höhe des Einkommens zeigt unmittelbar den Status an, manchmal auch den Einfluss, Macht und Klassenzugehörigkeit« (im Original nicht kursiv).
15 Binswanger 2012, 261f. (im Original nicht kursiv)
16 Frank 2007, 2
17 Corcoran et al. 2011

Knappheit und Überfluss

ßeren wohnt. Menschen möchten sich nicht abgehängt fühlen, und haben sie Anlass dazu, sind ihre (materiellen) Bedürfnisse nicht gestillt.

Am Beginn des 21. Jahrhunderts leiden weltweit mehr Menschen an Fettleibigkeit als an Unterernährung,[18] können in vielen Ländern fast die Hälfte aller produzierten Lebensmittel und mit ihnen eine Agrarfläche von der Größe der Antarktis deswegen verschwendet werden, weil ihr *Überangebot* einen ineffizienten Umgang ermöglicht.[19] Dennoch ist der Glaube in den wohlhabenden Ländern weit verbreitet, in einer Welt des Mangels zu leben. So ungerechtfertigt diese Annahme im Vergleich zu den antiken, mittelalterlichen und frühindustriellen Lebensbedingungen oder zu den gegenwärtigen in den Entwicklungsländern scheint, unangebracht ist sie nicht. Vielen Menschen, selbst Wohlhabenden, ist es sehr plausibel, dass ihre Bedürfnisse nicht befriedigt sind. Denn arm kann in der Konsumgesellschaft, anders als in allen dem 20. Jahrhundert vorangegangen Gesellschaften, auch sein, wer nicht an absoluter Knappheit leidet.

Knappheit ist damit nicht notwendigerweise ein Mangel an Waren und die Strategie zur Überwindung der Knappheit muss folglich *nicht* in der Erhöhung der Produktion bestehen. Sie könnte auch die Verringerung von Bedürfnissen anstreben – z. B. durch die Verringerung der sozialen Ungleichheit oder der systemischen Knappheit. In der Marktwirtschaft aber ist die dominante Strategie zur Bewältigung der Knappheit entweder Rationalisierung oder die Vergrößerung der Produktion – ohne die soziale und systemische Knappheit dadurch je verkleinern zu können. Sie müssten es nicht, aber deswegen kreisen unsere Gedanken noch immer um die Produktion und den Erwerb von Einkommen.

---

18 Egger/Swinburn 2010. In der Studie FUTURE DIETS des Overseas Development Institute heißt es: »Over one third of all adults across the world – 1.46 billion people – are obese or overweight. Between 1980 and 2008, the numbers of people affected in the developing world more than tripled, from 250 million to 904 million. In high-income countries the numbers increased by 1.7 times over the same period. Diets are changing wherever incomes are rising in the developing world, with a marked shift from cereals and tubers to meat, fats and sugar, as well as fruit and vegetables« (Keats/Wiggins 2014).
19 FAO 2013, Kreutzberger/Thurn 2011. Nach der FAO (2013, 6) werden auf 1,4 Mrd. Hektar Agrarland Lebensmittel angebaut, die nicht verwertet werden. Dies entspricht in etwa der Landfläche der Antarktis.

Systemische Knappheit

So widersprüchlich ist bisweilen, was die Menschheit hervorgebracht hat. Robert Musil, der Feingeist, rang mit dieser Ambivalenz in DER MANN OHNE EIGENSCHAFTEN, seinem unvollendeten, ihn auslaugenden, ihn tötenden Lebenswerk. »Die Menschheit«, schrieb er dort, »erzeugt Bibeln und Gewehre, Tuberkulose und Tuberkulin. Sie ist demokratisch mit Königen und Adel; baut Kirchen und gegen die Kirchen wieder Universitäten; macht Klöster zu Kasernen, aber teilt den Kasernen Feldgeistliche zu.«[20] Widersprüchlich ist auch die Marktwirtschaft. Einerseits gibt sie vor, Bedürfnisse befriedigen und das Gemeinwohl steigern zu wollen, kreiert andererseits aber unaufhörlich Bedürfnisse und Knappheit.

Nach gängiger Lehrbuchmeinung *reagieren* Unternehmen auf die Wünsche der Verbraucher, sie *agieren* nicht. Sie sind Getriebene, den Interessen der Verbraucher ausgeliefert wie das Blatt dem Wind. Auf diese Weise dient die Ökonomie dem Menschen, denn es wird nur produziert, was tatsächlich benötigt wird. Faktisch befasst sich jedoch ein ganzer Wirtschaftszweig, das *Marketing*, damit, gestaltend auf die Vorgänge in Absatzmärkten einzuwirken. Faktisch beeinflussen Unternehmen die Nachfrage aktiv und höhlen die Konsumentensouveränität willentlich aus. Eine Vielzahl von Instrumenten wurde entwickelt, um die Nachfragekurve aufzubauen, Verbraucher zu beeinflussen, um »präferenzbildende Effekte auszulösen«.[21] Neoliberale bezichtigen vor allem demokratisch legitimierte *politische* Akteure, in die Souveränität bzw. Freiheit der Konsumenten einzugreifen, und reagieren sehr sensibel auf solche Versuche. Es sind aber vorrangig demokratisch nicht legitimierte *ökonomische* Akteure, welche derartige Eingriffe vornehmen.[22] Dies tun sie nicht in konspirativer Absicht, sondern weil sie vom marktwirtschaftlichen Wettbewerb dazu gedrängt werden.

Da fast alle Unternehmen Marketing-Methoden anwenden, jagen sie sich die Konsumenten gegenseitig ab. Das Konsumvolumen nimmt dadurch alleine noch nicht zwingend zu. Dennoch arbeiten sie in gewisser Weise, wenngleich ungewollt, zusammen, wie Galbraith an Hand des Marketings für Autos darlegte: »Die Werbung einer bestimmten Autofirma versucht Kunden anderer Firmen abzuwerben. Aber die Werbung aller trägt insgesamt zu der Über-

---

20 Musil 1957, 27
21 Steffenhagen 2004, 128
22 Wie sonst ist Claude Hopkins zu interpretieren, der schon 1926 in SCIENTIFIC ADVERTISING als Ziel von Werbung die Steuerung menschlicher Verhaltensweisen durch die Anwendung psychologischer Erkenntnisse vorgab: »The competent advertising man must understand psychology. The more he knows about it the better. He must learn that certain effects lead to certain reactions, and use this knowledge to increase results and avoid mistakes.« (Zit. in: Batra et al. 2006, 17)

Knappheit und Überfluss 39

zeugung bei, daß der Besitz eines Automobils Glück und Zufriedenheit bringe. Außerdem werden die Leute ganz unabhängig von Marke und Modell davon überzeugt, daß die augenblicklichen Tendenzen in Stil und Verarbeitung wünschenswert und jene der Vergangenheit überholt, ausgefallen oder aus anderen Gründen minderwertig seien. [...] Wichtiger dabei ist noch, daß diese ganze Werbung sehr nachdrücklich bekräftigt, daß der Besitz und Gebrauch von Waren Glück bringe, und zwar um so mehr, je mehr Waren produziert und konsumiert werden.«[23] So ist Werbung auch der Konkurrenz für ein Unternehmen derselben Branche letztlich vorteilhaft, wird schließlich die Nachfrage der umworbenen Ware zumindest hoch gehalten. Der Besitz eines Autos wird zu etwas Selbstverständlichem, zu einer Konvention und Konventionen beeinflussen das (Kauf-)Verhalten: Man besitzt ein Auto, weil die anderen, die Mehrheit eines besitzt – weil es normal ist, weil »man« ein Auto besitzt.

Damit ist vor allem die Summe der Werbung, nicht die Wirkung einzelner Spots oder Anzeigen, relevant. In ihrer Summe hat Werbung einen erzieherischen Effekt. »Ein großer Teil der Fernsehreklame« schrieb David Riesman in den 1950ern, »für Nahrungsmittel, Seifen, Autos, Kühlschränke, Möbel, Markenartikel der Bekleidung, sogar für Bier und Zigaretten – ›bildet‹ das Kind, wie seine Eltern, darin, was in der ›häuslichen Ökonomie‹ des Durchschnittsamerikaners zusammengehört«.[24] Werbung macht die umworbenen Waren attraktiv, kürt ihren Besitz zur Konvention, ordnet den Besitz bestimmter Produktvariationen bestimmten sozialen Gruppen oder Schichten oder dem Zeitgemäßem zu. Sie prägt den Zeitgeist und normalisiert den Konsum als Lebensweise. Sie diskriminiert damit indirekt alternative Lebensstile.

Zwar darf man den manipulierenden[25] Einfluss von Werbung nicht zu groß einschätzen, für ihre Wirkung allerdings finden sich Indizien.[26] Obendrein wird eifrig daran gearbeitet, dass die Wirkung größer wird, weshalb in

---

23 Galbraith 1974., 166
24 Riesman [1964] (1973), 23
25 Und in der Tat handelt es sich dabei um den Versuch der beabsichtigten Manipulation. Fritz Haug (2009, 226) zitiert den Leiter einer Werbeagentur: Werbung versucht, auf bestimmte Einstellungen Einfluss zu nehmen, um von daher Verhalten zu beeinflussen. Ganz konkret: Kaufverhalten. Wenn man diesen Vorgang [...] als Manipulation bezeichnet – und ich fürchte, das kann man –, dann manipuliert Werbung.«
26 Morgenstern et al. (2013) kamen bei einer zweijährigen Beobachtung von 1 320 Sechs- bis Achtklässler (zu Beginn der Studie alle Nichtraucher) zu dem Ergebnis, dass die Wahrscheinlichkeit, mit dem Rauchen zu starten mit der Häufigkeit der wahrgenommenen Tabakwerbung korreliert. Die Autoren der Studie sprachen sich darum für das von der WHO geforderte Totalverbot von Tabakwerbung aus. Latouche (2009, 17) nennt eine Umfrage unter CEOs großer US-Unternehmen, von denen 90 Prozent meinten, sie könnten ohne Werbung kein neues Produkt verkaufen. 85 Prozent von ihnen waren außerdem der Meinung, dass Werbung Menschen dazu bringe, Waren zu kaufen, die sie nicht benötigen würden.

Social-Media-Netzwerken wie Facebook die Einstellungen, Vorlieben und Gewohnheiten, Gedanken und Gefühle von über einer Milliarde Menschen beobachtet, gespeichert, analysiert und die Daten an Unternehmen und Agenturen verkauft werden, damit diese mit gezielter, individuell zugeschnittener Reklame die Menschen effektiver als bisher anvisieren können.

Nicht zuletzt steigen die Werbeausgaben, wurden 2013 weltweit 516 Milliarden US-Dollar für Werbung ausgegeben. 2006 waren es noch 391 Milliarden US-Dollar. Diese Kosten zahlen die Verbraucher, da Werbeaufwendungen in die Warenpreise integriert werden. Die Konsumenten zahlen damit *doppelt*: Sie entrichten einen höheren Preis dafür, dass man ihnen Zeit »stiehlt« (so bei TV- und Radiowerbung) und ihre Denk- und Handlungsweise zu instrumentalisieren versucht. Dass dergleichen gesellschaftlich akzeptiert ist, Werbungskosten steuerlich sogar abgesetzt werden können, ist nur eine in Marktgesellschaften vorzufindende Eigentümlichkeit.

In Deutschland investierten nach Angabe des Zentralverbandes der deutschen Werbewirtschaft Unternehmen in den letzten Jahren etwa 30 Milliarden Euro jährlich in Werbemaßnahmen und wurden dabei von 28 000 Werbeagenturen betreut.[27] Diese Zahlen verraten, dass die Werbeindustrie groß ist und eine eigene Dynamik entfaltet: Einmal gegründet, haben die Agenturen ein Interesse daran fortzubestehen und zu wachsen. Dabei machen sie einander mit einem Einfallsreichtum, der Bewunderung verdiente, verfolgte er edle Zwecke, gegenseitig Konkurrenz. Die Agenturen müssen schließlich Werbung *für sich und die Werbung* machen. Sie müssen Unternehmen davon überzeugen, Werbung an sich zu benötigen und die Dienste speziell ihrer Agentur obendrein. Werbeagenturen instrumentalisieren Konsumenten *und* Produzenten gleichermaßen und zu einem Teil muss man wohl die steigenden Ausgaben für Werbezwecke der Überzeugungskunst der Agenturen zurechnen (was wiederum dafür spräche, dass Werbung wirkt).

Manche Werbung mag der bloßen Informationsvermittlung oder der Imagewahrung und -verbesserung einer Marke dienen. Dennoch ist der Informationswert zu den umworbenen Waren meist gering (und fehlt oft gänzlich). Vielmehr wurden in den letzten Jahrzehnten in Deutschland und weltweit große Summen einzig und allein zu dem Zweck ausgegeben, Knappheit bei Verbrauchern zu erzeugen, weshalb Eric Clark sein Buch über die Werbebranche trefflicherweise THE WANT MAKERS nannte.[28] Werbeagenturen und werbende Unternehmen suchen mit großem Aufwand nach dem Knopf, der zu betätigen ist, um Menschen dazu zu bringen, eine bestimmte Ware zu kaufen. Diese Vorgehensweise mag der Logik der Marktwirtschaft entsprechen, doch arbeitet sie der Umsetzung eines guten Lebens der Individuen entgegen. Amir Kassaei,

---

27 www.zaw.de
28 Clark 1989

Kreativchef von DDB, dem weltweit zweitgrößten Netzwerk von Werbeagenturen, verliert deshalb die Diplomatie, wenn er sein Metier reflektiert: »Wir sind die Frontschweine eines kapitalistischen Systems, das auf quantitativem Wachstum aufgebaut ist. Wir versuchen, Menschen Waren zu verkaufen, die sie nicht brauchen, und erziehen sie dazu, sich durch Konsum zu definieren.«[29] Werbeagenturen sind die Exekutive eines auf Konsumsteigerung ausgerichteten Wirtschaftssystems. Um die Steigerung zu realisieren, haben sie den gut bezahlten Auftrag, Knappheiten zu konstruieren und damit zu ständig neuem Konsum zu motivieren. Kassaeis seltene Selbsterkenntnis mag stilistisch unkonventionell sein, sachlich unangemessen ist sie vor dem Hintergrund sich wandelnder Umweltbedingungen vermutlich nicht.[30] Werbung sät überdies Misstrauen. Durch den elterlichen Hinweis, man dürfe der Werbung nicht trauen, da sie zum Kauf verführen möchte, erfährt ein Kind erstmals, dass ihm »die Gesellschaft«, anders als in Kinderbüchern auch hinterhältig gesinnt ist.

Und schließlich ist die bloße Existenz von Werbung der *beste Beleg* dafür, dass dort, wo sie häufig in Erscheinung tritt, an sich *keine* Knappheit herrscht. Darum konzentriert sich Werbung aus systemischen Gründen auf ihre Konstruktion. Solange nämlich Lebensmittel, Kleidung, Möbel und andere zum Leben wichtige Dinge knapp waren, bedurfte es keiner Werbung, um sie zu verkaufen. Erst durch zunehmenden allgemeinen Wohlstand und die Transformation von der Mangel- in die Überflussgesellschaft mussten Menschen zum Kauf animiert werden.

Werbung ist jedoch nur eine in der Marktwirtschaft angewandte Methode, um Bedürfnisse, d.h. Gefühle des Mangels zu kreieren. Als *organisierte Unzufriedenheit* wirkt sie darauf hin, dass man sich den Besitz oder das Erlebnis ständig neuer Waren wünscht – Waren, die einen sozialen Unterschied machen, ein besseres Leben verheißen; Waren, die »man« eben haben muss, um akzeptiert zu sein. Eine andere Methode ist das *Design*. Designer sind, wenngleich nicht alle, mit Unternehmensberatern und Werbeagenturen zusammen, Paladine der Marktwirtschaft. Auch sie setzen die Obligation des »Mehr!« um, steigern den Konsum auf zweierlei Weise: durch Ästhetik und den geplanten psychischen Verschleiß.

Design, fasst Beat Schneider zusammen, hat »den Anspruch, die Welt zum Wohl der Menschen besser zu gestalten«.[31] So sollte er sein, der Beitrag des De-

---

29 Kassaei 2013
30 Zu einiger Berühmtheit gelangte auch Papaneks Abrechnung (1985, ix) mit der Werbebranche: »Advertising design, in persuading people to buy things they don't need, with money they don't have, in order to impress others who don't care, is probably the most phonies field in existence today. Industrial design, by concocting the taw-dry idiocies hawked by advertisers, come a close second.«
31 Schneider 2005, 9

signers. Aber nur ein paar wenige Zeilen später ist Schneider gezwungen, das Wünschenswerte mit dem Wirklichen zu konfrontieren: »Die schöne Gestaltung des Alltags ist vor allem ein wichtiger Wirtschaftsfaktor in einer Realität, in welcher der Unternehmensprofit die fast ausschliessliche Massgabe für den Erfolg des Designs darstellt.«[32] Der innerhalb marktwirtschaftlicher Strukturen tätige Designer hat nicht den Auftrag, das Wohl der Menschen zu verbessern und dafür geeignete Produkte und neue Nutzungskonzepte zu entwerfen, sondern Waren zu gestalten, die den Unternehmensprofit erhöhen. Diese müssen darum nicht unbedingt besser oder nützlicher, aber attraktiv(er) werden. Nicht immer, aber oft ist der Produktdesigner von der Industrie darum zum Produktdifferenzierer und Oberflächenveredler degradiert worden. Fritz Haug hat z. B. ein ganzes Buch über das Design von Verpackungen geschrieben. Schön sollen diese sein, denn die Ästhetik der Warenverpackungen hat eine absatzfördernde Wirkung. Sie löst bei den Betrachtern einen Besitzwunsch aus; das »Zauberkleid« der Waren entfesselt im Menschen Triebkräfte, die ihn zum Kauf verführen.[33]

Designer steigern das Konsumniveau, genauer: müssen das Konsumniveau steigern, auch durch geplante bzw. *künstliche Obsoleszenz*. 1932, während der Großen Depression, verfasste der US-Amerikaner Bernard London einen Artikel mit dem Titel ENDING THE DEPRESSION THROUGH PLANED OBSOLESCENCE. Darin stellte er fest, dass »the warehouses of the world are overstuffed with surplus supplies«. Nicht der *Mangel* war für London das Problem seiner Zeit, sondern der *Überfluss*. Weil es so viele Waren gab und die Konsumenten gesättigt waren, gingen die Preise zurück und die Produktion neuer Waren wurde unrentabel. Obendrein nutzen die Leute ihre Sachen schlicht zu lange, was den Konsum abermals drosselte – ein Grund für die Wirtschaftskrise. Darum schlug London vor, dass Waren wie Möbel und Kleidung ein Verfallsdatum (fünf Jahre) bekommen sollten, nach dessen Ablauf sie den Behörden übergeben werden müssten, die sie dann zerstören sollten. Andernfalls würden Strafzahlungen fällig. Andere Dinge – z.B. Radios, Autos, Maschinen – seien so zu designen, dass sie nach Ablauf der festgelegten Frist kaputt gingen. »The

---

32 Ibid. Auch Thorpe (2010, 15) muss eingestehen, dass Design im Ökonomismus einen kommerziellen Auftrag hat, von dem es sich schwer emanzipieren kann: »Yet typically view themselves, and others view them, as commercial actors. Designers are trained to respond to clients designers and consumers, and to add value to businesses. Governments develop policies that position design as a tool of economic growth. Professional design associations largely concern themselves with business practices and responsibilities to clients. Design is a key cog in the wheel of consumerism, so it is no wonder that most designers have trouble conceiving of their work in any other form than commerce and consumerism. Many designers fall back on the idea of making consumerism ›better‹«.

33 Haug 2009

original span of life of a commodity would be determined by competent engineers, economists and mathematicians, specialists in their fields, on behalf of the Government. [...] As a result of the process, nevertheless, the wheels of industry would be greased, and factories would be kept busy supplying new goods, while employment would be maintained at a higher level.«[34]

Londons Vorschläge wurden von keiner Regierung umgesetzt, aber sie sagen etwas über die Funktionsweise der Marktwirtschaft aus: In ihr muss das Konsumniveau ununterbrochen hoch gehalten werden, sonst sind volkswirtschaftliche Krisen die Konsequenz. Die Überwindung des Mangels kann darum gar nicht das Ziel der Marktwirtschaft sein. Eine Wirtschaft ohne Mangel wäre keine Marktwirtschaft, so muss der Mangel in ihr kreiert und aufrechterhalten werden.

Bekanntlich folgten fast alle Regierungen Keynes Lösungsverschlag, den er vier Jahre später vorlegte. Wie London war auch er der Meinung, dass das Konsumniveau erhöht werden müsse. Doch nicht die Zerstörung von Waren, sondern die Steigerung der staatlichen Nachfrage und höhere Lohnabschlüsse sollten die Produktion stimulieren und neue Jobs schaffen.

Wenngleich nicht als *volkswirtschaftliche,* ist die geplante Obsoleszenz als *betriebswirtschaftliche* Strategie zur Konsumsteigerung erhalten geblieben. Bekannt geworden sind Indizien, die für einen geplanten *physischen* Verschleiß, d.h. mutwillig eingebaute Konstruktionsfehler in Waren, sprechen.[35] Indizien aber sind keine Beweise und weit auffälliger ist ohnehin der geplante *psychische* Verschleiß: Schon in den 1920er Jahren setzte General Motors durch ein sich veränderndes Design und rasche Modezyklen auf die Verkürzung der Lebensdauer seiner Autos und konnte seinem Hauptkonkurrenten Ford dadurch große Marktanteile abringen. Henry Ford setzte damals auf die gegenteilige Strategie, verkaufte sein Modell T im immergleichen Design, stattete es mit robusten Bauteilen aus – und verlor den Wettbewerb mit GM. 1927 musste die Produktion des Modell T eingestellt werden; Ford war fortan gezwungen, die Strategie seines Kontrahenten zu übernehmen.[36]

Der geplante psychische Verschleiß ist nichts anderes als die Schaffung systemischer Knappheit: Moden und neue, oft nur oberflächlich veränderte Modelle entwerten Waren aus der Vorsaison, motivieren zum Konsum. 1955 stellte Riesman für die USA fest, »daß die durchschnittliche Lebenserwartung von Wohn- und Esszimmermobiliar in den letzten zwanzig Jahren von zwölf auf sieben Jahre zurückgegangen ist.«[37] Und 2010 notierte die Soziologin Juliet Schor, in den USA hätte vor der Finanzkrise »the speed of acquiring

---

34 London 1932
35 Packard 1960, Kapp (1979) [1963], 167–170, Slade 2007, Dannoritzer 2011, Kreiß 2014
36 Slade 2007, 31–43
37 Riesman [1964] (1973), 26

and discarding products accelerated dramatically«.[38] Moden, neue Variationen und neue Accessoires lassen den Besitz veralten, wecken das Bedürfnis nach Neuem und damit Mangel, das ist ihr Sinn. Diese Strategie ist in den meisten Branchen vorzufinden und zielt mittlerweile auch auf Waren für Kleinkinder (»Babymode«, »kids fashion«).

Werbung und Design erzeugen systemische Knappheit und stehen der grundlegenden marktwirtschaftlichen Annahme entgegen, dass die Nachfrage den Bedürfnissen und das Angebot der Nachfrage entspricht. Neu ist diese Erkenntnis nicht. Galbraith, und er war nicht der einzige, hatte sie schon vor einem halben Menschenleben: Wenn, schrieb er, »die Produktion die Bedürfnisse erzeugt, die sie zu befriedigen sucht, oder wenn die Bedürfnisse im gleichen Schritt und Tritt mit der Produktion entstehen, dann kann die Dringlichkeit des Bedarfs nicht mehr dazu benützt werden, um die Dringlichkeit der Produktion zu rechtfertigen. Die Produktion füllt nur eine Lücke aus, die sie selbst geschaffen hat!«[39]

Obzwar der Konsum durch die genannten Strategien strukturell stimuliert wird, bedeutet dies nicht, dass Verbraucher keine intrinsischen Motive zum Gütererwerb hätten. Sie konsumieren auch, um anderen ihre Identität zu kommunizieren oder um Genuss erfahren zu können. Wenngleich das Marketing auch diese Motive zu instrumentalisieren weiß, ist die Sicht vom Verbraucher als Marionette falsch. »Werbung kann Begierden gestalten, aber nicht aus dem Nichts erzeugen. [...] Es muss eine entsprechende Neigung in der menschlichen Natur vorhanden sein, bei der die Werbung ansetzen kann; sonst wäre ihre Herrschaft über uns rätselhaft.«[40] Indem die IT-, Möbel-, Automobil-, aber auch die Fahrrad-Branche alljährlich neue Modelle und die Textil-Branche stetig neue Moden anbietet, die hergebrachten damit künstlich entwertet und dazu beiträgt, dass diese vor ihrem physischen Verschleiß durch neue ersetzt werden, macht sie sich das menschliche Bedürfnis zu eigen, nicht abgehängt, sondern auf der Höhe der Zeit bleiben und/oder Status demonstrieren zu wollen. Neue Modelle sind nicht automatisch bessere Modelle, sondern zunächst einmal nur neue Modelle. Das Marketing weiß sie aber geschickt so darzustellen, dass der Verbraucher mit seinen alten unzufrieden wird.

The Materiality Paradox nennt Schor das Phänomen, dass Verbraucher einerseits gar nicht nach materiellen Waren streben, sondern nach den immateriellen Images, die mit ihnen in Verbindung gebracht und auf die eigene Identität übertragen werden. Obzwar die immaterielle Bedeutung wichtiger als das Materielle ist, nimmt der Materialverbrauch stetig zu. Das »materiality paradox suggests that the rising importance of symbolic value increases, rather

---

38 Schor 2010, 6
39 Galbraith 1974, 169
40 Skidelsky/Skidelsky 2013, 51 f.

Knappheit und Überfluss

than reduces, pressure on the planet. That's because sign economies are vulnerable to the dynamics of rapidly changing symbolic value, through the fashion cycle. If what is symbolically valued remains so for only a brief period of time, then replacement t goods become necessary.«[41]

Systemische Knappheit meint aber nicht nur die *Erzeugung von Bedürfnissen* durch Marketing oder Design, sondern auch die *künstliche Verknappung* von Waren, die beliebig verfügbar sein könnten.

»Droht« Knappheit in einem Industriezweig vollends überwunden zu werden, da die Produkte nunmehr unbegrenzt und kostenlos erhältlich sind, muss sie unter marktwirtschaftlichen Bedingungen künstlich erzeugt werden. Dafür setzten sich dann die betroffenen Unternehmen ein, da ihre Existenz von der Knappheit abhängt. Dies erlebte die Musikindustrie Ende der 1990er. Die Digitalisierung von Musik brachte die Branche durch Musikbörsen wie Napster in Schwierigkeiten. Binnen zweier Jahre hatte Napster rund 80 Millionen Nutzer, die kostenlos Musik aus dem Internet laden und beliebig kopieren konnten. Im Grunde traf hier eine neue Technik auf eine alte Struktur und das Ergebnis war der Versuch, die Technik in die Struktur zu zwingen: Die großen Musik-Verlage versuchten das kostenlose Downloaden von Musik als verbrecherischen Akt zu institutionalisieren.[42] Getrieben wurden sie dabei verständlicherweise von der Angst, entbehrlich zu werden.

Erst durch die Einrichtung digitaler Marktplätze, auf denen Musik gegen Bezahlung zum Streaming oder Download angeboten wurde, entstanden neue Absatzwege. So wurde Napster zunächst verboten und dann in einen digitalen Marktplatz umgewandelt. Dieser ist eine künstliche Verknappung, da durch das Internet Informationen – Musik, Wissen, Filme, Literatur oder quelloffene Produktdesigns – unbegrenzt zur Verfügung stehen. Digitale Informationen sind immateriell und beliebig und ohne Qualitätsverlust, schnell und darum im Grunde kostenlos vervielfältigbar. Und doch werden sie mit Preisen, Kopierverboten, verschärften Urheberrechten künstlich verknappt.

Auch Buchverlage sind von der Digitalisierung betroffen und auch sie verknappen Literatur bzw. Wissen. Was das bedeutet, kritisierte der Europäischen Bibliothekenverbandes EBLIDA in seiner Kampagne »The Right to E-Read«. Bibliotheken bieten jeder Person die Möglichkeit, unabhängig von ihrem Einkommen am öffentlichen und kulturellen Leben teilzunehmen. E-Medien kommen diesem Geist noch mehr entgegen, denn Bibliothekskunden können E-Medien über die Website ihrer Bibliothek ausleihen. Schnell haben sie unab-

---

41 Schor 2010, 41
42 Dasselbe Muster wiederholt sich derzeit bei anderen Branchen: Hotel-Lobbyisten versuchen, die Städte dazu zu bringen, private Kurzzeit-Untermieten zu verbieten und haben damit teilweise Erfolg. Taxigesellschaften kämpfen mit ähnlichen Mitteln gegen Uber und die anderen Taxi-Alternativen.

hängig von Ort und Zeit die Datei auf ihrem Gerät und können sie für einen festgelegten Zeitraum nutzen. Nach Ablauf dieser Frist wird sie automatisch gesperrt und steht für den nächsten Nutzer zur Verfügung. Obzwar ein E-Book technisch gesehen nie vergriffen sein kann, muss es in Bibliotheken künstlich verknappt werden. Diese Verknappung geht vielen Verlagen jedoch nicht weit genug. Sie weigern sich, öffentlichen Bibliotheken die Entleihung bestimmter E-Books überhaupt zu ermöglichen. Sie bestimmen, ob und welches Buch sie in welcher Zahl Bibliotheken als E-Book überlassen. Gerade erfolgreichen oder erfolgsverheißenden Titeln verweigern Verlage oft die Lizenzierung als elektronisches Buch. Sie erachten Bibliotheken als Bedrohung für ihr Geschäft und verweigern ihnen darum den Erwerb profitabler Werke in ihrer digitalen Version. Letztlich bestimmten nicht Bibliotheken auf Grund kultureller Erwägungen, welchen Bestand an elektronischen Büchern sie anbieten, sondern Verlage. Unter den gegebenen Bedingungen kann man ihnen dies nicht verdenken, denn die Überwindung von Knappheit ist für Unternehmen, die in einer marktwirtschaftlichen Struktur operieren müssen, der Worst Case. Folglich müssen sie ihn verhindern.

Während Bibliotheken analoge Bücher nach eigenem Ermessen kaufen und verleihen können, sind bei digitalen Büchern Lizenzverträge mit den Verlagen abzuschließen. Die Folge: Die Ausstattung öffentlicher Bibliotheken mit E-Books ist oft noch schlecht, vor allem hält sie nicht mit der rasant wachsenden Nachfrage Schritt, lange Wartezeiten für E-Books sind die Regel. Ist in einer Bibliothek ein bestimmtes E-Book nicht vorhanden, liegt das meist daran, dass der Verlag keine oder eine zu teure E-Book-Lizenz erteilt hat, denn zusätzlich zum Leserecht müssen Bibliotheken auch das Verleihrecht von den Verlagen kaufen.[43]

Buchverlage hatten bislang die Funktion, Bücher zu lektorieren, optisch zu gestalten, zu drucken, zu vertreiben und zu bewerben. Dafür benötigten sie Geld, daran konnten und mussten sie verdienen. Dass die Aneignung von

---

43 Erwirbt man privat eine E-Book-Lizenz ist die gegenwärtige Rechtslage bizarr. Zunächst muss ein Kunde einem meist mehr als zehnseitigen Lizenzvertrag zustimmen. Dieser Vertrag verbietet in der Regel – bis auf das Lesen des E-Books – so ziemlich alles, was beim Kauf von gedruckten Büchern selbstverständlich ist: das Verleihen oder Verschenken des Buchs an Freunde, dessen Weiterverkauf auf einem Flohmarkt oder die Vererbung an Familienangehörige sind mit E-Books lizenzrechtlich nicht gestattet. »Digitale Bücher können praktisch unendlich vervielfältigt und weitergegeben werden, ohne sich jemals abzunutzen. Der Primärmarkt für E-Books und Hörbücher würde komplett zerstört werden, wenn es einen legalen ›Gebrauchtmarkt‹ gäbe«, so Christian Sprang, vom Börsenvereins des Deutschen Buchhandels (zit. in: Sawall 2015). Man erhält beim »Kauf« eines E-Books folglich nur eine Nutzungsberechtigung, erwirbt aber kein Buch bzw. Eigentum. Obendrein ist nicht vorgesehen, dass der Autor des Textes an den Lizenzeinnahmen beteiligt wird.

Wissen jedoch Geld kostet, ist streng genommen ein zivilisatorisches Übel, das Menschen von Bildung fernhält. Tatsächlich braucht es im digitalen Zeitalter nur noch Autor und Leser und einen guten Lektor, der zwischen beiden vermittelt. Die zwischen Autor und Leser fungierenden Verlage (aber auch Bibliotheken und Buchhandlungen) werden zunehmend entbehrlich, da Satz, Druck, Vertrieb und Verkauf nicht mehr zwingend in Anspruch genommen werden müssen – auch das Marketing nicht. Da Verlage aber um ihr Geschäftsmodell und Überleben kämpfen müssen, versuchen sie sich z. B. durch die Vergabe von Lizenzen unentbehrlich zu machen. Geht es nach den Verlagen muss das Bücherangebot künstlich verknappt werden, damit sie ihre Kontinuität gewährleisten können. Unter den gegebenen Rahmenbedingungen verteidigen die Verlage ihre legitimen Interessen. Im Sinne der Verbraucher und des Humanismus hingegen jedoch wäre, dass Menschen jederzeit und überall, von jedem Rechner aus, auf jede Art von Inhalt frei zugreifen können und dies im Idealfall ohne monetäre Kosten.

Das Argument, ohne die künstliche Verknappung würde niemand mehr Musik machen oder Bücher schreiben, trifft nicht zu. Autoren verdienen an Wissenschafts- und Sachbüchern kaum Geld, müssen in den meisten Fällen sogar einen teuren Druckkosten- oder Open Access-Zuschuss zahlen und werden, wenn überhaupt nur gering am Verkaufserlös beteiligt. Die allerwenigsten Autoren können vom Verkauf ihrer Bücher tatsächlich leben. Für sie wäre die Umgehung von Verlagen durch die Einführung digitaler Marktplätze für Bücher hilfreicher als das gegenwärtige Modell. Dennoch werden auch im gegenwärtigen Modell Bücher geschrieben. Und musiziert haben Menschen auch und oft schon vor der Erfindung der Musikindustrie. Und sie werden es nach ihr tun, zumal die meisten Musiker mit ihren Stücken nur wenig Geld verdienen. Nur rund ein Prozent aller Musiker streicht 77 Prozent der Gewinne ein, der große Rest geht nahezu leer aus und musiziert dennoch.[44]

Zur Überwindung von Knappheit

Möchte man die Knappheit – nicht die absolute, denn diese ist im Norden bereits überwunden – wirklich verringern, bieten sich mehrere Möglichkeiten an:

Die systemische Knappheit verringert sich, indem die Zahl der auf den Märkten eingeführten neuen Optionen und scheinbaren, oberflächlichen Innovationen verringert wird sowie aus der Marktwirtschaft hervorgehende Strategien, die Waren mit Bedeutung aufladen und dadurch zum Konsum ani-

---

44 Mulligan 2014

mieren, weniger oder gar nicht angewandt werden. Und offensichtlich löst sich die systemische Knappheit auf, wenn sich das auf Knappheit angewiesene System auflöst.

Die soziale Knappheit verringert sich, wenn sich die soziale Ungleichheit verringert, wenn sich der Zugang zu den verfügbaren Gütern angeglichen hat, wenn etwa jeder Bürger über ein ähnliches Einkommen verfügen kann (z. B. durch eine hohe progressive Einkommenssteuer oder ein bedingungsloses Grundeinkommen) oder durch einfach zugängliche kollektive Nutzungsformen. Das Knappheitsproblem der Überflussgesellschaften kann also prinzipiell verringert werden, sofern dazu entsprechende strukturelle Veränderungen institutionalisiert werden. Ist beides der Fall, schwindet das Bedürfnis nach mehr oder neuen Waren, die der Überwindung des gefühlten sozialen und systemischen Mangels dienen sollen. Unersättlichkeit kann sich in Sättigung verwandeln.

Dagegen argumentieren Ökonomen für gewöhnlich, dass sich Menschen nicht weniger wünschen, da ihre Bedürfnisse keine Grenze kennen. Indes ist die Annahme plausibler, dass die Unersättlichkeit des Menschen weniger seinem Wesen entspringt, sondern vor allem systemisch konstruiert ist. Darum nannte John Gowdy seinen Sammelband über die Ökonomie vergangener und gegenwärtiger Jäger und Sammler-Kulturen mit feiner Ironie LIMITED WANTS, UNLIMITED MEANS und stellte der *wirtschaftswissenschaftlichen Annahme über die menschliche Natur* (unbegrenzte Bedürfnisse, begrenzte Mittel) die *Wirtschaft der Naturvölker* gegenüber (begrenzte Bedürfnisse, unbegrenzte Mittel). Während Ökonomen annehmen, es sei eine Eigenschaft der Menschen, dass diese mehr und mehr Dinge haben möchten, heißt es in dem Buch: »The view of human nature embedded in Western economic theory is an *anomaly in human history*. In fact, the basic organizing principle of our market economy – that humans are driven by greed and that more is always better than less – is a microscopically small minority view among the tens of thousands of cultures that have existed since Homo sapiens emerged some 200 000 years ago.«[45]

Nicht dass Menschen dieser Kulturen in jeder Hinsicht besser gelebt hätten – schon gar nicht in medizinischer und häuslicher –, in diesen überschaubaren Gemeinschaften bestand jedoch in normalen Zeiten wenig absolute Knappheit, da ihre wenigen Mitglieder relativ leicht sammeln und jagen konnten, was sie zur Befriedigung ihrer biologischen Bedürfnisse benötigten. Auch ist die materielle Ungleichheit (und mit ihr die soziale Knappheit) zwischen ihnen gering und eine systemisch bedingte Knappheit schlicht unvorstellbar. Es ist paradox, aber logisch: Je größer die Ansammlung und Produktion von Wa-

---

45 Gowdy 1997, xvii (im Original nicht kursiv)

ren in einer Gesellschaft, desto größer ist der gefühlte systemische Mangel. Je exklusiver dabei der Zugang zu den Waren – und eine der exklusivsten Zugänge ist der Erwerb von Privateigentum gegen Bezahlung –, desto größer der soziale Mangel.

Dagegen wird Knappheit seit Adam Smith in Bezug auf die Nachfrage, nicht in Bezug auf das Angebot definiert. Knappheit entspringt demnach einer zu großen Nachfrage, nicht einem zu großen Angebot. Die Wirtschaft soll damit dem Menschen, nicht der Produktion und den Produzenten dienen. In der marktwirtschaftlichen Praxis muss dieses an sich noble Anliegen jedoch oft umgekehrt werden – und dies ist der Keim der systemisch konstruierten Unersättlichkeit. Während das Ziel jeder vormodernen und modernen Wirtschaftsweise die Befriedigung der Bedürfnisse war, ist es ein Charakteristikum der Marktwirtschaft, dass sie unentwegt Bedürfnisse schafft und damit Mangel und gefühlte Güterknappheit. Lassalle, der Gründer der deutschen Arbeiterbewegung, forderte seine Hörer 1863 auf: »Fragen Sie alle Nationalökonomen: Welches ist das größte Unglück für ein Volk? Wenn es keine Bedürfnisse mehr hat.«[46]

Sozialer und systemischer Mangel aber schüren Bedürfnisse und sind die Ursache für die Tatsache, dass selbst wohlhabende Menschen in wohlhabenden Gesellschaften nach Einkommenszuwächsen streben und im Reich der Notwendigkeit verharren. »While millions of people lack the means to make their demand for the necessities of life (e. g. clean water) effective, many others need no longer worry about survival. The challenge in the latter case is to explain why they are willing to endure the hardship of work to purchase goods which are not essential for life«, fragen sich die Wirtschaftsethnologen Chris Hann und Keith Hart und geben eine Antwort: »The answer is that these goods are valued for social and personal ends. Scarcity is often highly valued for itself, but this scarcity is *socially constructed rather given in nature.*«[47]

Knappheit ist in den Konsumgesellschaften des Westens durch den sozialen Vergleich nicht nur eine soziale, sondern zugleich eine systemische Konstruktion. Ein Buschmann der Kalahari wird unter Knappheit etwas anderes verstehen (nämlich die absolute Knappheit z. B. an Wasser) als ein Manager. »Hedge-fund managers need a 40,000-square-foot house and Gulfstream jet only because *their peers* have them. Evidence suggests that if top earners all spent less on such things, their lives would be no less fulfilling than before.«[48]

---

46 Lasalle 1972, 84
47 Hann/Hart 2011, 6 (im Original nicht kursiv)
48 Frank 2009 (im Original nicht kursiv). Dieser Vergleichsmechanismus lässt sich auch auf Unternehmen übertragen: Obwohl die Deutsche Bank (vor der Finanzkrise) Jahre lang hohe Renditen (15 %) erwirtschaftet hatte, verkündete deren damaliger Vorstandsvorsitzender Josef Ackermann wiederholt, Kostensenkungen durch Entlassun-

Hat er weniger Einkommen als seine Peers, besitzt er keinen (standesgemäßen) Jet, spürt der Manager einen Mangel, den er nicht fühlen würde, hätten keiner seiner Peers einen. Zugespitzt wird die Lage noch, indem alle paar Jahre neue, scheinbar bessere, Jet-Modelle auf dem Markt kommen und ein altes Modell erneut Mangelgefühle weckt.

Buschmann und Manager werden annähernd die gleichen absoluten Bedürfnisse, aber völlig unterschiedliche relative Bedürfnisse haben und letztere werden ihnen von ihrer Gemeinschaft oder Gesellschaft vermittelt. »Das heißt, *der Punkt, an dem man ›hinreichend befriedigt‹ ist, ist in hohem Maße sozial determiniert*«, konkludiert Etzioni.[49] In Marktwirtschaften kann dieser Punkt nur von einer kleinen Minderheit erreicht werden. Der Rest befindet sich in einer Tretmühle, rennend, und doch auf der Stelle tretend.[50] Das Gefühl hinreichender Befriedigung und materieller Sättigung stellt sich in der Tretmühle nie ein. Stattdessen wird Zeit und Energie geopfert, in Arbeit investiert, um viel oder mehr Einkommen zu erwirtschaften.

In Marktwirtschaften treffen gleichwohl mehrere Faktoren zusammen, welche soziale und systemische Knappheit konstruieren. Sie müssen im gegenwärtigen Ausmaß nicht zwingend fortbestehen: Die Dominanz des Privateigentums, die sich davon ableitende (und durch Werbung angefachte) konsumistische Eigenart, den Wert einer Person durch Besitz kommunizieren zu können, soziale Ungleichheit und die stetige Einführung neuer Waren auf den Markt.

Schon Marx stand dem Eigentum argwöhnisch gegenüber, doch fokussierte sich sein Argwohn auf das Eigentum an Produktionsmitteln. Hier steht dagegen das Eigentum an Produkten im Vordergrund. *Privateigentum* ist zunächst zweierlei, eine kulturelle *Errungenschaft* und ein *Problem*. Für eine alternative Wirtschaftsordnung folgt daraus ebenfalls zweierlei: Während die Errungenschaft erhalten bleiben soll, sollte das Problem möglichst verkleinert werden.

Warum ist Eigentum eine Errungenschaft? Es stiftet Individualität, wenngleich diese auch ohne Eigentum hervorgeht. Es ordnet Dinge einem Besitzer zu und diesem darf man das Eigentum nicht gegen seinen Willen beschädigen oder entwenden. Das rechtlich geschützte Eigentum spendet Sicherheit und die Freiheit, innerhalb des gesetzlichen Rahmens beliebig über das Seine verfügen zu können. In vormodernen Zeiten gehörte einem dagegen etwas nur so lange, bis jemand Stärkeres kam und es an sich riss. Eigentum verhält sich da-

---

gen seien unvermeidlich – da eine Rendite von 25 Prozent angestrebt werden *müsse*. Seine Begründung: »Das war damals eine Richtgröße, die die Besten in der Branche ungefähr erreicht haben.«
49 Etzioni 1996, 321 f.
50 Binswanger 2006

mit wie das Rohe zum Gekochten – es macht einen Unterschied zwischen der Wildnis und der Zivilisation.

Warum ist Eigentum ein Problem? Die Bedeutung von Privatbesitz besteht auch darin, einen exklusiven Zugang zu einer Ware zu haben und folglich jederzeit und nach Belieben über sie verfügen kann. Das schließt die Teilhabe anderer aus. »Psychologically, a key feature of ownership is precisely the nonuse of others«, so Wachtel.[51] Damit ist der Privatbesitz nichts anderes als eine künstliche Begrenzung bzw. Verknappung von Zugangsrechten, was dazu führt, dass ein bestimmtes Produkt von einer Person oder einem Haushalt genutzt wird und sich die Anzahl dieser genutzten Produkte um die Zahl der Personen bzw. Haushalte erhöht. Darum kursieren in Deutschland, einem Land mit ungefähr 80 Millionen Einwohnern, etwa 44 Millionen private Fahrzeuge. Und dies wird zunächst einmal zu einem ökologischen Problem, da die Herstellung und Nutzung dieser Fahrzeugflotte enorm viel Energie und Ressourcen aufsaugt.

Das wird aber auch zu einem sozialen Problem, denn erst die Möglichkeit, andere von der Nutzung eines Gegenstandes ausgrenzen zu können, weckt die Empfindung eines Mangels, wenn man den betreffenden Gegenstand selbst nicht besitzt. Aus diesem Grund sind Autos lange Zeit nicht nur Distinktions-, sondern auch Integrationssymbole gewesen. Die Errungenschaft des Eigentums können erhalten und die von ihm ausgehenden Probleme überwunden werden, wenn gesellschaftliche Verhältnisse Eigentum jedem *möglich, aber nicht nötig* machen.

Gemeinhin gilt die Menge der jährlich erzeugten Waren und Dienstleistungen als der reale Reichtum einer Gesellschaft. Viele Waren bedeuten demnach einen großen kollektiven Reichtum. Tatsächlich ist jedoch weniger die Menge der Waren von Bedeutung – schon gar nicht wenn nicht jedermann Zugang zu ihnen hat –, sondern deren Nutzen und Qualität. Die besten medizinischen Dienstleistungen erhöhen das Gemeinwohl nicht, wenn sie die Mehrheit einer Gesellschaft nicht nutzen kann, da ihr Zugang exklusiv ist. Außerdem ist nicht entscheidend, dass man Waren als Eigentum individuell besitzen muss. Diese Form der Aneignung zieht vor allem den Neid der Besitzlosen und eine ökologische Verarmung nach sich – beides steht nicht für den Reichtum einer Gesellschaft. Entscheidend ist vielmehr, dass ein jeder einen unkomplizierten Zugang zu alltagsrelevanten Waren haben kann. Der Reichtum einer Gesellschaft bemisst sich dann am Nutzen und der Qualität von Waren, welche die Individuen gebrauchen können, ohne sie besitzen zu müssen. Diese Art der Distribution verringert die soziale Ungleichheit sowie den Energie- und Ressourcenverbrauch.

---

51 Wachtel 1989, 155; Simmel 1989, 412 f.

Als kollektive Güter gelten heute primär nur solche, die individuell nicht konsumiert werden *können* – z. B. Luft und die Ozeane (die sog. »Global Commons«), Museen, Sportstätten und Krankenhäuser, Straßen und Brücken, das Stromnetz und das Internet. Als kollektive Güter könnte man aber auch solche bezeichnen, die nicht individuell konsumiert werden *müssen*, da sie zur gemeinschaftlichen Nutzung bereitgestellt werden. Bewährt hat sich dieses Konzept etwa beim öffentlichen Transportwesen, bei Bibliotheken und in Fitnessstudios. Für sie zahlt man lediglich eine Nutzungsgebühr. Gleichwohl ist das *Ausschlussprinzip* der Verfügungsstandard der letzten Jahrhunderte. Daraus folgt eine eigentlich sonderbare kulturelle Praxis: »In der ganzen Welt soll es«, bemerkt der Soziologe Opaschowski, »sieht man einmal von den Ameisen und Bienen ab – kein anderes Lebenswesen geben, das sich wie der Mensch die Hortung und den Besitz von Gütern zur Lebensaufgabe gemacht hat und sich verzweifelt an erworbene Güter klammert.«[52] Diese Praxis konnte sich kulturell erst etablieren, als sich Massenproduktion und Privateigentum etabliert hatten. Fortan waren die Menschen damit beschäftigt, Geld durch harte Arbeit zu verdienen, um »sich was leisten zu können«. Eleganter und ökologisch rationaler wäre es indes, wenn man sich nicht viel leisten muss, wenn man Dinge mit wenig finanziellen und zeitlichen Aufwand nutzen könnte.

Man kann Energie und Ressourcen sparen, einfach, indem man weniger Waren konsumiert. Diese Strategie ist ökologisch effektiv, stößt aber an ihre Grenzen, wo auf den Konsum bzw. die Nutzung essenzieller Waren nicht verzichtet werden kann. Hier bieten sich gemeinschaftliche Nutzungsformen an, die im weiten Sinne der Suffizienzstrategie deswegen zugerechnet werden können, da auf den Besitz bestimmter Güter, nicht jedoch auf deren Gebrauch verzichtet wird. Man besitzt nicht ein eigenes Auto, sondern teilt es sich mit anderen (Car-Sharing); man besitzt keinen Rasenmäher, sondern leiht ihn sich aus; man besitzt keine eigene Tiefkühltruhe, sondern lagert Lebensmittel in einer lokalen Tiefkühlservice-Station; man benötigt keine eigene Waschmaschine, sondern teilt nutzt mit den Mitbewohnern die die im Waschkeller vorhandene(n). Letztlich werden keine Gegenstände, sondern Dienstleistungen gekauft und um Zugang zu diesen zu bekommen, muss man die jeweiligen Gegenstände nicht zwingend besitzen.

Indes die Errungenschaft der Institution Eigentum zu erhalten ist, jeder also prinzipiell über Privatbesitz verfügen kann, ist es sinnvoll dem Eigentum kollektive Nutzungsformen an die Seite zu stellen, um dessen ökosozialen Nachteile sowie die Abhängigkeit vom Eigentum zu minimieren. Die Ausdehnung dieses Konzepts ist indes mit den Interessen der Majorität marktwirtschaftlicher Akteure kaum zu vereinbaren. Auch könnten die meisten öffentli-

---

52 Opaschowski 2009, 26

chen Bibliotheken und Schwimmbäder auf dem freien Markt ohne kommunale Zuschüsse kaum überleben. Eigentum ist im Sinne der Marktwirtschaft der stetige und rasche Austausch persönlicher Besitztümer gegen neue.

Aus diesem Grund wird Eigentum mit vielerlei Funktionen aufgeladen, deren wohl bedeutendste Distinktion, Integration und Authentizität sind. Diese Funktionen entsprechen Bedürfnissen, die Menschen von sich aus haben und die in der Marktwirtschaft dazu benutzt werden, soziale Knappheit zu generieren und das Konsumniveau zu erhöhen. Diese Bedürfnisse aber müssen nicht notwendigerweise durch den Konsum von Gütern oder durch Erwerb von Geld befriedigt werden, sie können dies auch anders (z. B. durch sportliche und berufliche Leistung oder akademische Titel). Anderen durch Konsum zu kommunizieren, wer man ist oder gekaufte Güter oder Erlebnisse mit einem guten Leben zu verbinden, ist Bestandteil des Konsumismus. Diese Praktiken werden selten hinterfragt, weil »man« eben so handelt. Es gilt als normal und selbstverständlich, dass man seine Authentizität durch Konsum *materialisiert.* Es ist normal, weil die Bürger in Konsumgesellschaften dies so gewohnt sind. Aber selbstverständlich ist dieser Zusammenhang nicht, denn eigentlich liegt die Vorstellung näher, dass man seine Authentizität *immateriell* durch seine Persönlichkeit (Charakter, Interessen, Biografie, Kompetenzen) oder durch Taten enäußert. Das gleiche gilt für den eigenen sozialen Status: Dieser wird anderen durch den Besitz bestimmter Waren (Auto, Helikopter, Haus, teure Kleidung, Schmuck etc.) kommuniziert. Vorstellbar aber sind gesellschaftliche Verhältnisse, in denen sozialer Status immateriell durch einen erreichten Rang, einen gemeinnützigen Beruf oder außergewöhnliche Leistungen ausgedrückt wird. In einer solchen Gesellschaft wäre es sonderbar, Status durch Konsumprodukte zur Schau zu stellen.

So aber wirkt sich das hohe und hoch gehaltene Konsumniveau negativ auch auf die globalen Ökosysteme aus.

2 Die Verknappung von Natur

In seinem internationalen Bestseller DIE WELT OHNE UNS schilderte Alan Weisman eindrucksvoll die Regenerationsfähigkeit der irdischen Natur.[1] Binnen eines erdgeschichtlichen Wimpernschlags sind die Artefakte der menschlichen Zivilisation – Städte, Straßen, Staudämme – verschwunden, so sie niemand vor der beständig anrückenden Wildnis bewahrt. Ebenso rasch verschwunden, nach ca. 100 000 Jahren, sind die destruktiven Einwirkungen der menschlichen Zivilisation auf die natürliche Umwelt. Zwischen den Zeilen machte er damit deutlich, dass man sich um die Zukunft der globalen Ökosysteme weit weniger sorgen muss, als um die Zukunft der Menschheit.

Was also erwartet die Menschheit in Zukunft? Eine Welt ohne uns ist zwar ein interessantes Gedankenexperiment, aber kein realistisches. Auch in den nächsten Jahrhunderten wird sie mit hoher Wahrscheinlichkeit von Menschen bevölkert bleiben. Was ihr im 21. Jahrhundert auch widerfahren wird und trotz ihres noch bescheidenen Entwicklungsstandes: die Menschheit bleibt. Klimawandel, Kriege und Keime können die Menschheit dezimieren, nicht aber ausrotten; sie können die menschliche Entwicklung verzögern, nicht aber aufhalten.

Selbst die Pest raffte »nur« die Hälfte der abendländischen Bevölkerung hin, obwohl sie ihr nichts entgegenzusetzen hatte. Selbst Deutschland und Japan konnten sich von den Folgen des Zweiten Weltkriegs rasch erholen und prosperieren. In Japan wurden die durch Atombomben zerstörten Städte neu aufgebaut und sind für 1,5 Millionen Japaner der Lebensmittelpunkt. Selbst ein mit der Erde kollidierender Asteroid mit einem Durchmesser von zwei Kilometern, wäre nicht das Ende der Menschheit. Dafür leben Menschen auf der Erde zu dezentralisiert, dafür können sie sich zu gut an jeden Lebensraum

---

1 Weisman 2009

anpassen, dafür ist ihre Ernährung zu vielseitig. Eine benachbarte Supernova wäre das Ende irdischen Lebens – sofern sie sich in den nächsten Jahrhunderten ereignete (ein absurd kurzer Zeitraum im Leben eines Sterns und ein darum wenig wahrscheinlicher Fall). Der Ausbruch eines Supervulkans würde die gesamte Menschheit in einen jahrelangen Winter mit Nahrungsknappheit werfen. Allerdings hat sie in den letzten 75 000 Jahren den Ausbruch zweier Supervulkane schon auf technisch niedrigerem Niveau überstanden.

Mögliche und empfindliche Rückschläge mag es geben, aber das Abendland überwand nach 600-jährigem Niedergang auch den Zusammenbruch des Römischen Reiches und entwickelte sich anschließend weiter. Die Menschheit wird fortbestehen und in einigen Jahrhunderten *unsterblich* sein. Sie ist dann eine Typ-II-Zivilisation auf der Kardaschow-Skala, und nichts, was der Wissenschaft bekannt ist, wird sie auslöschen können. Ab einer bestimmten technischen Entwicklungsstufe wird die Menschheit fähig sein, immense Energiemengen zu nutzen, Klima und Wetter bewusst zu steuern, die meisten (oder alle) Krankheiten zu heilen und den natürlichen Tod auf Jahrhunderte hinauszuzögern, ausgestorbene Spezies wieder zu erschaffen, neue (organische und anorganische) zu kreieren, Lebensmittel unabhängig von der natürlichen Umwelt zu produzieren, Dinge aus dem Raum zu erschaffen, die Bahnen von Kometen zu verschieben, Ressourcen von anderen Monden und Planeten zu nutzen, lebensfeindliche Planeten in lebensfreundliche zu wandeln, diese zu besiedeln, sodass selbst das Ende der Sonne nicht das Ende der Menschen wäre. All das (und mehr) ist machbar, denn es verstößt gegen kein Naturgesetz. Es klingt blasphemisch, provokant, naiv, wenn der Physiker Michio Kaku oder der Historiker Yuval Harari schreiben, Menschen würden bald über Fähigkeiten verfügen, die man in der Antike Göttern zugeschrieben hatte.[2] Tatsächlich besagt aber das dritte Clarkesche Gesetz, jede hinreichend fortgeschrittene Technik sei von Magie nicht zu unterscheiden. Zudem künden sich manche dieser Möglichkeiten schon in der Gegenwart an.

Was also ist zu tun im 21. Jahrhundert? Ökosysteme und Menschheit sind robust, beide werden noch lange überdauern. Gleichwohl wird die Menschheit lernen müssen, *mit sich und ihrer Welt* zurechtzukommen. Die Welt der Menschen ist die Erde, und auf dieser verknappen Menschen die »Natur«. Doch was ist Natur? Gemeinhin gilt als Natur all das, was nicht Kultur, was das vom Menschen Unberührte ist. In diesem Sinne existiert Natur reichlich im Weltraum, nicht mehr jedoch in jenem Raum, den Menschen ihre Welt nennen. In diesem Sinne kann von einer Verknappung von Natur in zweifacher Hinsicht gesprochen werden und in beiden Fällen ist der zunehmende Energie- und Ressourcenhunger der Menschheit der Grund für die Verknappung.

---

2 Kaku 2012, Harari 2013, 484–508

Zum einen gibt es gegenwärtig kaum noch unberührte, wilde, d.h. Natur im urtümlichem Sinn, da menschliche Einflüsse in nahezu jedem Winkel des Planeten nachgewiesen wurden. So enthalten Strände an allen Kontinenten einen wachsenden Anteil an Mikroplastik (an Plastikstücken, die kleiner als ein Millimeter und Jahrhunderte lang beständig sind) und Mikro- wie Makroplastikteile kontaminieren marine Ökosysteme und Organismen bis in die einst vom Menschen unberührte Tiefsee.[3] Beim weiteren Fortgang dieser Verschmutzung werden 99 Prozent aller Seevögel-Arten Plastik mit der Nahrung aufgenommen haben, damit kontaminiert und nicht mehr natürlich sein.[4] Allenfalls Naturkatastrophen bezeugen noch das Wilde und demonstrieren, dass Menschen noch nicht alle Facetten der irdischen Natur unter ihrer Kontrolle haben.

Zum anderen verknappen sich für die Menschheit wichtige Ökosystemleistungen, was ein weit größeres Problem als das »Ende der Natur« ist. Zwar sind intakte Ökosysteme nicht alles, aber ohne intakte Ökosysteme ist für die Menschheit alles nichts, sofern sie die für sie essenziellen Ökosystemleistungen nicht alternativ bereit stellen kann: Sollte z.B. Städten, wie es phasenweise in einigen brasilianischen Großstädten 2015 der Fall war, wegen anhaltender Dürre das Wasser ausgehen, sind Zivilität und Wirtschaft bedroht.

In diesem Kapitel geht es außerdem darum, dass marktbasierte Lösungen ökologischer Probleme vom Markt blockiert werden. In diesem und dem nächsten Kapitel geht es schließlich um das, was wirklich knapp wird: Die für die Ökonomie entscheidende Knappheit wird im 21. Jahrhundert weniger die Diskrepanz zwischen Warenangebot und Bedürfnissen sein, sondern die Verknappung von Ökosystemleistungen und Lohnarbeit. Die alle drei Kapitel des ersten Teils umschließende These lautet folglich, dass basale Mechanismen des Marktes eine *gefühlte* Knappheit bei den Verbrauchern verursachen und eine *reale* Knappheit an Natur und Arbeit. Kurz: Marktwirtschaft bewältigt Knappheit weniger, als sie Knappheit schafft. Aus der sich verknappenden Arbeit könnten allerdings Chancen hervorgehen, doch setzt dies einen Wandel der Wirtschaft voraus. Der ist bereits im Gang und Inhalt des zweiten Teils.

Die Natur der Verknappung

Die Würde der Marktwirtschaft liegt darin, dass sie entscheidend dazu beitrug, die absolute Knappheit zu beseitigen. Ihre Widersprüchlichkeit aber ist, dass sie andere Knappheiten aufrechterhalten und Bedürfnisse schaffen muss.

---

3 Browne et al. 2011
4 Wilcox et al. 2015

In Bezug auf Bedürfnisse machen es sich Ökonomen für gewöhnlich einfach. Sie hinterfragen sie nicht, nicht deren Quelle. Bedürfnisse zu hinterfragen, impliziert, Wertungen vorzunehmen, und dies zu tun ist, so das Argument, nicht die Aufgabe des am Ideal der Naturwissenschaften orientierten Ökonomen, da Werturteile nicht zur Erkenntnis der Wirklichkeit beitragen. In diesem Sinne argumentiert Artur Woll könne »nach begründetem Wissenschaftsverständnis keine wissenschaftliche Aussage darüber gemacht werden, ob die Nachfrage nach bestimmten Gütern einen Luxus darstellt, überflüssig oder unberechtigt ist. Diese Sozialkritik basiert auf einem Werturteil darüber, was der Verbraucher tun und was man ihm zukommen lassen sollte. Die Wirtschaftswissenschaft beschäftigt sich mit Bedürfnissen, so wie sie sind, nicht wie sie sein sollten.«[5]

Diese Aussage ist gleich dreifach problematisch. Zum einen lässt sich nicht argumentieren, dass die Bedürfnisse der Verbraucher ihrer Nachfrage entsprechen. Die Nachfrage eines Individuums, so die gängige Annahme, spiegle dessen Präferenzen und das Angebot wider. Dieser Logik folgend müsste man auch behaupten, Slumbewohner wohnen freiwillig und gerne in engen und dunklen Wellblechhütten, weil sie in ihnen wohnen. Vermutlich würden sie würdigere Räume bevorzugen, doch die sind für sie unerschwinglich. Auch die Tatsache, dass Menschen weit über den Subsistenzbedarf hinaus konsumieren, bedeutet nicht, dass dies ihr Bedürfnis ist. Innerhalb anderer gesellschaftlicher Bedingungen, in denen mehr Wert auf Bildung und Forschung gelegt wird, hätten sie weniger materielle Präferenzen. Überdies entspricht das Angebot einer Marktwirtschaft nicht allein der Nachfrage. Es gilt auch umgekehrt, dass das Angebot seine Nachfrage erzeugt.

Zum zweiten ist die Wirtschaftswissenschaft keine Natur-, sondern eine Sozialwissenschaft, und es ist fraglich, ob eine werturteilsfreie Sozialwissenschaft überhaupt möglich ist. Und selbst wenn, so besteht kein Konsens darüber, dass Wissenschaft stets und strikt werturteilsfrei sein sollte. Aus dem in den 1960ern ausgetragenen Positivismusstreit zwischen kritischen Rationalisten und der Frankfurter Schule, in welchem über die wissenschaftliche Zulässigkeit normativer Urteile gestritten wurde, ging kein Diskurssieger hervor.[6] Nicht zuletzt ist eine ganze sozialwissenschaftliche Strömung, jene sich für eine nachhaltige Entwicklung einsetzende, nicht nur deskriptiv-analytisch (also wertneutral), sondern auch praktisch-transformativ (also wertend) orientiert.[7]

Schließlich und drittens basiert die Wirtschaftswissenschaft selbst auf Werturteilen, z. B. der Verteilung des Sozialprodukts nach dem Leistungsprinzip und der Bejahung der sozialdarwinistischen Annahme, dass nur die Er-

---

5 Woll 2011, 24 f.
6 Adorno et al. 1969
7 Wiek et al. 2012

folgreichen am Markt überleben sollen. Vor allem aber soll der Markt dem Verbraucher dienen und nur aus diesem Grund sollen Unternehmen miteinander in einen Preis- und Qualitätswettbewerb treten. Die wirtschaftlichen Bedingungen sollen so beschaffen sein, dass sie den Konsumenten die bestmögliche Befriedigung ihrer Bedürfnisse ermöglichen. Über diesen Weg soll der Markt das Gemeinwohl erhöhen. Unvereinbar – und auch hierbei handelt es sich um Werturteile – ist eine Ökonomie, die der Konsumentensouveränität entgegenwirkt sowie eine Ökonomie, die ihr Wachstum auf Kosten gegenwärtiger wie zukünftiger Generationen erwirtschaftet.

De facto drängt die Marktwirtschaft zu ökonomischen Praktiken, welche Werturteilen des Marktes entgegenarbeiten; befriedigen die am Markt operierenden Unternehmen nicht nur die Bedürfnisse der Verbraucher, sondern erzeugen sie auch und arbeiten damit dem ersten Ziel allen Wirtschaftens, der Bewältigung des Knappheitsproblems, entgegen. Zugleich verknappen sich dadurch für ein gutes Leben essenzielle Ökosystemleistungen, womit auf Kosten junger und kommender Generationen gewirtschaftet wird. Obendrein attackieren Konsumpsychologen und Marketingexperten mit multiplen, das Einkaufsverhalten lenkenden Strategien, die Souveränität der Konsumenten und damit einen Grundstein der aufs Verbraucherwohl fixierten Marktwirtschaft.

Natürlich produzieren viele Unternehmer nicht zum Wohle des Verbrauchers, sondern zum Eigenwohl. Dies war schon Adam Smith bewusst. Dass die immanenten Gesetze der Wettbewerbswirtschaft Unternehmern aber vorschreiben könnten, ihr Angebot so aufzustellen, damit Bedürfnisse geweckt werden und Verbrauchern das Geld aus der Tasche gelugst wird, konnte oder mochte er sich nicht vorstellen. Smith glaubte daran, dass der Eigennutz des Unternehmers durch seine Moral, die Konkurrenz und Gesetze in engen Grenzen gehalten und das Gemeinwohl dadurch steigen würde.

Die ökonomische Praxis verläuft jedoch anders. Moral stößt im marktwirtschaftlichen Existenzkampf auf eine hohe Barriere und kann sich in Unternehmen nur vereinzelt durchsetzen. In der Regel wird gewirtschaftet, wie es profitabel ist; gilt als erlaubt, was nicht verboten ist. Die Verbraucher werden im Rahmen der vorhandenen Möglichkeiten dazu animiert, so viel Geld wie möglich auszugeben; die Umwelt wird geschädigt, wenn dies zu tun Gewinne verspricht (zwar wird die Umwelt auch geschont, wenn sich dadurch Gewinne ergeben, doch ist dies weitaus seltener der Fall); Schlupflöcher werden genutzt, um Steuerzahlungen zu meiden. Da nahezu alle Unternehmer so handeln müssen, regulieren sich diese Praktiken kaum durch die Konkurrenz. Staatliche Regulierungen haben die Imperative der Marktwirtschaft bisher kaum domestizieren können. Noch weniger trifft dies auf dem Weltmarkt zu, auf dem rigide Vorschriften ein Wettbewerbsnachteil sind.

Außerhalb der Marktwirtschaft wären Strategien wie die Werbung für erwiesenermaßen gesundheitsbedenkliche Waren oder die künstliche Verknappung essenzieller Produkte, die jedem frei zugänglich sein könnten, keiner Erwägung wert. Sie könnten vor dem Gerichtshof der Vernunft schlicht nicht verteidigt werden. Sie wären *irrational*, denn sie verschlechtern die Lebensqualität, belasten den Organismus oder die ökologische Systeme. Und vom Zustand der letzteren hängt nicht nur die Ökonomie, sondern auch das Wohlergehen der Menschheit ab.

Seit jeher wirtschaftet man, um Bedürfnisse zu befriedigen. In der Marktwirtschaft müssen Bedürfnisse jedoch auch erzeugt werden, um wirtschaften zu können. Damit wird in der Marktwirtschaft eine Knappheit geschaffen, die zu verringern sie vorgibt. So erklärt sich das Paradox, dass die führenden Konsumgesellschaften Überflussgesellschaften *und* Mangelgesellschaften sind – und unter den gegebenen Verhältnissen immer sein werden. Produziert wird zwar auch, um Bedürfnisse zu sättigen, vorrangig aber, um rentabel zu wirtschaften, und die Bedürfnissättigung ist dabei der Gegenspieler der Rentabilität. Knappheit wird ergo in der Marktwirtschaft konstruiert – Knappheit, die es ohne sie nicht geben würde. Entgegen der Lehrmeinung ist der Markt darum *nicht* die effizienteste Methode, menschliche Bedürfnisse unter Knappheitsbedingungen zu befriedigen. Vielmehr ist zu diskutieren, ob die Marktwirtschaft die Verschwendung knapper Mittel fördert. Als Folge des daraus resultierenden Anstiegs im Konsum- und Produktionsniveau und des zunehmenden Energie- und Ressourcenverbrauchs verschwendet die Menschheit Böden, Wälder und Riffe, verschmutzt – auch das ist eine Form der Verschwendung – saubere Luft und Trinkwasser.

Zu Recht ist der sozialistischen Ökonomie vorgeworfen worden, Energie und Ressourcen zu verschwenden, weil sie keinen Anreiz zum sparsamen Umgang mit ihnen vorgab. Zwar ist die Profitmaximierung in der Theorie ein gutes Motiv für Effizienz, in der Praxis zeigt sich aber auch, dass Profitmaximierung der Effizienzsteigerung im Weg steht, und dies ist ein wesentlicher Grund dafür, dass die Effizienzstrategie eben kein Selbstläufer ist. Die Wettbewerbslogik, die sie eigentlich forcieren sollte, verringert ihre Effektivität.

Beide, sowohl die konstruierte, als auch die ökologische Knappheit verschlechtern das menschliche Wohlbefinden. Erstere hinterlässt ein unstillbares Gefühl an Unzufriedenheit bzw. den Wunsch, beständig mehr oder neues besitzen zu müssen. Letztere bedroht die Sicherung der biologischen Grundbedürfnisse vieler Menschen.

Die Verknappung der Natur

»Die schiere Möglichkeit«, so die Ökonomin Lisa Herzog »dass die Spezies Mensch zu einer Bedrohung für das Ökosystem insgesamt werden könnte, wäre für klassische liberale Denker wie John Locke oder Adam Smith kaum vorstellbar gewesen – und insofern, als ihre Vorstellungen bis heute nachwirken, müssen sie um die Frage ergänzt werden, wie unsere Wirtschafts- und Lebensformen auf einen nachhaltigen Pfad gelenkt werden können.«[8] Damals stand die Überwindung der absoluten Knappheit im Vordergrund, damals konnte sich kein liberaler Denker je vorstellen, dass es einst »Aufgabe der Menschheit sein könnte, sich um die Erde als Ganzes zu kümmern [...]. ›Die Erde‹ war für die meisten Menschen sowieso eine vollkommen abstrakte Vorstellung«.[9]

Als sich die freie Marktwirtschaft vor ungefähr 250 Jahren formierte, war die Erde in mancherlei Hinsicht eine andere. Damals lebten weniger als eine Milliarde Menschen, heute sind es mehr als sieben und bald womöglich zehn Milliarden. Damals waren die Menschen zumeist arm, existierte der Begriff Konsument noch nicht, heute umfasst die globale Konsumentenklasse schon über zwei Milliarden Menschen. Sie nimmt weiter zu und mit ihr das Konsumniveau, der Energie- und Ressourcenverbrauch, die Umweltverschmutzung und -verwandlung. Damals, um 1780, klagte Georg Tobler in einem Fragment: »Natur! Wir sind von ihr umgeben und umschlungen – unvermögend, aus ihr herauszutreten, und unvermögend, tiefer in sie hineinzukommen.« Und noch in den Gemälden Caspar David Friedrichs wirkt die Natur übermächtig, sind Menschen bloß staunenden Statisten.

Heute ist der Mensch übermächtig geworden und hat Ökosysteme nach seinem Willen geformt oder unbeabsichtigt degradiert. Heute ist mehr als die Hälfte der eisfreien Erdoberfläche nach den Bedürfnissen der Menschen umgestaltet; findet sich vermutlich nur tief unter dem Meeresboden ein mikroorganismisches Ökosystem, das von anthropogenen Einwirkungen unberührt und damit Natur geblieben ist. Heute wird das Ende des Holozäns und der Beginn des Anthropozäns diskutiert, in welchem biologische, geologische und atmosphärische Prozesse maßgeblich von menschlichen Aktivitäten beeinflusst werden. Heute gilt es zunehmend als veraltet, die Erde als ein natürliches *Ökosystem* zu sehen, das von Menschen gestört wird. Nach der neuen Sicht ist die Erde ein *Humansystem* mit eingebetteten Ökosystemen, in denen *Biome* durch *Anthrome* ersetzt wurden. Die meisten Arten müssen sich nicht mehr wie seit hunderten von Millionen Jahren an natürliche Biome und Klimate anpassen, sondern an Lebensräume und Klimaverhältnisse, die seit wenigen tausend und

---

8 Herzog 2014, 143
9 ibid., 145

besonders seit wenigen hundert Jahren von Menschen umgestaltet werden.[10] Die meisten Arten leben in Anthromen, in Ökosystemen ohne Natur. Eine Rückgewinnung von Biomen scheint nur möglich, wenn Lebensmittel so produziert werden können, dass ein Großteil der heutzutage beanspruchten Agrarfläche wieder Natur werden darf.[11]

Im Anthropozän vollzieht sich keine *Zerstörung*, sondern eine grundlegende *Verwandlung* der Ökosysteme. Yuval Harari macht eine interessante Ungleichheit auf, die das Ausmaß dieser Verwandlung zeigt: Das Gewicht aller derzeit lebenden Menschen beträgt etwa 300 Millionen Tonnen, das aller der menschlichen Nahrung dienenden Nutztiere rund 700 Millionen Tonnen. Das Gewicht aller derzeit lebenden Wildtiere, von Echsen und Wieseln bis Elefanten und Walen, auf nur 100 Millionen Tonnen.[12] Die Nutztiere benötigen Raum und den verschafft ihnen der Mensch in Anthromen, indes biomische Lebensräume der Wildtiere schrumpfen.

Vor 250 Jahren vollzog sich keine nennenswerte anthropogene Erderwärmung, im 21. Jahrhundert könnte sich die Erde voraussichtlich um drei oder vier Grad aufheizen, und das könnte viele Gesellschaften in Schwierigkeiten bringen. Damals war es sinnvoll und progressiv, Produktionswachstum und die Steigerung des Güterwohlstands zu fordern. Heute gilt dies in den reichen Ländern zunehmend als reaktionär. Die Gründerväter der Marktwirtschaft konnten diese zukünftige Welt nicht vorhersehen, heute ist ihr Werk zunehmend weniger an die neuen Umweltbedingungen angepasst, die es unbeabsichtigt mitgestaltet hat.

Von 1900 bis 2005 verachtfachte sich der jährliche globale Ressourcenverbrauch (biotische und abiotische Ressourcen) auf rund 60 Milliarden Tonnen, während sich die Weltbevölkerung »nur« vervierfachte (für das Jahr 2008 betrug der globale Ressourcenverbrauch für sieben Milliarden Menschen schon 70 Milliarden Tonnen),[13] bis 2050 könnten es 140 Milliarden Tonnen werden. Die meisten globalen Umweltprobleme sind direkte Folgen dieses Verbrauchs. Besonders nahm der Verbrauch nicht erneuerbarer Ressourcen zu. Dieser hatte am Beginn des 21. Jahrhunderts einen 70-prozentigen Anteil am gesamten Materialverbrauch. Während das Bevölkerungswachstum vor allem in den Entwicklungsländern die Hauptursache für den größer gewordenen Verbrauch ist, ist dieser in den industrialisierten und seit 1990 auch in den Schwellenländern vor allem auf den Anstieg des Konsum- und Produktionsniveaus zurückführbar.[14]

---

10 Martin et al. 2014
11 Stengel 2016
12 Harari 2013, 427
13 Wiedmann et al. 2013
14 Krausmann et al. 200

An jedem einzelnen Tag des Jahres 2000 war der Welthandel so groß wie im gesamten Jahr 1949.[15] Die Menschen in den Industrie- und Schwellenländern leben und wirtschaften, speziell seit den 1950ern, als gäbe es im Weltraum eine zweite Erde und die Option, sie im großen Stil kolonisieren zu können. Während ersteres wahrscheinlich ist, ist letzteres in diesem Jahrhundert unwahrscheinlich. Darum ist es ein Problem, dass ökologisch intakte Lebensräume und mit ihnen die Artenvielfalt schrumpfen, damit aus den Ökosystemen entnommene Ressourcen Waren werden. Allein der Widerstandsfähigkeit ökologischer Systeme ist es zu verdanken, dass die Menschheit bisher in relativ stabilen Umweltbedingungen leben konnte – aber diese Stabilität nimmt ab.

Das 2-Grad-Ziel wird wohl verfehlt und El-Niño-Jahre mit ihren globalen Wetterextremen die neue Normalität werden. Zudem ist der ökologische Fußabdruck der Menschheit so groß, dass sie gegenwärtig 1,5 Planeten bräuchte, um ihren Ressourcenverbrauch dauerhaft decken und ihre Abfallstoffe absorbieren zu können. Die Erde benötigt also 1,5 Jahre, um die verbrauchten *erneuerbaren* Ressourcen zu regenerieren und jene Emissionen zu absorbieren, die binnen eines Jahres entstanden sind.[16] Der hohe Verbrauch *nicht erneuerbarer* Ressourcen könnte weitere Probleme machen. In seinem Bericht an den Club of Rome sieht Ugo Bardi eine Zeit schwindender Ressourcen auf die Menschheit zukommen. Zwar würden mineralische Ressourcen nicht ausgehen, die Förderung bestimmter Mineralien aber wird umständlicher, meist umweltschädlicher und sie verteuert sich zunehmend. Der Wohlstand der reichen Gesellschaften basiert auf der billigen Erschließung von Rohstoffen, die künftig sukzessive teurer werden.[17] Recycling ist eine Lösung für das Problem. Wächst jedoch der Verbrauch weiter wie bisher, kann auch Recycling der Verknappung kaum entgegenwirken. Darum plant die NASA Rohstoffe von Asteroiden abzubauen, hat die ESA jüngst eine Sonde auf einem Asteroiden gelandet, arbeiten mehrere Nationen an der Errichtung von Mondbasen, um dort Rohstoffe wie Helium-3 enthaltendes Gestein abzubauen. Das würde die *Grenzen des Wachstums* in ein *Wachstum der Grenzen* umkehren, sofern der Abbau abiotischer Rohstoffe im großen Maßstab geschähe. Für die Extraktion von Rohstoffen auf Monden oder Asteroiden, auf denen sich auf natürliche Weise kein Leben entwickeln kann, spricht, dass sich dadurch das Leben auf der Erde schützen ließe. Dennoch wird die Menschheit in den kommenden Jahrzehnten mit den Ressourcen ihrer heimischen Welt zurechtkommen müssen. Und dies bereitet ihr große Schwierigkeiten.

Schon mit seinem ersten Satz setzte Schumacher in SMALL IS BEAUTIFUL einen neuen Akzent. Ging Galbraith in Anspielung auf Keynes in den 1950ern

---

15 http://cordis.europa.eu/news/rcn/17722_de.html
16 WWF et al. 2012
17 Bardi 2013

davon aus, dass das wirtschaftliche Problem, das Problem der Produktion, gelöst sei, widersprach Schumacher in den 1970ern: »Es ist einer der verhängnisvollsten Irrtümer unserer Zeit zu glauben, das ›Problem der Produktion‹ sei gelöst.«[18] Was für Galbraith *die Lösung* und sozusagen der Endpunkt allen Wirtschaftens war – der Anstieg der Produktion und der dadurch ermöglichte allgemeine Wohlstand in den Industrienationen –, war für Schumacher *das Problem* und Ausgangspunkt einer neuen Wirtschaftsform. Die einzigartige Steigerung der industriellen Produktion nach dem Zweiten Weltkrieg, war für ihn nur vorübergehend aufrechtzuerhalten, da sie mit einer ebenfalls einzigartigen Umweltvergiftung und -zerstörung einherging. Er befürchtete, dass die industrielle Produktion die Basis aufzehren würde, auf welcher sie errichtet wurde. Schumachers Problem der Produktion hat seit den 1970ern Ausmaße angenommen, die Schumacher vermutlich nicht für möglich gehalten hätte.

Und doch: Das größte Problem sind für die Menschheit *nicht knapper werdende Rohstoffe*, obwohl z. B. fruchtbare Böden weltweit erodieren und das für die Landwirtschaft ebenfalls wichtige Phosphor in den nächsten zwei oder drei Jahrzehnten tatsächlich zur Neige gehen könnte. In den meisten Fällen lässt sich kaum bestimmen, welche Ressourcen wie knapp sind, da unklar ist, welche Mengen von ihnen noch in der Erdkruste lagern oder aus Deponien wiedergewonnen werden können. Obwohl die globalen Ökosysteme bislang eine bemerkenswerte Resilienz gezeigt haben, ist das größte Problem der stetige Umbau bzw. die *stetige Degradation von Ökosystemen* auf allen bewohnten Kontinenten – und diese resultiert direkt aus dem wachsenden Verbrauch von Rohstoffen, d. h. der wachsenden Entnahme und Nutzung von Biomasse (vor allem durch die Land- und Viehwirtschaft) und von fossilen und mineralischen Rohstoffen sowie aus der Verschmutzung von Wasser und Böden.

Will Steffen und über ein Dutzend seiner Kollegen haben neun ökologische Dimensionen bewertet, die für die Stabilität und Resilienz der Biosphäre und ihrer Ökosystemleistungen essenziell sind. Zu ihnen zählt die Akkumulation von Treibhausgasen in der Atmosphäre und die von CO_2 in den Ozeanen, der Zustand der Ozonschicht, der Stickstoff- und Phosphorkreislauf, die Süßwassernutzung, anthropogene Landnutzung, das Artensterben, die Luftverschmutzung sowie die Einführung neuer Substanzen in die Ökosysteme (z. B. Nanopartikel und Mikroplastik). In mittlerweile vier Dimensionen ist die Biosphäre nach heutigem Wissen durch menschliche Aktivitäten bereits über die sichere Grenze hinaus belastet (Klimawandel, Artensterben, Landnutzung, Phosphor- und Stickstoffüberlastung).[19] Diese Grenzen, darf man sich nicht wie den Rand einer Klippe vorstellen. Sie gleichen Warnschildern, die ein Gebiet wegen hoher Lawinengefahr sperren, damit niemand zu Schaden kommt.

---

18 Schumacher 1977, 11
19 Steffen et al. 2015a

Ob eine Lawine tatsächlich abgehen wird, ist nicht sicher, aber die Bedingungen dafür sind gegeben. Die planetaren Grenzen sind, was die 2-Grad-Marke für die Erderwärmung, was die hohe Mauer an der nördlichen Grenze der Sieben Königslande in der Serie *Game of Thrones* ist: Jenseits ihrer erstreckt sich die Gefahrenzone, lauern Wildlinge und weiße Wanderer.

Je mehr diese Grenzen überschritten werden, desto negativer wirkt sich das auf die Ökosystemleistungen aus: Die globalen Ökosysteme stellen Nahrung, saubere Luft Trinkwasser, Holz, Fasern, medizinische und genetische Ressourcen zur Verfügung, sie inspirieren Bioniker, sie entsorgen Abfallstoffe und neutralisieren Schadstoffe, sie regulieren das Klima und unterstützen den Nährstoffkreislauf sowie die Bodenbildung, sie gewähren Entspannung und Resonanzerfahrungen. Manche dieser Ökosystemleistungen, allen voran fruchtbare Böden, könnten für eine bald zehn Milliarden Köpfe zählende Population tatsächlich knapp im absoluten Sinne werden.[20] Knapp werden folglich weniger *Rohstoffe, sondern Funktionen*, welche Ökosysteme für menschliche Gesellschaften haben. Die meisten dieser Ökosystemleistungen kann die Menschheit noch nicht ersetzen, und schwinden sie, ist fraglich, wie die Lebensqualität vieler gesichert, geschweige denn verbessert werden könnte.

Menschliche Gesellschaften benötigen für ihre sichere Entwicklung relativ stabile Umweltbedingungen, da sie von ihrer Umwelt noch weitgehend abhängig sind. Wandeln sich Umweltbedingungen zu sehr oder zu schnell, werden viele Gesellschaften in ernst- und schmerzhafte Adaptionsschwierigkeiten geraten – und eine dauerhafte und eskalierende Überschreitung der genannten Belastungsgrenzen kann ökologische *Tipping Points* übertreten. Diese werden die Biosphäre in etwa so durcheinander bringen, wie eine große durch einen Wald rauschende Lawine. Große Teile des Waldes nehmen zunächst Schaden, der Wald wird sich aber langfristig erholen. Donnert die Lawine durch ein Bergdorf, mag sich auch dieses von der Lawine erholen, der zwischenzeitliche Einschnitt aber kann ein für die Dorfbevölkerung sehr harter sein. Klug und wünschenswert wäre es darum, das Dorf vor der Lawine zu bewahren.

Regierungen stellen Umweltschutzmaßnahmen dagegen meist hinter Wachstums- und Entwicklungsmaßnahmen. Innerhalb degradierender, kontaminierter, von Wetterextremen gegeißelter Umwelten ist die Erhöhung des Wohlstandes oder die Verringerung der Armut, letztlich also die Verwirklichung eines guten Lebens ein jedoch aussichtsloses Projekt. Und das impliziert, dass dieses Wieselwort *Nachhaltigkeit* vor allem dann Sinn macht, wenn man es in seiner *starken* Lesart interpretiert. Auch aus nachfolgendem Grund:

---

20 Millenium Ecosystem Assessment 2005

Die Verknappung von Freiheit

In der Konsumgesellschaft wird Konsum eng mit dem liberalen Wert der freien Wahl verknüpft. Eine möglichst große Auswahl zwischen Konsumprodukten ist Wahlfreiheit, ist Freiheit. Hierbei handelt es sich nicht nur um eine reduktionistische Vorstellung von Freiheit, vielmehr bedroht die kulturelle Aufwertung des Konsums Freiheit. Denn die Ausweitung des Angebots ist gleichbedeutend mit einer Ausweitung des Energie- und Ressourcenverbrauchs für Herstellung, Transport, Nutzung und Entsorgung der Waren. Weitet sich überdies der Kreis kaufkräftiger, eine große Produktpalette fordernder Konsumenten, vergrößern sich die Umweltbelastungen, verknappen sich Ökosystemleistungen. Mit ihnen verknappen sich wiederum für junge und zukünftige Generationen die Bedingungen der Möglichkeit ein Leben in Freiheit und Autonomie führen zu können.

Felix Ekardt, Verfechter einer »radikalen« Autonomie des Individuums, weist darum energisch darauf hin, dass die Sicherstellung von Nahrung, Trinkwasser, Atemluft und einem hinreichend stabilen Klima ein »elementarer *Freiheitsvoraussetzungsschutz*« insofern ist, als ohne diese Voraussetzungen die »*Freiheit von* Beeinträchtigungen in Leben, Gesundheit und Existenzminimum« sowie eine autonome Lebensführung unmöglich wäre. Eine Gesellschafts- oder Wirtschaftsordnung, die – wie die gegenwärtige – auf Kosten der Freiheit junger und künftiger Generationen operiert, verknappt deren Chancen ein gutes, *menschwürdiges* Leben führen zu können erheblich und ist damit eine *ungerechte* Gesellschaft.[21]

(Neo-)Liberale, die sich gern auf Freiheitsrechte berufen, übersehen, dass die von ihnen propagierte freie Marktwirtschaft nicht nur die natürliche Umwelt, sondern auch basale Freiheitsvoraussetzungen angreift. Vehement insistieren Liberale auch darauf, sich nicht vorschreiben lassen zu wollen, wie sie zu leben hätten und legitimieren so Konsum- und Lebensstile, die auf viel Fleisch, große Autos und Häuser sowie Flugreisen basieren. Doch ist eben dieser Konsum unter den heutigen Voraussetzungen »nicht auf große Teile der Weltbevölkerung übertragbar, ohne die Basis für die zukünftige Entwicklung aller Menschen zu unterminieren.«[22]

Da sich verknappende Ökosystemleistungen zudem autoritäre Regierungsformen befördern können, bedeutet dies, dass sich mit zunehmender ökologischer Knappheit die Freiheit verknappt, ein Leben frei von grundlegenden Beeinträchtigungen führen zu können. In Rahmen von Maslows Bedürfnispyramide könnte damit für viele Menschen in Zukunft ein Mangel der beiden

---

21 Ekardt 2010, 89 ff.
22 WBGU 2014, 8

Die Verknappung von Natur

elementaren Grundbedürfnisse – biologische Bedürfnisse und Sicherheitsbedürfnisse – und damit absolute Knappheit normal werden. Im Sinne des politischen Liberalismus ist das nicht.

Wenn »ich die Lebensgrundlagen heute in einer Weise schädige, daß dieses Handeln bei jungen und künftigen Menschen später keine Freiheit von Beeinträchtigungen in Existenzminimum, Leben und Gesundheit mehr garantieren kann, dann schade ich ihnen spätestens in diesem künftigen Zeitpunkt. Dann ist der Schaden aber irreversibel, und damit würde das betroffene Freiheitsrecht nicht mehr das leisten, was Freiheiten leisten sollen: einen sicheren Schutz gegen Beeinträchtigungen. Also«, so Ekardt weiter, »müssen die Grundrechte künftiger Menschen ebenjene Menschen heute schon schützen. Umso mehr gilt dies für junge Menschen«.[23] Natürlich impliziert Ekardts Argumentation, dass zukünftige Generationen Freiheit und Autonomie wünschen, und ob sie dies tun, wissen wir nicht. Man kann aber nicht vom Gegenteil ausgehen. Vielmehr deuten sich in den letzten Jahrhunderten ereignende kulturübergreifende Demonstrationen und Revolutionen gegen Unfreiheit darauf hin, dass es sich bei ihnen um universelle Grundwerte handelt. Natürlich kann man davon ausgehen, dass technische Innovationen die in Aussicht stehenden Beeinträchtigungen kompensieren können. Es ist sogar riskant, den Einsatz technischer Innovationen für eine nachhaltige Entwicklung zu ignorieren. Riskant ist es aber auch, blind auf die technische Entwicklung zu vertrauen, denn unklar ist, ob und wann technische Lösungen für dringende ökologische Probleme gefunden werden können. Und schließlich dürfen künftige Freiheitsvoraussetzungen heute nicht gefährdet werden – schon gar nicht, wenn potenziell höhere Beweggründe dafür fehlen. Und das tun sie: Zwar muss die Versorgung insuffizient Lebender in vielen Ländern verbessert werden, ihr Energie- und Ressourcenverbrauch also steigen, der global größte negative Umwelteinfluss geht jedoch von jenen Gesellschaften aus, deren Bürger keine absolute Knappheit mehr kennen.

Riskanter als das Vertrauen auf technische Lösungen dieses Problems, scheint das Vertrauen auf Mechanismen des Marktes zu sein, die ökologischen Problemen ebenfalls entgegenwirken sollen. Eine solche Marktlösung sind z. B. »ökologisch wahre« Preise.

---

23 Ekardt 2010, 93

»Wahre« Preise

Aus anthropozentrischer Sicht verknappen sich Ökosystemleistungen und Freiheitsvoraussetzungen. Fossilen Energieträger verknappen sich in den nächsten Jahrzehnten dagegen nicht. Dabei ist deren Nutzung eine Ursache für die Verknappung bestimmter Ökosystemleistungen und Freiheitsvoraussetzungen. Der weltweite Kohlevorrat schrumpft zwar, reicht aber noch für rund 200 Jahre und Kohle kann man verflüssigen und beispielsweise als Benzin nutzen. Durch Fracking lassen sich neue Lagerstätten von Erdöl und Erdgas erschließen, am Grund der Ozeane lagern große Mengen Methanknollen, auch der Ausbau erneuerbarer Energien schreitet voran – wenngleich erheblich langsamer als der weltweite Energieverbrauch und der anthropogene Klimawandel lässt sich durch die Verbrennung fossiler Energieträger wohl nicht aufhalten.

Vielleicht werden in Zukunft Millionen Anlagen konstruiert und eingesetzt werden, die CO_2 wie Bäume – jedoch wesentlich effektiver – aus der Luft aufsaugen.[24] Auf diese Weise könnte der CO_2-Gehalt in der Atmosphäre auf einem bestimmten Niveau stabilisiert werden. Findet sich anschließend eine befriedigende Antwort auf die Frage, wohin man das gesammelte und abgetrennte CO_2 gefahrlos abgeben kann (es nach dem CCS-Verfahren unterirdisch zu lagern, ist bekannter Nachteile wegen keine elegante Lösung), könnte das Leben und Wirtschaften wie bisher weiter gehen. *Nicht wegen, sondern trotz* der Marktwirtschaft könnte die anthropogene Erderwärmung dann gestoppt werden, und dies spricht *nicht für, sondern gegen* die Marktwirtschaft, deren Mechanismen klimagasreduzierende Maßnahmen eher blockieren.

Der steigende Verbrauch fossiler Energie ist die Folge der marktwirtschaftlichen *»Stärke«*, Wachstum zu forcieren, aber auch einer marktwirtschaftlichen *Schwäche*: Ressourcen wie fossile Energieträger werden zu einem Preis gehandelt, der die beim An- und Abbau oder der Nutzung auftretenden ökologischen Schäden nicht integriert. Preise können u. a. zwar messen, ob ein Rohstoff reichlich verfügbar oder knapp ist, nicht jedoch die negativen Auswirkungen, die seine Gewinnung oder Nutzung auf die Ökosystemleistungen hat.

Die Preise sagen mit anderen Worten nicht die »ökologische Wahrheit« – und das können sie auch nicht, weil man den Wert eines Ökosystems, eines Biotops oder einer Spezies für die Biosphäre und die Menschheit monetär nicht bemessen kann.[25] Das gleiche gilt für den durch verschmutzte Luft oder verunreinigte Ozeane entstehenden ökologischen und sozialen Schaden. Obendrein haben manche Ressourcen (z. B. Luft und Meere) gar keinen Preis. Aus diesen Gründen sind Energieträger wie Erdöl und Kohle und Waren oder Dienstleistungen wie Kreuzfahrten, Autos, Fleisch und Fisch unverhältnismäßig preis-

---

24 Lackner et al. 2012
25 Sukhdev 2013, 91

wert und werden unverantwortlich stark nachgefragt. Wie ließe sich auch der wahre Preis von Kohle bestimmen, deren Verbrennung negative Folgen noch in Jahrhunderten haben könnte?

Monetär geschätzt (eingedenk der Komplexität des Unterfangens, bestehender Unsicherheiten und Reduktionismen einer ökonomischen Bewertung von Ökosystemen) wurden dagegen die wirtschaftlichen Kosten, die durch den Verlust der Vielfalt an Arten, Genen und Biotopen entstehen: jährlich 2–5 Billionen US-Dollar.[26] Dieser Schaden betrifft viele Branchen, nicht nur die Touristikbranche, deren Geschäft von der Attraktivität der natürlichen Umgebung abhängt, sondern auch Bergbauunternehmen, aus denen sich Investoren zurückziehen, da sie ganze Regionen verseuchen. Der wirtschaftliche Erfolg der Pharmazie hängt regional um bis zu 70 Prozent von pflanzlichen Inhaltsstoffen und der Existenz unzähliger Arten ab. Durch ihre zahllosen Eingriffe in die Ökosysteme vernichtet die Menschheit folglich jedes Jahr mehr Kapital, als während der jüngsten Weltfinanzkrise. Umgekehrt liefern die weltweiten Schutzgebiete (die fast 14 Prozent der Erdoberfläche ausmachen, darunter auch die Antarktis) einen geschätzten ökonomischen Nutzen im Wert von etwa drei Billionen Euro jährlich, indes ihre Erhaltung nur ca. 29 Milliarden Euro kostet.

Bislang berufen sich politische Entscheidungsträger und ökonomische Theoretiker vor allem auf vier Strategien, um den Anstieg des Energie- und Ressourcenverbrauchs und die Schrumpfung der Ökosystemleistungen zu stoppen: Die Steigerung der *Energie- und Ressourceneffizienz* (eine wichtige Säule der Green Economy), die Umsetzung des *Coase-Theorems* im Handel mit Emissionen, die Einführung einer *Pigou-Steuer* in Form einer CO_2-Steuer und die Kennzeichnung von Waren mit *Labeln,* die über ihre Nachhaltigkeit informieren.

Den oft genannten Widerspruch zwischen Ökonomie und Ökologie – es gibt ihn in der (Umwelt-)Ökonomie nicht, denn durch die Anwendung dieser Instrumente kann die Wirtschaft so gesteuert werden, dass sie die natürliche Umwelt schont und schützt. Allerdings funktionieren diese Instrumente unter Wettbewerbsbedingungen in der Praxis zumindest bislang nicht hinreichend. Marktwirtschaftliche Lösungen für Umweltprobleme gibt es, doch erschweren ausgerechnet marktwirtschaftliche Bedingungen, allen voran der Wettbewerb, deren Effektivität.

---

26 vgl. TEEB 2010. Die Bestäubung von Insekten zum landwirtschaftlichen Ertrag steuert dazu jährlich 190 Mrd. USD bei und auf etwa 310 Mrd. USD wird der Beitrag genetischer Ressourcen zum pharmazeutischen Ertrag geschätzt.

Die Ineffizienz der Effizienzstrategie

Malthus Argumentation von der unsichtbaren Faust kränkelte daran, dass er die Wirkungen der unsichtbaren Hand nicht vollständig erfasste. Der Preismechanismus hat zur Folge, dass der Preis knapper werdender Ressourcen steigt. Damit wird es (a) automatisch lukrativ, nach neuen Reserven zu suchen (effizientere Ausbeutung), die vorhandenen Ressourcen (b) effizienter zu nutzen oder (c) nach Substituten zu forschen oder solche zu nutzen, die ehedem zu teuer waren.

Bei steigenden Lebensmittelpreisen werden der Wildnis vermehrt Ackerflächen abgerungen (a). Durch die Grüne Revolution konnten auf derselben Ackerfläche außerdem mehr Ernteerträge eingefahren werden (b). Lebensmittelsubstitute (c) kursieren ebenfalls auf dem Markt (etwa Analogfleisch und -käse, sowie Insekten als Proteinquelle). Im Allgemeinen ist die Suche nach Substituten, nach Stoffen also mit der gleichen benötigten Eigenschaft und einem ähnlichen Preis, keine Strategie, die einfach umzusetzen wäre, obwohl die Annahme der endlosen Substitution knapper Ressourcen durch solche, die reichlich vorhanden sind, eine wichtige volkswirtschaftliche Prämisse ist.[27] Der drohenden Holzknappheit in Europa konnte durch den Einsatz von Kohle als Energieträger zwar entgegnet werden, verschmutzte Luft und sich in der Atmosphäre akkumulierende Treibhausgase aber waren die Folge. Und die Substituierung fossiler Energieträger durch umweltverträgliche bereitet der Weltgesellschaft gegenwärtig große Probleme. Noch im Jahr 2030, so eine Prognose der Internationalen Energieagentur, werden 75 Prozent der weltweit eingesetzten Energieträger fossilen Ursprungs sein.[28]

Nachdem die GRENZEN DES WACHSTUMS erschienen waren, wurden vor allem die beiden ersten Strategien – die Erschließung neuer Reserven und die Effizienzsteigerung – umgesetzt. Folglich erwiesen sich die Prognosen des Berichts als zu pessimistisch, die Grenzen mussten in die Zukunft verschoben werden. Der absolute Energie- und Rohstoffverbrauch nahm jedoch nach den beiden Ölkrisen der 1970er Jahre weltweit steil zu. Auch dies ist eine Wirkung der unsichtbaren Hand bzw. eine Folge des Wettbewerbs: Der Druck zu Wachstum und Konsumsteigerung fördert, trotz Effizienzmaßnahmen, den Energie- und Ressourcenverbrauch. Das schmälert nicht die Bedeutung von

---

27 Keil 1999, dagegen kritisch Bardi 2013, 274–281
28 IEA 2011. 2010 deckten fossile Energieträger 81 % des Weltenergiebedarfs. 2014, dem Jahr, in dem der fünfte Weltklimabericht mit einer Reihe schlechter Nachrichten veröffentlicht wurde, ereignete sich überdies eine Renaissance der fossilen Energieträger: Neue Ölbohrungen in der Tiefsee, China und Indien steigern ihre Kohleimporte, Deutschland den heimischen Abbau von Braunkohle, die USA ihre Erdgasproduktion und Kanada die Ausbeutung seiner Ölsandlagerstätten.

Effizienzmaßnahmen – denn ohne sie wäre die Lage noch bedenklicher –, zeigt aber, dass Effizienz die natürliche Umwelt kaum entlasten wird, so die ökonomischen Verhältnisse unverändert bleiben.

Notwendig wäre eine absolute Entkopplung zwischen Wachstum und Ressourcenverbrauch und diese wurde nach 1950 nur unfreiwillig und kurzfristig während der 2007 einsetzenden Wirtschaftskrise verzeichnet, als das Produktions- und Konsumniveau vieler Länder für zwei Jahre einbrach. Verfechter einer Green Economy weisen zwar immer wieder darauf hin, dass sich Wachstum und Umweltschutz nicht ausschließen.[29] Denn zur Senkung der Produktionskosten, sei der effiziente Einsatz natürlicher Ressourcen rationalerweise im Interesse der Unternehmen. Allein, wenn dies so ist, warum sind Unternehmen nicht schon vor Jahrzehnten auf diese Idee gekommen? Offenbar erhöht eine höhere Ressourceneffizienz innerhalb von Wettbewerbsbedingungen nicht automatisch den Gewinn.

Im Gegenteil vereiteln marktwirtschaftliche Effizienzerwägungen oft den effizienten Einsatz von Energie oder Rohstoffen. Zum einen sind die Extraktionskosten für Rohstoffe im 20. Jahrhundert relativ konstant geblieben, weshalb die Motivation, in Effizienzmaßnahmen zu investieren, sehr begrenzt war. Erst seit 2001 steigen sie in Folge des erhöhten Rohstoffbedarfs in den Schwellenländern an. Die Verlagerung der Produktion in Niedriglohnländer macht dagegen betriebswirtschaftlich wegen der geringeren Personalkosten mehr Sinn, obwohl sich die Ressourcenproduktivität dadurch verschlechtert. Gerade die interkontinentalen, oft die halbe Erdkugel umspannenden Wertschöpfungsketten vieler Waren bezeugen die ökologische Unvernunft der ökonomischen Vernunft. So wird die Herstellung eines in Florida gekauften T-Shirts wegen der billigen Lohn- und Transportkosten auf drei Kontinente verteilt (Nordamerika, Asien, Afrika) verteilt.[30]

Weil es zum anderen oftmals teurer Neuanschaffungen bedarf, verhilft sich ein Unternehmen zunächst zu keinem Wettbewerbsvorteil, wenn es seine Energie- oder Materialproduktivität erhöht. Darum unterscheiden Matthias Reichmuth und Gerd Schröder zwischen den *technisch machbaren* und den *betriebswirtschaftlich möglichen* Einsparungen. »So sind für viele Anwendungsbereiche gewaltige Einsparungen technisch durchaus […] möglich, sie setzen aber häufig erhebliche Investitionen voraus (z. B. Dämmung von Gebäuden, Einsatz der energieeffizientesten Maschinen). Beispielsweise können bestehende Gebäude modernisiert werden. Für die Vermieter ist eine so weitgehende Sanierung jedoch in der Regel unrentabel, da die Investitionskosten so hoch wären, dass die sie dann nicht vollständig auf die Miete umgelegt werden können.«[31]

---

29 Weizsäcker et al. 2010
30 Rivoli 2006
31 Reichmuth/Schröder 2013, 65

Was auf dem Immobilienmarkt gilt, trifft auch für die Unternehmen anderer Wirtschaftssektoren zu: Der Einsatz effizienterer Maschinen geht mit Investitionen einher, deren Amortisierung oft zu lange dauert und darum nicht lukrativ ist. Zudem werden keine Maschinen oder Geräte ausgetauscht, so sie nicht abgeschrieben wurden, was bei hohen Anschaffungskosten mit einer entsprechenden Zeitrate verbunden ist. Kohlekraftwerke, einmal errichtet, bleiben darum Jahrzehnte lang in Betrieb, obgleich ihre schädlichen Auswirkungen bekannt sind. Unternehmen, so Reichmuth und Schröder weiter, investieren »in der Regel dann in effizientere Technik, sobald sich diese rasch genug amortisiert. Die betriebswirtschaftliche Betrachtung hat dabei Vorrang. Bei großen Unternehmen wird eine Amortisation in bereits zwei bis drei Jahren verlangt. Realisiert werden dann nur Maßnahmen, die sich innerhalb dieser Zeit amortisieren, weil kurzfristige Renditeziele sowie die Unsicherheit über den langfristigen Erhalt von Standorten langfristig sinnvollere Investitionen erschweren.«[32] Selbst Konzernchefs, die gerne umweltbewusster wirtschaften würden, können dies nicht. Sie sind im Teufelskreis von Quartalsberichten gefangen. Sobald sich Umweltschutz zu sehr in der Bilanz niederschlägt, ziehen Investoren ihr Kapital ab.

Eine weitere Barriere ist die Erhaltung der Produktqualität, die durch eine ressourceneffizientere Herstellung nicht immer gewährleistet ist. Hier verhalten sich viele Unternehmen nach der Maxime »Never touch a running system« risikoavers. Veränderungen im Produktionssystem werden nur ungern hingenommen, weil ihnen Qualitätsprobleme und damit Wettbewerbsnachteile folgen könnten.

Darum, so Klaus Wiegandt – einst Vorstandsvorsitzender der Metro AG –, versuchen Manager die kurzfristigen Erwartungen der Eigentümer mittels verschiedener Maßnahmen zu erfüllen. Energie- und Ressourceneffizienzstrategien zählen dabei nicht zu den prioritären Maßnahmen, da ihre Amortisierung zu langfristig ist: »Die probatesten Mittel einer kurzfristigen Gewinnmaximierung sind das Ausschöpfen aller Kostenpotenziale, insbesondere einer massiven Absenkung der Arbeitskosten durch Lohnsenkung und Flexibilisierung durch den ein volkswirtschaftlich schädlicher Niedriglohnsektor mit allen Gefahren der Altersarmut entstanden ist, Verzicht auf Rationalisierungsinvestitionen, deren Return länger als drei bis vier Jahre beträgt, Optimierung des internen Wachstums in der Regel durch Verdrängungswettbewerb mit Hilfe verstärkter Werbung, und falls das nicht ausreicht, freundliche oder feindliche Übernahmen von Konkurrenten – zur Hebung sogenannter Synergien, das bedeutet in der Regel: Personalkostenabbau durch Zusammenlegung von Verwaltung, Vertrieb und Logistik, Konzentration der Einkaufsmacht etc.«[33] So

---

32 ibid., 66;
33 Wiegandt 2013, 79

entstehen private Gewinne und soziale wie ökologische Kosten, welche der Gesellschaft aufgebürdet werden. Eine kreative Buchführung, verbunden mit der Umgehung von Steuerzahlungen, vollendet dies. Managern kann diese ökonomisch rationale Misswirtschaft nur im Rahmen ihres Handlungsspielraums angekreidet werden – und dieser ist überschaubar. Wiegandt schreibt, dass er, hätte er in seinen aktiven Zeiten als Vorstandsvorsitzender über sein heutiges Wissen über Nachhaltigkeit verfügen können, »*aus Wettbewerbsgründen [...] kaum mehr als 30 Prozent dessen umsetzen können, was für eine nachhaltige Entwicklung in der Unternehmensführung notwendig gewesen wäre.*«[34]

Nicht zuletzt sehen sich Unternehmen oft mit einem systemischen Widerspruch konfrontiert, der darin besteht, dass sie Energie und Ressourcen *sparen sollen*, ihre Produktionsrate aber *steigen muss*, damit sie profitabler wirtschaften können. Eine einzelne Ware mag in der Folge materialeffizienter produziert werden, durch den Mengenzuwachs ihrer gesteigerten Produktion, wird dieser Effizienzeffekt jedoch überkompensiert. Durch den marktwirtschaftlichen Wettbewerb entstehen also mindestens zwei Kategorien von *Verschwendung*:

- Ineffizienter *Konsum* (intendierte Steigerung der Bedürfnisse, was den Güter- bzw. Ressourcenverbrauch erhöht, aber nicht mit einer erhöhten Lebenszufriedenheit einhergeht),
- Energie- und ressourcenineffiziente *Produktion* durch Marktmechanismen (die Produktion muss gesteigert werden, was der absolute Entkopplung entgegenarbeitet; Investorenerwartungen müssen bedient und Wettbewerbsnachteile vermieden werden, wobei Energie- und Ressourceneffizienzmaßnahmen oft kontraproduktiv sind).

Im gegenwärtigen Wirtschaftsmodell macht die Anwendung der Effizienzstrategie nur Sinn, wenn der Preis effizienter produzierter Waren sinkt. Konkurrenten haben dann einen Wettbewerbsnachteil und müssen gleichfalls effizienter werden. Eine ökologische Entlastung ist damit nicht vollbracht, denn sinkende Preise haben im Gegenzug eine steigende Kaufkraft zur Folge. Steigt das Konsumniveau, erhöht sich der zur Befriedung der Nachfrage anfallende Energie- und Materialinput. Der angestrebte Ressourceneinsparerfolg wird dadurch verringert oder kompensiert. In einer auf die Steigerung des Konsums ausgerichteten Wirtschaftsform kann die Effizienzstrategie zwar den relativen Input pro Ware reduzieren, nicht aber den absoluten Input, da sich die Gesamtmenge der produzierten Waren erhöht.

---

34 ibid., 61. Das Wiegandt mit seiner Erfahrung kein Sonderling ist, zeigt die bislang größte CEO-Befragung der UN zum Thema Nachhaltigkeit (UN Global Compact 2013).

Es ist nun ein Merkmal des Ökonomismus, dass gesellschaftliche, von der Ökonomie verursachte, Probleme ökonomisch, vor allem marktwirtschaftlich, angegangen werden. Dabei wird angenommen, dass kollektives Verhalten am effektivsten durch Marktmechanismen in die gewünschte Richtung gelenkt werden kann. Tatsächlich ist ihre Einwirkung auf das menschliche Handeln beachtlich – jedoch kann auf die Richtung der Einwirkung schon deutlich weniger Einfluss genommen werden:

Wandel durch Handel? Das Coase-Theorem

In den ersten beiden Monaten des Jahres 2014 bildeten sich kilometerdicke Smogglocken über weiten Teilen Chinas. Die Tage waren so dunkel, dass die Fotosynthese der Pflanzen erheblich beeinträchtigt wurde. Der künstliche Nebel war so dicht, dass zahlreiche Verkehrsunfälle die Folge waren. Die Luft war so schmutzig, dass die Feinstaubbelastung den von der WHO empfohlenen Grenzwert um das 17- bis 20-fache überschritt. Betroffen waren rund 400 Millionen Menschen. Beeindruckender wurde selten demonstriert, dass eine auf das Wohl der Konsumenten reduzierte Ökonomie nicht automatisch auch das Wohl der Menschen in ihrer Rolle als Bürger, Elternteil oder Unternehmer (denn die mussten die verschmutzte Luft ebenfalls inhalieren) fördert. Die Luft in den meisten Großstädten Chinas ist jedoch nicht punktuell, sondern chronisch verschmutzt. Stimmt die Untersuchung von Chen et al., haben als Folge der permanenten Luftverschmutzung rund 500 Millionen im Norden des Landes wohnende Chinesen, eine um durchschnittlich 5,5 Jahre verringerte Lebenserwartung.[35] Die Vorgänge sind nicht auf China begrenzt. Die WHO schätzt, dass 2012 weltweit jeder achte Mensch an den Folgen verdreckter Luft gestorben ist. »This finding more than doubles previous estimates and confirms that air pollution is now the world's largest single environmental health risk.«[36]

Umweltprobleme, z. B. Luftverschmutzung, können nach Meinung vieler Ökonomen deswegen entstehen, weil ein Gemeingut wie Luft keinen Preis hat. Wird ein Gut nicht über Marktpreise gehandelt, wird es übernutzt. Darum besteht die Strategie in der preislichen Integration negativer externer Effekte: Die Verschmutzung der Luft kostet den Verursacher Geld, das zur Kompensation der Schäden eingesetzt wird. In der Praxis gilt es eine Reihe von Problemen zu

---

35 Chen et al. 2013 Laut der Europäischen Umweltagentur starben 2011 in der EU 430 000 Menschen vorzeitig an den Folgen einer durch Feinstaub verschmutzten Luft (EEA 2015, 12).
36 WHO 2014

überwinden, damit dieses Prinzip tatsächlich zum Einsatz kommen kann. So müssen ein konkreter Schadensverursacher und konkrete Betroffene identifiziert und die Höhe des entstandenen Schadens genau beziffert werden. Das ist, wie bei der Luftverschmutzung und anderen Umweltproblemen offensichtlich wird, in vielen, wenn nicht gar den meisten, sicher aber in den wichtigsten, Fällen unmöglich: An der Luftverschmutzung sind zahlreiche Fabriken, öffentliche Einrichtungen, Autonutzer und viele andere Akteure in unterschiedlichem Ausmaß beteiligt. Die konkrete Kausalität zwischen einzelnen Verursachern und einzelnen Betroffenen kann nicht rekonstruiert und die Schadenshöhe nur vage bestimmt werden. Was der monetäre Wert einer ausgestorbenen Tierart ist, kann ebenso wenig bestimmt werden, wie die Verantwortlichen ihrer Extinktion.

Gleichwohl lassen sich zwei marktwirtschaftliche Verfahren der Internalisierung externalisierter Kosten unterscheiden, deren Anreize die effizienteste Steuerung der erwünschten Verhaltensweisen gewähren sollen: Zum einen Verhandlungen zwischen Verursacher und Betroffenen, wobei die Zuweisung von Eigentumsrechten Ausgleichszahlungen zwischen den jeweils Bevor- und Benachteiligten ermöglichen, d. h. die entstandenen externen Kosten kompensieren soll (Coase-Theorem). Zum zweiten der Einsatz von (Umwelt-)Steuern, die der Verursacher von Umweltproblemen zu tragen hat (Pigou-Steuern).[37]

Eine politische Umsetzung des Coase-Theorems ist der – schon Ende der 1960er entworfene und 1995 in den USA für SO_2 sowie 2005 in der EU für CO_2 implementierte – Emissionshandel, bei dem ein Markt für Erderwärmungsrechte konstruiert wurde. Gehandelt wird seitdem das Recht, die Atmosphäre gegen die Zahlung eines Marktpreises zur Ablagerung von CO_2 nutzen bzw. verschmutzen zu dürfen. Die Zahlungen sollen wiederum zum Abbau des CO_2 in der Atmosphäre eingesetzt werden, um negativen externen Effekten vorzubeugen. Gleichzeitig sollen die zu erwerbenden Rechte bzw. Zertifikate graduell künstlich verknappt und ihr Preis damit zunehmend höher werden.

Doch wurde, zumindest beim CO_2, die Rechnung ohne den Wettbewerb gemacht. Einerseits sollte der Wettbewerb zur *Realisierung von Wettbewerbsvorteilen* dazu zwingen, Zertifikate einzusparen. Faktisch war der Wettbewerb Anlass zum Betrug: Die EU fragte die Unternehmen nach ihren CO_2-Emissionen und diese gaben zu hohe Werte an, damit möglichst viele Zertifikate ausgegeben wurden. Der Wettbewerb war zudem Anlass für Lobbyisten, politischen Druck zur *Vermeidung von Wettbewerbsnachteilen* auszuüben. In dessen Folge wurde der Emissionshandel erst spät gestartet, dann wurden 90 Prozent der gehandelten Zertifikate kostenlos zugeteilt. Der Preis der Zertifikate fiel langfristig weit unter ein steuerungswirksames Niveau. Marktökonomen mö-

---

37 Coase 1960, Pigou 1932

gen in den Zugeständnissen an Lobbyisten ein Politikversagen sehen. Tatsächlich ist Lobbyismus aber eine logische Folge der Konkurrenzwirtschaft, ebenso die politische Sorge um den Verlust von Arbeitsplätzen und Steuereinnahmen im Rahmen des internationalen Standortwettbewerbes. Das politische Zugeständnis an die energieintensive Industrie war eine nachvollziehbare Reaktion auf die vom Markt ausgehende Unsicherheit. Die Marktrationalität äußert sich im Wirtschaftsleben folglich anders als im Modell.[38]

Und würde die Zuteilungsmenge an Zertifikaten auch erheblich reduziert und der Preis für eine Tonne Emissionen in die Höhe klettern, entstünde ein nicht unerheblicher Anreiz, die Überschreitung der eigenen Emissionsmengen in den einzusendenden Jahresberichten zu verschleiern oder runterzurechnen. Wegen des vorherrschenden Kontrolldefizits stehen die Chancen gut, dass so agierende Unternehmen keine negativen Sanktionen fürchten müssen.[39]

Vor diesen Problemen steht übrigens auch eine Steady-State-Economy, die nur innerhalb ökologischer Grenzen operieren soll. Um diese einzuhalten schlägt Czech, nebst Maßnahmen zur Regulierung der Weltbevölkerung, ein Cap-and-Trade-System für nahezu alle natürlichen Ressourcen vor. Schon die Bestimmung der angemessenen Grenzwerte wird in der Praxis mit langwierigem Feilschen verbunden sein. Daran schließt sich das gegenwärtige Problem an, die Einhaltung der Caps effektiv kontrollieren und negative Sanktionen bei ihrer Übertretung erlassen zu können. Künftig könnten vielleicht verbesserte Sensoren diese Aufgabe übernehmen. Dennoch, gänzlich auf dieses System möchte sich Czech nicht verlassen und fordert darum zusätzlich die Erhebung »grüner« Steuern.[40]

Als Reaktion auf die seit Jahren anhaltende Luftverschmutzung im eigenen Land setzt die Regierung Chinas nicht auf marktbasierte Lösungen – im Gegenteil: Die Erfahrung, dass bedingungsloses Wirtschaftswachstum dem Allgemeinwohl abträglich sein kann, bewog sie zur Schließung hunderter Luft kontaminierender Fabriken, zu strengeren Umweltschutzgesetzen (Caps ohne Trade), zu höheren Strafen bei Devianz und zum weiteren Ausbau nichtfossiler Energieträger. Und tatsächlich war der Kohleverbrauch Chinas im Jahr 2014 zwar noch immer der größte weltweit, aber erstmals rückläufig.

---

38 2013 führte Kalifornien ein Emissionshandelssystem für CO_2 ein, das grundlegende Fehler des EU-Systems vermeiden sollte. Statt Unternehmen zu vertrauen, wurden deren Emissionen unabhängig gemessen. Es bleibt abzuwarten, was die Folgen dieses rigideren Handelssystems sein werden.
39 Fisahn 2008
40 Czech 2013, 292–300

Öko-Steuern (Pigou)

Das Unerwünschte kann wie beim Cap-and-Trade-Ansatz begrenzt werden, es kann aber auch besteuert werden. Aktionen, von denen negative externe Effekte ausgehen, mit Steuern zu belasten und dadurch zu regulieren – diese Idee geht auf den britischen Ökonom Arthur Pigou zurück und wurde von William Nordhaus als Strategie zur Reduktion von Treibhausgasen aktualisiert.[41] Pigou ahnte, dass am Markt tätige Unternehmer im Allgemeinen nur am Ertrag ihrer Betriebe interessiert sind und nicht an ihren mitunter schädlichen Auswirkungen auf Gesellschaft und Umwelt. Die scheinen nicht gering zu sein: Der Ökonom Pavan Sukhdev schätzt, dass die weltweit 3 000 größten börsennotierten Unternehmen jährliche Umweltschäden in Höhe von 2,15 Billionen US-Dollar verursachen.[42]

Steuerzahlungen, so Pigou, sollen die Schadensquelle abstellen und zur Entschädigung der Betroffenen eingesetzt werden. Wie nach ihm Coase, dachte Pigou dabei an Effekte, die Umwelt und Lebensqualität negativ beeinträchtigen. Während aus Coases Überlegungen der Cap-and-Trade-Ansatz hervorging, leiten sich von Pigou Überlegungen zu einer Carbon Tax auf fossile Energieträger ab. Prinzipiell lassen sich alle Versuche, »ökologisch wahre Preise« zu institutionalisieren, d. h. Umweltschäden in die Preise und den Wirtschaftsprozess zu internalisieren, einer der beiden Richtungen zuordnen.

In ihrer ursprünglichen, marktbasierten Variante konnte die Pigou-Steuer nie verwirklicht werden (weshalb später Coase seinen Ansatz vorgeschlagen hat). Nach Pigou soll der Steuersatz für Luftschadstoffe genauso hoch sein wie der soziale Grenzschaden der Emission. Da eine genaue Festlegung dieses Steuersatzes die exakte Kenntnis der Produktions- und Nutzenfunktion der beteiligten Akteure voraussetzt, ist sie als unpraktikabel kritisiert worden.[43] Komplizierter wird das Problem zusätzlich wegen der unterschiedlichen Diffusionsfunktionen der Schadstoffe. Die tatsächlichen Schäden hängen oft davon ab, wo und wie die Schadstoffe emittiert werden. Außerdem wird die präzise Monetarisierbarkeit ökologischer Prozesse und Elemente vorausgesetzt – ein Problem, das bis heute nicht gelöst werden konnte.

Statt der *marktwirtschaftlichen* Variante wird allerdings eine vereinfachte *politische* Variante diskutiert, die CO_2-Steuer. Eine CO_2-Steuer offeriert Produzenten und Konsumenten einen finanziellen Anreiz – und welcher könnte im Zeitalter des Ökonomismus größer sein –, um CO_2-sparend zu kaufen und zu verkaufen?

---

41 Nordhaus 2013
42 Sukhdev 2013, 25
43 Lee 2004

Nordhaus schlägt eine abgespeckte, aber theoretisch effektive CO_2-Steuer vor: Sie wird nur auf jene Emissionen erhoben, die bei der Gewinnung fossiler Elektrizität entstehen – also auf Kohle- und Gaskraftwerke. Damit diese Steuer praktisch effektiv werden kann, müsste sie von jenen Regierungen implementiert werden, welche den meisten fossilen Strom erzeugen und verbrauchen: USA, EU, China, Russland. Würden die USA eine solche Steuer einführen, würden die EU-Staaten und vielleicht auch China nachziehen. Da die der Ölindustrie nahe stehende, klimaskeptische und auf »free-market solutions« setzende politische Fraktion in den USA aber sehr einflussreich ist, und steigende Strompreise viele Industrien im internationalen Standortwettbewerb benachteiligen könnten, ist die Einführung von Nordhaus' Steuer in den USA ungewiss.

In vielen anderen Ländern wurde eine CO_2-Steuer seit 1990 (vermehrt seit 2005) dagegen bereits eingeführt – aber mit Sorge um die Wähler(un)gunst mit einem zu niedrigen Steuersatz, um Verhaltensweisen wirksam dirigieren zu können. Zudem gelten für energieintensive Industriezweige oft Sondertarife, um sie vor einem Wettbewerbsnachteil zu schützen. Die in Deutschland 1999 eingeführte ökologische Steuerreform sollte den Verbrauch fossiler Brennstoffe durch eine zusätzliche Steuer verringern. Tatsächlich wurden aber Ausnahmen gemacht: Kohle wurde nicht besteuert, Unternehmen des produzierenden Gewerbes und der Land- und Forstwirtschaft erhielten stattliche Sondervergünstigungen. Vor allem das produzierende Gewerbe benötigt viel Energie, musste darum Wettbewerbsnachteile befürchten und wurde vor der Steuer lange verschont.

Vielleicht sind also die international zu niedrigen Steuersätze eine Erklärung dafür, warum die jährliche globale Emissionsrate des Treibhausgases von Rekord zu Rekord eilt. Als eine der ersten Länder führten Norwegen und Schweden 1991 eine CO_2-Steuer ein und beide sind im internationalen Vergleich bis heute die höchsten geblieben. Dennoch stiegen die jährlichen Pro-Kopf-Emissionen in Norwegen zwischen 1991 und 2008 um 15 Prozent, da das BIP im selben Zeitraum um 70 Prozent zulegte (vermutlich wären sie ohne die Steuer aber noch mehr angestiegen). In Schweden nahmen die Karbonemissionen dagegen um neun Prozent zwischen 1990 und 2006 ab (obwohl das BIP um 45 Prozent zulegte).[44] Gleichwohl sind Steuern die vermutlich effektivste Waffe, die eine Marktwirtschaft aufzubieten hat. Die Effektivität von CO_2-Steuern wird jedoch andererseits durch die jährlichen Subventionen geschwächt, die zur Unterstützung fossiler Energieträger gezahlt werden. 2012 beliefen sie sich weltweit auf immerhin rund 550 Milliarden US-Dollar, während erneuerbare Energieträger im gleichen Jahr mit nur ca. 100 Milliarden US-Dollar sub-

---

44 Sumner et al. 2009, 10 ff.

Die Verknappung von Natur

ventioniert wurden.⁴⁵ Mit jedem Dollar, der zur Unterstützung erneuerbarer Energieträger von Regierungen gezahlt wurde, gaben sie fünf Dollar zur Förderung fossiler Energien aus. Ein Verfechter des reinen Wettbewerbs würde solche Subventionen nicht gutheißen. Jedoch entstammten 2013 neun der elf weltweit umsatzstärksten Konzerne der Kohle, Öl und Gas-Industrie. Sie verteidigen ihre Geschäftsinteressen mit ihrem politischen Einfluss, dazu motiviert sie die Logik des Marktes.

Wird der Steuersatz in den meisten Volkswirtschaften außerdem nicht zu einem relativ einheitlichen Tarif erhoben, kann sie gar kontraproduktiv sein: Wird sie zu hoch angesetzt, verlagern energieintensive Unternehmen ihre Herstellung in Länder, in denen sie ihre Wettbewerbsfähigkeit erhalten können. Das ist seit 1990 aus ökonomischen Gründen auch in großem Maßstab geschehen, wanderten »schmutzige« Industrien bevorzugt aus westlichen Ländern nach Asien aus, wo die Umweltstandards und Lohnkosten niedriger waren. Emissionen und Extraktionen wurden damit lediglich ausgelagert, weshalb die Umweltbilanzen westlicher Länder schlechter sind, als die heimische Produktion und Konsumtion vermuten lässt. Sehr wahrscheinlich hat noch kein Land, auch Schweden nicht, eine absolute Entkopplung von Wirtschaftswachstum und Energie- und Ressourcenverbrauch realisieren können.⁴⁶ Und selbst wenn die Nachfrage nach fossilen Brennstoffen infolge einer Carbon Tax rückläufig würde, z. B. in der EU, würde ihr Preis sinken und damit attraktiv für andere Länder werden.

Die Internationale Energieagentur kam in ihrem World Energy Outlook 2013 zu der ernüchternden Einschätzung, dass die gegenwärtig umgesetzten marktkonformen Maßnahmen (Effizienz, Preise, Abbau von Subventionen) kein geeignetes Mittel zur wünschenswerten Eindämmung der anthropogenen Erderwärmung sind. Trotz der berücksichtigten »Auswirkungen der von den Regierungen bereits angekündigten Maßnahmen zur Verbesserung der Energieeffizienz, der Förderung erneuerbarer Energien, der Reduktion der Subventionierung fossiler Brennstoffe und, in einigen Fällen, zur Bepreisung von CO_2 [...], steigen die energiebezogenen CO_2-Emissionen bis 2035 immer noch um 20 % an. Damit würde sich die Welt weiterhin auf einen langfristigen durchschnittlichen Temperaturanstieg von 3,6°C zubewegen, der weit über der international vereinbarten 2-Grad-Grenze liegt«, heißt es in dem Bericht.⁴⁷ Gewiss könnte versucht werden, die Effizienz weiter zu steigern, die fossilen

---

45 IEA 2013
46 Wiedmann et al. 2013, Krausmann et al. 2009
47 IEA 2013, 5. CCS, eine Technik zur Versenkung des von Kohlekraftwerken emittierten CO_2 im Boden, wird dem Bericht zufolge keine bedeutende Rolle spielen. Bis 2035 werden weltweit nur ein Prozent der Kraftwerke mit dieser teuren Technik ausgestattet sein (ibid.,6).

Subventionen weiter abzubauen, die Preise weiter zu erhöhen – aber gegenläufige ökonomische Interessen hemmen ihre Umsetzung. Gas und Kohle sind auf den Märkten relativ billig zu erwerben und viele Wirtschaftsnationen haben ein Interesse daran, dass dies so bleibt. Umgekehrt haben die OPEC-Nationen kein wirtschaftliches Interesse daran, die Förderung oder die erzielten Erträge durch den Verkauf fossiler Energie so sehr zu besteuern, dass den Anlagenbetreibern die Motivation für ihr Geschäft vergeht.

Die Logik des Label-Dschungels

Der wissenschaftliche Beirat der Bundesregierung weiß: »Konsumentscheidungen und Lebensstile der globalen Mittel- und Oberschichten tragen derzeit am stärksten zur Verursachung globaler Umweltprobleme bei und sollten in Richtung Nachhaltigkeit transformiert werden.«[48] Die in Aussicht stehende Zukunft schwindender Ressourcen könnte weniger beschwerlich werden, wenn sich der global gewordenen westliche Konsumstil verändert. Notwendig wäre dazu, die Institutionalisierung der »engen« oder »effizienten« Suffizienzstrategie. Diese konzentriert sich auf den Minimalverbrauch jener umweltintensivsten Erzeugnisse, welche charakteristisch für die Lebensstile der globalen Mittel- und Oberschicht sind: Fleisch, Autos, Eigenheime, Energie. Vom Markt wird eine solche Verschiebung der Nachfrage jedoch nicht ausgehen.

Produkt-Label können den Verbrauchern aber helfen, zwischen umweltschädlichen und -verträglichen Kaufentscheidungen zu unterscheiden. Sie haben das Potenzial, Konsumenten schnell und zuverlässig über die ökologische oder soziale Qualitäten zu informieren und dadurch eine Wirkung auf das Angebot ausüben zu können.

Zwischen 2000 und 2010 herrschte eine gewisse Euphorie, dass Konsumenten die Große Transformation würden einleiten können, wenn sie die notwendigen Informationen in Form von Labels für ihre Konsumentscheidungen nutzen könnten. Die geballte Verbrauchermacht bekam zuvor der Mineralöl-Konzern Shell zu spüren, als er 1995 eine ausgediente Ölplattform, die Brent Spar, im Meer versenken wollte. Wochen lang wurde Shell als Umweltsünder angeprangert und an den internationalen Zapfsäulen boykottiert. Der Konzern, einer der weltweit umsatzgewaltigsten, knickte ein und entsorgte die Plattform an Land. Wenn man Shell zwingen konnte, bestimmten Richtlinien zu folgen, dann konnten Verbraucher jedes Unternehmen durch die Wahl ihrer Kaufentscheidungen dazu zwingen. Mann musste nur die »moralischen« von

---

48 WBGU 2014, 3

den »unmoralischen« Waren unterscheiden können und eine scheinbar effiziente Unterscheidungshilfe sind Produkt-Label.

Handelsketten und -verbände aber haben diese Gefahr bzw. die Chance jedoch rasch erkannt und ein Label nach dem anderen auf dem Markt eingeführt – teils um die eigenen Waren umweltfreundlich darzustellen (und einen Wettbewerbsvorteil zu erheischen), teils um mit dem Strom zu schwimmen (und einem Wettbewerbsnachteil zu vermeiden), teils um die Verbrauchermacht zu zerstäuben. Und in der Tat herrscht mittlerweile in den Supermärkten eine lähmende Verwirrung, da sich im wuchernden »Label-Dschungel« kaum jemand zu orientieren weiß. Dieser Dschungel besteht in Deutschland aus ungefähr 900 (genau weiß es wohl niemand) unterschiedlichen Etikettierungen mit unterschiedlichem Nachhaltigkeitsbezug, von denen jedoch nur etwa 1–2 Prozent einer unabhängigen Kontrolle unterliegen. Der Rest wird nicht überprüft, genügt mit hoher Wahrscheinlichkeit nur laxen Standards, womit die Label ihre eigentliche Funktion verloren haben. Warum nämlich eine Ware welches Label von wem zuerkannt bekommen hat, ist für Konsumenten in der Regel nicht nachvollziehbar. Die Konsumentensouveränität wird damit abermals beschnitten, indem der Konsument im Label-Dickicht desinformiert wird.[49]

Das ist nicht unwichtig, denn einmal können Konsumenten ihren Nutzen, so sie ihn in einer verbesserten Umweltqualität sehen, nicht befriedigen. Zum anderen werden Konsumenten entmachtet, es entsteht ein Marktungleichgewicht und der Markt wird ineffizient. Schließlich steigert die unsichtbare Hand das Gemeinwohl der Theorie nach nur, wenn alle Marktakteure über *vollständige Informationen* verfügen, die auf den Märkten gehandelten Waren wie die Händler also vollständig transparent werden.

In der Praxis können Konsumenten gar nicht wissen, was sie kaufen und Unternehmen wissen oft nicht, was genau sie eigentlich verkaufen. Konsumenten benötigten den Abschluss eines Chemiestudiums, um die Inhaltsstoffe schon einfacher Drogerieartikel verstehen und deren Wirkung auf sich selbst und die Umwelt erahnen zu können. Ferner können die Konsumenten unmöglich den Label-Dschungel sowie die Qualität der einzelnen Label überblicken.[50] Unternehmen wiederum haben oft keine vollständige Übersicht über ihre verschlungenen Wertschöpfungsketten. Woher die Rohstoffe stammen, die ihren Waren inhärent sind, wer sie wie und unter welchen sozialen und ökologischen Bedingungen abgebaut hat, ist ihnen fremd. Auf welche Weise sie durch wen zur Veredelung weitertransportiert wurden ebenfalls. Und dies ist erst der Beginn der Kette. Faktisch arbeiten Unternehmen Zulieferern zu, denen wiederum Zulieferer zuarbeiten. Auch dies zeigt, wie schwierig es ist, aussagekräftige

---

49 vgl. Binswanger 2010, 131–134
50 Langer et al. 2008

Label zu erstellen. Selbst wenn es den Label-Dschungel nicht gäbe, könnten die bei der Herstellung einer Ware entstandenen ökologischen oder sozialen Effekte nur vage bestimmt werden. Obendrein haben Unternehmen oft kein Interesse an der Transparenz ihrer Fabrikate, um sie mit anderen vergleichbar zu machen, weshalb sie ihre verfügbaren Daten nur selektiv weitergeben. Unabhängige Prüfer, welche alle Daten oder zumindest die aussagekräftigsten einer Ware detektivisch recherchieren, gibt es kaum, und gäbe es sie auch in großer Zahl, müssten sie die gesamte Wertschöpfungskette einer Ware zeit- und kostenaufwendig ermitteln und zudem stetig überwachen. Je aussagekräftiger und teurer aber die Zertifizierung durch ein Label wird, desto weniger Unternehmen können sich ein solches leisten, was die Markttransparenz abermals vernebelt.

Zwar plant die EU mit PEF ein neues Nachhaltigkeitssiegel, das den Wildwuchs an unterschiedlichen Bewertungsmethoden beschneiden soll, doch bestimmen bei PEF nicht staatliche Stellen die Richtlinien (wie dies etwa beim Umweltengel der Fall ist). Man darf darum davon ausgehen, dass sich Unternehmen – die ihre Waren nicht zertifizieren lassen müssen, sondern dies auf freiwilliger Basis tun können – die nachhaltigkeitsrelevanten Faktoren so wählen, dass die Bilanz ihrer Waren verkaufsförderlich wird. Zu mehr Transparenz wird leider auch PEF nicht beitragen, sondern zum weiteren Wuchern des Label-Dschungels.

Marktmechanismen haben also die Tendenz, das Konsumniveau und mit ihm den Energie- und Ressourcenverbrauch in die Höhe zu treiben, während sie gleichzeitig die Effektivität von Maßnahmen mindern, die diesen Verbrauch bzw. ökologische Belastungen reduzieren sollen. Schließlich haben sie eine dritte Tendenz, die in der Förderung von Maßnahmen besteht, welche Berufsarbeit um ein Ausmaß verknappen dürften, das die Arbeitslosigkeit der Großen Depression durchaus übertreffen könnte. Damals waren zu Spitzenzeiten 25 Prozent aller berufsfähigen US-Amerikaner arbeitslos. Wenige Stellen und niedrige Löhne könnten indes ein lang anhaltender Zustand werden. Beide Entwicklungen, die Verknappung der Ökosystemleistungen und der Erwerbsarbeit, sprechen für die Annahme, dass Märkte wie wir sie kennen, in wenigen Jahrzehnten eine historische Kategorie sein werden.

3 Die Verknappung von Arbeit

Im KAPITAL bemerkte Marx, dass zu Lebzeiten Adam Smith' zehn Männer qua Arbeitsteilung in der Lage waren, 48 000 Nähnadeln pro Tag in einer Manufaktur anzufertigen. Die Arbeitsteilung war in jenen Tagen eine Revolution, vielen Denkern war sie die Fackel des Fortschritts. Hundert Jahre später setzten die Industrialisierung und das Erste Maschinenzeitalter ein, wurde das arbeitsteilige Handwerk durch dampfgetriebene Maschinenkraft in Fabriken rasch verdrängt. Nunmehr konnte eine einzige Maschine 145 000 Nähnadeln in nur elf Stunden produzieren. Benötigt wurden nicht mehr zehn Kerle, sondern ein Mädchen – und dieses konnte sogar vier Nähnadeln ausspeiende Maschinen auf einmal überwachen und damit jeden Tag 600 000 Stück anfertigen.[1] Auch das war eine Revolution. Aber die Entwicklung der Maschinen endete nicht an diesem Punkt. Im Stillen ging sie weiter.

Ungefähr sechzig Jahre nach Marx schrieb Keynes in seinem 1930 erschienenen Enkelkinder-Aufsatz über »technologische Arbeitslosigkeit« und definierte sie als Arbeitslosigkeit, »die entsteht, weil unsere Entdeckung von Mitteln zur Einsparung von Arbeit schneller voranschreitet als unsere Fähigkeit, neue Verwendungen für Arbeit zu finden.« Die der Marktwirtschaft zugesprochene Effizienz hat sich stets und zuvorderst in der Erhöhung der Arbeitsproduktivität offenbart. Vor allem in der Landwirtschaft, im Bergbau und im produzierenden Gewerbe sah Keynes den überwiegenden Anteil der Arbeitsstellen bedroht. Kriegsbedingt war die technische Arbeitslosigkeit dann für drei Jahrzehnte kein gesellschaftlich relevantes Thema. Doch begann sich dies in den klassischen Industrienationen in den 1970ern zu ändern. Und obwohl viele Ökonomen der Meinung sind, eine erhöhte Arbeitsproduktivität schaffe neue Arbeitsplätze, ist Arbeitslosigkeit und schlecht bezahlte Arbeit in den

---

1   Marx/Engels 2001 [1867], 483

klassischen Industrienationen seitdem ein Wahlkämpfe entscheidendes Problemthema geblieben. Es wird in Zukunft sehr wahrscheinlich größer werden.

Die Prognose

Am Ende des 20. Jahrhunderts verfasste der Historiker Paul Kennedy ein Buch, das für jemanden seines Berufes ein ungewöhnliches war. Lenkte Kennedy seinen forschenden Blick sonst in die Vergangenheit, richtete er ihn nun in die Zukunft. IN VORBEREITUNG AUF DAS 21. JAHRHUNDERT nannte er sein Buch und suchte mit ihm die Menschheit auf das einzustimmen, was ihr seiner Meinung nach bevorstand. Ein Kapitel thematisierte das Bevölkerungswachstum, eine anderes Umweltprobleme und ein weiteres widmete Kennedy der Robotik, Automatisierung und einer neuen industriellen Revolution.[2] In diesem Kapitel sah er einen unaufhaltsamen Wandel voraus, gleich demjenigen vom Handwerk zur dampfgetriebenen Maschinenkraft. Und Kennedy sollte recht behalten: Die Automatisierung schickt sich in der Tat an, die Industriegesellschaften zu verändern. So sehr, dass Wörter wie »Industrie«, »Fabrik« oder »Arbeiter« schon bald einen verstaubten Klang annehmen werden. So wenig die Agrarwirtschaft heute noch eine nennenswerte Bedeutung für die Berufswahl und Wirtschaftskraft der meisten Länder hat, so sehr dürfte auch die Industrie an Bedeutung verlieren.

Was sich also nur zwanzig Jahre nach dem Erscheinen von Kennedys Buch ankündigt, ist nicht vergleichbar mit dem Übergang vom Handwerk zur Dampfmaschine. Es ist weit mehr als das. Im Jahr 2009 veröffentlichten Claudia Goldin und Lawrence Katz THE RACE BETWEEN EDUCATION AND TECHNOLOGY. Darin vertraten sie unter anderem die These, dass technischer Fortschritt bildungsabhängig sei. Außerdem neige er zur Erhöhung der sozialen Ungleichheit, indem er nämlich die weniger Gebildeten in die einkommensschwachen Schichten abschiebe, es sei denn das Humankapital der Bevölkerung steige zunehmend an. Und genau das ist im 20. Jahrhundert passiert, verhinderte die Bildungsexpansion in den USA und anderen westlichen Ländern eine durch den technischen Fortschritt bedingte gravierende bzw. noch gravierendere soziale Ungleichheit.[3]

Schon 2011 legten Eric Brynjolfsson und Andrew McAfee mit RACE AGAINST THE MACHINE nach und gingen dabei einen Schritt weiter: Im 21. Jahrhundert, argumentierten sie, vollziehe sich der digitale Wandel so schnell, dass immer mehr Menschen bildungs- und kompetenzbezogen abge-

---

2 Kennedy 1997, 112–128
3 Goldin/Katz 2009

hängt und im Beruf durch Computer ersetzt werden könnten. Aus dem *Race* könnte, wie damals bei den Maschinenstürmern, ein *Rage against the Machine* werden und sich außerdem gegen das »System« wenden. Denn mit jedem Arbeitslosen wachse das Lager der Abtrünnigen – und Legitimationsprobleme (siehe Einleitung) hat die Marktwirtschaft schon in der Gegenwart. Als Gegenmaßnahme empfahlen Brynjolfsson und McAfee mehr Investitionen in Bildung und Unternehmensgründungen. Erstere schaffe Kompetenzen und damit Humankapital und letztere beförderten zwar die digitale Revolution, brächten aber neue Geschäftsfelder hervor und damit Arbeitsplätze.[4] Funktioniert hat das Prinzip schon einmal: Um das Jahr 1800 arbeiteten über 80 Prozent der Bevölkerung im Agrarsektor, 200 Jahre später waren es (bei steigender Produktivität) nur noch zwei Prozent. Besser ausgebildete Arbeiter fanden einen Platz im produzierenden Gewerbe, im Baugewerbe, im Handel und im Dienstleistungssektor.

Dieses Mal scheint die Situation jedoch anders zu sein. Wiederum nur zwei Jahre später, 2013, veröffentlichten Carl B. Frey und Michael A. Osborne ihren Aufsatz THE FUTURE OF EMPLOYMENT und waren darin der Meinung, dass der Wettlauf gegen die Maschinen nicht zu gewinnen sei, da diese jedes Jahr schneller, akkurater und fähiger würden. Der technische Wandel habe sich außerdem selbst zu wandeln begonnen. Er folge nicht mehr alten Mustern. Machte das Auto die Kutscher arbeitslos, so hatten Auto und Kutsche doch eines gemeinsam: Beide wurden durch einen Fahrer gesteuert und von Menschen gebaut. Schon bald wird der motorisierte Transport fahrerlos steuern, werden Maschinen Autos nahezu ohne menschliche Arbeit produzieren. Machten Maschinen Menschen zunächst zu ihrem lebendigen Anhängsel, arbeiten viele von ihnen schon bald autonom und kommunizieren mit ihresgleichen. Maschinen werden die Produktivität erhöhen, doch nur wenige Arbeiter werden davon leben können. Im produzierenden Gewerbe, im Baugewerbe und im Dienstleistungssektor werden viele Arbeiter und Angestellte keinen Platz mehr finden.

Der technische Entwicklungsprozess, vor allem die Automatisierung könnte in den nächsten Jahrzehnten *die Hälfte* der heute bekannten Berufe auslöschen. Künstliche Intelligenzen, Computer, Roboter und Algorithmen werden, so eine viel beachtete Studie der Ökonomen Frey und Osborne, in den nächsten 20 Jahren wahrscheinlich 47 Prozent (im Vergleich zu 2010) aller Berufe in

---

4   Brynjolfsson/McAfee 2011. Bildung hätte demnach die primäre Funktion aus dem *Race against the machine* einen permanenten und stetig schneller werdenden *Race with the machine* zu machen. Bildung würde demnach weniger um des persönlichen und gesellschaftlichen Fortschritts willen intrinsisch motiviert erfolgen, sie wäre ein Anhängsel des Marktes bzw. des Kapitals, ohne das man ökonomisch abgehängt zu werden droht.

den USA, primär aus den Bereichen Transport und Logistik, Extraktion und Produktion, Verkauf und Verwaltung übernehmen können. Von diesem Jobverlust – der laut Studie auch durch weiteres Wirtschaftswachstum nicht aufgefangen werden kann – sind weite Teile der Industrie betroffen (Transport, Produktion, Extraktion), aber auch der Dienstleistungssektor (Verwaltung, Verkauf). Werden Angestellte nicht durch Computer substituiert, obwohl dies technisch möglich wäre, werden sie ihre Tätigkeit für weniger Einkommen verrichten müssen. Vorläufig sicher sind dagegen Tätigkeiten, die ein hohes Maß an Empathie, Originalität, Kreativität und Verhandlungsgeschick erfordern, da Computer diese Kompetenzen noch nicht auszubilden fähig sind.[5] So haben z. B. Streetworker, Psycho- und Physiotherapeuten, aber auch der umgangssprachlich Klempner genannte Installateur einen sicheren Beruf. Letzterer deshalb, weil die Installation und Reparatur von Leitungen für Maschinen noch auf längere Sicht zu anspruchsvoll ist: Der Klempner kommt in eine Wohnung, diagnostiziert das Problem, muss dabei herumprobieren, Bauteile (de-)montieren und zuweilen improvisieren.

Basierend auf der Studie von Frey und Osborne schätzt Jeremy Bowles vom Bruegel-Institut, dass von der zu erwartenden Automatisierung im Durchschnitt 54 Prozent aller Arbeitsplätze in den EU-28-Staaten in den kommenden zwei Jahrzehnten betroffen sein werden (in Vergleich zu 2014), wobei diese Quote für die mediterranen Staaten bei rund 60 Prozent liegen dürfte.[6] Und das Marktforschungsinstitut Gartner schätzte 2014, dass jeder dritte Arbeitsplatz bis 2025 nicht mehr von Menschen besetzt sein wird.[7] Nun kommt es in der Regel selten so, wie es kommen könnte. Vielleicht dauert es drei Jahrzehnte und nicht zwei, bis etwa die Häfle aller Berufe eine Randnotiz der Geschichte geworden ist. Vielleicht sind in zwanzig Jahren statt der prognostizierten 47 Prozent »nur« 20 Prozent der Berufe verschwunden. Doch selbst dann sind die in Aussicht stehenden Veränderungen enorm und inakzeptabel.

Faktisch hat die unsichtbare Hand die Entwicklung bereits in Gang gesetzt. Jeremy Rifkin, der THE END OF WORK bereits 1995 vorwegnahm,[8] merkt in seinem jüngsten Buch an, dass US- und EU-Politiker zwar die Auslagerung von Arbeitsplätzen in asiatische Billiglohnländer für heimische Jobverluste verantwortlich machen. »Tatsache ist jedoch, dass etwas weit Folgenreicheres pas-

---

5   Frey/Osborne 2013
6   Bowles 2014a, 2014b
7   Miller 2014
8   »In weniger als einem Jahrhundert«, schrieb er damals, »wird die industrielle ›Massenbeschäftigung‹ in allen entwickelten Ländern der Welt der Vergangenheit angehören«, zumal in den meisten Ländern »mehr als 75 % der Arbeitskräfte mit mehr oder minder einfachen Routinetätigkeiten beschäftigt« sind und durch Automation übernommen werden können (Rifkin 1995, 17 u. 19).

siert ist. Zwischen 1995 und 2003 gingen weltweit auf dem Fertigungssektor 22 Millionen Arbeitsplätze verloren, während die weltweite Produktion um mehr als 30 Prozent stieg. Die Vereinigten Staaten verloren 11 Prozent ihrer Arbeitsplätze an die Automatisierung. Selbst China entließ 16 Millionen Fabrikarbeiter, während es seine Produktivität durch IT und Robotik steigerte [...]. Hersteller, die lange Zeit auf die billige Arbeitskraft ihrer chinesischen Produktionsstätten bauten, bringen ihre Fertigung wieder zurück nach Hause, wo sie mit neuesten Robotern billiger und effizienter produzieren als selbst mit chinesischer Arbeitskraft. [...] Die Zahl der Arbeitsroboter steigt weltweit. [...] Falls die gegenwärtige Rate technologisch bedingter Entlassungen auf dem Fertigungssektor anhält – und Branchenanalysten erwarten eher einen Anstieg –, arbeiten 2040 von den 163 Millionen Menschen im Jahre 2003 gerade mal einige wenige Millionen in der Fabrik, was das Ende der Massenfabrikarbeit auf dem Planeten markiert.«[9] Nach der 2007 einsetzenden Finanzkrise beschleunigte sich diese Rationalisierung abermals, denn ökonomische Krisenzeiten machen es Unternehmern und Managern leichter, schmerzliche Maßnahmen zum Personalabbau zu verkünden.[10] Jede weitere Wirtschaftskrise dürfte darum ein weiterer Akzelerator dieser Entwicklung sein.

Wie Frey und Osborne ist Rifkin der Ansicht, dass das Ende der Massenlohnarbeit nicht nur den Produktionsbereich, sondern auch den Dienstleistungssektor und höher qualifizierte Angestelltenarbeit betrifft. Seit der Erfindung der Dampfmaschine substituierten Maschinen vor allem körperliche Arbeit. Seit einigen Jahren trifft dies jedoch nicht mehr ausschließlich zu: »Hence, while technological progress throughout economic history has largely been confined to the mechanisation of *manual tasks,* requiring physical labour, technological progress in the twenty-first century can be expected to contribute to a wide range of *cognitive tasks,* which, until now, have largely remained a human domain.«[11] Gerade im Dienstleistungssektor erwartet auch Martin Ford in der nächsten Dekade eine immense Automatisierungswelle. Anzeichen für diese finden sich schon in der Gegenwart: z.B die automatisierte Ernte von

---

9   Rifkin 2014, 183 ff.
10 Brynjolfsson/McAfee 2014, 170 f.
11 Frey/Osborne 2013, 19 (im Original nicht kursiv). Frithjof Bergmann (2004, 55), der sich schon lange mit dem Ende der Lohnarbeit beschäftigt, meint, es sei »bizarr« zu glauben, »dass Wachstum im Bereich der Dienstleistungen durch die Schaffung neuer Arbeitsplätze die Verluste der Industrie wettmachen würde. [...] Arbeitsplätze im Dienstleistungsbereich lassen sich viel leichter automatisieren als dort, wo ›Dinge‹ hergestellt‹ werden. So wird auf die Automatisierung der Banken und Versicherungsgesellschaften und natürlich an Tankstellen, am Fahrkartenschalter und am Schalter zum Einchecken auf Flughäfen bald eine große Entlassungswelle im Bereich der privatwirtschaftlichen und öffentlichen Verwaltungen folgen.«

Lebensmitteln, die automatisierte Zubereitung von Fast-Food-Produkten, die Automatisierung von Verkauf und Beratung.[12]

Auch die juristische Assistenz und die medizinische Diagnostik, beides Arbeitsfelder in denen große Fallmengen miteinander abgeglichen werden müssen, können vom Computer billiger, schneller und vor allem genauer vorgenommen werden. Ist ein Beruf durch die Anwendung von Routinen, durch ein bestimmtes Set aus strikten manuellen oder kognitiven Regeln charakterisiert, lässt sich die Tätigkeit durch einen Algorithmus (eine digitale Handlungsanweisung für Maschinen) gut beschreiben, ist sie besonders einfach und zuverlässig durch Computer ersetzbar: Technikmathematiker, Zahntechniker, Bibliothekare, Börsenhändler, Buchhalter, Immobilienmakler, Kassierer, Köche, Anlagenführer in Kernkraftwerken – eine kleine Auswahl an Berufen, die mit einer Wahrscheinlichkeit von über 90 Prozent mittelfristig ganz oder weitgehend verloren gehen. Auch Finanz- und Versicherungsberater blicken unsicheren Zeiten entgegen. Kognitive Computer, sogenannte Cogs, verstehen Sprache, haben das Wissen von etlichen Millionen Internetseiten gespeichert, lernen autonom dazu, können Argumente abwägen und präsentieren die günstigsten Tarife, Therapien oder die besten Recherchen, Rezepte und Anlagestrategien in Sekundenschnelle.[13]

Weil in den letzten Jahren durch den technischen Fortschritt größere Datenmengen schneller verarbeitet werden konnten, können nun auch Tätigkeiten, die nicht durch regelmäßige Routinen gekennzeichnet sind, besser in Algorithmen übersetzt werden. So wurde es beispielsweise möglich, Autos ohne Fahrer, von einem Bordcomputer gesteuert durch den städtischen Verkehr rollen zu lassen. Setzen sich autonom fahrende Fahrzeuge durch, und dies ist in den nächsten 15 oder 20 Jahren ernstlich zu erwarten, wird es kaum noch Bedarf für Taxi-, Bus-, Kurier- und Lastwagenfahrer geben. Sobald LKWs im nächsten Jahrzehnt automatisch fahren – und sie können es schon in der Gegenwart –, sind in Deutschland innerhalb weniger Jahre rund 600 000 Fahrer ohne Job. Weil fahrerlose Fahrzeuge sicherer fahren, werden Versicherungen höhere Beiträge für Fahrzeuge fordern, die von einem Menschen gefahren werden. Das gibt nicht nur Spediteuren einen (zusätzlichen) Anreiz, Wagen zu bevorzugen, die kein Lenkrad benötigen.

Und weiter: Flugzeuge werden schon lange weitgehend von Autopiloten gesteuert, in Städten fahren U-Bahnen immer häufiger ohne einen Fahrer und seit 2014 schippert auch erstmals ein Frachtschiff ohne Besatzung die norwegische Küste entlang. Die hier eingesetzte Technik kann grundsätzlich in der gesamten Schiffsbranche eingesetzt werden. Dagegen spricht nicht viel: Die Betriebskosten sinken, die Schiffe kommen ohne Kommandobrücke und Räu-

---

12 Ford 2015, 12–27
13 Rauner/Schröder 2015

Die Verknappung von Arbeit

me für die Crew aus und können mehr Ladung aufnehmen. Zwar führen die Crewmitglieder Reparaturen und Wartungen während der Fahrt durch, die sonst im Hafen nachgeholt werden müssten, ein intelligentes Bordsystem könnte jedoch technische Mängel während der Fahrt beheben, und viele Wartungsaufgaben fallen ohnehin in den für die Besatzung vorgesehenen Bereichen an. Nicht zuletzt sind menschliche Fehler die Hauptursache für Unfälle auf dem Meer und Versicherungen werden dies berücksichtigen. Vermutlich wird der Übergang zu autonom fahrenden Schiffen, wie bei den LKWs in Stufen erfolgen: Die an Bord installierte Software wird zunehmend mehr Aufgaben übernehmen, dann werden Schiffe mit Massengutladungen (z. B. Sand oder Kohle) automatisiert, dann Containerschiffe, dann weitere.

Auch Dolmetscher und Fremdsprachenlehrer könnten in den kommenden Jahrzehnten weitgehend redundant werden. Verschiedene Unternehmen, große wie kleine, arbeiten fieberhaft an einem Universalübersetzer, um das babylonische Durcheinander zu beenden und die schriftliche wie mündliche Sprache in Dutzende anderer Sprachen übersetzen zu können. Viel deutet darauf hin, dass solch ein Übersetzer in Zukunft fehlerfrei und in Echtzeit funktionieren wird. Das wird auch für die Wissenschaft eine große Hilfe sein, da jeder wissenschaftliche Artikel, jedes E-Book, gleich in welcher Sprache es veröffentlicht wurde, gelesen oder in viele Sprachen übersetzt und publiziert werden kann. Das mühselige und meist ungenaue Erlernen einer Fremdsprache muss dann nicht mehr notwendig sein.

Einwände

Die Hoffnung vieler Ökonomen ist, dass sich durch geringere Produktionskosten die Kaufkraft der Konsumenten erhöht und ihre Nachfrage nach anderen Waren steigt, was in diesen Branchen wiederum Arbeitsplätze schafft. Diese Annahme ist unter der Bezeichnung »Saysches Theorem« in die ökonomische Lehre eingegangen. Das Theorem wurde von Marx zwar torpediert, seine entgegengesetzte Prognose der fallenden Profitrate bewahrheitete sich bislang jedoch nicht.

Ist die stetige Erhöhung von Produktion, Nachfrage und Humankapital damit eine Lösung für das Problem? In der Vergangenheit konnte die Beschäftigungsrate, trotz mancher Nebenfolgen wie der Entstehung eines *Prekariats* und *Niedriglohnsektors,* des *jobless growth* oder des *pro-poor growth,* relativ hoch gehalten werden. Dennoch ist die dahinter stehende Logik nicht nur seltsam, weil sich die Wirtschaft demzufolge ständig im Wettlauf mit sich selbst befinden muss. Sie scheint angesichts der neuen Bedingungen in der Zweiten Maschinenepoche ihre Gültigkeit zu verlieren: Zwar tun sich durch die Zerstörung der natürlichen Umwelt oder durch technische Innovationen neue Märkte mit neuen Arbeitsplätzen auf. Darum sind in den letzten Jahren weltweit einige Millionen neuer Arbeitsplätze im »grünen« Sektor entstanden, weitaus mehr werden aber in naher Zukunft voraussichtlich schwinden.

Tatsächlich steigert die Automatisierung den Konsum durch billigere Preise, erfasst sie jedoch immer mehr Wirtschaftsbranchen, geht dieser Wettlauf um Arbeitsplätze verloren. So sind mit der Computerisierung neue Geschäftsfelder entstanden, doch sie schufen zumeist weniger Arbeitsplätze als sie zunichtemachten. »Accelerating automation technology«, skizziert Martin Ford die neue Logik, »will ultimately invade many of the industries that have traditionally been labor intensive. Additionally, the process of creative destruction will destroy old industries and create new ones, and very few of these new industries are likely to be labor intensive. As a result, the overall economy will become less labor intensive and ultimately reach a ›tipping point‹. Beyond this point, the economy will no longer be able to absorb the workers who lose jobs due to automation: businesses will instead invest primarily in more machines«.[14]

Neue Unternehmen werden den Trend schrumpfender Stellenangebote kaum aufhalten, operieren sie doch zunehmend mit IT-Lösungen und schöpfen zuweilen zwar hohe Profite, benötigen dafür aber nur wenig neue Arbeitsplätze. Mehr als tausend Menschen beschäftigen nur ganz wenige dieser Unternehmen. Überdies fühlen sich Unternehmen der »New Economy«, wie sie etwa im Silicon Valley ansässig sind, ihren Arbeitnehmern weit weniger verpflichtet, als dies noch im Geschäftsmodell traditionsreicher Firmen der »Old Economy« der Fall war. Dieses löst sich seit den 1980ern allmählich auf und gut Gebildete arbeiten im neuen Geschäftsmodell vermehrt in eng befristeten Verträgen, erhalten keine Weiterbildungsangebote, keine Karriereaussichten und sie arbeiten unter dem Druck größerer Konkurrenz, mit größerer innerbetrieblicher Lohnungleichheit – kurz: Sie arbeiten in der Sphäre der Unverbindlichkeit, Unsicherheit und Ungleichheit.[15] Für sie gilt, was grundsätzlich für alle Unternehmen einer Konkurrenzökonomie gilt, in welcher der Konkurrenzkampf hart ist oder härter wird: »Rational business owners do *not want* to hire more workers: they hire people only because they have to. The progression toward automation is not an artifact of ›design philosophy‹ or the personal preference of engineers: it is fundamentally driven by capitalism. [...] For any rational business, the adoption of labor-saving technology will almost invariably prove to be irresistible. Changing that would require modifying the basic incentives built into the market economy.«[16] Selbst wenn man unterstellt, Men-

---

14   Ford 2009, 211
15   Lazonick 2009
16   Ford 2015, 255 f.

Die Verknappung von Arbeit

schen und Unternehmen handelten nicht immer rational, ist der Druck zur Automatisierung in einer Konkurrenzökonomie generell groß. Dahinter wirkt der gleiche Druck, der bereits die Auslagerung von Produktionsabläufen in Niedriglohnländer in den 1990ern vorantrieb. Die Logik der Automatisierung ist die des Outsourcings von Arbeitsplätzen in Niedriglohnländer.

Zwar könnte das Szenario sich verknappender *Arbeit* wegen der geburtenschwachen Generationen in industrialisierten Ländern in ein Szenario sich verknappender *Arbeiter* und höherer Löhne umschlagen (nicht allerdings in den USA, wo u. a. die Geburten- und Zuwanderungsquote weiteres Bevölkerungswachstum bedingt). Für manche Branchen mag das zutreffen, für die meisten nicht. Außerdem wird dies das Rentenproblem nicht entschärfen, denn nach wie vor stehen vergleichsweise wenige Arbeitende vielen Pensionären gegenüber. Entscheidend ist außerdem nicht die Anzahl der durch Automatisierungsprozesse ersetzten *Berufstätigen*, sondern die Anzahl der durch sie ersetzten *Berufe*.

Zwar entstehen auch neue Arbeitsplätze, aber diese werden zum großen Teil nicht sehr gut bezahlte sein. Zwar motivieren billige Arbeitskräfte nicht zu Investitionen in menschenersetzende Technik; die Technik aber wird gleichfalls immer billiger, wie man am Preisverfall exponentiell zudem leistungsfähiger werdender Prozessoren ablesen kann. Und selbst wenn die schlecht bezahlten Arbeitsplätze erhalten bleiben und vor allem die der mittleren Einkommensklasse verloren gehen, ist das volkswirtschaftlich ein Problem.

Wegen des Mooreschen Gesetzes ist auch die Annahme verfehlt, viele Arbeitnehmer könnten durch die stetige und lebenslange Erhöhung ihres Humankapitals für den Arbeitsmarkt langfristig attraktiv bleiben. Denn auch die Arbeitsleistung von Software erhöht sich – und dies weit schneller als es menschliche Hirne, selbst wenn sie ein eidetisches Gedächtnis hervorbringen, je könnten: Ein an der Arbeitsweise des Gehirns orientierter Algorithmus (»Deep Learning«) ermöglicht es Computern, eigenständig zu lernen, ohne dass Programmierer den Programmcode stetig erweitern müssten.[17] Hinter Cogs, selbst fahrenden Autos, Bild- und Spracherkennungsprogrammen, Programmen, die autonom Texte schreiben oder Krankheiten diagnostizieren sowie hinter Mahlzeiten zubereitenden Bots steht Deep Learning. In Kombination mit der steigenden Rechnerleistung lässt dieser (oder ein verwandter) Algorithmus erwarten, dass Computer bzw. Maschinen die menschliche Leistungsfähigkeit künftig in zunehmend mehr kognitiven Bereichen hinter sich lassen.

Nächster Einwand: Alles schon einmal dagewesen, nichts hat sich verändert. Bereits 1964 schrieb ein 35-köpfiges Komitee (darunter hochrangige Öko-

---

17 Jones 2014

nomen, Politologen, Physiker, Chemiker, Journalisten, Gewerkschaftsführer) einen besorgten Brief an US-Präsident Lyndon B. Johnson.[18] Dazu gedrängt fühlten sie sich vor allem durch die »Kybernetische Revolution«. Die Autoren bezeichneten damit eine neue Ära der Produktion, entstanden aus der Verschmelzung von Computertechnik und automatischen, sich selbst steuernden und stetig billiger werdenden Maschinen. Diese Kombination, so die Befürchtung des Komitees, werde eine Ära der Massenarbeitslosigkeit einleiten. Ihre Befürchtung trat bekanntlich nicht ein. Im Gegenteil brachte die US-Wirtschaft in der Zeit nach Johnson Millionen neue Jobs hervor. Ist die heutige Sorge also unbegründet, wie es die damalige war? Arbeit ohne Ende, diesen Standpunkt vertritt jedenfalls der einflussreiche Ökonom Robert Solow, zumal man sich seiner Meinung nach nicht sicher sein könne, ob sich der ökonomisch nutzbare technische Wandel künftig beschleunigen wird und ob die wachsende Produktion wegen des Wachstums in Schwellen- und Entwicklungsländern je enden werde.[19]

Außer Acht lassend, dass sich vor allem marktwirtschaftliche Mechanismen als Treiber der technischen Beschleunigung erweisen und weitere Produktionssteigerungen auch ohne zusätzliche Arbeitskräfte bewältigt werden können, hatte das Ad-Hoc-Committee on the Triple Revolution, wie es sich damals nannte, die *Logik* der »kybernetischen« Entwicklung begriffen. Liest man den Brief, tun sich darin frappierende Übereinstimmungen mit der gegenwärtigen Diagnose vom Zweiten Maschinenzeitalter auf. Das Komitee hatte lediglich die *Geschwindigkeit* des Prozesses überschätzt. Die damals teuersten, ganze Säle füllenden Rechner hatten eine Kapazität, die unter der eines Smartphones der ersten Generation lag.

Seit Jahrzehnten entwickelt sich die Rechnerleistung mit einer exponentiellen Geschwindigkeit, dennoch aber zunächst kaum wahrnehmbar. Brynjolfsson und McAfee verdeutlichen dies mit ihrer Analogie von der »zweiten Hälfte des Schachbretts«:[20] Legt man auf das erste Feld ein Reiskorn (das Reiskorn steht für ein im Prozessor sitzendes Männchen, das eine Rechenoperation pro Sekunde ausführt) und die doppelte Menge auf jedes folgende, vermehrt sich die Anzahl der Reiskörner auf dem Schachbrett exponentiell, auf dessen ersten Hälfte aber noch gemächlich und überschaubar. Auf der zweiten Hälfte wird die Entwicklung jedoch sprunghaft unübersichtlich, explodiert die Menge der Reiskörner um Billiarden und Trillionen bis schließlich auf dem letzten Schachbrett ganz Deutschland von einer ein Meter dicken Schicht aus Reiskörnern bedeckt ist. Diese Explosion ist das Ergebnis des Mooreschen Gesetzes. Verdoppelt sich die Leistungsfähigkeit der Computertechnik seit 1964

---

18 The Ad Hoc Committee 1964
19 Solow 2013
20 Brynjolfsson/McAfee 2014, 54–72

Die Verknappung von Arbeit

alle 18 Monate – und tatsächlich wurde das Gesetz erst nach der Entdeckung des Transistors in den 1960ern formuliert –, betritt man um das Jahr 2012 die zweite Hälfte des Schachbretts – und dann erst vollzieht sich die Entwicklung rasant. Und in der Tat rücken etwa um diese Zeit das »Internet der Dinge«, die »Virtuelle Realität« und die »Augmented Reality«, Künstliche Intelligenz, »Deep Learning« sowie Roboter vermehrt in das Interesse der Öffentlichkeit – weil diese Entwicklungen im Vollzug höherer Rechenleistungen erheblich besser, billiger und anwenderfreundlicher geworden sind. Dauert diese Entwicklung mit gleichbleibender Geschwindigkeit an, sind Computer im Jahr 2025 ungefähr 64-mal leistungsfähiger als Computer, die 2013 hergestellt wurden.

Addieren sich die genannten Einwände noch nicht zu einem standfesten Gegenargument, ist weiter zu bedenken, dass die Automatisierung neben der Hard- und Softwareentwicklung von der Infrastruktur, d.h. vom Datennetz und dessen Leistungsfähigkeit abhängt. Sollte der Mobilfunkstandard 5G nach 2020 weltweit eingeführt werden, könnten große Datenmengen nahezu in Echtzeit zwischen Maschinen, Sensoren und Computern übertragen werden. Sollten in den nächsten Jahrzehnten erheblich leistungsfähigere DNA- oder Quantencomputer die herkömmlichen Siliziumcomputer ersetzen (und die Entwicklung von Quantencomputern scheint schon fortgeschritten zu sein), würden von der Automatisierung Berufe betroffen sein, die weit in die heutige High-Skill-Domäne hineinragen. Aus ökonomischer Sicht ist dies schon deswegen sinnvoll, weil Hochlohnberufe diese Domäne ausfüllen und deren Automatisierung durch Künstliche Intelligenzen folglich Kosten einsparen kann.

Zu bedenken ist auch, dass die digitale Fabrikation mit 3D-Druckern die Produktion und die Berufswelt in den kommenden Jahrzehnten in einem Ausmaß transformieren könnte, mehr noch als im 19. Jahrhundert, als sich die traditionelle Landwirtschaft, das Handwerk und die Hausarbeit aufzulösen begannen und die Zeit der Maschinen und Fabriken anbrach. Diese Technik befindet sich gegenwärtig noch in einem Entwicklungsstadium, das jenem Gasolin-Vehikel ähnelt, mit dem Bertha Benz von Mannheim nach Pforzheim zuckelte. Damals hätte wohl kaum jemand vermutet, dass Autos Pferde als Transportmittel überflüssig machen würden.

Trotz ihrer gegenwärtigen Mängel leisten 3D-Drucker schon Beachtenswertes und sie entwickeln sich viel schneller als die Gasolin-Vehikel ihrer Zeit: Im Sommer 2014 wurden der Weltöffentlichkeit auf dem 3D Printed Car Design Challenge erstmalig gleich mehrere fahrtüchtige Autos vorgestellt, die größtenteils ausgedruckt worden waren. Beim dem zum Sieger gekürten Wagen »Strati« wurden nur Elektromotor, Kabel, Lichter und Windschutzscheibe konventionell hergestellt, der Rest ausgedruckt. Aber auch am 3D-Druck eines Elektromotors wird derzeit am United Technologies Corporation Research Center gearbeitet.

Denkt man diese Entwicklung und den sich entwickelnden 3D-Druck linear weiter (und man sollte es eigentlich exponentiell tun), wird es in einigen Jahrzehnten fast jedem Menschen möglich sein, zu einem geringen Preis ein oder mehrere Autos selbst herzustellen. Dazu braucht es nur die in den Drucker zu ladenden Produktentwürfe und dieser kann mit dem Druck der Bauteile beginnen. Beim »Strati« waren es lediglich 49 Teile, die zusammengesetzt werden mussten. Der potenzielle Versuch, die Produktentwürfe nur gegen einen hohen Preis zur Verfügung zu stellen, dürfte vermutlich scheitern. Schon jetzt findet sich auf Online-Plattformen wie youimagine.com oder thingiverse.com ein Universum der Dinge, bestehend aus unzähligen von Bürgern in Eigenregie konzipierten Produktentwürfen. Sie werden quelloffen angeboten, man kann sie zumeist kostenlos herunterladen, weiterentwickeln und ausdrucken. Dabei handelt es sich nicht mehr um Waren, die zum Verkauf angeboten werden, sondern um Produkte, die jedem nahezu frei zugänglich sind. Werden 3D-Scaner künftig in Smartphones integriert sein, erleichtert dies den Upload von Produktentwürfen zusätzlich.

Im Frühling 2014 stellte die chinesische Baufirma WinSun, die ersten in Serie gedruckten Häuser vor, die für unter 4 000 Euro gekauft werden können. Schon zu diesem Zeitpunkt konnte die Firma zehn solcher Häuser an einem Tag drucken. Die Kosten für ausgedruckte Häuser können so niedrig sein, weil eine Reihe traditioneller Arbeitsschritte beim Hausbau nicht mehr notwendig sind. Das spart Zeit und Geld und wirft die Frage auf, wer künftig noch bereit sein wird, (hohe) Mieten zu zahlen, wenn man sich für vergleichsweise geringe Kosten (es ist allerdings noch der Grundstückspreis zu zahlen) ein Eigenheim ausdrucken lassen kann? Fallen die Preise weiter, wäre dies für Slum-Bewohner ein Segen, könnten viele fensterlose Wellblechhütten Vergangenheit werden. Anfang 2015 hatte WinSun (oder besser: acht Bauarbeiter von WinSun) in wenigen Wochen eine über 1 000m² große Stadtvilla zum Preis einer kleinen Eigentumswohnung sowie binnen sechs Tagen ein 5-stöckiges Wohnhaus ausgedruckt. Nun planen sie den Druck von Brücken und Hochhäusern. Möglich werden soll dies mit Maschinen, die ein Zwitter aus Roboter und 3D-Drucker sind. An und mit solchen RoboDruckern arbeiten auch niederländische Firmen, und kreieren mit ihnen Entwürfe, die obendrein einen neuen Baustil begründen. Denn jene Formen, die nun mit 3D-Druckern möglich sind, konnten zuvor auch von einer Zaha Hadid nicht verwirklicht werden. Vielleicht mag die Bauqualität der gedruckten Häuser noch nicht dem Standard entsprechen. Aber wie wird dies in zehn Jahren sein?

Fallen die Preise für viele Dinge, da ihre Herstellung durch die Computerisierung billiger geworden ist, sinkt der erforderliche Monatsetat, um über die Runden zu kommen. Zwar gilt die Saysche Kausalkette nicht mehr, wonach billigere Preise den Konsum ankurbeln, weil sie wie eine Einkommenssteigerung wirken, Kauflaune und Produktion steigern, mehr Arbeitnehmer einge-

Die Verknappung von Arbeit

stellt werden und die Wirtschaft brummt. In einer Gesellschaft mit dezentraler Bottom-up-Produktion gilt aber auch die alte Logik immer seltener, wonach sich nur viel leisten kann, wer viel Geld verdient.

Neben Autos und Häusern sind bereits Fahrräder, Kleidung, Schmuck, Mobiliar, Lebensmittel, menschliche Organe, Haut und Knochen, Schaltkreise, Roboter und Nanostrukturen gedruckt worden. 3D-Drucker, deren Entwicklung ganz wesentlich der Open-Source-Bewegung zu verdanken ist, machen weitere Arbeitsplätze obsolet, zuweilen machen sie in Zukunft ganze Fabrikanlagen *mit ihren Robotern* überflüssig, denn zwischen Ware und Konsument stehen nicht mehr wie früher zwangsläufig die Fabrik oder der Kaufmann, sondern nur noch die digitalen Konstruktionsdaten des Produkts. Sie entflechten schon in der Gegenwart die Wertschöpfungsketten von Waren (z. B. Zahnersatz, Hörgeräte), deren Herstellung zuvor aus Kostengründen in Billiglohnländer ausgelagert wurde.[21]

3D-Daten gelangen schon heute durch die legale Umgehung von Fabriken, Händlern und Kaufhäusern an jeden, der sich die Daten herunterladen und das jeweilige Produkt ausdrucken lassen kann. Bei einer noch zu erlangenden technischen Reife kann prinzipiell nahezu alles gedruckt werden und das wird auch zu einer Herausforderung für Patentinhaber, denn Patente dürfen für den privaten Gebrauch nachgebaut werden. Um sie drucken zu können, bedarf es nicht einmal eines eigenen Gerätes, da 3D-Copy Shops den Druckservice anbieten. Kosten verursachen dann primär die Filamente, also die pulverisierten Rohmaterialien, aus denen das Produkt gedruckt wird. Auch diese könnten künftig günstiger werden, sofern es sich nicht um rare Rohstoffe handelt. Denn gerade der Extraktions- und Transportsektor wird zunehmend von Maschinen übernommen.

---

21 Geforscht wird bereits an einer zweiten Generation von 3D-Druckern. Die erste Generation druckt Bauteile aus, die anschließend bei komplexeren Produkten manuell zusammengesetzt werden müssen. Zudem können bislang nicht alle Bauteile wirtschaftlich gedruckt werden. Die zweite Generation, Gershenfeld nennt sie »3D-Assembler«, arbeitet wie die Ribosomen einer Körperzelle. Diese lesen eine Software, die DNA, und bauen entsprechend der Anleitung Hardware. Sie setzen Moleküle (Aminosäuren) zu größeren Strukturen (Proteinen) zusammen. Auf diese Weise sollen Nano-Assembler später aus Molekülen mit speziellen Eigenschaften, neue Nanostrukturen herstellen, Mikro-Assembler schon etwas größere und Makro-Assembler Strukturen im Bereich von einigen Zentimetern. Die verschiedenen Assembler wirken in einem Gerät zusammen und können vollständige Produkte (z. B. eine Drohne mit allen Schaltkreisen) zusammenbauen, die sofort einsatzbereit sind (Gershenfeld 2012, 50 ff.). Künstliche und funktionsfähige Ribosomen konnten immerhin schon aus Molekülen konstruiert werden (Lewandowski et al. 2013).

Was bedeutet das alles?

Es zeichnen sich neue Randbedingungen ab, innerhalb derer zu wirtschaften sein wird. Die Wirtschaftspraxis wird sich im Verlauf des 21. Jahrhunderts deutlich von der des 20. unterscheiden – und mindestens zwei Entwicklungen werden dafür ursächlich sein: Die *Verknappung von Natur* und die *Verknappung von Erwerbsarbeit*. Beide Entwicklungen machen es unplausibel, weiter nach dem alten Muster zu wirtschaften. Dabei wurden sie von der Marktwirtschaft angestoßen, weshalb diese ihr eigener Transformator sein wird.

Die ökologische Verknappung resultiert letztlich aus der Tatsache, dass Unternehmen ihre durchschnittliche *Ressourcenproduktivität* in den letzten Jahrzehnten zwar erhöht haben, ihr Energie- und Ressourcenverbrauch in vielen Fällen aber schon wegen steigender Output-Raten weiter gewachsen ist. Die Verknappung der Arbeit resultiert dagegen aus der Tatsache, dass viele Unternehmen ihre *Arbeitsproduktivität* massiv erhöht haben, um konkurrenzfähig bleiben zu können. Unternehmen müssen nicht zwingend wachsen, um konkurrenzfähig zu sein. Wachsen sie aber nicht, müssen sie ihre Stückkosten senken, um am Markt überleben zu können. Und viele Unternehmen reduzieren ihre Stückkosten, indem sie ihre Personalkosten durch den Einsatz von weniger Personal reduzieren.

Und hier zeigt sich die eigentliche unternehmerische Leistung: Sie besteht vorrangig in der Reduktion der Personalkosten und weniger in der Hervorbringung wirklich innovativer Waren (siehe Kapitel II.2). Denn die Arbeitsproduktivität zu erhöhen war und ist für die meisten Unternehmen ausgesprochen wirtschaftlich, da Arbeiter und Angestellte schon immer die Neigung hatten, mehr Lohn, Freizeit, gesundheitsfreundliche Arbeitsplätze und andere betriebswirtschaftliche Unannehmlichkeiten zu fordern. Ökosysteme können sich dagegen nicht beschweren, wenn sie ausgebeutet werden.

Die beiden Produktivitätstrends gehen scherenartig auseinander, und während bei Business as usual zu erwarten ist, dass sich der produktionsbedingte Energie- und Ressourcenverbrauch in den nächsten Jahrzehnten weiter erhöhen wird (schon aus dem Grund, weil die Zahl der Verbraucher stetig zunimmt), ist umgekehrt anzunehmen, dass sich die Zahl der Beschäftigten stetig verringern wird. Aus dieser Konstellation ergeben sich soziale Spannungen, die eine Alternative zur Marktwirtschaft im 21. Jahrhundert wird ausgleichen müssen. Die etablierte Marktwirtschaft wird ihrerseits dazu kaum in der Lage sein, denn beide Effekte sind ja gerade das Ergebnis ihrer Logik. Der Konkurrenzsituation wegen wird das Konsumniveau hoch gehalten und ihretwegen muss die Zahl der Beschäftigten reduziert werden. Die beiden Trends wirken darum in letzter Instanz gegeneinander: Nimmt die Zahl der Beschäftigten und damit ihre Kaufkraft ab, verringert sich der Produktionsausstoß und folglich der Naturverbrauch.

Manche Stellenverluste werden gewiss durch neu geschaffene Arbeitsplätze aufgefangen werden, doch wird es sich dabei oft um prekäre Jobs handeln. Die zahlenmäßig zurückgehenden Stellen, werden viele Menschen durch den Erwerb einer dafür erforderlichen Ausbildung zu besetzten versuchen – und das begünstigt deren Lohnverfall. In der Regel verlassen Menschen, so sie sich dort eingelebt haben, nur widerwillig ihren Arbeitsplatz, um sich einen neuen zu suchen. Verschärft sich die Arbeitslage, werden sie darum oft Lohneinbußen in Kauf nehmen, um längere Arbeitsverträge, d.h. Sicherheit, aushandeln zu können. Auch das treibt Lohnverfall und Unsicherheit voran und neben der *Quantität* der Berufe sinkt folglich auch ihre *Qualität*.

Der Arbeitsmarkt verhält sich schon in der Gegenwart wie abtauendes Schelfeis. Dieses schmilzt vor allem durch sich erwärmendes Wasser von unten. Die Schelfeisdecke nimmt an der Unterseite ab und wird stetig dünner, indes das Eis von oben betrachtet noch stabil erscheint – bis erste Risse Abbruchkanten indizieren. Ausgedünnt wurde wegen des technischen Wandels vor allem die ökonomische Mittelschicht Europas und der USA. Unbefristete Vollzeitarbeitsstellen waren einmal der Standard. Seit zwei Jahrzehnten aber nimmt der Anteil jener, die in erzwungener Teilzeit, in Minijobs, knapp befristeten Jobs, Leiharbeit und im Niedriglohnsektor arbeiten müssen zu. Neue Stellen werden derzeit im Dienstleistungssektor geschaffen. Doch handelt es sich dabei um Stellen – z.B. bei der Gebäudereinigung, bei Sicherheitsdiensten, in der Altenpflege, im Gesundheitswesen, bei Post- und Paketzustellung und Zeitungsvertrieb, in der Gastronomie –, die oft schlecht bezahlt und schnell gekündigt werden können sowie keine Aussicht auf Aufstieg und Verbesserung bieten.

Der Dienstleistungssektor, einst war er eine Verheißung, ist ein Sammelbecken nicht sozialversicherungspflichtiger Arbeitsstellen geworden.[22] Und je größer die Zahl solcher Stellen wird, desto dünner wird das Schelfeis an der Unterseite. Erhalten die unter solchen Bedingungen Arbeitenden wenig Lohn, können sie weniger sparen und Rücklagen für Notsituationen oder die Rentenphase bilden. Und für Berufsanfänger wird es stetig schwerer, einen Arbeitsplatz zu erhalten, während sich ältere Arbeiter und Angestellte noch auf unbefristeten Stellen halten können. Junge Menschen und geringer Qualifizierte werden den Umbau des Arbeitsmarktes folglich zuerst bemerken.

Der Niedergang der Marktwirtschaft ist für Wolfgang Streeck, den ehemaligen Direktor des Max-Planck-Instituts für Gesellschaftsforschung, auch an der abnehmenden »Gestaltungskraft des Arbeitsmarktes für die Lebensführung« ablesbar. »Niemand kann sich mehr auf seinen Job verlassen. Jeder muss ständig improvisationsbereit sein. Der Einzelne muss sich sozusagen mit Hu-

---

22 Bahl 2014

mankapital bis an die Zähne bewaffnen, weil das System nicht für seine Sicherheit sorgen kann. Wo der Kapitalismus zur Gesellschaftsordnung wird, kann er nicht mehr nur eine Wirtschaftsweise sein, sondern muss zu einem Mechanismus der Strukturierung des Lebens werden. Doch darauf ist kein Verlass mehr. Der Wandel ist so schnell geworden, dass viele nicht mehr mitkommen können.«[23]

Schon unter den gegenwärtigen Bedingungen ist in vielen klassischen Industrienationen unklar, speziell in Japan und in den meisten EU-Staaten, wie geburtenschwache Generationen die Renten der Babyboomer finanzieren sollen. In einer zunehmend automatisierten Produktion verschärft sich dieses Problem. Hinzu kommt der Rückgang der Wachstumsraten in vielen der klassischen Industrienationen und die Zunahme der Staatsverschuldung. Beide Phänomene waren bereits vor der jüngsten, 2007 einsetzenden Finanzkrise sichtbar, verschärften sich nach ihr aber deutlich. Erwartet wurde z. B., dass Staaten, Unternehmen und Haushalte ihre Schuldenlast nach der lehrreichen Finanzkrise reduzieren würden, doch stieg deren Verschuldung seitdem um 57 Billionen US-Dollar an. Die Menschheit lebt auf einem Pleiteplaneten, dessen Gesamtschuldenstand (Staaten, Unternehmen, Haushalte) sich 2014 auf 199 Billionen US-Dollar addierte – das waren zu diesem Zeitpunkt 286 Prozent des globalen BIP.[24] Die Verschuldung stieg seit 2007 selbst in wachstumsstarken Schwellenländern rasant an und je höher die internationale Verschuldung, desto mehr schrumpft der *safe operating space for capitalism*. Die Erosion der Mittelschicht und der Ausbau des Niedriglohnsektors, die stetige Zunahme der ökonomischen Ungleichheit sowie eine wachsende Altersarmut sind weitere Negativentwicklungen. Und ausgerechnet in dieser an sich schon heiklen Phase schreitet die Automatisierung der Wirtschaft mit größer werdender Geschwindigkeit voran.

Das oft genannte Rezept gegen die Verknappung von Natur und Arbeit – die Kosten für Rohstoffe durch Steuern zu erhöhen und die für Arbeit zu senken – wird den Verfallsprozess von Arbeitsplätzen nur hinauszögern, nicht aber aufhalten. Eine sehr große Zahl von Arbeitern und Angestellten wird gegen Maschinen und gegeneinander konkurrieren müssen. Die Kaufkraft der Mehrzahl der Konsumenten wird folglich abnehmen. Ob die Globale Konsumentenklasse mit der vorhergesagten Geschwindigkeit wird expandieren können, ist also fraglich, wenn auch solche Stellen von der Automatisierung betroffen sind, die sich, wie Buchhaltung und Rechnungsprüfung, nicht nur durch einfache Tätigkeiten auszeichnen. Die Prognose von der wachsenden globalen Mittelschicht basiert ja auf der Annahme, dass immer mehr Menschen, vor

---

23 Streeck 2015
24 McKinsey Global Institute 2015

allem in Asien in diese Klasse aufsteigen, weil die Menge gut bezahlter Arbeitsplätze zunimmt. Und eben diese Annahme wird brüchig. Die Geschichte könnte folglich auf die skurrile Situation hinauslaufen, dass das Produktionspotenzial so groß wird wie nie, aber zunehmend mehr Menschen in die materielle Armut schlittern und an absoluter Knappheit leiden.

Darum ist zu fragen, wie eine hochproduktive Volkswirtschaft dauerhaft aufrechterhalten werden kann, wenn sich nur noch wenige die Waren leisten können? Nehmen Stellenabbau und Niedriglöhne zu, greift diese Entwicklung auf Branchen über, die von der Computerisierung bislang verschont geblieben sind: Tourismus und Gastronomie sind z. B. davon abhängig, dass ihre Kunden genug Einkommen erwirtschaften, um verreisen oder auswärts essen gehen zu können.

Konjunkturprogramme oder soziale Sicherungssysteme effektiv zu stärken, scheint indessen kaum noch möglich zu sein. Bo Cutter, Berater der Weltbank und verschiedener US-Präsidenten, meint in Bezug auf den Wandel der Arbeitswelt, diese Option bzw. der »Weg des geringsten politischen Widerstandes führt daher genau in die falsche Richtung. [...] Alle westlichen Industrienationen finanzieren einen Sozialstaat, den wir uns trotz aller Hoffnung nicht mehr leisten können.«[25] Schon in der Gegenwart ächzen viele Länder unter Staatsschulden und hohen Jugendarbeitslosenquoten. 2014 waren in Spanien und Griechenland über 50 Prozent der bis zu 24-jährigen Erwerbstätigen ohne Job.[26] In Italien und Kroatien über 40 Prozent; in Portugal und Zypern über 30 Prozent; in Irland, Frankreich, Belgien und Schweden über 20 Prozent. Zu befürchten ist, dass in Zukunft eine große Zahl von Menschen sich zunehmend selbst überlassen bleibt, weil das Netz staatlicher Sicherungssysteme weitmaschiger wird.

Die Automatisierung der Arbeitswelt zu verlangsamen, um den Abbau der Berufe zu bremsen oder gar zu stoppen, ist in einer konkurrenzorientierten Weltwirtschaft ebenfalls keine Lösung. Der Trend zur maschinellen Erhöhung der Arbeitsproduktivität scheint schon deswegen unabwendbar zu sein, weil er strikt der marktwirtschaftlichen Logik folgt[27] und diese weltweit in nahezu

---

25 Cutter 2013, 79
26 Der Anteil bezieht sich auf die Gruppe der Erwerbspersonen der gleichen Altersklasse, d. h. Studenten zählen nicht in diese Gruppe.
27 Auf dem Davoser Weltwirtschaftsforum 2015 mahnte Bundeskanzlerin Merkel, Deutschland *müsse* die Digitalisierung der Wirtschaft beschleunigen: »Wir müssen [...] die Verschmelzung der Welt des Internets mit der Welt der industriellen Produktion – wir nennen das in Deutschland ›Industrie 4.0‹ – schnell bewältigen, weil uns sonst diejenigen, die im digitalen Bereich führend sind, die industrielle Produktion wegnehmen werden. Diesen Wettlauf gehen wir mit großem Selbstbewusstsein ein. Aber diesen Wettlauf haben wir noch nicht gewonnen.« *Hier* waltet die Macht der unsichtbaren Hand.

allen Gesellschaften und gesellschaftlichen Bereichen auf Expansionskurs ist. Regulieren große Volkswirtschaften ihre Automatisierung, eröffnen sie anderen einen Wettbewerbsvorteil und den Anreiz, ihrerseits die Automatisierung voranzutreiben. Auch auf diese Weise gingen in den technikregulierten Wirtschaften viele Arbeitsstellen verloren.

Im Zweiten Maschinenzeitalter vollziehen sich also zwei gegensätzliche Trends. Zum einen sinkt die *Kaufkraft* der Mehrheit, da sich die Möglichkeiten verknappen, eine Erwerbsarbeit annehmen zu können. Löhne sinken, Arbeitsbedingungen werden zunehmend prekär. Andererseits *steigt die Kaufkraft* der Bevölkerung, da die Herstellungskosten des technischen Fortschritts wegen sinken und die Preise vieler Waren ebenfalls. Man muss künftig nicht mehr viel verdienen, um sich viel leisten zu können. Das trifft gewiss nicht für alle Waren und Dienstleistungen zu, aber für eine breite Palette von ihnen. So gesehen könnte die Global Consumer Class sogar innerhalb weniger Jahrzehnte geradezu explodieren und auch Menschen aus ehedem armen Volkswirtschaften integrieren. Der Traum von Milliarden Menschen, komfortabel wie ein US-Bürger zu leben, könnte sich auf einmal bewahrheiten. Und sollte dieser Fall nicht eintreffen, wird sich die Zahl der Verbraucher dennoch erhöhen, da die Weltbevölkerung aller Voraussicht nach um weitere drei Milliarden Menschen anschwellen wird.

Nun ist das globale Ökosystem zwar robust, dennoch ist fraglich, ob der gegenwärtige Kurs noch lange gehalten werden kann. Schon in der Gegenwart werden planetare Grenzen überschritten und eine Kombination aus Bevölkerungs- und Konsumentenexplosion würde ökologische Systeme weiter strapazieren. Lebten auch »nur« sechs Milliarden Menschen wie ein durchschnittlicher US-Bürger, benötigte die Menschheit auf Dauer vier Planeten Erde. Es bestünde die Aussicht, dass die Erde in diesem Fall zur Heimat vor allem für Mikroben, Kakerlaken und fluoreszierende Tiefseemonster würde. Damit dergleichen nicht geschieht, würden die Rohmaterialien für die Druckerpatronen empfindlich verteuert oder Print-Kontingente eingeführt werden – Maßnahmen also, um die Kaufkraft der Bevölkerung *zu senken*. Naheliegend, dass Proteste dann die Folge wären, wenn es gleichzeitig an Arbeitsplätzen mangelte.

Eine Möglichkeit ist allerdings die gemeinschaftliche Nutzung der Dinge. Diese wird im zweiten Teil des Buches thematisiert. Zunächst ist festzuhalten, dass der 3D-Druck die Machtverhältnisse in der industriellen Fertigung neu definieren und, dies lässt sich ohne Übertreibung sagen, eine neue Wirtschaftsepoche einleiten wird. In ihr verschwimmt der Unterschied zwischen Produzent und Konsument, geht ein neuer Typus, der *Prosument*, hervor. 1984 schrieb der Historiker Hugh Thomas in seiner GESCHICHTE DER WELT: »Das wesentliche Merkmal unserer Zeit ist die Herstellung von Massengütern in einer Fabrik und durch Maschinen für den Verkauf an weit verstreuten Plätzen.«[28] Auch dieses Merkmal wird bald nicht mehr die Zeit prägen.[29] War der Marktplatz das Symbol der antiken und mittelalterlichen Wirtschaft, waren die Fabrik und der Einkaufswagen das Symbol der Marktwirtschaft, wird all diesen Symbolen wahrscheinlich keine nennenswerte Bedeutung mehr im entstehenden Wirtschaftssystem zuteil. Die meisten Produktionsstätten und nahezu sämtliche Warenhäuser werden in einigen Jahrzehnten keine Funktion mehr haben. Wie viele bedeutungslos gewordene Kirchen und Dorfschulen werden ausgeweidete Werks- und Warenhäuser brach liegen, bis ihnen die Gnade einer neuen, sie vor Verfall und Abriss wahrenden Funktion zuteilwird. Aber auch die Beschäftigten, die einst in Fabriken und Läden gearbeitet haben, werden neue Aufgaben benötigen. Dabei wird es sich nicht mehr um Erwerbsarbeit handeln können.

Wozu noch Lohnarbeit?

Hugh Thomas nannte noch ein Merkmal, dass sich durch die Produktionsgeschichte zieht, aber nur wenig Beachtung gefunden hat: »Von Anfang an hat die Maschine die Arbeitszeit der meisten Menschen verkürzt.«[30] Die durchschnittliche Arbeitszeit pro Arbeitnehmer nimmt seit 300 Jahren ab – allein im 20. Jahrhundert um ein Drittel (von einer durchschnittlichen 60-Stunde-Woche am Beginn auf 40 Stunden am Ende des Jahrhunderts) – und diese Entwicklung wird sicher nicht in einer Zeit enden, in der Maschinen immer fähiger werden. Denkt man diese Entwicklung also konsequent weiter, ist technisch verursachte Massenarbeitslosigkeit keine Überraschung. Wenn ich aber in Seminaren und Vorträgen die technischen Möglichkeiten der Computerisierung vorstelle und diskutiere, lauten die ersten Reaktionen der Teilnehmer meist »besorgniserregend«, »angsteinflößend« oder »nicht wünschenswert«. Zuweilen wird moralisch argumentiert, Taxifahrer, Hoteliers und andere vom Arbeitsplatzverlust Betroffene müssten ihren Beruf auch in Zukunft weiter ausüben können. Angemessen sind solche Reaktionen, wenn im Rahmen der her-

---

28 Thomas 1984, 303
29 Selbst wenn Lobbygruppen aus dem konventionellen Produktionsbereich die Politik zum Verbot des 3D-Drucks von Produkten für den privaten Gebrauch überzeugen könnten, würde sich der 3D-Druck in Entwicklungsländern durchsetzen, die durch eine weitgehende Abwesenheit von Fabriken und Manufakturen charakterisiert und auf Importe angewiesen sind. Für sie bietet sich die einmalige Chance, das industrielle Stadium überspringen zu können. Sie werden sie nutzen, zumal sie keine Stellen dort verlieren können, wo sie keine haben. Außerdem bietet sich ihnen Zugang zu einer ungeheuren Dingfülle.
30 Thomas 1984, 317

gebrachten Gesellschaftsordnung gedacht wird – und dies ist der erste Reflex –, denn Arbeitslosigkeit geht in der gegebenen Ordnung mit Armut und Unsicherheit einher. In diesem Rahmen geistig zu verweilen, dürfte jedoch zunehmend weniger angemessen sein.

Irgendwann in der marktwirtschaftlichen Gesellschaft änderte sich die Einstellung zur Arbeit grundlegend: Wurde Adam mit dem Fluch aus Eden gejagt, »Im Schweiße deines Angesichts sollst du dein Brot essen«; war körperliche Arbeit in der Antike ein kulturübergreifend verpöntes Synonym für Mühsal, Not und Pein, und galt als privilegiert, wer von ihr freigestellt war; thronte für Thomas von Aquin die geistige bzw. geistliche Betätigung *(vita contemplativa)* hoch über der körperlichen *(vita activa)*, gab die kapitalistische Gesellschaft der Arbeit eine neue Bedeutung. Ein Beruf und beruflicher Erfolg wurden schon bald zum Signum des sozialen Status. Galt Arbeit einst als Fluch, welche die antiken Griechen lieber den Sklaven überließen, und war Arbeit noch während der Industrialisierung ein Körper und Geist verschleißendes Übel, wurde es bald zum Fluch, *keine* Arbeit zu haben. Schon der Begriff *arbeitslos* suggeriert heute, dass es der gesellschaftlichen Normalität und Norm zugleich entspricht, Arbeit zu haben. Wer Arbeit hat, ist sozial akzeptiert und integriert, weil er der Gesellschaft von Nutzen ist. Arbeitslose sind demzufolge anormal, entwürdigt, nutz- und bedeutungslos. In einer Gesellschaft, in welcher sich der Wert einer Person in besonderem Maße an wirtschaftlichen Kriterien ausrichtet, sind Arbeitslose oft der sozialen Desintegration preisgegeben – und es wird sie in den kommenden Jahrzehnten des technischen Fortschritts wegen wohl in so großer Zahl geben, dass es unzumutbar wird, die soziale Ordnung auf Erwerbsarbeit basieren zu lassen.

Man kann die Vorgänge aber auch anders interpretieren: Nicht als Demütigung, sondern als Befreiung des Menschen. Arbeiten die meisten Menschen tatsächlich in routinelastigen, fremdbestimmten, stressigen, geist- oder gesundheitsgefährdenden Berufen, befreit man sie geradezu, wenn man ihnen interessante, selbstbestimmte Aufgaben gibt, die ihnen mehr Raum für Kreativität lassen. Nicht »Arbeitslos«, sondern ARBEITSFREI betiteln Constanze Kurz und Frank Rieger ihr ebenfalls auf der These basierendes Buch, dass die Computerisierung einer sehr großen Zahl von Menschen ihren Beruf nehmen wird.[31] Wie seinerzeit Keynes sehen sie jedoch eine *Chance*, wo andere die soziale Ordnung bedroht sehen. Es soll hier allerdings *nicht* darum gehen, Menschen von jeglicher Arbeit freizusprechen, wohl aber von Erwerbsarbeit sowie von inhumaner Arbeit. Mehr dazu im folgenden, zweiten Teil des Buches.

Der technische Wandel befreite viele Menschen von der mittelalterlichen »Idiotie des Landlebens« (Marx). Allerdings mussten fortan viele Arbeiter die

---

31 Kurz/Rieger 2013

Idiotie der Fabrikarbeit aushalten und auch im Dienstleistungsbereich finden sich noch heute viele Arbeitsstellen, die nicht minder stumpf und anstrengend sind. Menschen aus Berufen und Arbeitsverhältnissen zu befreien, die sie zu Robotern machen, ist ein humanistisches Gebot – sofern sie dadurch nicht in materielle Not geraten.

In der Praxis bedeutet Wettbewerb als schöpferische Zerstörung, dass die Schaffung von Arbeitsplätzen in schöpferischen Branchen unweigerlich mit der Zerstörung von Arbeitsplätzen in anderen Branchen einhergeht. Das an sich ist *kein* Problem. Wer trauert schon Stock- und Zylindermachern, Tuchscherern und Webern, Fischweibern, Fassbindern, Kesselflickern, Köhlern, Kutschenbauern oder Kupferstechern hinterher? Wer wird in fünfzig Jahren bedauern, dass es keine Schlächter, Autobauer, Lastwagenfahrer, Kassierer, Werber, Unternehmensberater, Immobilienmakler, Investmentbanker oder Fondsmanager mehr gibt? Problematisch ist, wenn Menschen ihre Arbeit verlieren, von der sie abhängig sind, da ihr Überleben, ihr Ansehen oder ihre Tagesstruktur mit ihr verbunden sind. Ist dies nicht der Fall, verliert der schöpferische Prozess seinen zerstörerischen Charakter und Arbeitslosigkeit ihr Stigma. »In einem halben Jahrhundert werden unsere Enkel«, so Rifkin, »auf die Ära der Massenlohnarbeit auf dem Marktplatz mit demselben fassungslosen Staunen zurückblicken wie wir heute auf Sklaverei und Leibeigenschaft einer noch viel früheren Zeit. Der bloße Gedanke, dass man den Wert eines Menschen fast ausschließlich an seinem Output und materiellen Wohlstand hätte messen können, wird dann primitiv, ja barbarisch erscheinen.«[32]

In seinem Essay LOB DES MÜSSIGGANGS vertrat Bertrand Russel schon vor längerer Zeit eine These, die das marktwirtschaftliche, aber auch sozialistische Arbeitsethos verdrehte. Beiden zufolge ist der Müßiggang aller Laster Anfang, dagegen war für Russell, umgekehrt, ein hohes Arbeitspensum die Ursache gesellschaftlicher Probleme, da durch das so mögliche hohe Produktions- und Einkommensniveau allerlei Schaden entstünde (z. B. eine verschwenderische Überproduktion des Wettbewerbs wegen). Folglich war er der Ansicht, »daß in der heutigen Welt viel Unheil entsteht aus dem Glauben an den überragenden Wert der Arbeit an sich, und daß der Weg zu Glück und Wohlfahrt in einer organisierten Arbeitseinschränkung zu suchen ist.«[33] In der Historie wurde das Privileg, sich dem Joch langer Arbeitstage und -jahre entziehen zu können, nur der Adelskaste zuteil. »Dank der modernen Technik brauchte heute Freizeit und Muße, in gewissen Grenzen, nicht mehr das Vorrecht kleiner bevorzugter Gesellschaftsklassen zu sein, könnte vielmehr mit Recht gleichmäßig allen Mitgliedern der Gemeinschaft zugutekommen. Die Moral der Arbeit ist eine Sklavenmoral, und in einer neuzeitlichen Welt bedarf es kei-

---

32 Rifkin 2014, 196 f.
33 Russell [1957] 1974b, 72

ner Sklaverei mehr«, so Russell weiter.[34] Der Zweite Weltkrieg, in welchem das Gros der Arbeiterschaft ganzer Volkswirtschaften (wie der britischen) nicht der Produktion alltäglicher Waren zur Verfügung stand, habe bewiesen, dass eine Gesellschaft mit einem deutlich kleineren Arbeitspensum gut gedeihen könne. Vier Stunden Arbeit am Tag hielt Russell darum für ausreichend, um allen einen Komfort zu sichern, der für menschenwürdiges Dasein erforderlich ist.

Auch Richard Sennett, der in seinen Büchern wiederholt die Arbeitskultur des Kapitalismus kritisiert hat, nennt »es eine Illusion, dass mehr Arbeitsstunden für eine hochproduktive Gesellschaft notwendig seien. Meiner Meinung nach ist das der Versuch, eine neue Form des Kapitalismus zu etablieren. Die Ideologie, die derzeit vorherrscht, suggeriert den Menschen, dass nur außergewöhnliche Anstrengungen sie in diesem System am Leben halten.«[35] Die Lebensqualität würde, so Russell bei einem Vier-Stunden-Arbeitstag eher steigen, da ein jeder nach der Arbeit seinen Neigungen nachgehen könne, ohne sich dabei um die Existenzsicherung sorgen zu müssen. Im Gegenwartsjargon entspricht dies einer »halben Stelle«. Diese aggregiert führt in die HALBTAGSGESELLSCHAFT, in welcher alle ausgebildeten Erwerbsfähigen im Durchschnitt die Hälfte der Werktage mit bezahlter Arbeit verbringen.[36]

Russells Halbtagsutopie läuft darauf hinaus, dass die Abkehr vom Ökonomismus dem wissenschaftlichen Fortschritt, der kulturellen Prosperität und dem subjektiven Wohlbefinden zugutekäme: »Wenn auf Erden niemand mehr gezwungen wäre, mehr als vier Stunden täglich zu arbeiten, würde jeder Wissbegierige seinen wissenschaftlichen Neigungen nachgehen können, und jeder Maler könne malen, ohne dabei zu verhungern [...]. Junge Schriftsteller brauchten nicht durch sensationelle Reißer auf sich aufmerksam zu machen, um wirtschaftlich so unabhängig zu werden, daß sie die monumentalen Werke schaffen können, für die sie heute [...] gar keinen Sinn und keine Kraft mehr haben.[...] Die Ärzte werden Zeit haben, sich mit den Fortschritten auf medizinischem Gebiet vertraut zu machen«.[37]

---

34 ibid., 74
35 Sennett 2014
36 Hartard et al. 2006. Nach diesem Konzept würden die bisher Vollzeitbeschäftigten ihre Arbeitszeit halbieren. Dafür könnten Arbeitslose und die »stille Reserve« von Erwerbsfähigen, die nicht unmittelbar eine Erwerbsarbeit suchen, erwerbstätig werden. Halbtagsgesellschaft bedeutet nicht, dass jeder ca. vier Stunden am Tag arbeiten muss, da dies wegen den teils langen Pendlerdistanzen oft unpraktisch wäre. Vorgeschlagen wird, dass Menschen für z. B. zwei oder drei Jahre, in Vollzeit tätig sind und dann denselben Zeitraum für andere Tätigkeiten nutzen können. Auch muss niemand seine Regelarbeitszeit halbieren. Wer dazu jedoch nicht bereit ist, muss einen höheren Steuersatz akzeptieren.
37 Russell [1957] 1974b, 87

Die Verknappung von Arbeit 105

Tatsächlich hat die Anzahl an Teilzeitbeschäftigten zugenommen. Faktisch aber arbeiten jene, die eine halbe Stelle innehaben oftmals erheblich mehr. In den USA, zunehmend auch hierzulande, müssen viele Menschen zudem mehrere Teilzeitjobs ausüben, um ihr benötigtes Monatseinkommen erwirtschaften zu können. Zwischen 1950 und 1970 waren die westlichen Wohlfahrtsstaaten noch auf einem anderen Weg, nahmen Löhne und Sicherheit zu, die Arbeitszeiten ab. Nach 1980 aber kehrte sich diese Entwicklung um. Mit der neoliberalen Privatisierungswelle und der Globalisierung des Wettbewerbs nahmen Konkurrenzkämpfe und der Rationalisierungsdruck zu. In dieser Zeit wurde es wieder eine Selbstverständlichkeit, dass Menschen länger und härter für ihren Lebensunterhalt arbeiten mussten.

Das merkwürdige Bild sieht in den G20-Nationen gegenwärtig so aus: Während Millionen Menschen arbeitslos sind, überarbeiten sich Millionen, um über die Runden zu kommen oder dem Druck ihrer Vorgesetzten nachzugeben (die ihrerseits unter Druck stehen). Während die einen gerne ein vollwertiges Mitglied der Gesellschaft und berufstätig sein werden würden, würden die anderen gerne weniger arbeiten müssen. Beide Gruppen leiden unter ihrer Situation, die einen fühlen sich nutzlos, die anderen über- oder ausgenutzt. In den kommenden Jahrzehnten ist keine Besserung zu erwarten. Zu erwarten ist vielmehr, dass Arbeitslosigkeit ansteigen wird, die Löhne in vielen Branchen und das Sicherheitsempfinden rückläufig werden. Simultan nimmt jedoch auch der Druck zu, diesen Kurs zu korrigieren.

Beschäftigungen wird es zwar auch in Zukunft reichlich geben, doch werden sie kaum *Lohnarbeit* sein können. Konservative Kritiker mögen mahnen, dass man nur im Schweiße harter Arbeit sein Brot essen dürfe; dass an den Errungenschaften der Zivilisation nur teilhaben dürfe, wer zu ihnen beiträgt; dass wir in einer Leistungsgesellschaft leben und Minderleistung zu sühnen sei. Solche Kritiken aber sind in einer zunehmend computerisierten Arbeitswelt nicht mehr konstruktiv. Konstruktiv ist es, über soziale Strukturen zu diskutieren, die an die neuen Verhältnisse besser angepasst sind. Diese müssen u. a. die ökologische wie die digitale Herausforderung annehmen können.

Der Politologe Michael Ignatieff forderte darum in der Financial Times WE NEED A NEW BISMARCK TO TAME THE MACHINES.[38] Ende des 19. Jahrhunderts war es Otto von Bismarck gelungen, durch die Einführung der Sozialgesetzgebung die inhumanen Effekte eines kaum regulierten Marktes zu zähmen. Anfang des 21. Jahrhunderts wird es darauf ankommen, die Kombination aus Wettbewerbsökonomie und digitaler Technik zu zähmen. Das ist das Thema des nächsten Kapitels. Während es zu Bismarcks Zeiten aber auch darum ging, den Wettbewerb zu erhalten, um die innovative Dynamik der Wirtschaft und

---

38 Ignatieff 2014

die Freiheit der Bürger zu schützen, könnte hierzu kein Anlass mehr bestehen. Denn basale positive Effekte, die man dem Wettbewerb lange Zeit unkritisch zugestanden hat, sind durchaus fragwürdig. Das ist ebenfalls Thema des zweiten, aber auch des dritten Teils (siehe Kapitel II.2, III.1 und III.2).

II

Jenseits der Marktwirtschaft

Wie könnte eine Wirtschaft jenseits der Marktwirtschaft beschaffen sein? Grundsätzlich sollte sie Eigenschaften haben, die der Wissenschaftshistoriker Thomas Kuhn in Paradigmenwechseln identifizierte: Es gilt die Vorzüge des gegebenen Systems zu erhalten, dessen soziale und ökologische Nachteile bzw. Anomalien aber zu neutralisieren.[1] Schließlich darf die Lösung nicht schädlicher sein als das Problem.

Nun weisen die in der Einleitung aufgelisteten interdisziplinären Kritiken darauf hin, dass die Marktwirtschaft wachsende soziale und ökologische Kosten verursacht. Sie legitimiert sich weniger durch gute Gründe, sondern vielmehr dadurch, dass sie selbst ohne Konkurrenz ist. Ein bestehendes Paradigma oder eine bestehende Theorie lässt sich allerdings nicht durch Nichts erschüttern. Darum notierte Etzioni: »Solange es kein anderes produktives Paradigma gibt, ist es schwierig, sich Anstrengungen zur Erhaltung des neoklassischen Paradigmas zu widersetzen, selbst wenn es einige sogenannte ›stubborn facts‹ gibt, das sind Tatsachen, die sich nicht mit der Theorie vereinbaren lassen oder andere geringere Ungereimtheiten (z. B. die Entdeckung einiger Inkonsistenzen innerhalb der Theorie). [...] Es ist ebenso richtig, das Grundgerüst des vorherrschenden Paradigmas zu bewahren – solange es keine erfolgreiche Alternative gibt.«[2]

Aus den vorangegangenen Kapiteln lässt sich ableiten, dass eine Ökonomie jenseits der Marktwirtschaft Knappheiten und das Konsumniveau nicht künstlich befördern sollte, dass ihr Energie- und Ressourcenverbrauch erheblich geringer sein sollte und dass dennoch jeder Bürger über die materiellen Voraussetzungen eines guten Lebens verfügen kann – selbst dann, wenn die klassische Erwerbsarbeit immer knapper wird. Die Abhängigkeit von Er-

---

1 Kuhn 1967
2 Etzioni 1996, 23 f.

werbsarbeit ist zu minimieren, und doch müssen die Verrichtung gesellschaftlicher relevanter, von Maschinen nicht zu leistender Arbeit gewährleistet sowie der gesellschaftliche Fortschritt gesichert sein. Das alles muss eine alternative Wirtschaftsweise leisten können.

1 Wirtschaft ohne Markt

Ein Markt ist der Ort, an dem Angebot und Nachfrage zusammentreffen und in diesem Sinne ist eine Wirtschaft ohne Markt nicht vorstellbar. In diesem Kapitel geht es jedoch um eine Wirtschaftsform, die ohne jene Konkurrenz- und Kommerzmechanismen auskommt, die Märkte seit Adam Smith charakterisieren – um eine Wirtschaft jenseits der Marktwirtschaft.

Gegenwärtig ist die Marktwirtschaft weltweit mit einer Reihe von Entwicklungen konfrontiert, die in ihrer Summe einen größer werdenden Veränderungsdruck auf sie ausüben. Diese Entwicklungen spiegeln sich in den Diskussionen um das Anthropozän (und der Verengung des für die Menschen sicheren Entwicklungskorridors), um den durch die fortschreitende Automatisierung zu erwartenden internationalen Stellenabbau (Verknappung der Lohnarbeit, Prekarisierung), um die international schon in der Gegenwart geringen Zustimmungswerte zur Marktwirtschaft (Verknappung der Legitimation) und um die international aufstrebende kollaborative Ökonomie (Verlust der Alternativlosigkeit). Fügt man hinzu (siehe Kapitel I, II.2 und III.1), dass der Marktwirtschaft zuerkannte Eigenschaften – z.B. effizient und ein Job- und Fortschrittsmotor zu sein – relativ sind (Verlust der Wettbewerbsglaubwürdigkeit), nimmt dieser Druck zu, gepaart mit der internationalen Schulden- und Wachstumskrise sowie der international hohen Jugendarbeitslosigkeit und der zunehmenden Altersarmut.

Von diesen Entwicklungen machen mindestens zwei ein Umdenken erforderlich: Die ökologische Verknappung – genauer: der Schwund essenzieller Ökosystemleistungen und des sicheren menschlichen Entwicklungsraumes – erfordert einen effizienteren und suffizienteren Umgang mit den natürlichen Ressourcen und Ökosystemen. Der zu erwartende internationale Anstieg der Arbeitslosigkeit infolge der voran schreitenden Computerisierung erfordert in der nächsten Generation einen neuen Zugangsmechanismus zu den für ein gutes Leben notwendigen Dingen – und dieser müsste vom klassischen Erwerbseinkommen möglichst unabhängig sein. Im Grunde beeinträchtigen beide Entwicklungen die materiellen Voraussetzungen, um ein gelingendes Leben führen zu können. Und sollte die Menschheit in Folge sich verschlechternder Ökosystemleistungen eine Möglichkeit finden, mit ihrer Welt zurechtzukommen, so sollte sie in Folge der Verknappung von Arbeit einen Weg finden, mit sich selbst zurechtzukommen.

Die 2008 einsetzende Wirtschaftskrise Griechenlands deutet an, was bevorstehen könnte, wenn eine neue Technik (Digitalisierung) auf alte Strukturen trifft (Erwerbsarbeit als Voraussetzung zur Teilnahme am gesellschaftlichen Leben): Arbeitslosigkeit, Schulden, gekürzte Sozialleistungen und der Verlust der eigenen Wohnung. Für viele Menschen in Griechenland sind diese Verhältnisse seit dem Beginn der Sparpolitik im Sommer 2011 bereits Realität. Seither ist die Zahl der Suizide dort erheblich angestiegen.[1] Diese Tragik könnte sich im Vollzuge der technischen Massenarbeitslosigkeit künftig auf viele Nationen ausweiten, ebenso eine verschärfte soziale Ungleichheit. In vielen Ländern droht zwar niemandem bei Verlust seines Arbeitsplatzes die absolute Knappheit, sofern der Sozialstaat noch funktioniert, aber sozialer Abstieg, soziale Knappheit und Unsicherheit, das Gefühl, ausrangiert und diskriminiert zu werden. Wie sich das anfühlt, hat Kristine Bilkau in ihrem Roman DIE GLÜCKLICHEN durch das Schicksal einer absteigenden Mittelschichtfamilie beklemmend beschrieben.[2]

Bis heute ist der Glaube weit verbreitet, dass Bürger im doppelten Sinne am Markt erhalten, was sie *verdienen*. Sie müssen (a) ein Einkommen verdienen, um sich Dinge kaufen zu können, und die Höhe ihres Einkommens richtet sich (b) nach dem Wert ihres Humankapitals. Wer ein hohes Humankapital hat, leistet mehr, erhält ein hohes Einkommen. Dieser Glaube kann in einer Welt, in der wegen des globalen Bevölkerungswachstums mehr Menschen auf den Arbeitsmarkt drängen, aus dem zugleich mehr Menschen von Maschinen verdrängt werden, keine Zukunft haben. *Wenn* man dies akzeptiert und wenn man humanistische Werte nicht antasten möchte, kann eine Gesellschaft logischerweise nur zwei Pfade einschlagen, bzw. beide miteinander kombinieren:

(1) *Sie muss Menschen ein von der Erwerbsarbeit unabhängiges Einkommen garantieren (d.h. eine neue Einkommensbasis schaffen).*

Und/Oder

(2) *Sie muss Menschen den Zugang zu den Dingen des täglichen Bedarfs möglichst unentgeltlich verfügbar machen (Demonetarisierung der Wirtschaft).*

---

1 Branas et al. 2015
2 Bilkau 2015

Beide Maßnahmen können zugleich jene relative Armut verringern (Kapitel I.1), die sich im herkömmlichen System des Wirtschaftswachstums bisher stetig vergrößert hat. Beide Maßnahmen können aber auch die *gute Gesellschaft* fördern. Mindestens zwei moralische Grundprinzipien charakterisieren die gute Gesellschaft. *Gleichheit* und *Nachhaltigkeit*. Eine Gesellschaftsordnung ist gut, wenn sie ihren Bürgern die Voraussetzungen eines gelingenden Lebens ermöglicht. Und sie ist nachhaltig, wenn sie auch zukünftigen Generationen diese Voraussetzungen garantiert – und das impliziert, dass die planetaren Grenzen als »Freiheitsvoraussetzungsschutz« junger und künftiger Generationen (Kapitel I.2) eingehalten werden.

Was im Detail ein gutes oder gelingendes Leben ausmacht, ist nur individuell zu beantworten. Grundlegende Voraussetzungen dafür treffen jedoch auf alle Menschen aller Epochen und Kulturen zu: Sie sind *materiell und sozial*. Die Integration in eine Gemeinschaft und die Abwesenheit von Missachtung (z. B. aufgrund von Geschlecht, Kultur, Rasse) durch die Gemeinschaft sind soziale Voraussetzungen für ein gutes Leben, ebenso Freiräume für die individuelle Entfaltung.

Die materielle Voraussetzung eines guten Lebens impliziert die Befriedigung biologischer Grundbedürfnisse (Nahrung, Kleidung, Obdach, körperliche Unversehrtheit) sowie die Sicherheit, über diese Bedürfnisse dauerhaft befriedigen zu können. Dies impliziert wiederum den Verbleib im ökologisch sicheren Entwicklungskorridor und die Institutionalisierung einer bestimmten Form von *Gleichheit*: Sie ermöglicht, dass alle Bürger dauerhaft den *gleichen Zugang* zu den materiellen Voraussetzungen eines guten Lebens haben.

Dies ist der Fall, wenn alle Bürger einen entmonetarisierten Zugang zu ihnen haben können oder ihnen ein hinreichend hohes, garantiertes Grundeinkommen ausgezahlt wird, damit sie sich diesen Zugang leisten können. Dies entspricht den beiden obigen Pfaden (1) und (2) mit der Abweichung, dass die Entmonetarisierung langfristig anzustreben ist, während eine Demonetarisierung der notwendigen Güter als Zwischenetappe anzusehen ist.

In der Marktwirtschaft wurde dagegen nicht die *Zugangsgleichheit*, sondern die *Chancengleichheit* institutionalisiert.[3] Demnach haben alle Bürger die gleiche Ausgangsposition (jeder erhält z. B. die gleiche Chance, eine gute Schulbildung und Berufsausbildung erlangen zu können). Wer dann im Leistungswettbewerb schlechter abschneidet oder gar versagt, hat als Erwachsener gerechterweise einen schlechteren Zugang zu den materiellen Bedingungen der Möglichkeit, ein gutes Leben zu führen. Dies ist das aus der Chancengleichheit hervorgehende Prinzip der *Leistungsgerechtigkeit*. Wer mehr leistet, darf mehr haben.

---

3 Wright 2013

Das Prinzip der Leistungsgerechtigkeit ist stets fragwürdig geblieben: Der Börsen- oder Immobilienmakler erwirtschaftet im Durchschnitt ein deutlich höheres Einkommen als der Bäcker. Trägt der Börsen- oder Immobilienmakler aber tatsächlich mehr zum Gemeinwohl bei als der Bäcker? Entfernte man aus der Gesellschaft alle Bäcker, würde dies nahezu jedem Bürger negativ auffallen. Entfernte man dagegen alle Immobilienmakler, wären die negativen Folgen gesellschaftlich kaum wahrnehmbar.

Auch dem Prinzip der Chancengleichheit haftet ein grundsätzliches Problem an: Zwar ist die Chancengleichheit ein kultureller Fortschritt. Denn verglichen mit dem vorangegangen Ständesystem, wonach jedem durch seine Geburt ein Stand (oder eine soziale Kaste) zuerkannt wurde sowie welche Chancen und welchen Güterzugang er hat, erhielt jeder in der modernen Gesellschaft qua seiner Leistung die Möglichkeit, seinen Lebensweg bestimmen zu können.

De facto gab es die Chancengleichheit aber nie, wie u. a. der Soziologe Pierre Bourdieu immer wieder energisch hervorgehoben hat. Kindern, deren Familienmitglieder eine geringere Bildung, ein geringes Vermögen oder weniger hilfreiche soziale Beziehungen haben, sind von Beginn an nicht die gleichen Chancen auf einen guten oder hohen Schulabschluss gegeben, wie Kindern akademischer, vermögender und gut vernetzter Eltern. De jure ist der soziale Aufstieg möglich, de facto ist er vielen aufgrund der ungleichen familiären Kapitalausstattung verwehrt.

Im (alten) Geiste der Chancengleichheit empfehlen dagegen Brynjolfsson und McAfee eine Maßnahme, die Menschen im (neuen) zweiten Maschinenzeitalter vor der Arbeitslosigkeit bewahren soll: »Lernt fleißig, nutzt dabei die Technologie und alle anderen verfügbaren Ressourcen, um ›euer Instrumentarium zu erweitern‹, und eignet euch Fähigkeiten und Kompetenzen an, die im zweiten Maschinenzeitalter gebraucht werden.«[4] Eine solche Kompetenz ist z. B. Kreativität, während einem das bloße Auswendiglernen von Fakten und Regeln keinen Vorteil verschafft. Das Hinterfragen der Regeln sowie der spielerische Umgang mit ihnen sind dagegen Kompetenzen, die sich Computer zumindest in absehbarer Zeit nicht aneignen können. Dennoch scheint dieser Ratschlag eher unbefriedigend zu sein. Er fördert in Zukunft mehr noch als in der Gegenwart das Gegeneinander, denn Schüler und Studenten werden aufgefordert, in einen gesteigerten Wettbewerb um Arbeitsplätze gegeneinander *und* gegen billiger und smarter werdende Maschinen anzutreten.

Natürlich ist Bildung auch in Zukunft die wichtigste Ressource der Menschheit, vor der Arbeitslosigkeit wird sie einen Großteil der Bevölkerung dennoch nicht bewahren können.[5] Und selbst wenn es gelänge, den materiel-

---

4 Brynjolfsson/McAfee 2014, 239
5 Ford 2015

len *Wohlstand* durch einen sozialdarwinistischen, existenziellen Bildungswettbewerb zu erhalten, das immaterielle *Wohlbefinden* würde sich in diesem stetig härter werdenden Gegeneinander eher verschlechtern als verbessern.
Schon gegenwärtig sind Schulen ein Kampfplatz um gute Noten, ein Ort des Wettrüstens mit Hirndoping (z. B. Ritalin). Schon heute klagen Gymnasiallehrer in Deutschland über Eltern, die wegen unzureichender Noten ihrer Kinder penetrant intervenieren. Dahinter verbirgt sich die Angst vieler Eltern, ihre Kinder könnten im späteren Wettbewerb um Arbeits- oder Studienplätze benachteiligt werden – und diese Angst nimmt in dem Maß zu, in welchem Bildung nicht für Karriere und hohe Löhne als Kapital notwendig ist, sondern für die Vermeidung von sozialer Unsicherheit und sozialem Abstieg.[6]

Bleiben darum die beiden eingangs genannten Entwicklungspfade und welcher von ihnen auch bevorzugt wird, beide führen einer neuen Gesellschaftsordnung entgegen. Diese muss Freiheit, Wohlstand und Sicherheit ermöglichen. Sie sollte die soziale Ungleichheit verringern und den Menschen Raum zur Muße gewähren. Bei ihrer Umsetzung ist ferner zu berücksichtigen, dass

- ein geordnetes Zusammenleben vieler, einander fremder Menschen möglich ist;
- die zur Erhaltung der Gesellschaft notwendige Arbeit aufrechterhalten bleibt (Kitas, Rettungsdienste, Krankenhäuser, Feuerwehr, Polizei, Bildung, Soziales, Lebensmittelversorgung, Landesverteidigung, Handwerk u. a.) und
- die alternative Wirtschaftsform folglich den Kooperationstest besteht (sich also genügend Menschen an der Bereitstellung notwendiger Güter beteiligen);
- sie den Allokationstest besteht (notwendige Güter bereitgestellt und so verteilt werden, dass sie die Bedürfnisse möglichst vieler Bürger befriedigen);
- die Aufrechterhaltung der Ökosystemleistungen geachtet wird (und die Ressourcenextraktion sowie der Verbrauch fossiler Energie folglich erheblich reduziert wird);
- der technische und kulturelle Fortschritt weiterhin möglich ist.

Es wird sich in den folgenden Abschnitten zeigen, dass all dies prinzipiell auch außerhalb marktwirtschaftlicher (oder sozialistischer) Strukturen realisierbar ist. Beginnen wir mit der ersten logischen Möglichkeit, eine nicht von Lohnarbeit abhängige Gesellschaft zu organisieren – mit dem lohnarbeitsunabhängigen Grundeinkommen.

---

6 Füller 2015

(1) Grundeinkommen

Das Ad-Hoc-Commitee on the Triple Revolution stellte in den 1960ern eine große Frage: »Our current value system celebrates the importance of our labor. We believe that work is essential and that consumption is a privilege that derives from that work. However, this is a belief system that is fundamentally based on the historical reality that human labor is indispensable to the production process. What happens when technology reaches the point where most human labor is no longer essential?«[7] Was also wird sein, wenn menschliche Arbeitskraft infolge der technischen Entwicklung zunehmend weniger nachgefragt wird? Eine Möglichkeit, den Alltag im Zweiten Maschinenzeitalter angesichts zunehmender Arbeitslosigkeit oder prekärer Berufsverhältnisse bewältigen zu können, ist die Einführung eines bedingungslosen Einkommens für alle, das von der klassischen Erwerbsarbeit losgelöst ist.

Jenen *Sozialhilfe* zu gewähren, die erwerbslos sind, ist dagegen wohl keine wünschenswerte Option für die nahe Zukunft. Denn je mehr die Zahl der Arbeitslosen oder die der Zeitarbeiter und Niedriglohnjobber steigt, die mit Lebensmittelmarken und anderen staatlichen Zuschüssen unterstützt werden müssen, weil sie mit ihrem erarbeiteten Geld nicht durch den Alltag kommen, desto geringer wird die Sozialleistung pro Kopf ausfallen. Im Gegenzug müssten die Preise für viele Güter entsprechend geringer werden, um Menschen ein würdiges Auskommen zu sichern. Die soziale Ungleichheit und Knappheit würde sich indes vergrößern und damit die Unzufriedenheit der Betroffenen.

Keine Option ist wahrscheinlich auch die einst von Milton Friedman vorgeschlagene *negative Einkommenssteuer*. Durch sie soll jeder Bürger ein garantiertes Grundeinkommen erhalten, aber nur in einem geringen Ausmaß (das in Deutschland dem aktuellen »Hartz IV«-Niveau entsprechen könnte), so dass er eine sein Einkommen ergänzende Arbeitsstelle anzunehmen motiviert bzw. gezwungen ist. Wer eine schlecht bezahlte Arbeit annimmt, bekommt vom Staat zusätzlich zum Lohn das Grundeinkommen. Mit steigendem Lohneinkommen verringert sich dagegen der zuerkannte staatliche Zuschuss. Bei Friedman ist damit eine Arbeitsstelle unbedingt erforderlich, um an der Gesellschaft würdig teilhaben zu können. Wenn sich künftig aber die Anzahl der hinreichend bezahlten Berufe erheblich verknappen sollte, löst die negative Einkommenssteuer das grundlegende Problem nicht. Das Grundeinkommen müsste folglich eine andere sichere Basis haben.

Der Digitalisierungstheoretiker Jaron Lanier spricht sich *nicht* für eine Alternative zum Erwerbseinkommen aus, wenngleich er sich gegen ein Einkommen wendet, dass sich aus klassischer Berufsarbeit speist. Und obwohl er

---

7 Ford 2009, 159 f.

die Kapitalisierung der Datennutzung im Internet – d. h. die Sammlung und Auswertung von Informationen über Internetnutzer mit dem Ziel, sie in Profit zu konvertieren – harsch kritisiert, vertritt er jedoch paradoxerweise einen Ansatz, der den Datenkapitalismus stärkt:[8] Die Digitalisierung, so sein Ausgangspunkt, zerstöre mehr Jobs, als sie schaffe und führe in eine Ära der Massenarbeitslosigkeit. Lanier plädiert nun für *Mikrozahlungen,* die jeder Bürger erhält, wenn er einen Eintrag auf Wikipedia ergänzt oder Übersetzungsprogrammen zu ihrer Optimierung verhilft, indem er korrekt übersetzte Textpassagen in die Programme einspeist. Damit das Internet vor großen Mengen an Datenmüll bewahrt wird, soll die Höhe des ausgezahlten Mikrobetrages proportional zum Ausmaß des Wertes des geleisteten Beitrages sein. Je mehr ein Datentransfer also die Qualität des Internet steigert (je häufiger ein Text oder digitales Foto z. B. kopiert wird), desto besser wird sein Urheber bezahlt. Umgekehrt müssten auch Unternehmen wie Facebook oder Google zahlen, wenn sie Daten ihrer User verwenden und dieses Geld wäre an die Stammhalter der Daten auszuzahlen. Nahezu jeder Datentransfer wäre folglich mit Zahlungen verbunden, die summiert ein Einkommen ergäben – aber auch die Ausgaben festlegen: jede Suche mit einer Suchmaschine wäre zu bezahlen, jeder Klick auf einen Link, jeder online gelesene Text, jeder Videostream, jeder Download, jede onlinebasierte Kommunikation. Die Folgen wären sonderbar. So könnte man »Mechanical Turks« für einen Nanobetrag anheuern, um die eigene Texte oder Songs, eben auch schlechte, herunterzuladen; müssten sich etwa jene, die nicht so gut darin sind, die Qualität des Internet zu verbessern, als »Mechanical Turks« verdingen oder am Monatsende mehr Geld bezahlen, als sie einnehmen oder auf das Internet weitgehend verzichten, womit sie im Digitalzeitalter Bürger zweiter Klasse würden. Zudem bestünde die Gefahr, dass die intrinsische Motivation jener Menschen perforiert würde, die von sich aus etwas zum Gemeinwohl besteuern möchten. Ob aus dieser Informationsökonomie letztlich die von Lanier gewünschten Resultate hervorgingen, ist fragwürdig.

Auch der gedankenreiche Software-Unternehmer Martin Ford widmet sich dem Problem, wie das Einkommen im neuen Maschinenzeitalter organisiert werden könnte.[9] Seine These ist, dass autonom operierende und miteinander kommunizierende Maschinen so weit in die Arbeitswelt vordringen werden, dass Arbeitslöhne in Zukunft nicht mehr die wirtschaftliche Basis sein können. Er geht von einem hypothetischen Zustand der 75-prozentigen Arbeitslosigkeit aus, die seiner Meinung nach im späten 21. Jahrhundert durchaus Realität werden könnte. Allerdings weiß er, dass soziale Unruhen bereits zuvor einen immensen reformerischen Druck ausüben werden, der ein solches Szenario wie-

---

8   Lanier 2014
9   Ford 2015, 2009

derum unrealistisch macht. Ford fragt folglich, wie die durch Arbeitslosigkeit verlorene Kaufkraft wieder zurückgewonnen werden und die einkommensbasierte, auf Lohnunterschiede setzende Konsumgesellschaft fortbestehen kann. Schließlich habe sich dieses Modell in der Vergangenheit bewährt und müsse darum auch in der Zukunft fortgesetzt werden. Dazu setzt Ford auf ein vom Staat *garantiertes* (allerdings minimales) *Grundeinkommen*, das durch Steuern finanziert wird, die für Maschinen (Kapital) und Konsum zu entrichten sind (Mehrwertsteuer). Schließlich verschwindet der Lohn eines nunmehr automatisierten Arbeitsplatzes nicht einfach: Der eingesparte Lohn wandert einesteils in den Unternehmensgewinn und zum anderen Teil in billigere Preise, welche die Kaufkraft steigern. Beide Gewinnquellen sollten nach Ford besteuert werden, erstere jedoch nicht so sehr, dass Investitionen in weitere Automatisierungen unrentabel werden. So könnten zehn Cent von jedem Euro, den eine Maschine erwirtschaftet, an die Allgemeinheit gehen. Eine Steuer auf Maschinen und hohe Einkommen sowie eine Mehrwertsteuer nach europäischem Vorbild generieren, so Ford, einen Ertrag, der wiederum in Form von Löhnen ausgezahlt wird.

Auch das Ad-Hoc-Committee on the Triple Revolution schlug Präsident Lyndon Johnson als Antwort auf die Frage nach der von ihm befürchteten technischen Massenarbeitslosigkeit die Einführung eines *bedingungslosen Grundeinkommens* vor. Weder Johnson noch seine Amtsnachfolger nahmen die Empfehlung auf. Sie setzten auf das Wachstum der Wirtschaft, das neue Jobs ermöglichen sollte. Nicht zuletzt war es zur Zeit des Kalten Krieges undenkbar, das amerikanische System in Frage zu stellen (die Invasion in der Schweinebucht lag erst drei Jahre zurück). Immerhin implizierte der Vorschlag eines erwerbsunabhängigen Grundeinkommens doch, dass sich der US-Kapitalismus – nach damaligem Selbstverständnis das beste je denkbare Wirtschaftssystem – quasi überwinden sollte.

Die Wachstumsstrategie ist auch gegenwärtig in allen Marktwirtschaften die dominante, ja die einzige. So hell wie damals glänzt die Marktwirtschaft heute aber nicht mehr. Auch deshalb ist die Diskussion über die Einführung eines bedingungslosen Grundeinkommens in jüngerer Zeit wieder aufgegriffen worden.[10] Es würde jedem Bürger ein Leben lang gezahlt, von der Wiege bis zur Bahre. Um dieses Grundeinkommen jedoch verteilen zu können, benötigt ein Staat alljährlich hohe und kontinuierliche Einnahmen. Soll z. B. jeder Bürger in einer Gesellschaft mit 80 Millionen Einwohnern von Geburt an ein

---

10 Vanderborght/Parijs 2005. 2015 verabschiedete die neugewählte Mitte-Rechts-Koalition Finnlands ein Regierungsprogramm, das die Einführung eines bedingungslosen Grundeinkommens in Modellregionen vorsieht. In den diskutierten Szenarien soll das Grundeinkommen jedoch nach dem Modell einer negativen Einkommensteuer an eine Erwerbstätigkeit gekoppelt werden.

monatliches Grundeinkommen von 1 000 Euro erhalten, muss der Staat dauerhaft und nur für das Grundeinkommen jeden Monat 80 Milliarden und jedes Jahr 960 Milliarden Euro einnehmen. Bei einem monatlichen Grundeinkommen von 500 Euro müssten in dieser Gesellschaft alljährlich immerhin noch 480 Milliarden Euro aufgebracht werden. Könnten diese Summen in einer Zukunft schwindender Arbeitsplätze und Kaufkraft dauerhaft erwirtschaftet werden?

Die Streichung aller steuerfinanzierten Subventionen und Sozialausgaben setzte Summen frei, die anfänglich in ein bedingungsloses Grundeinkommen transferiert werden könnten. Dauerhaft gesichert werden müsste das Grundeinkommen aber durch Steuern. Nun speisen sich gegenwärtig *mehr als die Hälfte* der staatlichen Steuereinnahmen aus Lohn- und Einkommenssteuern sowie aus der Umsatz- bzw. Mehrwertsteuer – also aus Arbeit und Konsum. Ein Grundeinkommen aus ihnen dauerhaft zu finanzieren, hieße, sich von ihnen abhängig zu machen. Ein konstant hohes Beschäftigungs-, Produktions- und Konsumniveau aufrechtzuerhalten wäre dann das oberste gesellschaftliche Gebot; und dass diese Abhängigkeit in die Irre führt, zeigt die zeitgenössische digitale und ökologische Entwicklung. Es stellt sich beim bedingungslosen Grundeinkommen also nicht allein die Frage, *ob* man es finanzieren kann, sondern auch *wie* man es finanzieren sollte.

Mit fortschreitender technischer Entwicklung und mit zunehmender technischer Arbeitslosigkeit gehen die Einnahmen aus beiden Steuerarten zurück. Nimmt ein Staat weniger Steuern ein, kann er weniger ausgeben. Er müsste andere Steuerquellen finden und sich fragen, welche Gefahren mit ihrer Abhängigkeit einhergehen. Werden die Gehälter von Spitzenverdienern oder der Energie-, CO_2- oder der Ressourcenverbrauch für ein Grundeinkommen besteuert, ist man permanent auf hohe Spitzengehälter, hohe CO_2-Emissionen oder einen hohen Ressourcenverbrauch angewiesen. Wünschenswert ist eine solche Abhängigkeit sicher nicht. Ob dagegen die Besteuerung von Maschinen eine hinreichend ergiebige und geeignete Steuerquelle sein könnte, kann hier nicht beantwortet werden. Zu bedenken ist jedoch, dass eine solche Steuer global einheitlich sein müsste, da sie sonst Anreize stiftet, die Maschinen in Länder ohne diese Steuer oder mit geringeren Steuersätzen zu verlagern.

Man könnte die Höhe des Grundeinkommens allerdings auch variabel gestalten und z.B immer dreißig oder vierzig Prozent des Vorjahres-BIP als Grundeinkommen an die Bevölkerung austeilen. Diese Finanzierungsmöglichkeit könnte in demokratischen Gesellschaften aber wachstumsorientierte Politiken begünstigen – und diese stehen gegenwärtig in der (ökologischen) Kritik.

Ist die Finanzierungsfrage nicht geklärt, macht es wenig Sinn, sich mit dem Kooperations- und Allokationstest zu befassen. Allerdings werden im weiteren Verlauf dieses Kapitels Argumente genannt, die dafür sprechen, dass auch eine auf dem bedingungslosen Grundeinkommen basierende Gesellschaft den Kooperationstest bestehen könnte. Und falls sozial und ökologisch zumutbare Finanzierungsquellen für ein Grundeinkommen gefunden werden, wird die Einführung von Demonetarisierungsmaßnahmen vermutlich *dennoch* erforderlich sein, damit das auszuzahlende Grundeinkommen nicht zu hoch ausfallen muss und dadurch ungewollte Abhängigkeiten vermieden werden. Damit ist nun die zweite logische Möglichkeit, eine Volkswirtschaft ohne Erwerbsarbeit organisieren zu können, angesprochen.

(2) Die Demonetarisierung der Wirtschaft

Ohne Frage ist die Erfindung des Geldes vor Jahrtausenden eine sehr praktische Sache gewesen. In den längst vernebelten Zeiten des Naturaltauschs musste man erst jemanden finden, der hatte, was man wollte, und wollte, was man hatte. Das war kompliziert (sonst wäre Geld nie erfunden worden) und ist vermutlich ein Grund dafür, warum moderne Tauschringe als Alternative einer entmonetarisierten Wirtschaft nie so richtig in Schwung gekommen sind. Geld beginnt aber an dem Punkt unpraktisch zu werden, an dem immer weniger Menschen über ausreichend davon verfügen können, um gut zu leben. Not, Aufruhr und Verbrechen drohen dann epidemisch zu werden. Und dieser Punkt scheint näherzukommen.

Seit Jahrhunderten besteht der primäre Antrieb, 30–50 Prozent der eigenen Lebenszeit in den erwerbstätigen Jahren dem Beruf zu opfern, darin, Geld zu verdienen. Und der primäre Antrieb Geld zu verdienen, liegt wiederum darin, dass es einem Geld Zugang zu Waren und Dienstleistungen aller Art gewährt. Natürlich wird Geld auch deswegen gewollt, weil man es investieren und anlegen und so mit Geld mehr Geld erwirtschaften kann. Aber auch dies geschieht für gewöhnlich nur zu dem Zweck, Zugang zu noch mehr Waren und Dienstleistungen zu bekommen oder sich diesen langfristig zu sichern. Je weniger der Zugang zu den grundlegenden Gütern aber kostet, desto geringer wird der intrinsische Wert des Geldes. Ein vereinfachter Güterzugang kann darum ein Substitut für die in Aussicht stehenden sinkenden Einkommen und eine Maßnahme gegen soziale Ungleichheit sein.

Fallende Preise und fallende Einkommen sind volkswirtschaftlich betrachtet allerdings ein Grauen, da Unternehmen unter diesen unprofitablen Umständen dazu neigen, weniger zu investieren und weniger Arbeitsplätze zu schaffen. Wird die technisch bedingte Arbeitslosigkeit und der durch sie ausgelöste Lohnverfall aber wie vermutet (oder auch nur zur Hälfte) eintreten, werden die Investitionen von Unternehmen ebenfalls einbrechen. Sie rentieren sich weniger, wenn die allgemeine Kaufkraft abnimmt. Und wachsende Sozialleistungen, welche die Kaufkraft erhalten könnten, werden sich viele, gegenwärtig schon hoch verschuldete Regierungen kaum leisten können.

Der möglichst freie Zugang zu den basalen Dingen des Lebens ist ein Pfad, den liberale Gesellschaften langfristig auch aus normativer Sicht einschlagen sollten. Denn im Sinne der sozialen Gerechtigkeit ist die Freiheit aller dann am größten, wenn alle Bürger den gleichen und gesicherten Zugang zu den Dingen des alltäglichen Bedarfs haben. Bisherige Überlegungen nähern sich dieser Idee an. So vertritt Frithjof Bergmann schon lange den Ansatz, das Arbeitssystem müsse sich ändern. Konkret wendet er sich gegen die Institution der Erwerbsarbeit, deren Ende seiner Meinung nach bevorsteht. Sein Konzept umfasst drei Bausteine:

- Im neuen System müsse (a) die Zahl der Wochenarbeitsstunden pro Person auf etwa zwanzig heruntergefahren werden (was einer 50 %-Stelle entspricht). Durch technische Möglichkeiten sollte es dann
- jedem möglich sein, die zu seiner Grundversorgung notwendigen Dinge selbst herzustellen. Als Bergmann sein Konzept vor Jahrzehnten erstmals vorschlug, dachte er noch an billig zu bauende Kuppelhäuser und vertikale Farmen an deren Wänden, die zur Selbstversorgung mit Lebensmitteln beitragen sollten. Praxistauglich war das, zumindest in den westlichen Konsumgesellschaften, kaum. Mittlerweile machen 3D-Drucker und weitere technische Innovationen Bergmanns Vision jedoch realistischer.
- Ferner soll seines Erachtens jedermann in der frei gewordenen Zeit seine »Berufung« ausleben, also eine Tätigkeit, der er von sich aus nachgehen möchte.[11]

Wie aber jene Arbeit garantiert werden kann, die für die Aufrechterhaltung der Gesellschaft essenziell ist (z. B. die Arbeit im Gesundheits- und Bildungswesen oder das Klempnern), bleibt bei ihm unklar.

Juliet Schor schlägt in PLENITUDE ein mit Bergmann verwandtes, aber weitergehendes Konzept vor. Ihr Ausgangspunkt ist die Feststellung, dass wegen zunehmendem Abbau von Stellen und ökologischen Sachzwängen nicht weiter wie bisher konsumiert und gewirtschaftet werden kann. Ihr Konzept enthält vier Komponenten: Auch sie spricht sich für eine neue Umverteilung der Arbeitszeit aus:

- Die Individuen verbringen weniger Zeit mit Erwerbsarbeit. Wird die durchschnittliche Arbeitszeit nämlich reduziert, kann mehr Menschen Zugang zu einem Arbeitsplatz gewährt werden, nimmt die Arbeitslosigkeit ab.

---

11 Bergmann 2005

Neue Lebensstile sollen mehr Respekt für die natürliche Umwelt und den Menschen mitbringen. Letzteres, weil Menschen weniger Zeit für oft unbefriedigende Arbeit aufwenden müssen, um sich Dinge leisten zu können, die für sie letztlich oft ebenfalls unbefriedigend sind.

- Manche Dinge aber benötigen sie zum Leben und darum widmen Menschen einen Teil der durch die Verkürzung der Erwerbsarbeit frei gewordenen Zeit der Selbstversorgung. Dazu nutzen sie technische Innovationen (z. B. FabLabs mit 3D-Druckern) und organisatorische »Innovationen« (Sharing, Urban Gardening). Die dahinter stehende Logik lautet schlicht wie schlüssig: »*The less one has to buy, the less one is required to earn.*«[12]

Diese Logik ist zugleich eine vermutlich auch effektivere Maßnahme gegen die in vielen Gesellschaften schon gegenwärtig verbreitete Altersarmut. Denn die bisherigen, staatlich unterstützen Maßnahmen sehen eine private Altersvorsorge vor, die auf der Rückstellung oder Investition von privat erwirtschaftetem Einkommen basiert. Wenn aber mehr Menschen weniger Geld sparen oder anlegen können, verliert diese Strategie ihre Bedeutung. Sie werden sich selbst helfen müssen und dabei hilft ihnen die technische Entwicklung: In Barcelona, wo die Jugendarbeitslosigkeit 2014 fast 60 Prozent betrug, kann man die neue Strategie der digitalen Selbstversorgung in ihren Anfängen bereits beobachten. Neil Gershenfeld, FabLab-Gründer und Pionier der Maker-Bewegung, berichtet, dass »Barcelona, like the rest of Spain, has a youth unemployment rate of over 50 percent. An entire generation there has few prospects for getting jobs and leaving home. Rather than purchasing products produced far away, the city [...] is deploying fab labs in every district as part of the civic infrastructure. The goal is for the city to be globally connected for knowledge but self-sufficient for what it consumes.«[13] FabLabs sind Werkstätten, die Geräte und Werkzeuge bereitstellen, mit denen so viele Dinge wie möglich zur Selbstversorgung hergestellt werden können. Diese Idee hat, wenn die Technik in den FabLabs besser wird, in Zukunft reichlich Potenzial.

- Damit jeder Bürger mit weniger Erwerbsarbeit und Einkommen ein gutes Leben führen kann und die natürliche Umwelt nicht weiter strapaziert, sollte er, so Schor, außerdem nur so viel wie nötig konsumieren *müssen*. Dies impliziert eine kritische Hinterfragung des über das Maß der suffizienten Versorgung hinausgehenden Konsums sowie jener marktwirtschaftlichen Institutionen, welche die Treiber dieses Konsums sind und Menschen in der Tretmühle aus Arbeit und Kaufen festhalten.

---

12 Schor 2010, 5 (im Original nicht kursiv)
13 Gershenfeld 2012, 50, siehe www.fablabbc.org

Erforderlich ist dafür die Überwindung des Materialitätsparadoxes, wonach Menschen im Durchschnitt zwar immer mehr Dinge konsumieren, deren materielle Bedeutung aber geringer wurde, während ihre symbolische Bedeutung (das von ihnen ausstrahlende Image) stetig gewachsen ist. Dinge werden also vermehrt wegen ihrer symbolischen Bedeutung konsumiert und weggeworfen. Da sich der symbolische Gehalt vieler Waren durch Marketingstrategien rasch verändert, nehmen Konsum und Rohstoffverbrauch insgesamt zu.»The materiality paradox says that when consumers are most hotly in pursuit of nonmaterial meanings, their use of material resources is greatest.«[14] Im Grunde greift Schor hier die intendierte Erzeugung systemischer Knappheit auf (siehe Kapitel I.1). Diese gelte es zu minimieren, um Menschen dabei zu unterstützen, weniger kaufen und folglich weniger arbeiten zu müssen.

- Die Individuen nutzen ihre neuen Zeitressourcen mit Tätigkeiten, die das Gemeinwohl verbessern – der Pflege von Freundschaften und sozialen Netzwerken, der Erbringung zwischenmenschlicher Leistungen und der Mitwirkung an kommunalen Aufgaben.

Zusammengefasst lauten die vier Prinzipien der von Schor vorgeschlagenen neuen Ökonomie, die sie PLENITUDE nennt: »*work and spend less, create and connect more.*«[15] Es wäre auch merkwürdig, wenn unser Gesellschaftssystem immerfort auf der Idee basieren sollte, dass die meisten Menschen Geld für ihren Lebensunterhalt erarbeiten müssen. Es könnte stattdessen auch auf der Idee basieren, jedem die bestmöglichen materiellen und sozialen Bedingungen der Möglichkeit für ein gutes Leben zu gewähren. Das wäre neu, zugleich aber auch eine zunehmend realisierbare Vision. Dazu müssen die monatlichen Fixkosten für die basalen »Dinge« des Lebens so weit wie möglich sinken. Drei Maßnahmen bieten sich an, dies zu verwirklichen, wobei alle drei gleichermaßen notwendig sind:

(a) Demonetarisierung durch kollaborativen Konsum
(b) Demonetarisierung durch kollaborative Produktion
(c) Demonetarisierung essenzieller Güter und Dienstleistungen

In den folgenden Abschnitten werden diese Maßnahmen untersucht. Dabei entsteht das Bild einer neuen, jenseits von Kapitalismus und Sozialismus operierenden, kollaborativen Ökonomie. Diese wird außerdem darauf getestet, ob sie jenen zu Beginn dieses Kapitels aufgelisteten Anforderungen an eine praktikable Wirtschaftsform gerecht werden kann. Kapitel II.2 widmet sich separat

---

14 ibid., 41
15 ibid., 7 (im Original nicht kursiv)

der Frage, ob der (technische) Fortschritt sich auch außerhalb der bestehenden (und im Rahmen der neuen) Wirtschaftsweise aufrechterhalten lässt. Kapitel II.3 wendet sich dann der Umsetzbarkeit einer kollaborativen Ökonomie zu.

(a) Nutzen statt Besitzen: kollaborativer Konsum

Juliet Schor spricht sich in PLENITUDE gegen Institutionen aus, die den Kauf von Waren fördern (z. B. Marketing) und für solche, die dazu beitragen, dass man Dinge nicht kaufen und besitzen muss. Eine solche Institution ist das Sharing bzw. Teilen oder Leihen von Produkten. Sie ist zugleich ein Element einer demonetarisierten Ökonomie.

Um es vorab zu erwähnen: In der Sharing Economy treffen zwei unterschiedliche Kulturen und Geisteshaltungen, *Kapitalisten* und *Kollaborateure*, aufeinander. Die internationale »Sharing-Szene« besteht zum einen aus einer dominanten marktwirtschaftlichen Variante, in welcher der hergebrachte Geist des Kapitalismus auf neue technische Möglichkeiten trifft und diese profitabel nutzt. Diese Variante macht Kapital aus jedem Haushalt: Aus jeder Wohnung kann eine Pension werden (Airbnb), aus jedem Objekt (oder Subjekt) eine Ware (eBay); aus jedem Auto ein Taxi (Uber); aus jeder Nähmaschine eine Textil-Manufaktur (Dawanda), aus jedem Künstler ein Kaufmann (Etsy); aus jedem Passant ein Paketbote (Amazon).

Es gibt jedoch zum anderen auch die kollaboratistische, nichtkommerzielle Variante der Sharing Economy, in der ein postkapitalistischer Geist waltet: Couch Surfing, Give Boxes, Nachbarschaftsautos, Kleiderzirkel und FabLabs. Während die kommerzielle Seite einen »totalen Kapitalismus« begünstigt – da das klassische B2C-Marktverhältnis um C2C ergänzt wird, und nun jeder Bürger Kapitalist werden kann –, steht die zweite Seite für P2P und die Entkommerzialisierung der Ökonomie und ist, geht es um die Suche nach Alternativen zum Gegebenen, interessanter. Die kommerzielle Dimension der Sharing Economy wird dagegen vorübergehend interessant für jene, die sich Geld dazu verdienen müssen, weil sie entweder arbeitslos geworden sind oder für einen Niedriglohn arbeiten. Wenn sich allerdings zunehmend mehr Bürger gegenseitig Konkurrenz machen, weil sie ihre Wohnungen, Autos, selbstgenähten Kleider oder sonstige Dinge und Dienstleistungen feilbieten, sinken deren Preise, finanziert diese Option irgendwann nicht mehr den Unterhalt – sofern die Kosten für Miete und andere für ein gutes Leben notwendigen Güter nicht gleichermaßen sinken.

Bisher ist die Orientierung am *Shareholder Value* ein markantes »Wahrzeichen« der Marktwirtschaft. Außerhalb ihrer gab es dieses Geschäftsmodell nicht und deplatziert ist es auch in der postkommerziellen Sharing-Economy. Dietz und O'Neill bevorzugen die Orientierung am *Shared Value:* »Businesses are organizations«, schreiben sie, »that create value, but that value does not need to be limited to producing consumer goods and services; it can (and must) also include generating social and environmental value. New business models will be needed to accomplish this shift.«[16] Der Wechsel vom Shareholder Value zum Shared Value ist beachtlich. Im bisherigen Modell verkaufen Unternehmen gewinnorientiert Waren an Kunden, diese Kunden sind dann Eigentümer und Exklusivnutzer dieser Waren. Im neuen Modell werden keine physischen Produkte, sondern Service-Lösungen angeboten. Diese werden nicht besessen, sie werden genutzt. Der Eigentümer bleibt der Vertreiber, der für Wartung, Rücknahme und Recycling zuständig ist. Das Produkt wird in seiner letzten Lebenszyklusphase auseinandergenommen und möglichst vollständig recycelt. Ein anderes Modell einer am Shared Value orientierten Ökonomie ist die bereits erwähnte gemeinsame Nutzung von Produkten. Beide Modelle stellen den Zugang zu Gütern über deren Besitz, beide streben dadurch eine Reduktion des Naturverbrauchs an. Bisher dominierte dagegen das private Eigentumsverhältnis den Bezug zu den produzierten Dingen, was dazu führte, dass sich in einem durchschnittlichen mitteleuropäischen Haushalt rund 10 000 Dinge anhäufen.

Die Bedeutung des Eigentums stammt noch aus jenen Tagen, in denen die Grundzüge liberalen Denkens ersonnen wurden. Damals wurde das Recht auf Eigentum, die Freiheit zu Eigentum und die Anhäufung von Eigentum als Wert deklariert – und dies zu Recht, hatte man doch im Feudalismus die bittere Erfahrung machen müssen, dass Menschen durch ein nicht garantiertes Recht auf Eigentum in unwürdige Abhängigkeiten gerieten. Dieses Recht darf folglich nicht beschnitten werden. Doch gilt es Bedingungen zu schaffen, die Menschen davon befreien, Dinge als Eigentum besitzen zu *müssen*, um sie nutzen zu können.

Die Idee des Eigentums ist unverzichtbarer Bestandteil der vorherrschenden *Me-Economy*, denn »nur indem alle anderen Personen von der Beziehung zu einem Gegenstand ausgeschlossen werden können, wird dieser zum Eigentum.«[17] Weitere Kennzeichen dieser seit dem 18. Jahrhundert vorherrschenden Ich-Ökonomie sind die Privatisierung ehedem öffentlicher Betriebe, die Privatisierung von Gewinnen bei gleichzeitiger Externalisierung von Kosten an die Gesellschaft, die Individualisierung ehedem kollektiver Nutzungsformen (von der Kirchturmuhr zur Taschen- und Armbanduhr, von der Wäscherei zur Waschmaschine, von der Telefonzelle zum Telefon in jedem Haushalt, von der Eisenbahn zum Automobil, vom Kaffeehaus zur heimischen Espressomaschine, vom Lichtspielhaus zum Fernseher), die Vorrangstellung der Konkurrenz vor der Kooperation, die in vielen Ländern weitgehende private Altersvorsorge, die auf psychische Obsoleszenz hin orientierte Gestaltung vieler

---

16 Dietz/O'Neill 2013, 146. Geprägt wurde das Konzept »Shared Value« von Michael Porter (Porter/Kramer 2011).
17 Schmidt 2006, 21

Waren, das Copyright und das Patentrecht. Zudem geht von der Marktwirtschaft eine egozentrische Botschaft aus, die Meinhard Miegel auf den Punkt bringt: »Konzentriere dich auf deinen eigenen Vorteil, und versuche, ihn gegen andere zu verteidigen. Du stehst im Mittelpunkt. Unter dem Strich zählst allein du. Zumindest in seiner heute dominanten Vulgärfassung sind die ethischen und moralischen Anforderungen des Kapitalismus gering.«[18]

Noch im Jahr 2002 vertrat der damalige US-Präsident George W. Bush in einer Rede an der Universität Washington die Meinung, »all of us here in America should believe, and I think we do, that we should be, as I mentioned, a nation of owners. Owning something is freedom, as far as I'm concerned. It's part of a free society«.[19] Und doch haben sich zu Beginn des 21. Jahrhunderts in verschiedenen gesellschaftlichen Nischen Ansätze einer *We-Economy* gebildet, deren wesentliches Kennzeichen das Teilen von Informationen und Produkten ist: die Open Source-Bewegung, Copyleft- und Creative Commons-Lizenzen, Open Science, Bürgerwissenschaft, Repair-Cafés, öffentliche Bücherregale, Give Boxes, Leih- und Umsonstläden, Co-Working Spaces, Crowdfunding, Gemeinschaftsgärten, Car- und Bike-Sharing und andere Formen gemeinschaftlichen Konsums, die Gestaltung von Produkt-Service-Systemen, die Renaissance des Öffentlichen Nahverkehrs und von Genossenschaften, Social Media und die Global Commons-Bewegung. »The more we examined these trends«, so Botsman und Rogers in ihrem Standardwerk zum gemeinschaftlichen Konsum, »the more convinced we were that these [...] examples pointed to an emerging economic groundswell; the stigmatized C's associated with coming together and ›sharing‹ – cooperatives, collectives, and communes – are being refreshed and reinvented into appealing and valuable forms of collaboration and community. We call this groundswell Collaborative Consumption.«[20]

Vielleicht war Bushs auch in den Jahren nach 2002 gehaltenes Plädoyer für die »Ownership-Society« ein Versuch, konservative Verhältnisse zu wahren. Sein Vorschlag, auch sozialen Randgruppen ein Eigenheim zu ermöglichen (Mietwohnungen, das Zusammenwohnen mit anderen, symbolisiert für viele US-Konservative europäischen Sozialismus), trug zum Boom der Subprime-Hypotheken bei und leitete 2007 jene Weltfinanzkrise mit ein, die wiederum der We-Economy zusätzlichen Schub gab.

Pavan Sukhdev unterscheidet seitdem die Corporation 1920, deren einziges Ziel die Erwirtschaftung von Profit, ohne Rücksicht auf Umwelt und Gesellschaft gewesen ist, von der Corporation 2020, deren Aktivitäten sich positiv auch auf das Natur- und Sozialkapital auswirken sollen. Michel E. Porter differenziert seitdem einen »alten, engen Kapitalismus«, in dem Unternehmen nur

---

18 Miegel 2014
19 Rede von George W. Bush an der Washington University am 15.10.2002
20 Botsman/Rogers 2010, xv

für sich selbst Verantwortung übernommen hatten, von einer »höheren Form des Kapitalismus«, in dem Unternehmen nicht bloß auf ihre Gewinne, sondern auch darauf konzentrieren, einen echten gesellschaftlichen Mehrwert zu schaffen. Und Christian Felber und sein Team haben die vielsagende Gemeinwohlökonomie-Bewegung gestartet.[21] In solchen Wendungen spiegelt sich ebenfalls ein Übergang zu einer We-Economy.

Doch auch unabhängig von der Subprime-Krise vollzieht sich zumindest im Okzident abseits der Märkte ein seit Jahrhunderten andauernder kultureller Entwicklungsprozess in Richtung mehr Gleichheit und mehr Gemeinschaft, der sich z. B. in der Herausbildung demokratischer Verhältnisse offenbart, der Abschaffung der Sklaverei, der Einführung des Wahlrechts für Frauen, der Entwicklung von Bildungseinrichtungen für alle, in der Einführung einer Gesundheitsfürsorge für alle, der Anerkennung der Homosexualität und der zunehmenden Zahl sozialer Bewegungen, die sich für Bürgerrechte und Chancengleichheit einsetzen. Diese Bewegungen zeichnen sich dadurch aus, dass das Wir in dem Umfang größer geworden ist, wie zuvor Exkludierte oder Unterdrückte integriert wurden. Auch mit den globalen Ökosystemen befindet sich die Menschheit durch die Umwelt-, Tierrechts- und Nachhaltigkeitsbewegung auf einem Integrationskurs, wenngleich dieser noch zaghaft und eher theoretisch ist.

Möchte die Menschheit in einer Welt, die auch wegen der größer werdenden Weltbevölkerung und ihrer Kaufkraft kleiner wird,[22] das Kunststück vollführen, mehr Menschen eine bessere Lebensqualität zu ermöglichen, ohne das globale Ökosystem dabei weiter zu strapazieren, wird sie wohl nicht umhin kommen zu teilen, d. h. von der Me- zur We-Economy überzugehen. Auch der 3D-Druck macht das Teilen erforderlich. Er ist notwendig, um die marktwirtschaftlichen Härten der Automatisierung überstehen und die Wettbewerbswirtschaft ablösen zu können. Aber während der verbreitete 3D-Druck auf der einen Seite eine ökologische Entlastung zur Folge hat – denn die interkontinentalen Wertschöpfungsketten werden sich sukzessive auflösen – hat auf er auf der anderen Seite auch das Potenzial, die natürliche Umwelt vermehrt zu belasten. Wenn sich jedermann zu vergleichsweise geringen Kosten viele Produkte wird ausdrucken können, wird Sharing *keine Option, sondern ein Muss*. Wenn nahezu alle Menschen in der Lage sein werden, mehr Dinge für weniger Geld kaufen zu können, ist das Ergebnis eine gesteigerte Ressourcen*in*effizienz. Damit der Ressourcenverbrauch nicht ausufert, braucht es einen klugen Umgang mit der technischen Möglichkeit, die an sich ja ein Vorzug ist.

Darum ist in diesem Jahrhundert die Frage, *wie* die Menschen auf der Erde leben, entscheidender, als die Frage, *wie viele* Menschen auf der Erde le-

---

21 Sukhdev 2013, Porter/Kramer 2011, Felber 2010
22 Nair 2011

ben.[23] Ein durchschnittlicher US-Bürger hat einen ökologischen Fußabdruck von 8,0 gHa (globale Hektar) und ein Pakistani verbraucht im Durchschnitt 0,8 gHa. Der Lebensstil von 1 000 US-Amerikanern hat folglich eine ähnliche Umweltbelastung wie der Lebensstil von 10 000 Pakistanis.[24] Auf US-amerikanischem Niveau könnten dauerhaft etwa zwei Milliarden Menschen auf der Erde leben. Auf pakistanischem Niveau böte sie dagegen Platz für ungefähr 15 Milliarden Individuen.

Nun möchte kaum jemand, nicht einmal die Mehrzahl der Pakistani, wie ein durchschnittlicher Pakistani leben. Die meisten Einwohner aus Entwicklungs- und Schwellenländern, in denen die Bevölkerungen zugleich am stärksten ansteigen, möchten den Lebensstandard eines US-Bürgers oder den eines Mittel- oder Nordeuropäers – und neue technische Errungenschaften gewähren immer mehr Menschen die Möglichkeit dazu. Nimmt aber der Umfang der zumeist nach westlichem Vorbild konsumierenden globalen Konsumentenklasse von gegenwärtig 2 auf 4,8 Milliarden Menschen bis 2030 zu, [25] bleibt (selbst wenn sie bei zwei oder drei Milliarden stagnieren sollte) opak, wie schon jetzt überlastete Ökosysteme in den nächsten Jahrzehnten entlastet werden könnten. Wenn viele Menschen viel wollen, werden die Schäden groß sein. Ebendies führt zu einer der großen Frage des Jahrhunderts: Wie kann ein hoher Lebensstandard möglichst vieler Menschen mit möglichst wenig negativen ökologischen und sozialen Auswirkungen einhergehen?

---

23 Nachdem Alan Weisman in die WELT OHNE UNS beschrieb, wie eine Erde ohne Menschen wäre, setzte er sich in seinem nachfolgenden Buch COUNTDOWN mit der Frage auseinander, wie die Welt *mit uns* möglich sein könnte. Nun ging es ihm nicht um die *unbevölkerte,* sondern um die seiner Ansicht nach *überbevölkerte* Erde. Je weiter die Weltbevölkerung im 21. Jahrhundert zahlenmäßig anschwillt, desto größer die Wahrscheinlichkeit, dass die Zivilisation und mit ihr der menschliche Populationsbestand einbricht. »Ob es uns passt oder nicht: Dieses Jahrhundert wird höchstwahrscheinlich entscheiden, welches die optimale Bevölkerungszahl für unseren Planeten ist« (Weisman 2013, 57; vgl. Moa 2014).

24 siehe www.footprint.org (Werte sind von 2010). Die Einheit gHa (globale Hektar) gibt an, wie groß der Flächenverbrauch eines Menschen ist, damit seine Bedarfsgüter (z. B. Lebensmittel und Kleidung) hergestellt, seine Emissionen absorbiert und seine Abfälle von den Ökosystemen entsorgt werden können.

25 Kharas & Gertz 2010. Der westliche Konsumstil ist der gemeinsame Nenner verschiedener Stile, die in westlichen Gesellschaften vorherrschen. Dieser Nenner bildet sich u. a. aus einem hohen durchschnittlichen Fleischverbrauch pro Kopf und Jahr (ab 60 kg aufwärts), dem Besitz eines Autos und diversen analogen und digitalen Elektrogeräten (einschließlich PC und Smartphone), generell der Nutzung der Dinge infolge ihres Besitzes, in regelmäßigen Flugreisen, dem regelmäßigen Kauf modischer Produkte, ca. 45 m² Wohnfläche pro Person und einer Emissionsrate von 10–15 t CO_2 pro Kopf und Jahr.

Eine maßvolle Steuer auf Filamente (die Patronen der 3D-Drucker) und vor allem weltweit institutionalisiertes Sharing bietet sich hierzu an. Denn die eingesetzten Ressourcen werden durch Sharing weitaus intelligenter genutzt, als in der bislang hauptsächlich praktizierten individuellen Weise. Teilen – das ist die gemeinsame Schnittmenge der Effizienz- und Suffizienzstrategie – und das Konzept Car Sharing zeigt, welches die Umwelt entlastende Potenzial im Sharing liegt: Teilten sich nur zehn Personen ein Auto, bedürfte es anstelle der gegenwärtig ca. 45 Millionen privaten Fahrzeuge nur ungefähr fünf Millionen. Der private Fuhrpark eines Landes ließe sich folglich um rund 90 Prozent verringern. Bemerkenswert wäre auch der urbane Raumgewinn, da weniger Fläche für Parkplätze verbraucht würde. Ohnehin stehen die »*Fahrzeuge*« im Durchschnitt an 23 Stunden des Tages ungenutzt auf der Straße oder in Parkhäusern, weshalb Hermann Knoflacher sie *Stehzeuge* genannt hat.[26] Auch die Energieersparnis wäre beachtlich, denn durchschnittlich entfallen 20–30 % der Gesamtenergie, die ein Auto in seinem kompletten Lebenszyklus verbraucht, auf seine Herstellung.[27]

In Ergänzung zum öffentlichen Nahverkehr könnte die gesamte Mobilität auf kollektive Nutzungsformen umgestellt werden. Der private Besitz an Transportmitteln könnte fortbestehen, wäre aber nicht notwendig. Ohne die institutionalisierte, gemeinsame Nutzung öffentlicher oder privater Transportmittel könnte in Zeiten wachsender Welt- und Stadtbevölkerung ein Szenario real werden, das – eingedenk künftiger Effizienzsteigerungen – für Mensch und Umwelt nachteilig ist: »Global urban populations are growing rapidly – and with them, city transport volumes. Urban transport energy consumption is expected to double by 2050, despite ongoing vehicle technology and fuel-economy improvements. [...] 90 % of this growth in urban transport emissions is expected to come from private motorised travel.«[28]

Die Abkehr vom motorisierten Individualverkehr sollte mehr Vor- als Nachteile mit sich bringen. Besitzt jedermann ein eigenes Auto, empfindet Mangel, der keines besitzt (soziale Knappheit). Wer kein Bedürfnis nach einem eigenen Auto hat, kann keinen automobilen Mangelzustand beklagen. So hätten Menschen ohne Auto keinen Grund, Mangel zu empfinden, wenn die Mobilität ihrer Gesellschaft nicht primär individuell, sondern gemeinschaftlich (durch öffentliche Transportmittel, Car-Sharing etc.) organisiert wäre. Unter diesen Umständen wäre der Besitz eines eigenen Autos schlicht überflüssig. Weder soziale noch systemische Knappheit würde bei der kollektiven Organisation von Mobilität auftreten, auch keine absolute, denn Optionen zur Fortbewegung wären vorhanden. Wie befriedigt aber die Marktwirtschaft das

---

26 Knoflacher 2009
27 Sand et al. 2007
28 IEA/OECD 2013, 6

Bedürfnis nach Mobilität? Alljährlich werden auf Messen neue Automodelle präsentiert, mit Nymphen, die sich auf Motorhauben räkeln. Durch das Spektakel und die Gleichsetzung des Neuen mit dem Besseren werden die Vorgängermodelle psychologisch entwertet. Auf diese Weise wird künstlich ein Mangelzustand erzeugt (systemische Knappheit), der das Wohlbefinden des Einzelnen beeinträchtigt, die Umwelt belastet und die Unbeschwertheit einer großen Personenzahl ein weiteres Mal beeinträchtigt.

Üblicherweise wird die ökonomische Bedeutung der Autoindustrie für eine Volkswirtschaft in die Waagschale geworfen, um deren Unentbehrlichkeit zu unterstreichen. Hier lohnt aber ein genauerer Blick: Sogar in Deutschland, im Land der Automobilbauer, lag der Anteil der Autoindustrie am BIP 2009 bei rund drei Prozent bzw. 65 Milliarden Euro.[29] Dem stehen jedoch durch den Autoverkehr im Jahr 2008 verursachte ökologische und gesundheitliche Kosten (durch Unfälle, Boden- und Luftverschmutzung, Lärm, Klimawandel) zwischen 61,7 und 88,3 Milliarden Euro gegenüber. Sind diese Zahlen im Großen und Ganzen stimmig, verursacht jeder fossilgetriebene Pkw jährlich ungefähr 1500 Euro externalisierte Kosten. Für die gesamte EU errechneten Verkehrsökologen der TU Dresden externe Kosten von 373 Milliarden Euro.[30] Selbst wenn die Zahlen etwas zu hoch ausfallen sollten, sind sie eher ein Argument gegen die Autoindustrie, als gegen Car Sharing.

Das durch Sharing ermöglichte Kosten- und Ressourcen-Einsparpotenzial lässt sich auch auf andere Dinge des Lebens übertragen, z. B. Waschmaschinen. Sie waren 1963 in nur neun Prozent aller deutschen Haushalte vorhanden, 2013 dagegen in 94,5 Prozent. Da die Zahl der Haushalte überdies gestiegen ist – denn die Zahl der Menschen pro Haushalt hat abgenommen: in Großstädten sind mittlerweile über die Hälfte aller Wohnungen Single-Haushalte –, hat die absolute Zahl der Waschmaschinen seit den 1960er Jahren beträchtlich zugenommen. 2011 lebten die Menschen hierzulande in 40,4 Millionen Haushalten, woraus abzuleiten ist, dass sie rund 38 Millionen Waschmaschinen besaßen. Teilten sich nun vier Haushalte eine Waschmaschine, verringerte sich ihre Anzahl und der für ihre Herstellung notwendige Rohstoffinput um 75 Prozent. Die daraus resultierende Umweltentlastung ist abermals bedeutend: Eine 80 kg schwere Waschmaschine besteht etwa zur Hälfte aus Metallen; zu zehn Prozent aus diversen Kunststoffen, der Rest ist unter anderem Zement, Glas, Kautschuk – Milliarden Tonnen Rohstoffe werden dafür aus allen bewohnten Kontinenten benötigt. Ihre Gewinnung, ihr Transport, ihre Montage trägt zur Verknappungen der Erdsystemleistungen bei. Eleganter als die gemeinschaftliche Nutzung von Waschmaschinen wären zwar hochresistente, haut- und umweltfreundliche Textilfasern, die nicht gewaschen werden müssen, da kein

---

29 Statista 2014
30 Becker et al. 2012

Schmutz an ihnen zu haften vermag oder Sonnenstrahlen Schmutz und Gerüche aus ihnen entfernen; Textilien, welche die Haut außerdem je nach Bedarf kühlen und wärmen und gegen Hautverletzungen immunisieren können. Solche Fasern wären dem Telos der textilen Entwicklung nahe.
So lange es sie aber nicht gibt, muss man sich anders behelfen. Die gemeinschaftliche Nutzung von Waschmaschinen und anderen Dingen ist gerade wegen der weltweit zunehmenden Konzentration von Menschen und Haushalten in urbanen Räumen eine effektive Strategie, um den Input an Rohstoffen und den Output klimawirksamer Emissionen industrialisierter Gesellschaften bis 2050 um 80–90 Prozent zu reduzieren (und vermutlich nur so, da die gegenwärtigen Alternativoptionen – die internationale Energiewende und die Steigerung der Energie- und Ressourcenproduktivität – scheinbar nicht ausreichen).

Der benötigte Ressourceninput fiele außerdem durch die Verlängerung der *Nutzungsdauer* geringer aus. Denn die Gemeingüter müssen fortan nicht mehr nach der marktwirtschaftlichen Logik design werden. So entfiele die Notwendigkeit, gesteigert produzieren und konsumieren zu müssen, was psychische (oder physische) Obsoleszenzmaßnahmen unnötig machen würde. Die Dinge könnten so gestaltet werden, dass sie robust, reparabel und verbesserungsfähig sind und nicht durch unnötig kurze technische und ästhetische Innovationszyklen vorschnell veralten.

Werden Dinge geteilt, steigen mit der Flut wirklich alle Boote, ohne dass der Energie- und Ressourcenverbrauch ansteigen muss. Setzen sich 3D-Drucker durch, werden sich langfristig zwar auch *Deprinter* durchsetzen, d.h. Apparaturen, die den 3D-Druck rückwärts ablaufen lassen und Dinge wieder in die Bestandteile zerlegen, aus denen sie einst zusammengesetzt wurden. Deprinter sind damit hochgradig effizient arbeitende Recyclinggeräte, die nahezu alle gedruckten Materialen wieder zu einem Neuausdruck aufbereiten können. Schicht für Schicht können sie jedes Material, aus dem ein Produkt besteht, mit Lösungsmitteln und Werkzeugen abtragen. Ein Deprinter weiß in der Theorie genau, welches Material sich in welcher Schicht befindet, wenn er über die im Internet verfügbaren Konstruktionsdaten des zu recycelnden Produktes verfügt. Das ist zweifellos ein smartes Verfahren, von dem jedoch unklar ist, wann es realisiert werden kann. Schwillt außerdem die Menge der gedruckten Produkte an, weil dieses Jahrhundert immer mehr Menschen empfangen wird, und es bald so einfach, schnell und günstig sein wird, Dinge auszudrucken, verringert auch das effizienteste Recycling – die gegenwärtig am Fraunhofer Institut entwickelte Molekül-Sortierung[31] – nicht die absolute Menge des Materialverbrauchs und so die negativen anthropogenen Eingriffe in die natürliche Umwelt. Das macht Sharing auch auf längere Sicht zu einer notwen-

---

31 www.molecular-sorting.fraunhofer.de

digen kollektiven Praxis. Erst wenn sich viele Menschen physische Produkte teilen, die obendrein effizient recycelt werden können, ist auch die Umweltentlastung wirklich effektiv.

Kollektive Güter, denen der Solidaritätsgedanke zu Grunde liegt, und die dem Einzelnen günstig den Zugang zu Services bieten, über die er sonst nicht verfügen könnte, gibt es schon länger: So kaufen sich mehrere Landwirte kapitalintensive, eher selten genutzte aber notwendige Maschinen wie Mähdrescher oder Häckselwagen oft gemeinsam oder bilden einen *Maschinenring*, in dem ein Eigentümer einer Maschine anderen die gemeinsame Nutzung ermöglicht. Auf diese Weise kann jedem Landwirt, unabhängig von seiner Betriebsgröße, Zugriff auf modernste Technik ermöglicht werden.

Kollektiv genutzt werden ferner Straßen und Brücken, Schulen und staatliche Universitäten, Parks und Sportstätten, Bibliotheken und mancherorts auch öffentliche Verkehrsmittel. Sie werden durch Steuern umlagefinanziert. Auf diese Weise ist der vom Einzelnen zu zahlende Beitrag verschwindend gering. Dieser Ansatz ließe sich ausweiten und die Ausweitung des Zugangs auf Kollektivgüter auf weitere Dienstleistungen und Produkte wäre ein Weg zwischen dem kapitalistischen Privateigentum und dem sozialistischen Staatseigentum. Dabei würde Privateigentum nicht abgeschafft, sondern unnötig gemacht werden. Man *kann*, aber man *muss* kein Privateigentum besitzen.

Der kommerzielle Ausbau des besitzlosen Nutzens könnte allerdings darauf hinauslaufen, dass man zwar stetig weniger besitzen, aber immer mehr mieten muss. Viele Mietdienste könnten sich aber zu Summen addieren, die sich nicht problemlos verdienen lassen (schon gar nicht, wenn sich die Verhältnisse auf dem Arbeitsmarkt verschlechtern). An der Hochschule Bochum arbeiten Najine Ameli darum in ihrer Dissertation an einem nutzerfreundlichen Produkt-Dienstleistungssystem, an einer öffentlichen »*Bibliothek der Dinge*«. Wenngleich der Name nicht zutreffend deswegen ist, weil in dieser Bibliothek nicht ausschließlich Bücher vorzufinden sind (allerdings könnte eine Bibliothek der Dinge in bestehende Buch-Bibliotheken integriert werden), macht er sofort klar, worum es geht: In dieser Einrichtung werden allerlei Gebrauchsgegenstände geteilt und verliehen, die man in der Regel eher selten und damit ineffizient nutzt, wenn man sie besitzt. Diese Bibliotheken könnten in jedem Quartier eingerichtet werden und in Seoul hat die Stadtverwaltung bereits mehrere Cafés gegründet, in denen man sich Dinge ausleihen kann. In einer Bibliothek der Dinge könnte jeder Bürger einen kleinen Jahresbeitrag zahlen und mit dem Geld könnten benötigte Neuanschaffungen geleistet werden. Zudem steht es jedem Bürger frei, gebrauchsfähige Dinge, die er besitzt, anderen in der Bibliothek zur Nutzung verfügbar zu machen. Die Bibliotheken könnten durch ein Fernleihsystem untereinander vernetzt sein, wodurch sich die Zugriffsmöglichkeiten für jedermann vervielfachen würden. Durch die Nutzung solcher Bibliotheken verringert sich außerdem der Raumbedarf in Wohnungen, da dort weniger Dinge aufbewahrt werden müssen. Dadurch könnten die Wohnkosten geringer werden.

Nicht nur beim Sharing kommt mit dem Prinzip des Nutzens statt des Besitzens ein neues Eigentumsverständnis auf, auch bei der Open-Source-Entwicklung, d. h. bei der kollaborativen Produktion ist dies der Fall: Das Geschaffene (z. B. Open Source-Software) wird der Menschheit übergeben. Jeder hat freien Zugriff, niemand wird von den gemeinsamen Errungenschaften ausgeschlossen. Vielmehr soll durch Kooperation und Teilnahme bestehendes Wissen genutzt werden, um damit neues Wissen und Innovationen kreieren zu können.

(b) Kooperation statt Konkurrenz: kollaborative Produktion
Der kollaborative Konsum und die kollaborative Produktion sind Elemente einer demonetarisierten Ökonomie des Teilens. Während beim kollaborativen Konsum *Dinge* geteilt werden, sind es bei der kollaborativen Produktion *Informationen*. Aus diesen können anschließend neue Dinge und andere Innovationen entstehen.

Während über gemeinschaftlichen Konsum in den letzten Jahren viel geschrieben wurde, ist bislang nur am Rande wahrgenommen worden, dass auch die gemeinschaftliche Produktion transformatives Potenzial hat. Als einer der ersten prognostizierte Yochai Benkler 2006, dass eine neue Form des Wirtschaftens, die »Networked Information Economy« dabei sei, die industrielle Ökonomie des 19. und 20. Jahrhunderts abzulösen. Ermöglicht wird diese neue Ökonomie durch das World Wide Web. Dieses ist selbst aus jener neuen Form des Zusammenarbeitens hervorgegangen, die dem kollaborativen Konsum und der kollaborativen Produktion zugrunde liegt. Diese neue Informationsökonomie ist gekennzeichnet durch eine größere Unabhängigkeit von Unternehmen, durch Dekommerzialisierung und weiträumige Kooperationen.[32]

Man stelle sich vor, Automobilbauer würden einander nicht mehr als Konkurrenten wahrnehmen, die sich gegenseitig Marktanteile streitig machen. Man stelle sich weiter vor, sie würden bei der Angabe von Schadstoffwerten nicht lügen, wie einst die Zigarettenindustrie, um ihre Geschäftsinteressen zu verfolgen. Stattdessen wären sie Partner bei der Bereitstellung einer umwelt- und gesundheitsfreundlichen Mobilität, die es Menschen ermöglicht, flexibel, komfortabel, sauber und günstig (oder unentgeltlich) jede Stadt ihres Landes und jede Kreuzung darin erreichen zu können. Das Ziel wäre nicht, so viele Autos wie möglich abzusetzen, sondern Mobilität optimal verfügbar zu machen. Nicht käufliche *Waren,* sondern nutzbare *Services* würden angeboten, mit dem vorrangigen Zweck, nicht den Unternehmensgewinn, sondern die Le-

---

32 Benkler 2006, 4 f.

bensqualität der Menschen zu erhöhen. Nicht die Realisierung von *Gewinnzielen* würde vorrangig angestrebt, sondern die von *Sachzielen*.
Eine unrealistische Vorstellung. Zwar scheuen vor allem große Unternehmen den direkten Wettbewerb und bevorzugen üblicherweise heimliche Preisabsprachen und Nichtangriffspakte – aber die vollständige Kooperation ist in einer wettbewerbsorientierten Marktwirtschaft kaum denkbar.

Doch braucht es Autokonzerne überhaupt, um Autos oder andere Produkte herzustellen? Auch wenn man die vielfältigen Nachteile eines motorisierten Individualverkehrs einmal außer Acht lässt, ist ein ganz anderer Modus denkbar, mit dem Autos hergestellt werden. Die Rede ist von Co-Creation oder Crowd-Creation oder Peer-to-Peer-Produktion oder Wikinomics oder Mutualismus oder Bottom-up-Ökonomie oder kollaborativer Produktion. Wie auch immer diese Produktionsweise einmal heißen wird (ein einheitlicher Name hat sich bisher nicht durchgesetzt), sie scheint ein ernsthafter Gegenentwurf zum bestehenden Modell zu sein.

Im Bereich *Software* hat sich die gemeinschaftliche Produktion bereits etabliert: Als Linus Torvalds Anfang der 1990er an einem neuen Betriebssystem arbeitete, kam er auf die Idee, andere einzuladen, sich an der nichtkommerziellen Weiterentwicklung der Software zu beteiligen. Dazu legte er den Quellcode allen Interessierten offen. Und tatsächlich begannen zunehmend mehr Programmierer an Linux, so der spätere Name der Software, mitzuarbeiten. Eine weltweite Entwickler- und Nutzergemeinde erstellte in den Folgejahren eine Vielzahl weiterer Softwarepakete rund um Linux, welche dessen Einsatzmöglichkeiten enorm ausweiteten.

Überhaupt war Open-Source-Software entscheidend für die Entwicklung des Internet. »The open source software movement«, so Thompson im Wired Magazine, »has been crucial to the Cambrian explosion of the Web economy. [...] Open source software gave birth to the Internet age, making everyone – even those who donated their labor – better off.«[33] Staatliche Programme finanzierten die Erforschung von Grundlagen für das, was später das Internet wurde; Unternehmen führten neue Plattformen und deren Kommerzialisierung ein. Herz und Hirn des Internet aber wurden kreiert von »decentralized groups of scientists and programmers and hobbyists (and more than a few entrepreneurs) freely sharing the fruits of their intellectual labor with the entire world.«[34]

Diese nicht kompetitive, sondern kooperative Vorgehensweise lässt sich prinzipiell auch auf *Hardware* übertragen – und mit Hardware sind hier nicht ausschließlich IT-Bauteile gemeint (die konstruiert die Community auf arduino.cc), sondern Produkte und Produkt-Dienstleistungssysteme aller Art, dar-

---

33 Thompson 2008, 167
34 Johnson 2012

unter auch medizinische Geräte, Roboter, Häuser, Drohnen, Medikamente, Windräder, landwirtschaftliche Maschinen und Systeme zum Anbau von Lebensmitteln.[35]

In der offenen und kollaborativen Produktion entwerfen miteinander weltweit über das Internet vernetze Privatpersonen gemeinsam z. B. ein Auto und produzieren das Fahrzeug dezentral in Minifabriken. Niemand erhält einen Lohn für seine Mitarbeit an dem Produkt und doch können – wie bei Linux – alle profitieren. Freilich ist ein Auto ein Produkt mit allerlei unerwünschten Nebenwirkungen, sollte der motorisierte Individualverkehr keine (urbane) Zukunft haben, aber es ist ein bekanntes und sehr komplexes Produkt, das seriennmäßig nur mit hohem Kapitaleinsatz hergestellt werden konnte. Außerdem beweist die Empirie, dass es kollaborativ konstruiert werden kann. Darum ist es als Beispiel nützlich:

So produziert Local Motors bereits offen und gemeinschaftlich. Bei Local Motors handelt es sich um ein Unternehmen, das u. a. den Strati hergestellt hat (siehe Kapitel I.3), das erste Elektroauto, das zu einem Großteil aus dem 3D-Drucker stammt. Für Local Motors arbeiteten Anfang 2015 nur etwa 80 Mitarbeiter in einem regulären Beschäftigungsverhältnis. Der Großteil der zur selben Zeit rund 48 000 Mitarbeiter umfassenden Online-Community arbeitete verstreut in 130 Ländern, aber als Gemeinschaft am Design des Strati und anderer Modelle. Bezahlt werden sie nur, wenn sie einen Beitrag leisten, der umgesetzt wird.

Auf diese Weise ballen sich hier das Wissen und die Kreativität Zehntausender Enthusiasten, die das Know-how der zahlenmäßig weit unterlegenen Ingenieure und Designer eines klassischen Automobilkonzerns übertreffen. Zu ihnen zählen professionelle »Mitarbeiter«, die beruflich Autos für andere Unternehmen konzipieren und Interessierte mit unterschiedlichen Expertisegraden. Da die Gemeinschaft die von ihr entstammenden Ideen und Konstruktionen in einer Art Peer-Review-Verfahren überprüft, ist die Qualität der gemeinschaftlich erarbeiteten Produkte hoch, wenn der Anteil gut gebildeter Kollaborateure hoch ist. Natürlich können auch gemeinschaftlich entwickelte Entwürfe fehlerhaft sein, aber das trifft auch für Entwürfe kommerzieller Anbieter zu (wie u. a. die vielen Rückrufaktionen großer Automobilkonzerne in den letzten Jahren demonstriert haben). Keinesfalls ist plausibel oder zwingend, dass die kollaborative Produktion vor allem laienhafte Resultate fördere, indes nur kommerzielle Unternehmen qualitativ hochwertige Produkte entwerfen könnten.[36]

---

35 Vgl. Grames et al. 2011 Die Autoren erläutern Beispiele für kollaborative Produktionen, folgen jedoch einer Perspektive des »wisdom of the crowd and the control of the corporation«, indes dieser Kontrollmechanismus nicht mehr zwingend ist.
36 Eine in diese Richtung weisende Kritik wurde von Keen (2008) vorgetragen.

Neue Ideen fliegen Local Motors jedenfalls mit großer Dynamik zu und können wegen der flachen Organisationshierarchie in wenigen Monaten verwirklicht werden. Derselbe Prozess dauert bei klassischen Autokonzernen mehrere Jahre. Kostet die Entwicklung eines neuen Modells klassische Autohersteller außerdem oft über eine Milliarde US-Dollar, sind es bei Local Motors wenige Millionen. Die Strategie von Local Motors basiert auf dem Internet, Open Source (Lizenzfreiheit), Co-Creation (eine Gemeinschaft erschafft gemeinsam ein kreatives Werk) und lokalen »Mikrofabriken«, die auf 3D-Druck spezialisiert sind. In ihnen wird das Auto abschließend zusammengebaut und verkauft. Local Motors muss folglich wenig Geld für Immobilien, Entwicklungskosten, Personalkosten, Beschaffungskosten und Logistikkosten aufwenden und ist seinen konventionellen Konkurrenten gegenüber auch deswegen im Vorteil.

Nun ist Local Motors eine Chimäre, ein marktwirtschaftliches, wachstums- und profitorientiertes Unternehmen, das zwar einer neuen Denk-, doch einer alten Wirtschaftsweise folgt und ein Übergangsphänomen sein könnte. Das kollaborative Produktionskonzept kann prinzipiell und nicht weniger effektiv auch außerhalb marktwirtschaftlicher Strukturen funktionieren – sogar ohne finanzielle Stimulierung der »Mitarbeiter«, wie die unbezahlt an der Entwicklung freier Software Mitwirkenden schon seit der Anfangszeit des Internet demonstrieren. Es braucht *nicht verschiedene Autokonzerne*; es braucht *keine Konkurrenz* zwischen ihnen; es braucht lediglich *eine Plattform*, die allen Interessierten die Einsicht in bestehende Konstruktionspläne verschiedener Modelle gibt und ihnen die Möglichkeit einräumt, sie weiterzuentwickeln. Dann braucht es vor allem dezentral aufgestellte 3D-Drucker, welche einzelne Bauteile der Autos und später einmal das komplette Auto auf einmal zum Materialpreis ausdrucken. Auf diese Weise lassen sich alle möglichen Fahrzeuge herstellen – und nicht nur die, sondern *sehr viele Produkte* des täglichen und außeralltäglichen Bedarfs. Eine *Wirtschaft ohne Unternehmen* wird dadurch zunehmend konkreter.

In seinem Buch über die Maker-Bewegung schreibt Chris Anderson, die »Industriekultur des 21. Jahrhunderts wird eine gänzlich andere sein als im 20. Jahrhundert. Innovationen werden nicht mehr von großen Firmen von oben aufgesetzt, sondern sie werden von unten kommen, von zahllosen Einzelpersonen, Amateuren, Unternehmern und Profis. [...] Man muss nicht mehr in teure Fabriken investieren oder Massen von Arbeitskräften anheuern, um eigene Ideen zu verwirklichen. Die Herstellung neuer Produkte ist nicht mehr das Privileg einiger weniger, sondern die Chance für viele.«[37] Im Grunde wird das demokratische Prinzip auf diese Weise von der Politik in die Wirt-

---

37 Anderson 2013, 44, 63

schaft transferiert, während der vorherrschende Trend bislang in die umgekehrte Richtung weist: Ökonomische Interessen dringen post-demokratisch in politische Entscheidungsprozesse vor.

Ergeben sich durch die Digitalisierung neue Probleme (technische Massenarbeitslosigkeit), ergeben sich durch sie zugleich neue Möglichkeiten (globale Zusammenarbeit). Beide Prozesse münden in eine neue Produktionsweise. Es braucht im Grunde nur eine Internetplattform für alle relevanten Produkte und Produkt-Dienstleistungssysteme. Auf ihr findet sich eine Vielzahl an Produkten (Smartphones, Computer, 3D-Drucker, Sensoren, Solaranlagen, öffentliche Transportmittel, Meerwasserentsalzungsanlagen, Medikamente etc.), an deren Entwicklung Menschen weltweit beschäftigt sind. Vor allem bei komplexen Produkten oder Forschungsprojekten, die eigentlich eine Vielzahl von Experten aus verschiedenen Wissensgebieten integrieren müssten, macht diese dezentrale und offene Arbeitsweise Sinn, zumal in einem Unternehmen nur begrenzt viele Spezialisten mit beschränkter Expertise zu finden sind. Die Menschheit ist schlauer als ein Unternehmen und darum besser in der Lage, Lösungen für Probleme zu finden, wenn sie zusammenarbeitet.

Die Daten und Dokumentationen stehen im offenen Arbeitsprozess allen Interessierten frei zur Verfügung. Noch effektiver verläuft die internationale Zusammenarbeit, wenn die Sprachbarriere durch bessere Übersetzungsprogramme überwunden werden kann. Und abermals effektiver gestaltet sich die Zusammenarbeit, je höher das Bildungsniveau in allen Gesellschaften wird. Mehr kluge Köpfe generieren mehr gute Ideen. Sogar der Anstieg der Weltbevölkerung ist vor diesem Hintergrund ein Vorteil, denn aus einer quantitativ größeren Population gehen, obwohl ihr Anteil an der Bevölkerung insgesamt gering ist, zahlenmäßig mehr Genies hervor – sofern sie an einem ihre Talente fördernden Bildungssystem teilnehmen können.

Vor dem Hintergrund dieser Möglichkeit erscheint das alte Modell, in dem vergleichsweise wenige Mitarbeiter in Unternehmen eher gegeneinander agieren und Kooperationen vor allem die Form von Preisabsprachen und Nichtangriffspakten annehmen, ineffizient. Anstatt die meisten Menschen von Design- und Produktionsprozessen systematisch auszugrenzen, werden in der kooperativen Produktion die Fähigkeiten, der Erfindergeist und die Kreativität der Menschheit viel effizienter genutzt. Warum sollten kompetente Menschen nicht die Freiheit haben, an der Verbesserung und Weiterentwicklung von Produkten mitwirken zu können, die sie brauchen?

Die Ökonomen Don Tapscott und Anthony D. Williams weisen in WIKINOMICS, ihrem ersten Buch über die kollaborative (allerdings überwiegend wettbewerbsorientierte) Produktion, darauf hin, dass im digitalisierten Zeitalter prinzipiell »Milliarden Menschen weltweit kooperieren und gemeinsam praktisch alles produzieren [können], was mit menschlicher Kreativität, einem Computer und einer Internetverbindung möglich ist. Früher waren die Produktionskosten hoch, heute können die Menschen zu sehr geringen Kosten kooperieren und ihre Produktion miteinander teilen. Das bedeutet, dass Einzelne nicht mehr darauf angewiesen sind, dass Märkte oder kapitalintensive Firmen die Güter und Dienstleistungen, die sie haben wollen, herstellen und vertreiben.«[38]

Es ist sinnbildlich, dass ein neues Produktionsmodell für das digitale Zeitalter seinen Anfang in der gemeinschaftlichen Herstellung von Software nahm. Und diese neue Zusammenarbeit zeigt, dass der kollaborative Produktionsmodus prinzipiell *ohne Erwerbsarbeit, Lizenzen, Patente, Aktien, Konkurrenz, Wachstumszwang* und *Marketing* auskommt und dennoch dauerhaft innovative Resultate liefert. Gibt man als übergeordnetes Ziel zudem die Herstellung umweltschonender (teilbare, recycelbare, modulare Bauweise zum Austausch einzelner Bauteile, Reparaturfähigkeit, robust und langlebig), gesundheitlich unbedenklicher, nutzerfreundlicher und erschwinglicher Produkte – d. h. ein Human Centered Design – vor, kann man den Entwicklungsprozess in eine jedem nachvollziehbare und erwünschte Richtung schubsen. Allerdings ist es wahrscheinlich anzunehmen, dass die »Crowd« von selbst auf ein solches Design kommt, wenn Dinge und Services nicht mehr nach der marktwirtschaftlichen Verwertungslogik designt werden müssen.

Human Centered Design

Human Centered Design fokussiert beim Produktdesign nicht länger allein auf verkaufsfördernde Ästhetik, oberflächliche Innovationen, Erlebnischarakter oder Bedienungsfreundlichkeit, sondern auf Werte, die in jeder modernen Verfassung enthalten sind und die Würde des Menschen adressieren. Spielzeug und Kleidung, die der Herstellungskosten wegen toxische Substanzen enthalten; Lebensmittel, die den Appetit steigern anstatt zu stillen; Saatgut, das Bauern abhängig machen soll; Zigaretten, die süchtig machen und den Organismus auf multiple Weise schädigen; Werbung, die unzufrieden machen, zum Kauf verführen oder die Kundenidentität an eine Marke binden soll; die Verführung von Kindern durch Marketingtricks; Fahrzeuge, deren Abgase die Lebensbedingungen beeinträchtigen, Asthma, Allergien und Lungenkrebs verursachen; aber auch Banken, die Anlegern bewusst faule Wertpapiere verkaufen oder Aluminium (oder andere Rohstoffe) horten, um deren Preise hochzutreiben, damit ihre Aluminium-Futures zum Nachteil von Unternehmen und Verbrauchern profitabel werden; verklausulierte Tarife und Kaufverträge, nur

---

38 Tapscott/Williams 2009, 68

dazu da, Kunden so viel Geld wie möglich abzuzapfen; soziale Netzwerke im Internet, die Menschen zusammenführen und ihre Privatsphäre dann an Werbeagenturen verkaufen – all dies (und mehr) ist dann nicht mehr Usus.

Die Marktwirtschaft begünstigt die Einführung solcher Angebote durch ein *Profit Centered Design*. Richard Buchanan stellt diesem Paradigma das *Human Centered Design* entgegen. Demnach ist die Gestaltung der Dinge mehr als Optik, Haptik, Technik. Sie bezieht auch ethische und moralische Prinzipien mit ein und ist »fundamentally grounded in human dignity and human rights. It is an ongoing search for what can be done to support and strengthen the dignity of human beings«. Menschen zu dienen ist der ultimative Zweck der Gestaltung und auszusondern ist, was sie beeinträchtigt. Natürlich ist die Würde des Menschen schwierig zu definieren. Die aufgezählten Beispiele des Profit Centered Design aber stützen die menschliche Würde intuitiv nicht. In vielen Fällen ist gewiss, was humanitär ist, was Menschen entgegenkommt und was nicht.

Design, so Buchanan weiter, ist zwar faktisch, nicht aber notwendig ein Instrument ökonomischer Prinzipien. Es sollte vielmehr der menschlichen Entwicklung dienen und maßgeblich die Probleme berücksichtigen, denen viele Menschen in der zeitgenössischen Kultur ausgesetzt sind.[39] Die solchermaßen gestalteten Güter folgen nicht der technischen Funktion oder Rendite, sie haben soziale (bzw. humanitäre) und ökologische Verantwortung übernommen. Ein solches Design achtet darauf, dass durch die Herstellung und Nutzung von Gütern niemandes Gesundheit gefährdet, dass der Nutzer nicht verdinglicht bzw. instrumentalisiert und nicht überfordert wird, dass Dinge die Lebensqualität erhalten oder verbessern, und dass sie, dem Grundsatz der intergenerationellen Gerechtigkeit folgend, die Lebensqualität auch künftiger Generationen nicht beeinträchtigen.

Stand bei der Produktgestaltung bisher vor allem die ökonomische Dimension im Vordergrund, könnte es künftig also die ökologische und soziale Dimension sein. Von rivalisierenden und notwendigerweise profitorientierten Unternehmen ist ein solcher Fokus kaum zu erwarten. Von Bürgern, die nicht um Marktanteile und Profite konkurrieren, dagegen schon. Sie kooperieren miteinander, um Dinge für sich und andere herzustellen und legen dabei andere Wertmaßstäbe an, die primär auf das Wohl der Menschen ausgerichtet sind.

Naiv ist diese Vision nicht. Was es an Wissen und Mitteln zu ihrer Umsetzung braucht, ist bereits vorhanden. Doch ist sie innerhalb der konfrontativen Bedingungen, die auf den Märkten vorherrschen, nur schwer umzusetzen. Dazu braucht es alternative ökonomische Verhältnisse und vermutlich solche, die auf Kooperationen ausgerichtet sind. Denn innerhalb solcher Ver-

---

39 Buchanan 2001, 38

hältnisse spielen *weder Kostendruck, noch Absatzsteigerung* eine zentrale Rolle. Das gegenwärtige Wirtschaftssystem erschwert es Unternehmen folglich, »human centered« im Sinne Buchanans zu operieren oder macht es gar unmöglich. Das Gleiche gilt für die Institutionalisierung umweltverträglicher Lösungen zur Befriedigung menschlicher Bedürfnisse.

Das gegenwärtige Wirtschaftssystem bringt Manager und Unternehmen dazu, unternehmensorientierte Fragen zu stellen. Die Frage nach dem betriebswirtschaftlichem Oberziel lautet: »Wie können wir unseren Eigenkapitalwert steigern?« Vielleicht stellen sich Unternehmen noch zusätzlich die Frage, wie sie ein Bedürfnis der Verbraucher befriedigen können. Im Vordergrund steht aber immer die Steigerung des Eigenkapitalwerts. Das Wohl der Verbraucher ist diesem Ziel untergeordnet, dem kann nur Rechnung getragen werden, wenn sich der Gewinn vergrößern lässt. Das Geschäft von Unternehmen, besteht schließlich darin, Geld zu machen und nicht darin, Dienstleister der Menschheit zu sein. Die unternehmerische Vision besteht in der Regel darin, im Ranking aufzusteigen, Marktführer zu werden. Dafür müssen die Kosten gesenkt werden, dafür sollen Überstunden geleistet werden, dafür werden intransparente, den Kunden verwirrende Tarife angeboten und Investitionen in Infrastrukturen vernachlässigt, so sie nicht binnen weniger Jahre rentabel werden.

Human Centered Design motiviert Menschen zur Mit- und Zusammenarbeit. An der freien Software Ubuntu – was in der Sprache der Zulu »Menschlichkeit gegenüber Anderen« bedeutet – wirken nicht zuletzt viele Programmierer mit, weil es ein einfaches, kostenloses, qualitativ hochwertiges, unkommerzielles, vertrauenswürdiges Betriebssystem mit moralischen Grundsätzen ist. Auf der deutschsprachigen Webseite von Ubuntu heißt es, der Name Ubuntu wurde gewählt, »weil wir glauben, dass er die Grundgedanken des Miteinander-Teilens und der Kooperation perfekt trifft, die für die Open-Source-Bewegung so wichtig sind. In der Welt der freien Software arbeiten wir freiwillig zusammen, um Software zu schaffen, die allen nützt. Wir verbessern die Werke Anderer, die wir frei erhalten haben, und teilen unsere Erweiterungen auf der gleichen Basis mit Anderen.«[40] Wenn dieses Konzept viele Menschen zusammenbringt und zu erstaunlichen Leistungen in der Software-Erstellung anspornt, dann dürfte es dies auch bei der Hardware-Erstellung tun. Und wenn alle an einem Produkt mitarbeiten können, ohne dafür bezahlt zu werden (weil die Ära der Erwerbsarbeit ausgelaufen ist), liegt es nahe, dass alle auch die Möglichkeit haben, den Gebrauchsgegenstand so günstig wie möglich nutzen zu können. Dazu könnten sie allen z. B. in »Bibliotheken der Dinge« zugänglich gemacht werden; es könnten Mikrofabriken, sogar in die neuen Bibliotheken integriert werden.

---

40 http://wiki.ubuntuusers.de/Was_ist_Ubuntu

Wirtschaft ohne Markt

Die große Frage ist, ob sich Menschen künftig zusammentun und gemeinsam unentgeltlich an Produkt- und Serviceentwürfen arbeiten werden. Werden sie, wenn ihre materiellen Grundbedürfnisse hinreichend befriedigt sind, auch Tätigkeiten zu übernehmen bereit sein, die für die Aufrechterhaltung einer sozialen Ordnung unverzichtbar sind? Zwar ist eine solche Form der Zusammenarbeit bereits bei einigen Hard- und Softwareprodukten erfolgt – handelt es sich dabei aber um eine Minderheit von Menschen, indes die Mehrheit dergleichen nie tun würde? Diese Fragen sind sowohl für die mögliche Einführung eines bedingungslosen Grundeinkommens relevant als auch für die Umsetzung einer kollaborativen Produktion.

Engagement statt Lohnarbeit

Es ist schwer zu glauben, dass Menschen einst in einem »digitalen Athen« leben werden, in welchem Roboter (wie es einst Sklaven taten) die Arbeit verrichten und die Bürger über Politik und Philosophie diskutieren. Denn Aufgaben gilt es in Zukunft auch dann zu übernehmen, wenn Algorithmen und Künstliche Intelligenzen viele davon selbsttätig ausführen werden, und die Gesellschaft nicht mehr auf dem Fundament der Erwerbsarbeit organisiert sein kann. Aufgaben im Bildungs- und Wissenschaftsbereich wurden bereits erwähnt, und es gibt sie auch im Staats- und Gesundheitswesen, im Handwerk und im sog. Dritten Sektor zwischen Staat und Wirtschaft (Umweltschutz, Soziales, Sport, Kultur etc.). Auch in einer neuen sozialen Ordnung müssen diese Arbeiten zum Wohle einer Gesellschaft und ihrer Mitglieder übernommen werden. Viel spricht nun dafür, dass sich die meisten Menschen dieser Aufgaben unter bestimmten Bedingungen auch dann annehmen werden, wenn die Gesellschaft nicht mehr auf dem Fundament der Erwerbsarbeit steht.

So übernehmen Bürger freiwillig schon seit Jahrzehnten freiwillig Aufgaben, ohne dafür finanziell entlohnt zu werden. Sie engagieren sich neben der Ausbildung oder dem Beruf in großer Zahl ehrenamtlich (rund 20 Prozent der über 16-Jährigen in Deutschland) und viele von ihnen tun dies langfristig (etwa 40 Prozent). Sogar für die Gesellschaft unverzichtbare Tätigkeiten werden ehrenamtlich Engagierten anvertraut. So mag man glauben, dass die Feuerwehr hierzulande primär eine Berufsfeuerwehr sei. Tatsächlich ist in nur hundert von über 2 000 Städten in Deutschland eine hauptamtliche Feuerwehr im Einsatz. Die übrigen Städte werden durch Feuerwehrleute gesichert, die ihr Amt nebenberuflich und freiwillig ausüben. Auch in Frankreich, der Schweiz, Österreich, Tschechien und Polen stellen hauptsächlich freiwillige Feuerwehren ihre Rettungsdienste bereit. Das Technische Hilfswerk (THW), das in Katastrophenfällen zum Einsatz kommt, die Bergwacht, die DLRG und der Seenotrettungsdienst setzen sich überwiegend aus freiwilligen Akteuren zusammen. Es ist bemerkenswert, dass ein wohlhabendes Land wie Deutschland darauf spekuliert, dass der Bevölkerungsschutz – eines der wichtigsten Aufgabengebiete überhaupt – von professionellen Ehrenämtlern ausgeführt wird.

In diesem Bereich des Dritten Sektors wird es an engagierten Menschen auch in einer Zeit nach der Marktwirtschaft nicht mangeln, und aus dem gleichen Grund wird es auch immer genug Menschen geben, die den Polizeidienst im professionellen Ehrenamt ausüben würden. Ebenso wenig fehlen wird es an Helfern in Sportvereinen und Selbsthilfegruppen, in den Bereichen Kultur, Musik, Schule, Kindergarten und Umweltschutz, denn auch hier sind schon in der Gegenwart viele Engagierte tätig. Sie sind tatsächlich oft so etwas wie das Rückgrat ihrer chronisch geldklammen Kommunen und entsprechen damit den ehrenamtlich für Open-Source-Software Engagierten im Internet.

Warum engagieren sich Menschen überhaupt ehrenamtlich? Einer kompetitiven Me-Economy zum Trotz ist der Mensch ein von Natur aus *kooperatives* Wesen. In den letzten Jahren ist als Kritik des ökonomischen Menschenbildes geradezu eine Flut an Studien und Büchern zum kooperativen Wesen des Menschen erschienen.[41] Schon Sprache kann einzig zu dem Zweck entstanden sein, mittels ihrer besser interagieren, d.h. kooperieren und sich untereinander verständigen zu können. Schon vor ihrer »Erfindung« war der Mensch auf Kooperation existenziell angewiesen, musste der erste Kooperationszweck schlicht darin bestehen, in der ungezähmten Natur überleben zu können, in welche sich die ungeschützten und »unfertigen« Menschen hineingeworfen fanden. Nur weil sie sich gegenseitig unterstützten, Nahrungsmittel und Werkzeuge miteinander teilten, konnten Menschen jeden Lebensraum der Erde – die Arktis, die Wüste, die Küste, den Dschungel und die Berge – besiedeln.

Der Millionen Jahre andauernde Überlebenskampf in der *äußeren Natur* hat die *innere Natur* des Menschen geprägt: Michael Tomasellos anthropologische Forschungsarbeiten zeigen, dass es eine universelle menschliche Natur gibt und dass diese kooperativ ist. Er beobachtete, dass Kinder von Geburt an (auch ohne Geschwister), bis etwa zum zweiten oder dritten Lebensjahr, hilfsbereit und kooperativ eingestellt sind. Sie gehen großzügig mit Informationen und Gegenständen um, teilen diese ohne dafür eine Belohnung zu erwarten.[42] Zudem machen Babys in ihren ersten Lebensmonaten die Erfahrung, dass sie alleine nicht überleben können, wenn sie nicht von ihren Eltern umsorgt, geschützt, genährt und unterstützt werden. Sie bevorzugen auch darum am Beginn ihres Lebens kooperative Akte, sobald sie dazu fähig sind.[43]

---

41 Einen Überblick gibt Benkler 2011
42 Tomasello 2010
43 Hüther/Hauser 2012

Menschen werden kooperativ geboren, doch passen sie sich ab dem dritten Lebensjahr zunehmend an die Normen ihrer sozialen Umwelt an. Hier setzt die gesellschaftliche Sozialisation ein. Menschen sind damit, noch bevor sie richtig sprechen können, nicht nur an kooperativem Verhalten, sondern auch an Konformitätsregeln und Konventionen orientiert. Sind die vorherrschenden sozialen Normen und Strukturen kooperativ, verhalten sich auch die Kinder weiterhin kooperativ; sind sie überwiegend kompetitiv, verhalten sie sich eigennütziger (obwohl das Motiv zur Konformität oft darin besteht, von einer Gruppe anerkannt zu werden).[44] Die ursprüngliche Hilfsbereitschaft kann also von der Sozialisation überlagert werden, in welcher die Kinder ihr soziales Verhalten an die jeweils bestehenden Normen und Urteile anpassen. Gänzlich verloren geht das kooperative Erbe der menschlichen Natur dabei aber nicht, sonst wären gemeinschaftliche Unternehmungen wie Linux oder Wikipedia erst gar nicht zustande gekommen.

Dagegen begründet die neoklassische Theorie die Marktwirtschaft mit dem Bild des Homo oeconomicus. Mit diesem Modell unterstellt sie, Menschen wären *von Natur aus und primär* von einem berechnenden Egoismus angetrieben. Es ist wahr, dass Menschen egoistisch-kalkulierend und aggressiv sein können, aber das ist nur ein Teil ihrer selbst. Obendrein wurde dieser Teil des menschlichen Wesens in der bisherigen Geschichte vor allem durch knappe oder sich verknappende Ressourcen durch Kriegen oder besser: in Notlagen aktiviert.[45]

Aber auch die Wettbewerbswirtschaft belohnt innerhalb festgelegter Grenzen aggressives Verhalten (wenngleich nicht physischer Art) und legitimiert es somit. Überdeckt wird dadurch aber der fürsorgliche und kooperative Bestandteil der conditio humana. Zwar fördert die Marktwirtschaft das Drängen und Stoßen der Wettbewerber und sät Zwietracht und Unsicherheit zwischen und in Unternehmen, dennoch hat sich ein fürsorglicher Geist jenseits

---

44 Tomasello 2010, 77
45 LeBlanc 2003. In ihrem Buch über Religionskriege betont Armstrong (2014, 11 f.) in »allen Diskussionen über die Gründe für kriegerische Handlungen bestätigen Militärhistoriker, dass eine Vielzahl ineinander verschränkter gesellschaftlicher, materieller und ideologischer Faktoren Gewalt begründen; *einer der wichtigsten ist der Kampf um knappe Ressourcen*« (im Original nicht kursiv). Und in Kriegen ist es eher die materielle Not oder die Furcht, von den anderen getötet zu werden, als eine Ur-Aggression, die Menschen zum Töten treibt. »Während des Zweiten Weltkrieges«, berichtet Armstrong weiter (23), »hat eine Gruppe von Historikern unter der Leitung von US-Brigadegeneral S. L. A. Marshall Tausende von Soldaten aus mehr als vierhundert Infanterie-Kompanien befragt, die die Kämpfe in Europa und im Pazifik aus eigener Anschauung erlebt hatten. Die Ergebnisse waren verblüffend: Nur 15 bis 20 Prozent der Infanteristen sahen sich in der Lage, direkt auf den Feind zu schießen, alle anderen versuchten es zu vermeiden oder entwickelten komplexe Methoden, danebenzuschießen oder ihre Waffen nachzuladen, um ihr Verhalten zu verbergen.«

des selbstischen erhalten. Zwar mühte sich Gary S. Becker wacker, Altruismus als egoistisch motiviert zu erklären, dadurch dass die Nutznießer altruistischen Verhaltens dem Altruisten nicht schaden würden, dieser die Kosten seiner altruistischen Handlungen dadurch kompensieren könne und nur darum »selbstlose« Handlungen ausführe.[46] Allerdings liegt der Verdacht nahe, dass er, wie Prokrustes sein Bett, die Wirklichkeit an das Modell des Homo oeconomicus angepasst hat. Gleichwohl bekam Becker für Erklärungen wie diese den Wirtschaftsnobelpreis verliehen.

Natürlich lassen sich Menschen von materiellen Gewinnerwägungen motivieren, aber auch von Motiven, die der sozialen Verbundenheit mit anderen entstammen. Die meisten Menschen bevorzugen Handlungen, die sowohl für sie selbst, als auch für andere gut sind – und das ist kein Widerspruch: »Wenn wir«, so Tomasello, »gemeinsam zu unserem gegenseitigen Nutzen handeln; wenn ein Mensch dem anderen hilft, seine Rolle auszufüllen, indem er ihn physisch unterstützt oder ihm nützliche Informationen gibt, hilft er sich dabei selbst, da der gemeinsame Erfolg vom Erfolg des anderen abhängt. Mutualistische Handlungen schaffen somit einen geschützten Raum, in dem die Entwicklung altruistischer Motive ihren Anfang nehmen kann.«[47] Auch eine Ökonomie, die auf Teilen, Leihen, Verantwortung und freiwilliger Zusammenarbeit basiert, ist von der Erkenntnis flankiert, dass das Wohl des Ich vom Wir abhängig ist.

Die Empirie scheint hier nicht zu widersprechen. Eine Repräsentativbefragung des Allensbacher Instituts für Demoskopie im Auftrag des das Bundesministeriums für Familie, Senioren, Frauen und Jugend aus dem Jahr 2013 zu den Motiven ehrenamtlichen Engagements ergab als vorrangigen Beweggrund »die Freude an der Tätigkeit für andere. Insgesamt 95 Prozent der Aktiven berichten über diese Freude. Große Mehrheiten der Freiwilligen werden zudem durch die Wünsche motiviert, anderen zu helfen (86 Prozent) oder sich für bestimmte Anliegen oder Gruppen einzusetzen (82 Prozent). Viele werden auch aktiv, weil sie das Gefühl haben, gebraucht zu werden (82 Prozent), mit der eigenen Tätigkeit etwas zu bewegen (83 Prozent) oder das Leben an ihrem Wohnort attraktiver zu machen (70 Prozent). [...] Zusammen mit diesen altruistischen Antrieben spielen für die große Mehrheit der Aktiven aber zugleich selbstbezogene Motive eine Rolle. Verbreitet sind insbesondere die Erwartungen, bei der freiwilligen Tätigkeit Leute zu treffen und Kontakte zu pflegen (82 Prozent), Abwechslung zum Alltag zu erleben (67 Prozent) sowie den eigenen Interessen und Neigungen nachzugehen (75 Prozent). Nicht zuletzt die Suche nach einer sinnvollen Aufgabe (65 Prozent) hat viele der Aktiven zur Beteiligung motiviert.«[48]

---

46 Becker 1982, 317–332
47 Tomasello 2010, 72
48 BMFSFJ, 2013, 3

Wenn die meisten Menschen so sind, dann braucht es kein auf Erwerbszwang, Konkurrenzkampf und Verdrängungswettbewerb basierendes Wirtschaftssystem. Zwar engagiert sich nicht die Mehrheit ehrenamtlich, man kann aber davon ausgehen, dass die Zahl der Engagierten deutlich höher läge, wenn im Alltag mehr Zeit zur Verfügung stünde, sich viele Bürger also nicht zusätzlich zu ihrem Beruf nebenberuflich engagieren müssten. Denn das größte »Hindernis für die Aufnahme, aber auch für die Aufrechterhaltung eines bürgerschaftlichen Engagements«, ergab die Untersuchung, »ist der Zeitmangel von Aktiven und Interessierten.«[49]

Diese Ergebnisse werden von Frithjof Bergmann unterstützt, der seine über 20-jährige Erfahrung mit der Erforschung von Arbeit und arbeitenden Menschen, so resümiert: »Wenn man Menschen fragt, was sie wirklich, wirklich tun möchten, stellt sich heraus, dass nicht sehr viele von ihnen Symphonien oder Gedichte schreiben wollen. Viele sagen, dass sie vor allem ›etwas verändern‹, einer Sache ›ein neues Gesicht geben‹ wollen; sie wollen ›etwas Sinnvolles‹ tun, und das ist oft nur eine andere Art zu sagen, dass sie etwas tun wollen, was anderen Menschen hilfreich ist.«[50] Das erklärt z. B. die Bereitschaft vieler, Ehrenämter im Rettungsdienst zu übernehmen, und weist darauf hin, dass viele Menschen nicht abgeneigt wären, in einem kollaborativen Produktionsprozess auch unentgeltlich mitzuwirken.

Ihrer kooperativen und sozialen Natur wegen, aber auch aus Spaß werden ausreichend viele Menschen bereit sein, wichtige gesellschaftliche Aufgaben (z. B. Rettungsdienst) auch dann zu übernehmen, wenn sie infolge zunehmender Autarkie von der Erwerbsarbeit nicht mehr für Lohn arbeiten müssten. Gefragt, warum Programmierer freiwillig viel Zeit in die Entwicklung von Linux investieren, antwortete Linus Torvalds: »Wenn sie Softwareingenieur wären, würden Sie diese Frage nicht stellen. Wenn Sie als Ingenieur ein technisches Problem lösen, ist das so aufregend, dass Sie eine Gänsehaut bekommen. Dieses Gefühl treibt mich an.«[51] Auch Mediziner werden in der Regel nicht durch finanzielle Aussichten zur Aufnahme ihres Studiums motiviert, sondern primär von humanistischen Werten (das Arbeiten mit Menschen, die Hilfeleistung für andere).[52] Untersuchungen, welche die Motive von Open-Source-Entwicklern erforschen, stoßen neben Spaß und Altruismus auf weitere Beweggründe für deren intrinsisches Engagement: Identifikation mit der Community, Reputation, Lernen von anderen und der sowie den Wunsch, das gemeinsam Produzierte zu gebrauchen.[53]

---

49 Ibid., 4
50 Bergmann 2004, 20
51 Torvalds zit. in Tapscott/Williams 2009, 69 f.
52 Sönnichsen et al. 2005
53 Luthiger 2004

Aber wie steht es um Aufgaben, die erst auf den zweiten Blick unverzichtbar und spannend sind, z. B. das Klempnern? Hier sind motivationspsychologische Einsichten interessant: Menschen, stellt Daniel Pink in seiner Zusammenschau der Motivationsforschung fest, haben die Neigung, nach Neuem und neuen Herausforderungen zu suchen. Sie möchten sich weiterentwickeln, sich selbst und ihre Gesellschaft verbessern. Das, und nicht die Belohnung durch Geld und mehr Geld, gibt Menschen Sinn, das motiviert sie. Finanzielle Anreize hingegen untergraben die intrinsische Motivation.

Beinahe die gesamte Wirtschaftswelt ist jedoch völlig anders organisiert – auf der Grundlage von »Annahmen über das menschliche Leistungsvermögen und über individuelle Arbeitsleistung, die veraltet, ungeprüft und mehr auf Volksempfinden denn auf Wissenschaft basieren.«[54] In der Praxis werden Menschen eher wie Lasttiere behandelt, dominiert nämlich das Zuckerbrot- und-Peitsche-Prinzip, das auf extrinsische Motivation setzt. Solchermaßen motiviert arbeiten Menschen nur bis zu dem Punkt, an dem sie eine Belohnung erhalten und hören dann auf; führen sie stumpfsinnige Arbeiten nur aus, wenn sie auf den Lohn, den sie dafür erhalten, angewiesen sind. Die extrinsische Motivation aber bleibt leistungsbezogen hinter der intrinsischen zurück, welche Menschen von innen antreibt, etwas freiwillig zu tun und darin besser zu werden.

Intrinsisch motiviert fühlen sich Menschen, wenn sie ihre Tätigkeit als kreativ, interessant und selbstbestimmt empfinden sowie durch sie mit anderen Menschen verbunden sind. Und wenn sie wissen, dass ihre Aufgabe wichtig ist. Weniger Einkommensmaximierung, sondern *Sinnmaximierung* treibt viele, vielleicht sogar die meisten Menschen an, denn erst sie gibt ihnen das Gefühl, dass ihr Tun und Sein – und damit ihre Person – Bedeutung hat und vielleicht sogar einen Unterschied macht. Sie sind hungrig auf Einfluss, wollen etwas Gutes bewirken.

Sind ihre biologischen Grundbedürfnisse dauerhaft gesichert, wird die intrinsische Motivation für Menschen zunehmend wichtiger. Darum engagieren sich Menschen ehrenamtlich und karitativ, verfassen nebenberuflich Sachbücher und Artikel auf Wikipedia oder entwickeln komplexe Software, obwohl es sie Zeit kostet und kein Geld einbringt. Menschen, die wissen, dass ihre Tätigkeit ihre Kommune, Gesellschaft, Erde zu einem besseren Ort macht oder die Menschheit voranbringt, sind intrinsisch motiviert. Und darum arbeiten Menschen, so sie eine Wahl haben, auch lieber für »ethisch korrekte« Unternehmen, als für ausbeuterische – und oft auch dann, wenn sie bei den normativ fragwürdigen besser bezahlt werden.

---

54 Pink 2010, 20 »Wir Menschen sind«, so Amstrong (2014, 15), »sinnsuchende Geschöpfe, und anders als Tiere verzweifeln wir schnell, wenn wir keinen Sinn in unserem Leben erkennen.«

Daraus folgt, dass man die für die Gesellschaft unentbehrlichen und durch Menschen auszuführenden Aufgaben entsprechend gestalten muss. Und zwar so, dass Menschen sie von sich aus, ohne dafür hohe moralische Normen voraussetzen zu müssen, auch dann zu übernehmen bereit sind, wenn sie dafür einmal kaum oder keinen Lohn erhalten sollten. Die oberste Voraussetzung dafür ist freilich, dass ein gutes Leben ohne oder mit nur wenig Geld überhaupt möglich ist und sich niemand ausgenutzt oder benachteiligt fühlen muss.

Sind diese Bedingungen gegeben, muss man sich keine Sorgen machen, dass die soziale Ordnung kollabiert. Diese kann natürlich auf der Basis von Egoismus, Konkurrenz, Zuckerbrot und Peitsche funktionieren, das zeigten die letzten Jahrhunderte. Sie kann aber auch, und wahrscheinlich besser, auf Engagement, Kooperation und Gemeinschaft basieren. Eine in der Diskussion um das bedingungslose Grundeinkommen wiederholt geäußerte Sorge lautet dagegen, dass Menschen ohne Druck schlicht keine Arbeit mehr leisten, sondern den ganzen Tag Video-Games spielen oder Drogen konsumieren. Selbst wenn dies bei einer Gruppe von Menschen der Fall sein sollte, gefährdet dies weder die soziale Ordnung, noch den gesellschaftlichen Fortschritt. Es müssen *keineswegs alle* berufsfähigen Bürger produktiv oder innovativ tätig sein und am Gemeinwohl mitwirken. Die fortschreitende Automatisierung macht dies unnötig, und innovativ war seit jeher nur eine gesellschaftliche Minderheit. Es genügt, wenn jene an der Gesellschaft mitwirken, die dies von sich aus möchten. Es werden hinreichend viele sein, wenn die Bedingungen für die Mitarbeit auf eine neue Grundlage gestellt werden.

Lange Zeit glaubte man, Mitarbeiter würden sich mehr anstrengen, wenn man sie leistungsbezogen honoriert und ihre Leistung überwacht. »Wer erreichen will, dass die Topmanager eines Unternehmens das Richtige für die Aktionäre tun, muss sie in Aktien bezahlen. Wer sicherstellen will, dass Ärzte besser für ihre Patienten sorgen, muss ihnen androhen, sie bei Kunstfehlern vor Gericht zu zerren. Und doch«, resümiert Yochai Benkler Erkenntnisse aus der Kooperations- und Motivationsforschung, »beobachten wir überall um uns herum, wie Menschen harmonisch miteinander kooperieren, sich fair, großzügig und richtig verhalten, für andere engagieren, versuchen, [sich] wie anständige Menschen zu benehmen und Freundlichkeit mit Freundlichkeit vergelten. [...] Natürlich sind wir nicht alle wie Mutter Teresa, sonst wäre sie schließlich nicht so berühmt geworden. Doch die Mehrheit der Menschen ist viel eher bereit, sich kooperativ, vertrauenswürdig und großzügig zu verhalten, als wir bisher angenommen haben.«[55] Auf dieser Grundlage ließen sich neue, womöglich bessere, gewiss aber nicht schlechtere gesellschaftliche Verhältnisse konzipieren.

---

55 Benkler 2012, 34

»Wer Kooperation fördern will, darf Menschen nicht einfach nur überwachen und je nach Verhalten belohnen oder bestrafen. Stattdessen muss er Systeme schaffen, die die intrinsische Motivation ihrer Mitglieder ansprechen«, so Benkler weiter.[56] Klempner ließen sich z. B. dadurch gewinnen, dass sie ihre Aufgabe nicht alleine, sondern zu zweit ausführen können (= Job Sharing); dass sie nicht im Akkord von Termin zu Termin hetzen müssen; dass sie nicht unter der ständigen Beobachtung von Kontrolleuren und der Androhung von Strafen für Fehler stehen; dass sie Anerkennung für ihre Tätigkeit als Problembeseitiger erfahren und mehr Mitsprache haben; dass sie nicht nur auf eine Aufgabe spezialisiert sind, sondern als Umwelt-, Wärme-, Wasser- und Klimatechniker für Gebäude ausgebildet werden, wodurch ihr Tun bedeutsamer und abwechslungsreicher wird; dass sie die Möglichkeit haben, Anlagen weiterzuentwickeln und auch sich selbst (etwa durch metierspezifische Kongressteilnahmen); dass sie nur drei Tage in der Woche arbeiten und großzügig Urlaube und Auszeiten nehmen können usw. Haben die »Kunden« über ein Reputationssystem zudem die Möglichkeit, die Leistung ihres Klempners zu bewerten (wie z. B. bei ebay, SoundCloud und anderen Onlinesystemen), motiviert sie das zusätzlich zu redlichem Verhalten. Klempner dürfen sich nicht ausgenutzt und sozial benachteiligt fühlen, sondern als wichtige Mitglieder einer Gesellschaft, die auf sie angewiesen ist, die sie aber auch um ihrer selbst willen schätzt. Eine solche Umgestaltung entspricht einem *Human Centered Design* für Tätigkeiten. Je geringer der Wettbewerbsdruck ist, desto besser lässt es sich umsetzen.

Eine Gesellschaft kann ohne Erwerbsarbeit funktionieren, wenn sie sich entsprechend neu organisiert. Der Fokus verschiebt sich dabei vom Ich zum Wir, ohne das Ich zu negieren. Die Frage, ob Eigen- oder Gemeinnutz die effektivere Antriebskraft für die wirtschaftliche und gesellschaftliche Entwicklung sei, beantwortet eine kollaborative Ökonomie jenseits der Marktwirtschaft so: Beide sind effektiv. Wird jedoch der Eigennutz zu sehr hervorgehoben (Marktwirtschaft), resultieren negative Effekte für die Gemeinschaft. Wird die Gemeinschaft zu sehr hervorgehoben (historischer Sozialismus), resultieren daraus negative Effekte für das Individuum. Folglich ist Rücksicht auf beide zu nehmen. In der kollaborativen Ökonomie arbeitet das Individuum für die Gemeinschaft, von deren Gedeih es abhängig ist – ohne aber von ihr verschluckt zu werden. Ihm bleiben jenseits gesellschaftlicher und ökologischer Notwendigkeiten großzügige (und großzügigere als bisher) Freiräume zur Pflege der eigenen Persönlichkeit sowie zur eigenen Verwirklichung. Und weil eine solche Gesellschaft ihren Mitgliedern Bildung, Persönlichkeit und Freiheit ermöglicht, werden die meisten von ihnen freiwillig dazu bereit sein, etwas zurückzugeben.

---

56 Ibid., 39

Normalbiografien in der kollaborativen Gesellschaft

Die Normalbiografien in modernen Gesellschaften sind in die Phasen Kindheit, Ausbildung (Schule, Studium), Arbeit und Ruhestand eingeteilt. Das dieser Einteilung zugrunde liegende Modell stößt jedoch verschiedentlich, etwa bei der Arbeit, an Grenzen. Die Finanzierung des Ruhestands von mehr Rentnern, die im Durchschnitt obendrein älter werden, ist in vielen europäischen Ländern wegen des demografischen Wandels und des größer werdenden Anteils von Niedriglohnbeziehern in Zukunft ebenfalls gefährdet. Sollte sich die Erwerbsquote überdies verschlechtern, trifft das umso mehr zu.

Eine erste Möglichkeit besteht nun darin, den Bildungsweg eines jeden zu verlängern, wobei Bildung nicht den Charakter einer sozialdarwinistischen Auslese annimmt. Den Ausbau des Bildungssystems hatte 1964 auch das bereits erwähnte Ad-Hoc-Committee vor Augen, das sich gründete, um die Folgen einer sich schon damals ankündigenden automatisierten Produktion zu bewältigen. In seinem Brief an Präsident Johnson hieß es: »Society as a whole must encourage new modes of constructive, rewarding and ennobling activity. Principal among these are activities such as teaching and learning that relate people to people rather than people to things.«[57] Aus mehreren Gründen scheint eine Verlängerung des individuellen Bildungsweges künftig sinnvoll zu sein:

Zum einen nimmt er Druck vom Arbeitsmarkt. Ohnehin dürfen Menschen mit einem kurzen Bildungsweg und in einer Zeit, in der das Gymnasium die neue Volksschule wird, nicht mehr damit rechnen, einen Arbeitsplatz zu finden. Ferner basieren Wohlstand und Lebensqualität auf technischen, kulturellen und strukturellen Innovationen und das Innovationspotenzial einer Gesellschaft steigt, wenn ihre Mitglieder eine gute Schule und Hochschule besuchen und praktische Ausbildung genießen können. Menschen mit Kompetenzen und guter Bildung sind folglich der wichtigste Faktor einer innovationsfreudigen und kollaborativen Gesellschaft.

Schließlich ist auch auf die Entwicklung des moralischen Verantwortungsbewusstseins zu achten. Diese wird in den meisten Bildungssystemen stiefmütterlich behandelt oder der Religion überlassen. Da die moralische Urteilsfähigkeit aber den Umgang mit jenem prägt, was die Technik ermöglicht und mit technischen Innovationen auch die destruktiven Möglichkeiten zunehmen können, sollte das personale Verantwortungsbewusstsein mit den personalen Möglichkeiten Schritt halten können. »Die Technologien, die wir entwickeln«, mahnen Brynjolfsson und Mcafee, »bergen weitaus größere Möglichkeiten, die Welt zu verändern, doch mit dieser Macht ist auch größere Verantwortung verbunden.«[58]

---

57 The Ad Hoc Committee on the Triple Revolution 1964
58 Brynjolfsson/Mcafee 2014, 308

Menschen sollten also, mehr noch als in der Vergangenheit, zunächst an sich selbst arbeiten, bevor sie für andere arbeiten. Eine ausgebildete, anspruchsvolle innere Verfassung macht auch einen Überwachungsstaat redundant, der seine Legitimation gerade aus dem Argument bezieht, dass mittels neuer technischer Möglichkeiten Wenige Vielen großen Schaden zufügen können. Nicht zuletzt steigt auf höheren Stufen der personalen Verantwortung die Bereitschaft, sich für die Umwelt und das Gemeinwohl einzusetzen, außerdem gestalten sich das Teilen von Dingen und die Zusammenarbeit mit anderen weniger problematisch. Und schließlich ist es ein Credo des Liberalismus, dass die Gesellschaft nicht nur über Regeln und Anreize gesteuert wird, sondern auch durch die Übernahme von Verantwortung der Einzelnen für die Gemeinschaft. Handeln Individuen nur stur den bestehenden Regeln gemäß, entsteht ein Anreiz, regulatorische Lücken auch dann für sich auszunutzen, wenn sie der Gemeinschaft schaden.

Heikel wird es, wenn soziale Strukturen eine solche Haltung fördern. So war es bei der 2007 einsetzenden Finanzkrise, als Banken und Analysten im Vorfeld nur eigene profitträchtige Ziele verfolgten und sich im Nachhinein darauf berufen konnten, nicht illegal gehandelt zu haben. Bildung ist damit zwar ein individuelles, aber eben auch ein *öffentliches Gut*. So profitiert die gesamte Gesellschaft und damit jedes ihrer Mitglieder davon, wenn die Menschen im Durchschnitt besser gebildet sind.

Und schließlich könnte sich Bildung künftig nicht nur auf die Vermittlung von Faktenwissen, kognitiven und moralischen Kompetenzen konzentrieren, sondern mehr Facetten des Menschen, von der Entwicklung von Autonomie bis zu den sogenannten Soft Skills fördern. Das ist schon deswegen angeraten, da künftig Fähigkeiten gefragt sein werden, die Maschinen (noch) nicht entwickeln können oder Menschen überlassen werden sollten.

Es ist nicht zuletzt ein weiteres Credo des Liberalismus, dass Individuen im Rahmen der Verfassung ihren eigenen Lebensweg frei wählen können. Dazu braucht es die Kompetenz zum autonomen Denken – und Zeit. »Ein Wirtschaftssystem aber, das den Einzelnen kaum Zeit außerhalb des Jobs lässt, ist mit dem liberalen Ideal einer Gesellschaft, die ein selbstbestimmtes Leben ermöglicht, nicht vereinbar. Denn die Zeit dafür zu haben, sich über eigene Wünsche und Vorstellungen klarzuwerden, ist die Vorbedingung dafür, in Bezug auf andere Güter zu wissen, was man will.«[59] Ein verkürztes Schul- oder Hochschulsystem, dazu da, Menschen so früh wie möglich in die Berufswelt zu schleusen, entspricht diesem Ideal nicht. Aber auch eine Berufswelt, in welcher der Einzelne oft unter Leistungsdruck steht und um seine soziale Sicherheit und die seiner Familie kämpfen muss, widerspricht ihm.

---

59 Herzog 2014, 167

Die Zeit für eine entschleunigte Bildungsphase wäre vorhanden, denn es gibt zunehmend weniger gute Gründe das Bildungssystem durch die Reduktion der Ausbildungsjahre zu verkürzen, damit die Jugendlichen dem Arbeitsmarkt schneller zur Verfügung stehen. Gegen das kaum individuelle Freiräume lassende Gymnasium – in Deutschland unter »G8« oder »Turboabitur« bekannt – hat reichlich Kritik entzündet. Statt den Weg zum Abitur also zu verkürzen, könnte darüber nachgedacht werden, die Gesamtschule als einzige Schulform zu institutionalisieren – und zwar nicht mit weniger, sondern mit mehr Schuljahren, neuen Fächern, vielleicht auch neuen Bildungsformaten, Raum für Spiel, stressfreiem Lernen und außerschulischen Aktivitäten. Bildung könnte dann im Sinne Humboldts, nicht im Sinne der Marktwirtschaft erfolgen und dem Menschen und nicht dem Kapital dienen. Der verlängerte Bildungsweg ist eine Absage an das mehrgliedrige Schulsystem, da sich der Bildungsweg *aller* Schüler verlängern sollte – und das spricht für *eine* Schulform, die nebenbei auch die soziale Ungleichheit verringern würde.

An die Schule könnte sich ein erweiterter Zivildienst anschließen. Dieser könnte Aufgaben im ökologischen, sozialen und kommunalen Bereich (inklusive Infrastrukturarbeiten) umfassen und für alle Bürger verbindlich werden: Vor dem Hintergrund multipler positiver Auswirkungen, die der Dienst in der Vergangenheit auf junge Leute gehabt hat,[60] spricht wahrscheinlich wenig dagegen, ihn nach dem Absolvieren der Schulbildung auf zwei Jahre auszudehnen, wobei die auszuübende Tätigkeit nach einem Jahr gewechselt werden könnte. Bedenkt man überdies, dass der Zivildienst in vielen Ländern akzeptiert ist, und Israel seiner Jugend sogar einen dreijährigen Militärdienst abverlangt, scheint ein reinstitutionalisierter und verlängerter Zivildienst keine Unzumutbarkeit zu sein. Und letztlich profitieren Zivildienstleistende und die Gesellschaft von der gemeinnützigen Arbeit. Alle zehn oder 15 Jahre könnten die Bürger wiederholt für einen einjährigen Zivildienst ihrer Wahl verpflichtet werden. Auf diese Weise leisten auch jene ihren einen Beitrag zur Gesellschaft, die sich für ein Leben als Wellenreiter auf Malibu entscheiden. Nach der Ausführung des erstmaligen Zivildienstes kann die Ausbildung für eine spezielle

---

60 Im Sommer 2011 veröffentlichte das Bundesministerium für Familie, Senioren, Frauen und Jugend den Abschlussbericht der Studie ZIVILDIENST ALS SOZIALISATIONSINSTANZ FÜR JUNGE MÄNNER. Darin hieß es, die »Studie konnte bei vielen Zivildienstleistenden umfangreiche Sozialisations- und Lerneffekte beobachten. Insgesamt berichteten die Zivildienstleistenden von einer positiven Entwicklung ihrer Persönlichkeit, insbesondere, dass ihr Interesse an sozialen Fragen gewachsen war und das Verständnis für behinderte oder ältere Menschen gefördert worden ist. Bei der überwiegenden Zahl der Zivildienstleistenden war zu Ende ihrer Dienstzeit ein deutlicher Zuwachs bei den personalen Kompetenzen, Handlungskompetenzen, Sozialkompetenzen und Fach- bzw. Methodenkenntnissen festzustellen« (BMFSFJ 2011, 172). Ende 2011 wurde der verbindliche Zivildienst in Deutschland dann abgeschafft.

Tätigkeit beginnen oder ein Studium an einer Hochschule zur Erlangung speziellen Wissens, das den persönlichen Neigungen entspricht und z. B. in kollaborativen Konstruktions- und Forschungsprozessen eingesetzt werden kann. Es gibt künftig wahrscheinlich keinen Grund, warum ein solcher Bildungsweg vor dem 35. Lebensjahr und ganz sicher nicht schon nach der neunten oder zehnten Klasse, also mit 16 oder 17 Jahren, enden sollte. Jugendliche, die bereits so früh aus dem Bildungssystem entlassen werden und dann oft keinen Arbeitsstelle, schon keine sie befriedigende finden, sind anfällig für untergrundökonomische Aktivitäten. Sie werden unwürdig ausgegrenzt und sind verschwendetes Potenzial.

Die gesamte Bildungskette gewönne an Bedeutung, und wahrscheinlich werden künftige Biografien auch von mehreren formalen Bildungsphasen durchzogen sein, denn lebenslange Weiterbildung dürfte in der digitalisierten Gesellschaft ein neuer Standard werden (zumal sich auch spezialisierte Aufgaben durch die technische Entwicklung wandeln). Und hier tun sich zugleich neue Tätigkeitsfelder auf. Aus Geldmangel, nicht weil es an Bewerbern fehlte, sind im Bildungssystem viele Stellen in Kindergärten, Schulen, Hochschulen und in Forschungsinstituten unbesetzt. Sieht sich ein Erzieher, Lehrer oder Dozent mit zu vielen Edukanten konfrontiert, mindert dies die Qualität seiner Lehre durchaus, da er kaum noch gezielt auf den Einzelnen eingehen kann. Zwar könnte man ein Bildungssystem einrichten, in dem Schüler und Studenten über Onlinekurse (MOOCs) durch vergleichsweise wenige Lehrer und Dozenten unterrichtet werden. Da durch standardisierte Lehrveranstaltungen die vor allem in geistes- und sozialwissenschaftlichen Fächern durchaus nützliche Vielfalt der Lehre verloren ginge, könnten diese Kurse eher eine ergänzende Bildungsmöglichkeit sein, die zudem jedem frei zugänglich sein sollten.

Regelmäßige Sabbaticals könnten den Einzelnen während seiner Tätigkeitsphase überdies wiederkehrend die Möglichkeit gewähren, den eigenen Lebensentwurf zu reflektieren und sich in neuen Feldern auszuprobieren. Solche Freiräume stellen eine gesunde Balance zwischen Me und We, zwischen etwas »für mich« und »für andere tun« her und sind für Menschen wichtig: Haben Menschen die Wahl, in einer Welt A zu leben, in der man vier Wochen Urlaub im Jahr hat, indes alle anderen sechs Wochen bekommen oder einer Welt B, in der man das Recht auf zwei Wochen hat, alle anderen dagegen nur auf eine Woche Urlaub im Jahr, entscheiden sich die meisten der Befragten für Welt A.[61] Solche Freiräume sind ein so hohes Gut, dass man dafür, anders als bei der Wohnfläche (siehe Kapitel I.1), die Benachteiligung in Kauf nimmt, schlechter als andere gestellt zu werden.

---

61 Frank 2007, 2

Wirtschaft ohne Markt

Eine solchermaßen strukturierte Gesellschaft müsste auch ihre Pensionsphase neu organisieren. Bislang erwirtschafteten die Arbeitnehmer die Renten für Pensionäre. Verlängert sich der Bildungsweg, wird die Tätigkeitsphase durch Sabbaticals aufgelockert, fehlen die Rentenbeiträge. Eine Möglichkeit besteht im zeitlich verzögerten Eintritt in die Rentenphase. Ist die Tätigkeitsphase durch regelmäßige Auszeiten alle vier oder fünf Jahre ohnehin aufgelockert, ist es keine Zumutung, insgesamt länger tätig zu sein. Des medizinischen Fortschritts wegen ist ohnehin zu erwarten, dass Menschen älter werden und vitaler bleiben und damit länger für die Gesellschaft tätig bleiben können. Schon gegenwärtig haben die meisten Rentensysteme weltweit Probleme mit einer durchschnittlichen Lebenserwartung von 80 Jahren, weshalb die Anhebung des Renteneintrittsalters politisch immer wieder gefordert wird, aber regelmäßig auf Widerstände in der Bevölkerung trifft. Verlängert sich die durchschnittliche Lebenserwartung im 21. Jahrhundert weiter, kollabiert das Rentensystem vollends – und technische Massenarbeitslosigkeit ist hier noch nicht einmal mitgedacht.

Es bräuchte eine Reihe von Reformen, um eine solche Biografie zu ermöglichen. Das Ziel solcher Reformen müsste es sein, den Alltag zu de- oder gar zu entmonetarisieren, so dass weniger (oder gar kein) Einkommen notwendig ist, um menschenwürdig leben zu können. Dazu bieten sich neben der gemeinschaftlichen Produktion und dem gemeinschaftlichen Konsum weitere Möglichkeiten an.

(c) Zur Demonetarisierung essenzieller Güter und Dienstleistungen
Zu den für ein gutes Leben essenziellen Gütern und Dienstleistungen zählen u. a. Kommunikation/Information, Bildung, Energie, Mobilität, Gesundheit, Ernährung und Wohnen. Sie de- oder gar entmonetarisiert, also möglichst kostenfrei anzubieten, ist eine langfristige Strategie, die eine kluge Politik anstreben sollte, um soziale Verwerfungen zu vermeiden, die durch gravierend werdende technische Arbeitslosigkeit erwachsen könnten. Im Folgenden gehe ich auf die Punkte Internet, Strom, Mobilität, Gesundheit und Wohnen ein, Ernährung habe ich an anderer Stelle thematisiert.[62] Wie könnten diese Services allen Bürgern mit möglichst wenig Kosten und langfristig kostenlos zur Verfügung gestellt werden? Die folgenden Beispiele und Hinweise sind nicht der Weisheit letzter Schluss, weisen aber in eine Richtung, in die weiter gedacht werden kann:

Beispiel Internet: Bislang muss jeder, der online sein möchte jeden Monat keine geringe Geldsumme dafür aufwenden. Das treibt seine monatlichen Fixkosten entsprechend in die Höhe. Schon mit heutigen Mitteln wäre es aber in

---
62 Stengel 2016

Deutschland und anderen Ländern möglich, jeden jederzeit und an jedem Ort kosten- und kabellos mit dem Internet zu verbinden. Die notwendigen Frequenzen für den freien Drahtlosverkehr sind vorhanden, da die in Frage kommenden kaum noch für die Übertragung von TV-Signalen genutzt werden. Werden sie nicht neu vermarktet, könnten sie zum freien Internetempfang, auch für Unternehmen, eingesetzt werden.[63] Das Internet ist wie das Straßennetz essenzieller Bestandteil der gesellschaftlichen Infrastruktur und könnte darum, wie das Straßennetz frei verfügbar sein. Bleibt diese Möglichkeit ungenutzt, dann nicht wegen technischer Probleme, sondern weil Unternehmen (z. B. Telekommunikationskonzerne) ein Geschäftsfeld verlieren würden und darum kein Interesse daran haben, dass Bürger kostenlos online gehen können. Ein freier Internetzugang wäre für sie ein Verlust. Und könnten sie sich politisch durchsetzen, würde ein mögliches Gemeingut künstlich verknappt. Obendrein kann eine Regierung durch die Versteigerung der sich anbietenden Frequenzen im Bereich zwischen 500 und 600 MHz an Mobilfunkanbieter hohe Beträge einnehmen.

In der Umsetzung befinden sich in vielen Ländern dagegen kleinräumige Lösungen, die einen kostenlosen Internetzugang in Innenstädten oder zumindest in bestimmten Stadtbereichen anbieten. Derzeit bietet z. B. Barcelona die Möglichkeit an, sich fast im gesamten Stadtgebiet kostenlos einloggen zu können. Ehrenamtliche Bürgerinitiativen wie freifunk.net arbeiten an einem freien Netz, bei dem jeder seinen WLAN-Router dafür einsetzen kann, anderen einen frei zugänglichen Internetzugang zu ermöglichen.

Großräumig bemühen sich Unternehmen wie Facebook darum, Milliarden Menschen, die noch ohne Anschluss ans Internet sind, unentgeltlich online zu bringen. Sie erhalten zwar einen kostenlosen Zugang zum Internet, doch einen, der sich auf wenige Dienste beschränkt, mit denen Facebook Geld verdient und die Nutzer ausgedeutet werden. Werden andere Webseiten geöffnet, fallen umgehend Kosten an. Sollte sich diese selektive Zugangsweise international durchsetzen, bestimmte ein Konzern in seinen Geschäftsinteressen, welche Dienste und Informationen Milliarden Menschen vorrangig erhalten. Jene humane Vision vom Internet, welche die Gründer des World Wide Web einst hatten – als ein interaktives Gehirn der Menschheit und Werkzeug zur globalen Zusammenarbeit, frei zugänglich für alle, stets offen für Neues, mit größtmöglicher Vielfalt auf Basis weniger einheitlicher Standards –, wäre damit entstellt.[64] Das Internet sollte im Dienste der Menschheit und ihrer Entwicklung stehen, nicht im Dienste von Konzernen. Momentan entwickelt sich das Web in beide Richtungen weiter.

---

63 Elsner/Weber 2014
64 Berners-Lee/Fischetti 1999

Beispiel Bildung: Das Internet ist zur wichtigen Bildungsquelle geworden, was ein weiteres Argument dafür ist, es allen Menschen frei und unbeschränkt zugänglich zu machen. Nicht zuletzt ist das Recht auf Bildung ein anerkanntes Menschenrecht. Unabhängig davon könnten weitere Bemühungen den Zugang zu Bildung erleichtern: Nationalbibliotheken arbeiten in nichtkommerzieller Richtung daran, ihren urheberrechtsfreien Bücherbestand (der allerdings mindestens 70 Jahre alt sein muss) zu digitalisieren und der Öffentlichkeit online zugänglich zu machen. Die digitalisierten Bücher und Artikel können von jedem zu jederzeit eingesehen werden. Nur das Wissen vermarktende Urheberrecht steht noch zwischen dem gesamten Bücher- und Wissensbestand und dem freien Zugang für jeden Bürger weltweit. Wird es abgeschafft, muss auch für Bildung weniger Geld aufgewendet werden. Und wie schon in Kapitel I.1 erwähnt, würden Bücher (und wissenschaftliche Artikel) auch ohne Tantiemen weiterhin geschrieben werden. Wünschenswert wäre zudem der freie Zugang zu wissenschaftlichen Zeitschriften. Die mit der Realisierung verbundenen Probleme haben einen gemeinsamen Nenner: Es gibt zu wenig bezahlte Stellen im Wissenschaftssystem. Daraus folgt ein hoher Publikationsdruck, den zwielichtige Open-Access-Journals ausnutzen, indem sie von Autoren hohe Publikationsgebühren verlangen (und somit keinen Anreiz haben, eingereichte Artikel wegen mangelnder Qualität abzulehnen). Daraus folgt auch die Überlastung wissenschaftlicher Mitarbeiter (da ihnen wegen des Personalmangels zu viele Aufgaben aufgeladen werden), weshalb man ihnen hohe Beträge zur Begutachtung eingereichter Artikel anbieten muss – und diese rechtfertigen die hohen Subskriptionspreise vieler Bezahlzeitschriften. Ein nicht auf Erwerbsarbeit basierendes Gesellschaftssystem würde dieses mehrschichtige Problem zu beseitigen helfen.

Kaum noch eine Erwähnung wert sind MOOCs, die es allen Menschen, die uneingeschränkt online sein können, unentgeltlich ermöglichen, Hochschulvorlesungen mitzuverfolgen. Die gemeinnützige Khan Academy, deren Mission es ist »to provide a free world-class education for anyone, anywhere«, zeigt an Hand vieler Lernvideos, dass standardisierte Fächer wie Mathematik auch ohne physisch präsente Lehrer auf hohem Niveau gelehrt werden können.[65]

Beispiel Strom: Ist die Bereitstellung von *Energie ohne Energiekonzerne* denkbar? Zunehmend günstiger und leistungsfähiger werden erneuerbare Energieträger, speziell auf Perowskit basierende Solarzellen, die sich überdies relativ einfach auf Fensterscheiben und Hausfassaden auftragen lassen und Strom anschließend fast zum Nulltarif produzieren. Ohnehin lässt sich schon seit einiger Zeit der Trend beobachten, dass Strom aus dem Stromnetz in den

---

65 Siehe khanacademy.org

meisten Ländern teurer wird, Strom aus privaten Solaranlagen dagegen billiger. Hält dieser Trend an – und nicht nur Perowskit spricht dafür – werden sich energieautarke Häuser mehren, gehen den klassischen Energiekonzernen immer mehr Kunden verloren.

Man muss aber nicht auf Innovationen der Zukunft warten, schon in der Gegenwart sind Möglichkeiten denkbar, Haushalten zu günstigem Strom zu verhelfen: Ein Energieversorger (z. B. ein Stadtwerk) montiert auf Wunsch kostenlos Solarzellen aufs Dach oder an die Fassade, die den Stromverbrauch im Haus decken. Der Hausbesitzer zahlt für die Anlage eine monatliche Pachtgebühr, statt einmaliger Installationskosten in Höhe von mehreren Tausend Euro, bis die Anlage abbezahlt ist. Dann können Eigenheimbesitzer oder Mieter den selbst erzeugten Strom kostenlos nutzen. Können sie ihn nicht verbrauchen, fließt er ins öffentliche Stromnetz. Zusätzlich könnten auch kleine Kleinwindanlagen auf die Dächer montiert werden und weiteren Strom liefern. In Deutschland sind die Stadtwerke Heidelberg und Stuttgart Vorreiter eines ähnlichen Modells, das auch in den USA erfolgreich umgesetzt wird.

Bei der Produktion von Dingen und Strom, zeigt sich eine Entwicklung *von der Zentralisierung zur Dezentralisierung und von der Kommerzialisierung zur Dekommerzialisierung.* Wurden Waren früher zentral in Fabriken hergestellt und von dort aus in Warenhäuser verfrachtet, könnten viele Produkte alsbald dezentral in Haushalten oder Copy Shops hergestellt werden. Wurde Energie früher in Kraftwerken produziert und von dort gegen Bezahlung an alle Gebäude und Haushalte verteilt, können Gebäude alsbald Energie durch billige und effiziente Solarzellen oder (ausgedruckte) Kleinwindanlagen selbst herstellen. Wurde Wissen früher an einem Ort, der Bibliothek, gesammelt, kann man vielleicht bald von jedem Ort auf dieses Wissen kostenlos zugreifen. Zudem wirkt eine solche Entwicklung auch der sozialen Ungleichheit entgegen, die durch die Zentralisierung begünstigt wurde.

Beispiel Wohnen: Im Durchschnitt geben Bürger ein Drittel ihres Gehaltes für die Miete aus, arbeiten also jeden Monat ungefähr 1,5 Wochen, um ihre Wohnung finanzieren zu können. Die Mieten klettern jedoch in vielen Städten weltweit seit Jahren auf ein die Mittelklasse verachtendes Niveau – speziell in großen und attraktiven Städten, in denen nicht zuletzt mehr Menschen auch deswegen wohnen wollen, weil es dort mehr Arbeitsplätze gibt. Zwar könnten künftig neue Wohnflächen verfügbar werden, wenn stadtnahe und innerstädtische Produktions-, Büro- und Verkaufsflächen in Folge des technischen Fortschritts nicht mehr benötigt werden. Diese Entlastung des Wohnmarktes könnte jedoch durch weiteren Zuzug kompensiert werden.

Notwendig wird darum in Zukunft nicht eine Mietpreisbremse sein, wie sie in Deutschland als Reaktion auf steigende Mieten in Städten eingeführt wurde, sondern eine zu sinkenden Mieten führende Maßnahme. Bei der Mietpreisbremse steigen die Mieten ja weiterhin, nur mit gebremstem Tempo. Not-

wendig ist vielmehr die Einführung einer Mietobergrenze, die langfristig sinken sollte.
Hayek sprach sich 1928 gegen eine Mietobergrenze als Mieterschutzmaßnahme aus, die seinerzeit in Wien festgelegt wurde. Eine solche Obergrenze, meinte er, würde nämlich die Nachfrage nach Wohnungen erhöhen, die Investitionen in den Neubau von Wohnungen aber abschwächen, da mit ihnen weniger Profit gemacht werden könne. Folglich verknappt sich der städtische Wohnraum und letztlich führt die Mieterschutzmaßnahme zur staatlichen Rationierung von Wohnungen, was wiederum Wohnraum verknappe und die Korruption begünstige.[66] Was aber geschah im Wien dieser Zeit tatsächlich – trafen die befürchteten Konsequenzen ein? In der Tat verloren private Investoren den Anreiz zum Neubau von Wohnungen. Dadurch wurden Bauland und Baukosten für die Stadt jedoch günstig. Von 1925 bis 1934 entstanden so rund 65 000 bezahlbare Wohnungen für über 200 000 Bewohner, wurde der Gesamtbestand an Wohnungen in dieser kurzen Zeit um elf Prozent erhöht.[67] Der Neubau wurde damals zusätzlich über eine Wohnbausteuer finanziert. In Zukunft werden Baukosten jedoch günstiger, wenn die 3D-Drucktechnik auch von Häusern weiter wie bisher voranschreitet. Der Bau von flächenverzehrenden und Landschaften zersiedelnden Eigenheimen sollte dagegen aus ökologischen Gründen (steuerlich) erschwert werden.

Auf dem Land regelt sich die Situation vielerorts von selbst, da Menschen vermehrt in Städte ziehen. In vielen Städten steigt deswegen die Nachfrage, müssen zusätzliche Wohnungen gebaut werden – und dies am besten *nicht* durch Investoren, die auf steigende Miete spekulieren oder auf steigende Verkaufspreise (weshalb viele Wohnungen unbewohnt bleiben), sondern von solchen, deren primäre Ziele die Bereitstellung von sozial- und umweltfreundlichen Wohnflächen, die Amortisierung der entstehenden und die Rücklagenbildung für zu erwartende Ausgaben (Reparaturen, Modernisierung) sind. Viele private Bauträger vermieten für ihre Altersvorsorge. Aber diese wird künftig ohnehin neu zu regeln sein und dieses Motiv damit entfallen.

Übernehmen nicht kommerziell ausgerichtete Bauträger (etwa Kommunen oder Genossenschaften) die Bautätigkeit, könnte, wie es in der Stadt Zürich bereits Praxis ist, das Suffizienzprinzip die Baurichtung vorgeben: Entgegen dem Trend, dass in Städten viele Haushalte Single-Haushalte sind und die pro Person beanspruchte Wohnfläche stetig wächst (gegenwärtig durchschnittlich ca. 45 m²/Person), setzt Zürich neue Maßstäbe: Der individuelle Raumbedarf wird bei Neubauten auf 35 m² pro Person festgelegt. Gleichzeitig wird durch das Auslagern von Wohnfunktionen in Gemeinschaftsräume Wohnfläche gespart. Gemeinschaftlich genutzt werden Foyer, Waschsalon, Bü-

---

66 Hennecke 2008, 132
67 Jahn 2015

roarbeitsplätze, Schulungs- und Sitzungsräume, Terrasse, Gästezimmer. Kleinwohnungen gruppieren sich zu Clustern mit einem großem Gemeinschaftsraum und einer Gemeinschaftsküche. Ein daraus entstehender Großhaushalt umfasst ca. zwanzig Wohnungen und fünfzig Bewohner und unterhält eine Großküche (ohnehin wird in vielen Haushalten kaum noch gekocht, braucht es eine eigene Küche folglich nicht zwingend) sowie einen gemeinschaftlichen Ess- und Wohnraum; verschiedene Großwohnungen bieten sich außerdem für WGs an. Anstelle einer Tiefgarage werden Abstellräume für Fahrräder eingerichtet. Verwirklicht wurden diese Prinzipien in dem 2014 fertiggestellten Züricher Bauprojekt Kalkbreite (www.kalkbreite.net), einem Bau mit 89 Wohnungen für rund 230 Personen. Eine Senkung von Nebenkosten kann ferner durch einen suffizienten Verbrauch und den bereits beschriebenen Autarkieoptionen beim Strom realisiert werden. Darüber hinaus nimmt der Verbrauch von Wärmeenergie ab, wenn weniger Wohnfläche beheizt werden muss.

Beispiel Mobilität: Schon in der Gegenwart bieten manche Städte ihren Einwohnern einen kostenlosen Nahverkehr an. Das seit 2013 bekannteste Beispiel ist Tallinn, die 430 000-Einwohnerhauptstadt Estlands. Durch den ticketfreien Zugang hat sich die Nutzerzahl der öffentlichen Transportmittel erhöht, indes der Anteil des motorisierten Individualverkehrs rückläufig wurde. Mittelgroße Städte in Schweden und Polen möchten das Tallinner Modell ebenfalls einführen oder haben dies bereits getan. Denkbar wäre auch eine »Bürgerticket« genannte Umlagepauschale, die von jedem Bürger zur Unterstützung des ticketfreien Nahverkehrs entrichtet werden müsste. Je mehr Bürger an der Finanzierung beteiligt würden, desto billiger wäre das Bürgerticket pro Person. Studenten zahlen eine solche Pauschale bereits für ihr Semesterticket. Umgekehrt könnten Betreiber von S- und U-Bahnen (und langfristig auch von Bussen) anfallende Personalkosten durch die Automatisierung ihrer Fahrzeuge senken. Kosten für die Ticketkontrollen würden ebenfalls entfallen und vielleicht ließe sich auch die Reinigung automatisieren. Zudem dürften die Produktionskosten der Transportmittel durch 3D-Druck in der nächsten Dekade spürbar sinken.

Der individualisierte Verkehr kann durch Car Sharing mit selbstfahrenden Autos schon bald ein neues Niveau erreichen: Man kann ein Auto ordern und es fährt einen fahrerlos zum gewünschten Standort, man steigt aus und lässt es am Zielort stehen, von dem aus das Auto zum nächsten Nutzer steuert. Auf diese Weise wird es einfacher, auf ein eigenes Auto zu verzichten und die für seinen Kauf erforderlichen Investitionen zu sparen.

Beispiel Gesundheit: Gegenwärtig erhält eine bessere bzw. die beste verfügbare medizinische Versorgung in den meisten Ländern nur, wer das erforderliche Geld hat, sie zu bezahlen. Das Gesundheitssystem spaltet die Gesellschaft in eine wohlhabende und ärztlich gut versorgte Minderheit und eine Mehrheit, die sich mit der Gesundheit zufrieden geben muss, die sie sich leisten kann. Ein solcher Gegensatz kann sich in einer Ära technischer Massenarbeitslosigkeit vergrößern. Gleichwohl wird sich diese Kluft in den kommenden Jahrzehnten schließen müssen, denn der medizinische Fortschritt weist in eine Richtung, in der Alterungsprozesse verzögert und die Lebenserwartung wahrscheinlich auf 150 Jahre (oder mehr) verlängert werden kann.[68] Die meisten Menschen werden die dafür notwendigen Maßnahmen realisieren wollen, sind sie aber nur für eine Minorität bezahlbar, wird die Unruhe der Majorität groß sein. Natürlich könnten sie die medizinischen Interventionen zunächst erhalten, um sie dann in den folgenden Jahrzehnten in Raten abzustottern. Sind aber nur wenige gut und viele schlecht bezahlten Jobs in einer weitgehend automatisierten Arbeitswelt verfügbar, wird das kaum möglich sein. Um den sozialen Frieden dann zu erhalten, *muss* das Gesundheitssystem demokratisiert, Medikamente und Therapien allen zugänglich gemacht, d. h. entweder sehr günstig oder kostenfrei werden.

Generell würden die Preise vieler Waren außerdem reduziert werden, so ihr *Marketing* an Bedeutung verlöre. Das trifft auch für Medikamente zu, da Pharmaunternehmen jährlich hohe Summen ins Marketing investieren. Ein »Faktor, der den Preis vieler Güter in die Höhe treibt, ohne den intrinsischen Wert zu erhöhen, sind die steigenden Kosten für die Vermarktung. [...] Kosten für Public Relations und Sponsoring, für die *Verpackung* und *Präsentation* der Waren haben buchstäblich ihren Preis. Und die Werbung: Die dicken Anzeigenteile, durch die wir uns in Zeitschriften kämpfen, die Flut an Werbespots, die den Fernsehfilm unterbrechen, Fun und Folder, die uns aus den Tageszeitungen entgegenquillen – sie werden nicht ohne Kosten produziert, verteilt und gesendet. Sie werden den Produktionskosten aufgeschlagen, fügen den Produkten aber keinen intrinsischen Wert zu. Wachstum ohne Wert.«[69] Marketing wird in einer postkommerziellen, kollaborativen Produktionsweise irrelevant und schließlich gewährt Sharing die Möglichkeit, die Nutzung vieler Dinge weiter zu verbilligen – und das macht das Teilen in mehrfacher Hinsicht für eine nachhaltige Entwicklung interessant.

Der Kooperations- und Allokationstest

In seinem Buch BESSERE WELT unternimmt der Volkswirtschaftler Giacomo Corneo eine Reise durch erdachte Wirtschaftssysteme, welche die Wirtschaft produktiv, effizient und gerecht machen sollen und als Alternative für die in Kritik geratene Marktwirtschaft in Frage kommen könnten. Die Reise beginnt

---

68 Welsch 2015, Arrison 2011
69 Hauchler 2012, 163 f. (im Original nicht kursiv)

bei den Ideen Platons zur Planwirtschaft, streift die entmonetarisierte Gütergemeinschaft des Thomas Morus, beäugt den anarchischen Kommunismus eines Petr Kropotkin, den Sozialismus und die Idee des bedingungslosen Grundeinkommens. Alle untersuchten Wirtschaftsformen scheitern an zwei Tests – dem Kooperationstest und dem Allokationstest. Damit sind sie, so Corneos Fazit, nicht praktikabel: Eine »herausragende Alternative, die zweifellos funktionieren würde und dem heutigen Kapitalismus klar überlegen wäre, eine solche Alternative konnten wir am Ende nicht aufzeigen.«[70] Taugt eine kollaborative und demonetarisierte Ökonomie, in der Dinge und Informationen geteilt werden, als Alternative zum bestehenden Wirtschaftssystem? Dazu müsste sie diese beiden Tests zunächst theoretisch bestehen können.

Der *Kooperationstest* fragt, ob eine Alternative zum Kapitalismus eine ausreichende wirtschaftliche Kooperation zwischen den Mitgliedern einer Gesellschaft herbeiführen kann. »Hierbei geht es vor allem um die Bereitschaft der Individuen, am Produktionsprozess gemäß ihrer Fähigkeiten aktiv teilzunehmen«.[71] Nun funktioniert die kollaborative Produktion bereits dort, wo sie sich gegründet hat: in der Open-Source-Bewegung, in der Soft- und Hardwareproduktion. Diesen Test besteht sie leicht. Außerdem müssen längst nicht alle Bürger an der kollaborativen Produktion von Dingen oder Services mitwirken. Niemand wird dazu gezwungen; faktisch arbeiteten auch am Strati nur einige Hundert Menschen regelmäßig mit. Aber das reicht aus, um komplexe Produkte wie ein druckfähiges Elektroauto herstellen zu können. Der Abschnitt »Engagement statt Erwerbsarbeit« lieferte weitere Argumente, warum diese Art des kollaborativen Wirtschaftens genug Leute zur Teilnahme motiviert. Außerdem besteht eine Wirtschaft nicht aus Produktion und Konsum, sondern zudem aus zu erbringenden Dienstleistungen. Auch hierfür müssen Menschen gewonnen werden und auch hierfür stehen die Chancen gut, dass sich hinreichend viele Engagierte finden werden.

Der zweite Test ist der *Allokationstest*. Dieser fragt: »Ist das betrachtete alternative Wirtschaftssystem in der Lage, für eine vergleichsweise effiziente Ressourcenallokation zu sorgen? Hierbei geht es um die Art, wie die Ressourcen einer ganzen Volkswirtschaft – beispielsweise menschliche Begabungen und Arbeitskraft sowie natürliche Vorräte – verwendet werden […]. Werden die Ressourcen so verwendet, dass sie möglichst viele Bedürfnisse befriedigen, oder verschwendet die Gesellschaft ihre Ressourcen?«[72]

Würde man nun die Marktwirtschaft diesem Test unterziehen, müsste man sie wohl *durchfallen* lassen. Ein vergleichbares Effizienzniveau zu erreichen ist darum weniger schwer, als es zunächst scheinen mag. Da das gegenwärti-

---

70 Corneo 2014, 315
71 ibid., 55 f.
72 ibid., 56

ge Wirtschaftssystem bemerkenswert ineffizient ist, sollte dies auch gar nicht das Ziel sein: Es konstruiert künstlich Knappheiten, stimuliert Mehrkonsum und befriedigt menschliche Bedürfnisse darum ineffizient und nährt materielle Unersättlichkeit. Obendrein trägt es dadurch zur Verschwendung von Rohstoffen bei und ist außerdem mit dafür verantwortlich, dass die Umsetzung der Ressourceneffizienzstrategie in Unternehmen nur schwer vonstattengeht und eine absolute Einsparung von Ressourcen auf volkswirtschaftlicher und globaler Ebene nicht stattgefunden hat. Mit dieser Ineffizienz befassten sich die Kapitel I.1 und I.2. Das Kapitel I.3 setzte sich mit einer anderen Form marktwirtschaftlicher Ineffizienz auseinander – mit der Verschwendung von Arbeitskräften, die aus dem Produktionsprozess und mithin aus der Gesellschaft desintegriert werden (Corneo blickt in seinem Buch zwar in die Vergangenheit, nicht aber in die Zukunft, so dass marktwirtschaftlich forcierte, technische Arbeitslosigkeit bei ihm keine Rolle spielt). In dieser Hinsicht ist das gegenwärtige System also *nicht nur ineffizient, sondern dysfunktional*, da es seinen eigenen Fortbestand gefährdet. In Kapitel II.2 wird außerdem die künstliche Verknappung von Wissen durch Patente und Lizenzen thematisiert; ein ineffizienter Umgang mit Wissen, weil er viele Menschen daran hindert, es zu nutzen und Dinge weiterzuentwickeln, was sich wiederum nachteilig auf die Innovationsfreudigkeit in Marktwirtschaften auswirkt.

Das System des kollaborativen Konsums und der kollaborativen Produktion scheint keinen dieser Nachteile aufzuweisen. Sollten neue Bedürfnisse entstehen, wird man auf der oder auf einer Online-Plattform neue Vorschläge zu ihrer Befriedigung finden. Und wenn das Bedürfnis ein objektiv wichtiges ist, dann werden sich entsprechend viele Leute mit dem Lösungsvorschlag und seiner Weiterentwicklung beschäftigen. Die kollaborative Produktion folgt damit fünf Prinzipien. (1.) *Selbstorganisation*: Die Hierarchie strukturiert sich von selbst, da die Qualifiziertesten helfen, die Beiträge der anderen zu integrieren. Wichtige Entscheidungen werden konsensuell getroffen, wobei Konsens nicht meint, dass alle zustimmen müssen (unmöglich bei vielen Kooperierenden). Ein Konsens ist erreicht, wenn die Akteure einer Entscheidung nicht widersprechen müssen. Bürokratie ist gering ausgeprägt. (2.) *Freiwilligkeit*: Die Teilnahme am Design eines Produkts oder eines Produkt-Dienstleistungssystems ist freiwillig. Niemand muss, aber jeder kann einen Beitrag leisten. (3.) *Unentgeltlichkeit*: Die Kollaborateure erhalten keine Entlohnung für ihre Beiträge, profitieren aber auf andere Weise von ihrer Mitarbeit. (4.) *Selbstbestimmung*: Die Community beschließt, ob, was und wie viel entworfen oder produziert werden soll. (5.) *Dezentrale Netzwerke*: Die informellen Mitarbeiter arbeiten auf allen Kontinenten verstreut und sind durch das Internet miteinander verbunden.

Diese Art der Zusammenarbeit und des Wirtschaftens lässt Sozialismus und Kapitalismus hinter sich und unterscheidet sich damit grundlegend von jenen Wirtschaftssystemen, die im 18. und 19. Jahrhundert entstanden sind. *Sie kommt ohne Arbeits- und Wachstumszwang aus; sie kommt ohne Unternehmen und staatliche Organisation der Produktion aus; sie betont gleichermaßen den Wert des Einzelnen und den Wert der Gemeinschaft; sie vereint Menschen weltweit, statt sie zu trennen; sie bündelt das weltweit vorhandene Wissen maximal effizient; sie ist ein Schritt weg von der Geldwirtschaft; sie verringert die Kluft zwischen Industrie- und Entwicklungsländern; sie basiert mehr auf guten Wesenszügen der Menschen: auf Gegenseitigkeit und Kooperation, und weniger auf Egoismus und Konfrontation, also ihren schlechten.*

Zwar vertritt Richard Sennett in seinem Buch ZUSAMMENARBEIT die These, »echte« Kooperation (d.h. nicht die gegen andere gerichtete Kooperation) sei die Essenz des Menschlichen, sie verbessere die Qualität des sozialen Lebens und sei für den Zusammenhalt der Gesellschaft unentbehrlich. Dennoch diagnostiziert er einen Verlust eben dieses Zusammenhaltes – und macht dafür eine Marktwirtschaft verantwortlich, die zunehmend auf Deregulierung, Shareholder Value, Wachstum und Flexibilisierung ausgerichtet ist. Sie fördere die soziale Ungleichheit und neue Formen der Arbeit, die kurzfristig, prekär, flexibel, rein profitorientiert und nicht menschenfreundlich sind. Diese Entwicklung begünstige die Entstehung eines »unkooperativen Ichs«, das sich aus der Gemeinschaft zurückzieht. Sennett verweist dennoch darauf, dass Kooperation eine menschliche Fähigkeit sei, die nicht zerstört werden kann. »Als soziale Tiere sind wir zu einer tieferen Kooperation fähig, als die bestehende Sozialordnung dies vorsieht«.[73] Die Entwicklung der kollaborativen Produktions- und Konsumweise unterstreicht dies.

Die bestehende Sozialordnung fördert Konkurrenz und Selbstbezogenheit, nicht Kooperation und Mutualismus – und gerade darum ist erstaunlich, wie sehr sich letztere erhalten haben. Welche der hier genannten Pfade und Optionen auch gefördert oder umgesetzt werden, sie alle stehen nicht für das Weiter-wie-bisher, sondern für eine mutualistische Wirtschaftsweise, deren Nukleus nicht länger Konkurrenz, sondern Kooperation ist. Von Konkurrenz zwischen Unternehmen wurde und wird weithin angenommen, sie sei der Garant des Fortschritts. Diese Annahme aber steht nicht auf solidem Grund. Eine nicht-kompetitive Ökonomie könnte ebenso innovativ sein, wahrscheinlich ist sie sogar innovativer.

---

73 Sennett 2012, 374

2 Fortschritt ohne Wettbewerb

Fortschritt und Innovationen sind die wichtigsten positiven Resultate, die dem Wettbewerb nachgesagt werden. Selbst Marx war von der innovativen Dynamik der Marktwirtschaft fasziniert, Schumpeter eben- und Hayek sowieso. »Der fundamentale Antrieb«, so Schumpeter, »der die kapitalistische Maschine in Bewegung setzt und hält, kommt von den neuen Konsumgütern, den neuen Produktions- und Transportmethoden, den neuen Märkten, den neuen Formen der industriellen Organisation, welche die kapitalistische Unternehmung schafft«.[1] Unaufhörlich erschaffe der Kapitalismus Neues und zerstöre dadurch Altes: Strukturen, Unternehmen, Waren, Berufszweige, Gewohnheiten. In dieser Dynamik glaubte Hayek den durch den marktwirtschaftlichen Wettbewerb ausgelösten *Fortschritt* zu erkennen.

Der Markt erbringt aber auch Resultate, die vielen nicht gefallen, etwa die Verwandlung ökologischer Systeme (trotz oder gerade wegen der neuen Produktions- und Transportmethoden), die Aushöhlung menschlicher Souveränität durch Marktimperative, soziale Unsicherheit, eine Zwei-Klassen-Medizin oder Postdemokratie. Aber diese müsse man nach Hayek (den die postdemokratische Entwicklungen forcierenden Lobbyismus ausgenommen) akzeptieren, da Planung als Alternative schlimmere Konsequenzen habe. Doch ist ein Wirtschaftssystem mit gravierenden Nebeneffekten, welche die Voraussetzungen eines guten menschlichen Lebens sogar verschlechtern könnten, nur schwer zu akzeptieren – zumal Hayek, der Nobelpreisträger, bei einer sozialen Ordnung jenseits des Marktes lediglich an den vulgären Nachkriegssozialismus, also an Stalinismus und Maoismus dachte und seine Gegenüberstellung von Freiheit und Knechtschaft recht simplifizierend ist.

---

1   Schumpeter 1975 [1942], 137

Dagegen ist anzuerkennen, dass eine Reihe wichtiger Innovationen, welche die gesellschaftliche Entwicklung befördert haben, *nicht* durch den Markt hervorgebracht wurden, sondern entweder vom Staat gefördert, von der Wissenschaft entdeckt oder sonstwie erfunden wurden. Darunter das Navigationssystem GPS, das Internet, das Raumschiff, die Solarzelle, Satelliten, die Nutzung des Atoms, der Computer, das Fernsehgerät, das Flugzeug, das Radio, die Entdeckung und Nutzung von Elektrizität, das Mikroskop, der Buchdruck, die Uhr, der gregorianische Kalender, der Kompass, Schwarzpulver, die Schrift, das Segelschiff, der Pflug, die Metallurgie, die Landwirtschaft, die Kunst und die Nutzbarmachung des Feuers. Die chinesische und griechische Zivilisation und das Römische Reich entfalteten sich (wie andere Hochkulturen) mit all ihren technischen und kulturellen Innovationen gänzlich ohne jede Marktwirtschaft. Selbst das lange verpönte Mittelalter gilt mittlerweile unter Mediävisten und Technikhistorikern als erfindungsreiche Epoche, ohne deren technische Errungenschaften die Industrialisierung gar nicht möglich gewesen wäre.[2]

Die Beispiele zeigen, dass die menschliche Entwicklung beeinflussende technische Erfindungen nicht durch kapitalistische Unternehmen angestoßen, sondern – wenn überhaupt – lediglich verfeinert wurden, und dass die technische Entwicklung (die kulturelle sowieso) auch ohne Märkte dynamisch ist. Die Annahme, Fortschritt sei von miteinander konkurrierenden Unternehmen abhängig, ist eine jener poetischen Übertreibungen, welche den Glauben an die Mechanismen des Marktes stärkt und vielleicht auch stärken soll.

Märkte fördern Innovationen, weil diese Profit verheißen. Innovationen können aber auch anderen Motiven entspringen. Als die von wenigen großen Unternehmen beherrschte Musikbranche wegen weniger Musik-Tauschbörsen, auf denen Musik gratis zugänglich wurde, Ende der 1990er am Zusammenbrechen war, streute sie große Anzeigenkampagnen mit der Botschaft »Copy kills Music«. Ohne Aussicht auf Profit, so das Argument, würde niemand neue Musikstücke komponieren. Internetplattformen wie SoundCloud, auf denen Bands und DJs ihre Musik unter Ausschaltung des Urheberrechts kostenlos zur Verfügung stellen, widerlegen diese Befürchtung. Der Strom neuer Musik wird, wie der Strom von Innovationen, auch ohne Marktwirtschaft nicht versiegen (zumal mit »Emily Howell« bereits ein erstes Computerprogramm eigenständig und ständig Instrumentalmusik komponiert).

Konrad Zuse erfand den ersten Computer schlicht aus dem Grund, weil er »zu faul zum Rechnen« war. Und über Nick Woodman, den Erfinder der millionenfach verkauften GoPro-Kamera, mit der man sich in den abenteuerlichsten Situationen selbst filmen und fotografieren kann, heißt es, er habe die

---

2 Bayerl 2013, Hesse/Oschema 2010, Fried 2010

Kamera schlicht aus »Eitelkeit« entwickelt: Er wollte anderen zeigen, wie toll er surfen konnte.[3]
Der Historiker Ian Morris spricht von drei Motiven, die in der Geschichte bislang zu Innovation und Fortschritt beigetragen haben: »Veränderungen werden von faulen, habgierigen, verängstigten Menschen bewirkt, die nach leichteren, profitableren und sichereren Wegen suchen, etwas zu tun.«[4] Der nackte Zufall, das Streben nach Anerkennung und der Wunsch, etwas in der Welt zu verbessern, sind gewiss weitere Gründe. Profitstreben ist nur eines von mehreren Motiven und schon gar nicht das entscheidende.

Außerdem fördern Märkte keine Innovationen, die zwar nützlich sein können, aber keinen Profit versprechen. Insofern wäre die innovative Dynamik der Marktgesellschaft einseitig, verließe man sich nur auf Marktanreize. Nach Lösungen für dringende Probleme, die kommerziell nicht oder nur schwer verwertet werden könnten, würde nicht geforscht werden – z.B. nach Lösungen, welche den im Orbit schwebenden, an der Oberfläche der Ozeane treibenden und am Meeresgrund lagernden Müll entfernen; nach Lösungen für die gefahrlose Entsorgung radioaktiver Abfälle; nach Therapien für Krankheiten, die vor allem arme Menschen betreffen; nach Möglichkeiten, den Menschen eine möglichst große Zahl von Gütern unentgeltlich verfügbar zu machen.

Wissen und Innovationen

Und schließlich ist die Tatsache, dass die technische Entwicklung in der Epoche der Marktwirtschaft so dynamisch war wie nie zuvor in der menschlichen Historie, mitnichten das alleinige Verdienst des Marktes. Für Marktapologeten wie Karl-Heinz Paqué ist die *Kausalität* zwar eindeutig: »Die Entdeckungsfreude des Marktes erlaubt erst den Fortschritt«.[5] Doch scheint viel für eine vergleichsweise karge *Korrelation* zu sprechen. Denn Forschung, Entdeckung und Innovationen sind vielmehr ein Verdienst der *Informationsinfrastruktur* sowie des – vom Markt bis ins späte 20. Jahrhundert ausgenommenen – *Bildungswesens*.[6]

---

3 Kremer 2014
4 Morris 2011, 36
5 Paqué 2013
6 Mittlerweile hat der Wettbewerb auch in das Bildungssystem Einzug gehalten: Schüler konkurrieren gegenseitig um einen besseren Zugang zum Arbeitsmarkt und stehen unter Druck, einen guten und hohen Bildungsabschluss zu erreichen (was in vielen Ländern die Suizidrate unter Schülern hat ansteigen lassen). Unternehmen fordern gut ausgebildete Arbeitnehmer, die dem Arbeitsmarkt rasch zur Verfügung stehen

Der jeweilige Stand der Informationstechnik richtet über den Zugang und den Austausch von Informationen und Wissen. Als die Menschen noch weit verstreut und isoliert voneinander lebten, konnten Innovationen, die an einem Ort gemacht wurden, nur beschwerlich und langsam andere Gemeinschaften erreichen und dort weiterentwickelt werden. Der Informationsaustausch durch Briefe und Bücher verbesserte diese Situation schon deutlich, und nochmals effektiver wurde er durch Telegrafen, Telefon und Fernseher. Der nächste Schritt, das Internet, ermöglichte einen Informations- und Wissensaustausch, der hinsichtlich der Datenmenge und Übertragungsgeschwindigkeit bislang einmalig ist. Hinzu kommt, dass in den Bildungssystemen ständig neues Wissen generiert wird – und dies ist die zweite Säule der innovativen Dynamik. Die dritte, die von Ökonomen auf den Altar gestellte unternehmerische Tüchtigkeit, soll nicht vernachlässigt werden, ist den beiden ersten gegenüber jedoch von nachrangiger Bedeutung.

Bildung, so die Ökonomen Goldin und Katz, fördert Wirtschaftswachstum direkt und indirekt. Direkt, weil sich mit zunehmender Bildungsqualität die Arbeitsproduktivität erhöhe und indirekt, weil besser ausgebildete Arbeitskräfte die Übernahme und Verbreitung neuer Technologien fördern. »Finally, education contributes to innovation and technological advance because scientists, engineers, and other highly educated workers are instrumental to the research and development (R&D) sector as well as to the creation and application of new ideas.«[7]

Man mag einwenden, durch die Marktwirtschaft wäre erst ein Druck zur Institutionalisierung eines Bildungswesens entstanden, da die Betriebe besser ausgebildete Arbeiter benötigten. Doch selbst wenn dies vollumfänglich richtig wäre (was es nicht ist), widerlegt dieser Einwand die vorrangige Bedeutung hoher Bildung für Innovationen nicht. Denn einmal institutionalisiert, kann Neues und Nützliches auch ohne Märkte hervorgehen. Märkte ohne Wissenschaft und guter Schulbildung mögen eine gewisse Dynamik entfalten können, doch eine ungleich trägere. Das eigentliche Entdeckungsverfahren ist die Wissenschaft: Die Grundlagen für die meisten der im 19. und 20. Jahrhundert gemachten technischen Entwicklungen stammen nicht aus den Werkstätten und Laboren marktwirtschaftlicher Unternehmen, sondern von Universitäten. Erst die Anwendung naturwissenschaftlicher Ideen in der Industrie zog einen Innovations- und Produktionsschub nach sich. In seinem fabelhaften Buch über die Ideengeschichte des 20. Jahrhunderts resümiert Peter Watson, die gesell-

---

sollen. Das Bildungswesen dient zunehmend weniger dem humboldtschen Bildungsideal, als der Ausbildung von Humankapital. Dies ist eine Entwicklung, die jedoch erst in den letzten zwei Jahrzehnten des 20. Jahrhunderts einsetzte.

7 Goldin/Katz 2010, 40

schaftliche Entwicklung sei nicht so sehr durch »große Männer« oder ökonomische Faktoren vorangetrieben worden, sondern vor allem durch die Naturwissenschaften. Mehr als jedes andere Jahrhundert zuvor, prägten sie das 20.[8] »Wenn die menschliche Wirtschaft in der Neuzeit trotzdem exponentiell gewachsen ist«, merkt auch der Historiker Yuval Harari an, »dann hat sie das dem Umstand zu verdanken, dass Wissenschaftler alle paar Jahre neue Fortschritte machen, Amerika entdecken, die Dampfmaschine entwickeln oder Schafe klonen. Banken und Staaten drucken Geld, aber unterm Strich zahlen die Wissenschaftler die Zeche.«[9] Das System Wissenschaft ist dynamisch und notwendigerweise so angelegt, dass es über die bestehenden Erkenntnisse hinausgeht bzw. hinausgehen muss, um neue Erklärungen und Verbesserungen aufdecken zu können, die letztlich zwei Ziele haben: Wissenschaft ist einerseits bestrebt, neue Wahrheiten aufzudecken, um irgendwann *die* Wahrheit erkennen zu können. Andererseits ist es ein Ziel wissenschaftlicher Bemühungen, das Dasein der Menschheit zu verbessern. In diesem Sinne gleicht Wissenschaft der ökonomischen Bemühung. Doch ist sie nicht auf die Ökonomie angewiesen: Die großen Gelehrten der Aufklärung benötigten lediglich einen Mäzen, der ihnen die Befriedigung ihrer biologischen Bedürfnisse ermöglichte, damit sie sich auf ihre Studien konzentrieren konnten. Mit anderen Worten produziert Wissenschaft neue Erkenntnisse und Innovationen auch jenseits marktwirtschaftlicher Strukturen.

Im Gegenteil: In die Wissenschaft hineinwirkende marktwirtschaftliche Mechanismen – der Wettbewerb um Forschungs- oder Projektgelder, Arbeitsstellen und Aufstiegschancen – produzieren zwar viele wissenschaftliche Publikationen, aber, so wird zu Recht beklagt, eine geringe Qualität. Der Ökonom Mathias Binswanger hat trefflich nachvollzogen wie dieser Wettbewerb die Zahl seichter Artikel erhöht und das Peer-Review-Verfahren – das ja eine hohe wissenschaftliche Qualität sichern soll – diskreditiert, Gutachter- und Zitierkartelle sowie Konformität fördert, gefälschte Ergebnisse ebenfalls, wie er Wissenschaftlern die intrinsische Motivation und die Zeit für ihre Forschung

---

8   Watson 2003, 27. Schumpeter (1975 [1942], 198–212) argumentierte dagegen, dass wissenschaftliches Denken ein Resultat des Kapitalismus sei, da dieser das rationale und logische Denken fördere (obzwar Logik schon 2000 Jahre zuvor an der Ägäisküste gelehrt wurde). Ähnlich verkorkst behauptete er, auch Feminismus (Frauen möchten den kapitalistischen Enthusiasmus für Leistung übernehmen) und Pazifismus (Vermögende möchten ihre Besitztümer nicht durch Räuber oder Kriege riskieren und treten darum international für sittliche Gebote und Frieden) seien direkte Ausflüsse des Kapitalismus. Indes zeigte der Politologe Herfried Münkler (2002), dass Kriege dadurch entstehen oder künstlich hinausgezögert werden können, weil sie für Warlords, Waffenproduzenten und -lieferanten profitabel sind.

9   Harari 2013, 385

raubt, und Forschungsprojekte (schon weil die Zeit zum gründlichen Forschen fehlt) wenig nutzbringende Resultate bringen.[10]

Je verheißungsvoller ein Forschungsfeld außerdem ist, desto weniger wahrscheinlich wird, dass die Ergebnisse einer Untersuchung wissenschaftlich bedeutend sind. Der Konkurrenzdruck führt nämlich dazu, dass das Timing für die beteiligten Forscher zum wichtigsten Faktor wird. Außerdem werden Forscher dazu gedrängt, zu entdecken, was ihnen mit größter Wahrscheinlichkeit Forschungsgelder einbringt. Folglich werden, um gewünschte Schlussfolgerungen ziehen zu können, Studienergebnisse entsprechend verzerrt.[11] Besonders verzerrt sind Studien im biomedizinischen Bereich, wo die Forschungsergebnisse besonders marktrelevant sind (von der bestätigten Wirkung von Medikamenten und Drogerieartikeln hängen deren Einführung und Verkaufserfolg ab).[12]

Regelmäßig werden Wissenschaftsstandards in drittmittelfinanzierten Forschungsinstituten, die wie viele kleine und mittelständische Unternehmen dem Konkurrenzdruck ausgesetzt sind, unterlaufen. Um sich bei der Akquise gegen konkurrierende Antragsteller einen Vorteil zu verschaffen, werden Projektskizzen eingereicht, die viele Forschungsergebnisse und vergleichsweise wenig Personalkosten versprechen. Die bewilligten Projekte sind dann in zu knappen Deadlines von zu wenigen Mitarbeitern zu stemmen, worunter die Qualität leidet. Oft sind die Mitarbeiter gegen ihr Ethos gezwungen, bereits in anderen Projekten erarbeitete Textpassagen zu »recyceln«. Arbeiten sie zudem in mehreren Projekten simultan (was Usus ist), erhöht sich ihre Zeitknappheit zusätzlich, fehlt ihnen die Zeit zur seriösen Aufarbeitung des Forschungsstandes. Auch werden viele Projektskizzen bei unterschiedlichen Ausschreibungen eingereicht, wissend, dass nur ein Teil bewilligt wird. Es kommt vor, dass die Skizzen mangels Zeit nicht vollständig durchdacht wurden, was aber erst während der Bearbeitung nach ihrer Bewilligung auffällt (den Gutachtern erschließen sich inhaltliche Mängel eher selten, da sie selbst kaum Zeit für eine gründliche Evaluation der Skizzen haben). Änderungen sind dann nicht mehr möglich, da dies Fehler zuzugeben oder einen Vertragsbruch bedeuten würde. Das Arbeitsklima in solchen Instituten ist von Stress, unbezahlte Überstunden, Frustration und Projektberichten geprägt, die hinter ihrem möglichen Anwendungswert bzw. ihrem gesellschaftlichen Nutzen zurückbleiben – obwohl sie meist durch Steuergelder finanziert wurden.

Zeit und Unabhängigkeit sind für gutes wissenschaftliches Arbeiten unerlässlich, beides aber schwindet durch die »Vermarktung« des Wissenschaftssystems. Marktmechanismen haben aus der Wissenschaft ein System gemacht,

---

10 Binswanger 2010, 140–179
11 Ioannidis 2005
12 Sarewitz 2012

aus dem zwar noch immer bemerkenswerte Innovationen hervorgehen, das aber mit dem objektiven, intrinsisch motivierten Streben nach Erkenntnis kaum noch etwas gemein hat und überdies mit reichlich Sand im Getriebe zurechtkommen muss. Würde das gegenwärtige Wissenschaftssystem nach wissenschaftlichen Kriterien evaluiert, bekäme es ein mediokres Zeugnis ausgestellt.

Die Dynamik von Innovationen

Prinzipiell sind Bildung und Wissenschaft notwendige Faktoren für eine hohe Innovationsdynamik, aber nicht die einzigen – z.B. ist das Bevölkerungswachstum (in Verbindung mit Bildung) ein anderer. Auch darum hatte Thomas Malthus mit seiner pessimistischen Prognose Unrecht und Esther Boserup Recht: Das Wachstum der Bevölkerung und die in Aussicht stehende schlechter werdende Versorgungslage zwang zu neuen Ideen, zur Anwendung von Chemie und Maschinen in der Landwirtschaft, zur Urbarmachung neuer Landschaften, zur Nutzung fossilen Grundwassers, um selbst Wüsten Ackerland abzuringen.[13] Auch ohne Marktwirtschaft, allein zur Verhinderung humanitärer Katastrophen, wären diese Innovationen hervorgegangen. Es ist etwas an der Redewendung dran, dass Not die Mutter von Erfindungen ist.

Gleichwohl, Produktinnovationen tauchten vor allem in der Zeit zwischen 1880 und 1940 auf. Danach wurde es trotz Bildungsexplosion, Wettbewerbsexpansion und Investitionen eher ruhig. Welches sind die Innovationen, die die durchschnittliche Lebensqualität vieler Menschen seit den 1960ern haben verbessern konnten? In nur drei Bereichen – der Medizin, Lebensmittelproduktion und Kommunikationstechnik – traten weithin spürbare Verbesserungen auf.

Ein Bürger, der in den ersten 50 und vor allem in den ersten 30 Jahren des 20. Jahrhunderts lebte, wurde noch Zeuge großer, sein Leben verändernder Innovationen. Watson schreibt, »dass zu Beginn des zwanzigsten Jahrhunderts auf allen nur erdenklichen Gebieten – Physik, Biologie, Malerei, Musik, Philosophie, Film, Architektur, Transportwesen – das Gefühl herrschte, Neuland zu betreten, neue Geschichten mit einem jeweils ganz neuartigen Schluss erzählen zu können.«[14] Auch tauchten den Alltag revolutionierende Gebrauchsgegenstände auf den Märkten und in den Städten auf. Viele von ihnen waren Resultate der praktischen Anwendung der Elektrizität, deren Grundlagen Naturforscher, Physiker, Mediziner, Chemiker in den hundert Jahren davor

---

13 Boserup 1965
14 Watson 2003, 31

enträtselt hatten ebenso wie die Nutzung fossiler Energieträger: Staubsauger, Warmwasserheizung, Auto und Bus, Kabel- und Straßenbahn, Plattenspieler, Nylon, elektrischer Ventilator, Geschirrspüler, Reißverschluss, Taschenlampe, Penicillin, Waschmaschine, Fotokamera, Fotokopierer, TV, Radio, Telefon, Linienflüge. Wer diese Jahrzehnte erlebte, konnte staunen und spüren, dass sich seine Lebensqualität stetig verbesserte.

Und in eben dieser Innovationsflut kam Schumpeter 1924 auf seine Idee von der vermeintlich unternehmensgetriebenen schöpferischen Zerstörung. Und als diese Flut Ende der 1950er zurückging, konnte Galbraith völlig zu Recht behaupten, westliche Gesellschaften, allen voran die US-amerikanische, seien »Überflussgesellschaften« geworden, frei von Erfahrungen absoluten Mangels, voll von einer nie dagewesenen Warenvielfalt, die sich nun die Mehrheit leisten konnte.

Ein nach 1950 Geborener bezeugte dagegen nur drei seinen Alltag erneuernde Innovationen: Die »Pille« und die Grüne Revolution in den 1960ern, das Internet in den 1990ern. Seit den 1990ern haben dann Computer und die Kommunikationstechnik spürbare Fortschritte gemacht. Bis dahin nutzten Menschen nach 1950 vor allem die vielen Variationen Jahrzehnte zurückliegender Innovationen und erlebten sonst, was Innovationen betrifft, eine eher windstille Phase, die der Ökonom Tyler Cowen THE GREAT STAGNATION nannte.[15] Und an diese an Produktinnovationen eigentlich arme Zeit, schloss sich kurioserweise die nach 1950 THE GREAT ACCELERATION bezeichnete Phase an, in welcher das Konsumniveau und der Energie- und Ressourcenverbrauch steil nach oben schossen und sich die Konsumgesellschaft entfaltete.[16]

Die Große Stagnation weist darauf hin, dass Wettbewerb auf Märkten für sich genommen keine hinreichende Bedingung für Innovationen ist. Technische Innovationen entwickeln sich vergleichsweise rasant, wenn neue Basistechnologien – z. B. Dampfkraft und Elektrizität – entwickelt werden, Anwendung finden und sich in den meisten Branchen und Bereichen der Gesellschaft ausbreiten. Die Digitaltechnik ist eine solche Basistechnologie, deren Entwicklung sich während der Great Stagnation auf der »ersten Hälfte des Schach-

---

15 Cowen 2011. Reuter (2010, 28) bemerkte noch vor wenigen Jahren, die Geschichte der Technik deute darauf hin, dass es »als ›revolutionär‹ zu bezeichnende Innovationen immer weniger gibt. Es fällt sogar schwer, überhaupt Produkte zu identifizieren, die in der jüngeren Vergangenheit grundsätzlich neue Gebrauchswerte geschaffen haben. Vielmehr scheint die Entwicklung von Produktinnovationen auf hohem Versorgungsniveau […] zu bestätigen, dass jeweils nur ›alte‹ Bedürfnisse auf neue Art – und oftmals mit geringerem Einsatz von Produktionsfaktoren (wie ein Vergleich von Grammophon und MP3-Player zeigt) – befriedigt werden«.
16 Steffen et al. 2015b. Der Beginn dieser Akzelerationsphase ist von der Arbeitsgruppe Anthropozän der Internationalen Kommission für Stratigraphie sogar formal als Beginn des Anthropozäns vorgeschlagen worden (Zalasiewicz et al. 2015).

bretts« vollzog und darum lange Zeit im Stillen erfolgte. Aber auch die Nano- und Biotechnologie haben dieses Potenzial, vor allem in Verbindung mit der Digitalisierung. Aus ihnen erwächst ein neuerlicher Innovationsboom und wahrscheinlich werden die nächsten vierzig Jahre tatsächlich die bedeutsamsten der Weltgeschichte sein. In diesem kurzen Zeitraum könnte sich unsere Lebensweise und Gesellschaft mehr als in den letzten tausend Jahren ändern.[17]

Aber auch dieser Schub wurde von den Natur- und Technikwissenschaften vorbereitet. Die fünf seit dem Bestehen der Marktwirtschaft vergangenen Kondratieff-Zyklen belegen, dass sich Basisinnovationen schubweise ereignen. Nach Jahrzehnten der Stagnation erfolgen auf Basis zwischenzeitlich akkumulierter Erkenntnisse der Grundlagenforschung schubweise neue Schlüsseltechnologien, die neue Produktionsanlagen und Konsumgüter erlauben. Und eben diese Forschung wird in der Regel nicht von kurzfristig denkenden Unternehmen oder privaten Investoren finanziert, sondern durch staatliche Förderprogramme.

In DAS KAPITAL DES STAATES belegt Mariana Mazzucato die These, dass *nicht* der Unternehmergeist Schumpeters oder Hayeks der eigentliche Innovator ist: Bei »den meisten radikalen, revolutionären Innovationen, die den Kapitalismus vorangetrieben haben – von Eisenbahnen über das Internet bis aktuell zur Nanotechnologie und Pharmaforschung –, kamen die frühesten, mutigsten und kapitalintensivsten ›unternehmerischen‹ Investitionen vom Staat. [...] Solche radikalen Investitionen – zu denen extreme Unsicherheit gehört – wurden weder durch Wagniskapitalgeber noch ›Garagenbastler‹ getätigt, sondern durch die sichtbare Hand des Staates.«[18] Das gleiche gilt für erneuerbare Energieträger. »Immer war es der Staat, der allen Widrigkeiten zum Trotz wagte, über das scheinbar Unmögliche nachzudenken. Er schuf die neuen technologischen Chancen, finanzierte die großen Anfangsinvestitionen, ermöglichte einem dezentralen Netzwerk von Akteuren, risikoreiche Forschung durchzuführen, und brachte schließlich dynamische Entwicklungs- und Kommerzialisierungsprozesse auf den Weg.«[19]

Die Energiewende wird in Deutschland nicht von den großen Stromkonzernen vorangetrieben – im Gegenteil haben sich diese lange Zeit als Bremser und Leugner ihrer Notwendigkeit betätigt –, sondern von der Regierung, von Bürgerenergiegenossenschaften und Bürgern, die sich Solarpanele auf ihre Dächer und Windräder auf ihre Felder bauen und dafür vom Staat Anreize erhalten. Selbst in die Entwicklung der Technik, die sich in Windturbinen und Photovoltaikanlagen befindet, flossen üppige staatliche Investitionen. Die Bundesregierung fördert Energieeffizienzagenturen und schreibt Material-

---

17 Dies vermutet der Archäologe Ian Morris (2011).
18 Mazzucato 2014, 13
19 ibid., 35

effizienzpreise aus, um Unternehmen anzuspornen, ihre Energie- und Ressourcenproduktivität zu erhöhen. Diese nehmen das Angebot jedoch nur behäbig an.

Auch die scheinbar innovativen Dinge, die Apple hervorgebracht hat, wären, so Mazzucato, ohne staatlich finanzierte Grundlagenforschung nie möglich gewesen. Diese flossen u. a. in das Internet, in Drahtlosnetzwerke, Speichertechnologien, den Touchscreen, die Sprachsoftware SIRI und in das Positionierungssystem GPS. »Tatsächlich steckt im iPhone nicht eine einzige Technologie, die nicht staatlich finanziert wurde.« [20] Dies nimmt Steve Jobs, dem ehemaligen Apple-CEO, das Charisma des »iGod«, das ihm von der Öffentlichkeit zuerkannt wurde. Obendrein wurden die aufgezählten Forschungsprogramme von der US-Regierung gefördert und ausgerechnet in den USA sind die neoliberalen Befürworter zahlreich, die das freie Unternehmertum preisen und dem Staat nur die Rolle eines Nachtwächters zubilligen. Würde man aber allein den miteinander konkurrierenden Unternehmen die Führung überlassen, würde dies die innovative Dynamik moderner Marktwirtschaften abwürgen.

Kein Wirtschaftsunternehmen, sondern die EU hat in den letzten Jahren rund eine Milliarde Euro in die Erforschung des Werkstoffs Graphen investiert. Und sie investiert 700 Millionen Euro im Rahmen ihres SPARC-Förderprogramms in die Weiterentwicklung der Robotik. Unternehmen und Privatbanken sind für Mazzucato nur auf kurzfristigen Profit fixiert, langwierige Grundlagenforschung scheuen sie. Diese erfordert nämlich Geduld, ihr Ergebnis ist meist ungewiss und oft kostet sie mehr Geld, als sie einbringt. Sie setzt also Tugenden voraus, die für Unternehmen im Wettbewerb absolut kontraproduktiv sind, womit die Logik des marktwirtschaftlichen Wettbewerbs echten Innovationen geradezu feindselig gegenübersteht. Auch die oft überbewerteten »Risiko«-Investitionen von Banken in junge Unternehmen erfolgen darum in der Regel erst kurz vor der Marktreife neuer Produkte. »In der Biotechnologie, Nanotechnologie und beim Internet floss Wagniskapital erst 15 bis 20 Jahre, *nachdem* staatliche Fonds die ersten Investitionen getätigt hatten.« [21]

All das impliziert, dass Innovationen von staatlichen Anreizen und dem wissenschaftlichen Erkenntnisgewinn abhängen und damit letztlich vom Bildungs- und Wissenschaftssystem. Zwar gibt es schöpferische Unternehmer, oft ist aber weniger der Unternehmer, sondern der Forscher schöpferisch und der Staat unterstützt ihn dabei. Der Unternehmer trägt meist zur schnelleren Diffusion einer solchen Innovation bei – und dazu, neue Variationen einer ursprünglichen Innovation zu entwickeln –, nicht aber zu ihrer eigentlichen Entstehung.

---

20 Ibid., 22
21 Ibid., 36 (im Original kursiv)

Der Wettbewerb zwischen Unternehmen begünstigt weniger die *Erfindung von Neuem*, als vielmehr die *Neuerfindung des Alten*, denn letzteres ist weniger mühselig und riskant. Zwar kann ein Unternehmer in die Forschung investieren und diese fördern, öffentliche Mittelzuwendungen aber können dies ebenfalls (sogar besser wenn Forschungsinstitute nicht wie bisher um die öffentlichen Mittel konkurrieren müssten). Generell fließt das Geld von Unternehmen dorthin, wo sich am meisten verdienen lässt – und damit in der Regel nicht in die langwierige Grundlagenforschung, auf der Schlüsselinnovationen basieren.

Profitorientierte Forschung kann sogar dazu führen, dass am Bedarf vorbeigeforscht und -produziert wird. Zwar machen – und das ist ihre Aufgabe – Pharmaunternehmen dankenswerterweise auch wichtige Entdeckungen. So haben Losee Ling und ihr Team von der US-amerikanischen Pharmafirma NovoBiotic aus einem im Erdboden lebenden Bakterienstamm ein neues Antibiotikum extrahieren können, das gegen multiresistente Keime überaus effektiv zu sein verspricht.[22]

Für Unternehmen aus der Branche ist es aber profitabler, hohe Summen in die Erforschung eines Mittels gegen Haarausfall zu investieren, als in Medikamente gegen Malaria oder Tuberkulose – Krankheiten, die alljährlich Millionen Menschen töten. Ersteres wird von zahlungskräftigen Kunden aus den reichen Ländern nachgefragt, letzteres würde einer großen Zahl armer Menschen helfen. Die könnten sich das Medikament aber nicht leisten und obendrein bestünde die »Gefahr«, dass die Medikamente »nachgebaut« und billiger verkauft würden. In der Marktwirtschaft wird Kapital mit dem einzigen Ziel eingesetzt, mehr Kapital zu erwirtschaften. Dazu muss nicht in wünschenswerte, sondern gewinnbringende Innovationen investiert werden. Dem Kampf gegen Tuberkulose und Malaria haben sich darum nicht Pharmaunternehmen, sondern die Bill & Melinda Gates Stiftung verschrieben. Sie stellt Milliardensummen für die Erforschung neuer Medikamente bereit.[23]

Auch drängt der Wettbewerb Unternehmer zu einer *zu schnellen* Diffusion von Neuem, wenn die Aussicht auf Gewinne Bedenken über mögliche negative Nebenfolgen zerstreut.[24] Welche Langzeiteffekte z. B. Finanzprodukte oder

---

22 Ling 2015
23 www.gatesfoundation.org
24 Da der Wettbewerb Ingenieure zur Kostenreduktion und schnellen Entwicklung drängt, können diese den Anforderungen zuweilen nur durch Qualitätsminderungen gerecht werden. In ihrem Gutachten zum geplanten Verschleiß berichten Schridde und Kreiß (2013, 18): »Durch den enormen Wettbewerbsdruck in der Industrie stehen nach Aussagen vieler Ingenieure praktisch alle Neuentwicklungen von Produkten unter sehr starkem Kostendruck. Auf die vom Ingenieur gewünschte Qualität könne da häufig nicht mehr Rücksicht genommen werden.« Zudem müsse wegen des Wettbewerbsdrucks »fast alle Neuentwicklungen sehr schnell auf dem Markt kommen, denn lange Entwicklungszeiten sind teuer. Oft müsse zum Beispiel ein Neupro-

Nanopartikel und Mikroplastik in Lebensmitteln und Kosmetika haben, ist unbekannt, verkauft werden sie dennoch. Zudem begünstigt der Wettbewerb oberflächliche Variationen von Konsumgütern (siehe Kapitel I.1), die Innovationsschübe zu sein vorgeben, vor allem aber natürliche Ressourcen vergeuden. Die Konkurrenzsituation auf dem Markt kann umgekehrt sogar ein Grund für *unterlassene* Innovationen sein, wenn etwa Geld, das für Marketing und Lobbyismus ausgegeben wurde, Forschungsleistungen entzogen wird. So gab z. B. die US-Pharmaindustrie 2004 fast doppelt so viel Geld für Werbung als für Forschung aus (die von der Regierung gefördert wurde). Die Pharma-Werbeausgaben beliefen sich auf 57,7 Mrd. US-Dollar, die Forschungskosten dagegen nur auf 31,5 Mrd. US-Dollar. Am meisten Geld wurde für Werbemaßnahmen ausgegeben, die Ärzte direkt adressierten.[25] Die hierfür ausgegebenen Mittel hätten der Forschung zusätzlich zukommen können, fungierten nun aber als mögliche Innovationsbremse. Marktmechanismen drängen Pharmaunternehmen dazu, nicht humanistisch, sondern profitorientiert zu denken. Das erklärt, warum sie »Me-toos« auf den Markt einführen, Scheininnovationen, d. h. neue Medikamente, die nicht besser sind als bereits vorhandene, dafür aber teurer. Das erklärt auch den Widerstand der Pharmaindustrie gegen die Verbreitung von Generika, die auch armen Menschen zugutekommen.

Was unter humanistischen Aspekten wünschenswert ist, wird unter marktwirtschaftlichen Aspekten zu einem Risiko: Da viele Arzneimittel eine lange Entwicklungszeit haben und ein langwieriges Zulassungsverfahren durchlaufen müssen, wird die pharmazeutische Forschung zu einem Kostenrisiko, sinkt der Anreiz zur Entwicklung innovativer Medikamente entsprechend. Darum investieren große Pharmaunternehmen zunehmend weniger in die Forschung und profitieren lieber von Erkenntnissen, die in den USA zu fast 75 Prozent aus staatlichen geförderten Laboren oder kleinen Firmen stammen. »Weil die Top-Liga der Pharmabranche immer weniger für Forschung und Entwicklung ausgibt und gleichzeitig der Staat mehr, ist dieses spezielle Innovations-Ökosystem inzwischen eher parasitär als symbiotisch«, hält Mazzucato fest.[26] Wie Banken vor der Subprime-Krise streben auch Pharmaunternehmen danach, Gewinne zu privatisieren, indes die Risiken (Investitionen ohne Rendite) ihrer Branche sozialisiert werden sollen. Dabei folgen sie lediglich der Logik des Marktes: Ist ein Pharmaunternehmen auf Gewinnsteigerung aus, wird es In-

---

    dukt zu einem bestimmten Messetermin vorgestellt werden. Von der Vertriebsseite her würden für die Entwicklungsphase oft zu kurze Entwicklungszeiten angesetzt, diese könnten dann nicht eingehalten werden, dadurch liefen die Entwicklungskosten aus dem Ruder, deshalb erhöhe sich der Kostendruck und nun müsse man sich nach billigeren Einsatzteilen, als eigentlich von Ingenieur gewünscht, umsehen.«
25 Gagnon/Lexchin 2008
26 Mazzucato 2014, 41

vestitionen in die Entwicklung neuer Wirkstoffe unterlassen, da deren Misserfolgsquote und Kosten hoch sind und die Renditeaussicht gering.

Patente oder die Behinderung von Innovationen

Patente gelten für gewöhnlich als Innovationstreiber, weil sie den Schutz und die Vermarktung einer Idee ermöglichen und so zu Innovationen und Fortschritt motivieren. Denn, so das Argument, hohe Investitionen in die Erforschung z. B. neuer Medikamente werden nur getätigt, weil sie durch ihre Patentierung höheren Profit verheißen. Aber dies ist nur eine Teilwahrheit, das ganze Bild, das die Beziehung von Patenten und Fortschritt zeigt, sieht anders aus: Patente *verknappen Wissen* auf künstliche Weise und wirken dadurch als Innovations*bremsen*. Der freie Zugang zu dem Wissen, das Patenten innewohnt, gleicht dem freien Zugang zu Bausteinen, aus denen zukünftige Innovationen konstruiert werden. Da Neues für gewöhnlich auf den Bausteinen des Alten aufbaut, also auf den Innovationen von gestern, und der Zugang zu diesem Fundament durch Patente verstellt ist, macht dies den weiteren Aufbau zwar nicht unmöglich, erschwert ihn aber. Blockiert werden vor allem Unternehmen oder Wissenschaftler aus Entwicklungsländern, die sich die Lizenz nicht leisten und mit dem patentierten Wissen nicht arbeiten können.[27]

Wird eine Erfindung sofort patentiert, wird es anderen in der Regel verboten, mit ihr zu arbeiten. Erfindungen haben demnach den Status von Eigentum, das andere etwa 20 Jahre von ihrer Anwendung ausschließt (in der Praxis sogar noch länger, weil eine Reihe von Optionen zur Verlängerung dieser Frist bestehen). Das ist marktwirtschaftlich durchaus intendiert. Denn hätten Firmen nicht die Möglichkeit, andere von der Nutzung ihrer Ideen zu exkludieren, hätten sie kaum einen Anreiz Investitionen in Forschung und Entwicklung zu tätigen. Darum gelten Patente unter Marktökonomen als Garant für technischen Fortschritt und wirtschaftliches Wachstum.

Der Ökonom William Kapp erklärte allerdings schon in den 1960ern, das »Dilemma, das durch das Patentsystem und die industrielle Geheimhaltung aufgeworfen wird«, bestehe darin, »daß sie zusammen dazu führen, die Erfindung zu ›isolieren‹. Die Gewährung eines Patents versperrt anderen Firmen den Zugang zu diesen Resultaten wissenschaftlicher Forschung und damit zu ihrer praktischen Anwendung. Die Folgen davon sind, daß nicht nur alle anderen Produzenten der Industrie wettbewerbsmäßig benachteiligt werden, auch die Anwendung technischer Neuerungen im allgemeinen wird verzögert«.[28]

---

27 Forrero-Pinedda 2006
28 Kapp 1979 [1963], 159

Mag die Marktgesellschaft also eine hohe Dynamik haben, gebremst wird ihre Nutzbarmachung für das Gemeinwohl. »Existierendes Wissen«, meint darum Daly, »ist der wichtigste Input für die Produktion neuen Wissens, und dieses künstlich knapp und teuer zu halten, ist pervers. Patentmonopole (wie ›Rechte an geistigem Eigentum‹) sollten eine kürzere Laufzeit haben und nicht für so viele ›Erfindungen‹ erteilt werden wie derzeit.«[29]

Hat ein Unternehmen die Lizenz eines Patentes vom Konkurrenten erwerben können, kann es dessen Erfindung zwar nutzen, aber nicht verbessern, da diese Verbesserung vor Gericht als kostspielige Verletzung des Patents ausgelegt werden könnte. Folglich kann das Patent auch von wissenschaftlichen Einrichtungen entweder nicht zur weiteren Forschung genutzt werden, da dessen Lizenz zu teuer ist (wodurch sich der wissenschaftliche Fortschritt verzögert), oder ein erworbenes Patent kann aus dem genannten Grund nicht verbessert werden. Natürlich kann der dadurch für die Gesellschaft entstandene Schaden nicht beziffert werden, doch ist unstritten, dass Wissen durch das Patentsystem eben auch *verschwendet*, d. h. ineffizient gehandhabt wird.

Das Internet und die Softwarebranche wuchsen anfänglich ohne jegliche Patentierungen. Der Physiker Tim Berners-Lee, Begründer des World Wide Web, verzichtete später bewusst auf die Patentierung seiner Innovationen (dazu zählen u. a. die Programmiersprache HTML, das Transferprotokoll HTTP, die Webadresse URL, der Browser WorldWideWeb) und gab sie frei weiter. Ohne Aussicht auf Profit arbeiten viele Menschen seitdem an quelloffener Software, die kostenlos zum Download bereitgestellt wird. Auch dies und überhaupt die gesamte Open-Source-Bewegung widerspricht der Annahme, ohne Wettbewerb und Patente würde der Anreiz für Innovationen fehlen. Berners-Lee ging es in seiner Zeit am CERN lediglich um den vereinfachten Austausch von Informationen unter Wissenschaftlern auf der ganzen Welt.

Softwareinnovationen werden dagegen oft durch Patente blockiert. Im Grunde ist nämlich nahezu jede Software kreiert worden, um ein Problem zu lösen oder eine Option zu ermöglichen und damit patentierfähig. Würde aber jeder Entwickler Anspruch auf das ihm zustehende Patent anmelden, könnte auf bestehende Problemlösungen oft nicht zugegriffen werden. Somit könnte – ist die Anzahl der Software-Patente groß – kaum ein neues Programm geschrieben werden. Obendrein ist die Reichweite von Software-Patenten oft unklar. Gerichte wären überlastet, die bürokratischen Kosten hoch und die Entwicklung würde abgewürgt. Dies verdeutlicht der im Internet frei verfügbare Dokumentarfilm PATENT ABSURDITY (2010) mit einer Analogie zur Komposition von Musik: Hätte man vor zwei Jahrhunderten Patente auf Akkordfolgen oder Orchesterbesetzungen vergeben, wären Kompositionen immer

---

29 Daly 2009, 41

zerstückelter und unmusikalischer geworden, wären die Symphonien Beethovens und anderer Meister nie geschrieben worden. Hätten sich Bücher oder Martin Luthers reformerische Gedanken wohl durchgesetzt, wenn Gutenberg auf den (Buch-)Druck ein Patent anmelden hätte können und wollen? Patente stören die Kreativität, und die steigende Zahl weltweit angemeldeter Patente sagt darum wenig über die tatsächliche gesellschaftliche Innovationsdynamik aus.[30] So genannte »Cluster«-, »Picket«- und »U-Boot«-Patente dienen nicht dem gesellschaftlichen Fortschritt. Sie sollen Wissen unbrauchbar machen, die Preise auf dem profitabelsten Niveau halten, die Konkurrenz schädigen, sie durch juristische Patentkriege ruinieren, den Markt gegen Neulinge abriegeln, die Marktposition verbessern. »Noch mehr als rücksichtsloser Preiswettbewerb« seien sie, so Kapp, »eine Form wirtschaftlicher Aggression«.[31]

Der Beirat für Biodiversität und Genetische Ressourcen distanziert sich darum in einem Gutachten von der Patentierung genetisch veränderter Sorten für die Lebensmittelherstellung.[32] Anfänglich können Biopatente (und andere Patente) ein Anreiz für Innovationen sein, sind diese jedoch patentiert, würden viele kleine und mittlere Züchter durch hohe Lizenzgebühren für Pflanzenteile und Verfahren verdrängt und könnten die betreffenden Produkte nicht weiter entwickeln. Die Folge wäre eine Marktkonzentration: Wenige Unternehmen würden mehr Marktanteile einnehmen, bis sich ein Oligopol gebildet hat.

In einer Welt *ohne* Patente wäre Wissen dagegen Gemeingut der Menschheit, hätte jeder Interessierte über das Internet Zugang zum Innovationen inhärenten Wissen. Auf der Grundlage geteilten Wissens würde Wissen vervielfältigt, ließe sich effektiver forschen und die Diffusion der jeweiligen Innovation in die Gesellschaft beschleunigen. Das Wissen würde dezentralisiert und demokratisiert – bislang hat ja nur eine Firma exklusiven Zugang zu wichtigen Informationen.

---

30 Obendrein geht es bei vielen Patenten nur um geringfügige Veränderungen. Im Patenkrieg zwischen Apple und Samsung (2011–2014), bekannt als »Smartphone-War«, hatte das Gericht in San José z. b. zu urteilen über die mögliche Verletzung einer Software-Anweisung »zur Übersetzung eines auf dem Touchscreen angezeigten elektronischen Dokuments in eine erste Richtung, um eine zweite Portion des elektronischen Dokuments anzuzeigen, wobei sich die zweite Portion, in Reaktion auf die erfasste Bewegung, von der ersten Portion unterscheidet« (Fichtner et al. 2012, 65). Fichtner et al. weisen auf die *innovationshemmende* Problematik solcher juristischen Gefechte hin, bei denen es um hohe Summen geht: »Wer heute mit neuen Produkten auf den umkämpften Märkten für Mobiltelefone, Smartphones, Tablets und Laptops vorstoßen will, riskiert multiple Patentklagen noch vor deren Einführung. Patente entwickeln sich so immer mehr zu Instrumenten der Verhinderung. Die Frage, ob eine Firma wie Apple heutzutage noch gegründet werden könnte, ist deshalb nicht weit hergeholt« (ibid., 66).
31 Kapp 1979 [1963], 159
32 Beirat für Biodiversität und Genetische Ressourcen 2010

Eine Reihe von Innovationen und Services, vor allem das Internet betreffend, wurde indessen möglich, weil Wissen geteilt und so von vielen Akteuren weiterentwickelt wurde – etwa die meistgenutzte Internet-Software Apache und MyQSL, Open Office, der Internetbrowser Firefox, die Betriebssysteme Linux, Android, Openmoko und Ubuntu, das weltweit meistgenutzte Lexikon Wikipedia. Das Open-Source-Konzept funktioniert so, dass man entgegen der Wettbewerbslogik nicht versucht, andere von der eigenen Idee fernzuhalten. Im Gegenteil werden andere hereingebeten, um gemeinsam etwas zu konstruieren, was alleine nicht zu vollbringen wäre. Im Übrigen demonstrierte auch das CERN schon Jahrzehnte vor der Entdeckung des Higgs-Teilchens was eine transparente und vielschichtige Zusammenarbeit einer internationalen Forschergemeinschaft zu leisten im Stande ist. Bei großen und wichtigen Projekten ist Kooperation eine absolute Notwendigkeit, nicht einfach eine Option.

In einer von Marktmechanismen strukturierten Forschung wird Wissen aber wie kapitalbildendes Eigentum behandelt – und dies muss es auch. Schließlich müssen große Summen investiert werden, um Heilmethoden für komplizierte Krankheiten wie AIDS oder Alzheimer zu entwickeln. Dazu wird es nicht kommen, wenn die Investoren keinen Profit erwarten können, und Patente gewähren Profit. Und wenn das Profitmotiv Heilmittel gegen Erkrankungen hervorgehen lässt, ist der kollektive Vorteil groß. Der Vorteil verkleinert sich wiederum, wenn die Entdeckung jener Heilmittel mangels Kooperation langwieriger wird und das Heilmittel teurer als nötig.

Fortschritt durch Wettbewerb, aber ohne Markt

Forschung, d.h. die Entdeckung von Neuem, ist seit jeher auch ohne Wettbewerb und Markt entweder im Privaten erfolgt oder durch Nonprofit-Organisationen wie die *National Geographic Society* gefördert worden. Indes braucht man auf Wettbewerb nicht gänzlich zu verzichten, schließlich kann er zu großen Leistungen anspornen. Aber man kann ihn alternativ organisieren. Anno 1714 schrieb das englische Parlament einen Ideenwettbewerb aus: Viele Schiffe segelten bis dato nur mit Karte, Kompass, der Kenntnis von Breitengraden und der Gnade Gottes, waren gewissermaßen halbblind und gingen in den Weiten unbekannter Meeresgegenden oft auf Nimmerwiedersehen verloren. 20 000 Pfund, damals ein Vermögen, versprach das Parlament jedem, der herausfand, wie die Position eines Schiffes auf hoher See genau ermittelt werden konnte. Viele Denker, darunter Huygens und Newton suchten nach einer Lösung. Das Preisgeld bekam schließlich der bis dato unbekannte schottische Uhrmacher John Harrison. Er entwickelte eine Methode, mittels derer man Längengrade bestimmen konnte. Andere entdeckten bei ihren Bemühungen, das Problem zu lösen, Verfahren, mit denen sie das Gewicht der Erde, die Geschwindigkeit des Lichts oder die Entfernung der Sterne berechnen konnten.[33]

Die Methode, Preise für die Lösung eines Problems auszuschreiben, hat sich bis in die Gegenwart gehalten: Die gemeinwohlorientierte *X-Prize Foundation* schreibt Preise für technische und wissenschaftliche Innovationen (z. B. einen Tricoder) aus, die der Entwicklung der Menschheit dienen sollen. Das von Google entwickelte selbstfahrende Auto war das direkte Resultat einer Ausschreibung der Defense Advanced Research Projects Agency, die demjenigen eine Million US-Dollar anbot, der es schaffte, ein Auto eine bestimmte Strecke ohne menschlichen Fahrer zurücklegen zu lassen.

Bei solchen Wettbewerben fließt Geld zumeist vorrangig in *nützliche*, nicht in *profitable* Projekte. Obendrein ist es oft nicht einmal notwendig, eine hohe Geldprämie anzubieten. Der seit 2004 jährlich am MIT in Boston veranstaltete und seitdem stetig größer werdende *International Genetically Engineered Machine*-Wettbewerb (iGEM), der die offene Verbreitung von biosynthetischem Wissen unterstützt, ist ein weiteres Beispiel dafür, wie Wettbewerb Innovationen fördert. Konstruiert werden neue Lebensformen (Bakterien), die z. B. Schadstoffe aufspüren oder abbauen können. Die für den Wettbewerb erschaffenen Biobricks (die verwendeten DNS-Abschnitte) werden in einem Wiki festgehalten und allen Teilnehmern verfügbar gemacht. Auf diese Weise wird der Wettbewerb nicht, wie bisher, in *exklusiver* (ausgrenzender) Absicht ausgetragen, sondern in *inklusiver*. An die Stelle des in Marktwirtschaften üblichen Verdrängungswettbewerbs tritt ein kooperativer Wettbewerb um gemeinwohlorientierte Lösungen.

Auch der seit 1987 alle zwei Jahre in Australien ausgetragene *World Solar Challenge*, ein Rennen für Solarfahrzeuge von Darwin nach Adelaide, spornt Hochschulteams aus der ganzen Welt zur Weiterentwicklung sonnenbetriebener Automobile an, obwohl die Gewinner keine Preisgelder erhalten. Jährlich findet auf einem anderen Kontinent der *Solar Decathlon* statt – ein Wettbewerb unter Hochschulen aus verschiedenen Ländern, bei dem in mehreren Kategorien innovative und nachhaltige Solarhäuser vorgestellt werden. Als Preis gibt es, wie beim Solar Challenge, lediglich eine Trophäe.

Auf dem von der TU München organisierten *European Space Elevator Challenge* stellen junge Forscherteams ihre Ideen für einen Weltraumlift vor und hat das Preisgeld einen nur symbolischen Charakter. Ein wichtiger Anreiz zur Weiterentwicklung Künstlicher Intelligenzen ist die *RobotChallenge* (seit 2004) und die seit 1996 jährlich ausgetragene *Fußballweltmeisterschaft*, bei der Roboter-Teams verschiedener Bauklassen gegeneinander antreten. Umrahmt wird das Turnier von einem Kongress, bei dem sich die Konstrukteure der Roboter und andere KI-Forscher aus aller Welt über Neuigkeiten auf ihrem

---

33 Sobel 1996

Gebiet austauschen und gemeinsam an technischen Verbesserungen arbeiten. Der *3D Printed Car Design Challenge* fördert die Entwicklung druckbarer Fahrzeuge. Zur Weiterentwicklung des Hyperloops – eines fahrerlosen Hochgeschwindigkeitssystems – veranstaltete Elon Musk 2016 erstmals den Hyperloop Pod Competition. Für diesen Wettbewerb registrierten sich weit über tausend Teams, obwohl Musk lediglich einen »small cash prize« in Aussicht gestellt hat. Mit finanziell üppigen Anreizen lockte dagegen die 2015 in Dubai ausgetragene erste Weltmeisterschaft für Drohnen, der *UAE Drones For Good Award*. 800 Teams nahmen teil. Das Siegerteam, das eine Drohne für Katastropheneinsätze konstruiert hatte, erhielt als Prämie eine Million US-Dollar.[34]

Die Organisation InnoCentive schreibt seit 2001 Wettbewerbe aus, mit deren Hilfe medizinische, mathematische, technische oder agrikulturelle Probleme gelöst und Innovationen erarbeitet werden sollen. Die Gewinner erhalten ein Preisgeld, das zwischen 10 000 und 100 000 US-Dollar liegt. Allerdings beteiligen sich die meisten Problemlöser zuvorderst intrinsisch motiviert an den Challenges. Das Suchen nach Lösungen, der Beitrag zur Überwindung bedeutender Probleme, aber auch die Verfügbarkeit von Zeit treibt viele primär an. Selbstverständlich findet sich nicht immer eine Lösung, aber für rund ein Drittel der 166 ausgeschriebenen Probleme konnte zwischen 2001 und 2005 eine gefunden werden. Oft konnten sogar mehrere Lösungsansätze für eine Herausforderung aufgedeckt und prämiert werden, da die Teilnehmer unterschiedliche fachliche Hintergründe haben und sich dem Problem folglich von verschiedenen Seiten nähern.[35]

Innovationen und Lösungen, das ist entscheidend, werden bei der »Challenge Driven Innovation«-Methode durch Umgehung von Unternehmen gefunden. Unter »What we believe« schreiben die Organisatoren auf innocentive.com: »Once you untether the search for solutions from an individual, department or company, amazing things happen. Problems are solved better, faster and at lower cost than ever before.« Unternehmen arbeiten dagegen eher geschlossen und intransparent, was sie weniger effektiv macht. Lässt man also von dem Schumpeterschen Mythos – Unternehmer seien die treibende Kraft für Innovationen – ab, nutzt man die Möglichkeiten des digitalen Zeitalters, setzt man auf Offenheit und Transparenz, gelangt man zu ergiebigeren Quellen für Neues. Bezeichnenderweise nutzen Unternehmen darum in letzter Zeit die Challenge-Methode vermehrt und schreiben Lösungswettbewerbe auf der Plattform von InnoCentive aus.

Diese und weitere Wettbewerbe spornen zu Leistung und Innovationen an, ihnen fehlen aber das Verdrängungs- und oft auch das Profitmotiv, das den

---

34 Siehe xprize.org, igem.org, worldsolarchallange.org, solardecathlon2014.fr, fira.net, http://euspec.warr.de, spacex.com/hyperloop, dronesforgood.ae
35 Lakhani et al. 2006, innocentive.com

marktwirtschaftlichen Wettbewerb kennzeichnet. Vorteilhaft ist, wenn sie an gebührlichen, einen Erlebniswert garantierenden Orten stattfinden. Wettbewerb kann Spaß machen und dennoch zu hohen Leistungen motivieren, wie man vom Sport weiß. Hängt vom Erfolg in sportlichen Wettbewerben jedoch das eigene ökonomische Überleben ab, schwindet der Spaß, nimmt der Druck zu, steigt der Ansporn zum Betrug.

Bei solchen Wettbewerben kommt es darauf an, ein Problem zu beleuchten, für das eine Lösung gefunden werden soll. Zu solchen Wettbewerben sind grundsätzlich Vertreter aller Disziplinen zugelassen, denn bewertet werden allein die Ergebnisse. Dabei wird im Vorfeld genau definiert, was die zu erbringende Leistung beinhalten muss. Die Spielregeln können außerdem bestimmen, dass die entwickelten Lösungswege offen zugänglich gemacht werden, um sie für weitere Forschungen nutzen zu können. Und zuweilen ist eine Prämie hilfreich, welche die Investitionskosten übersteigt.

Nun liegt es nahe, einen internationalen, für alle Fachrichtungen offenen Wettbewerb unter Forscher- oder Hochschulteams zu der Frage auszuschreiben, wie eine nachhaltige und praktikable Ökonomie aussehen könnte. Schließlich gibt es keinen Grund anzunehmen, dass Wettbewerbe nur (bio-)technische Innovationen fördern. Warum sollten sie nicht auch soziologische oder ökonomische Innovationen begünstigen? Freilich ist die Evaluation der eingereichten sozialwissenschaftlichen Vorschläge diffiziler als bei technisch-naturwissenschaftlichen Wettbewerben, weil die Ergebnisse weniger gut vergleichbar sind. Spielregeln könnten die Vergleichbarkeit erleichtern: eine klare Sprache, maximal zwanzig Seiten Text, Anschlussfähigkeit an bestehende vielversprechende Ansätze usw.

Eine professionelle, interdisziplinäre Jury sollte dieses Problem jedoch meistern können. Zusätzlich dazu könnten alle Teilnehmer an der Evaluation mitwirken, indem sie eine Stimme erhalten, mit der sie ihren Favoriten (nur nicht sich selbst) wählen können. Das Gewinnerteam erhielte den Publikumspreis und die in seinem Vorschlag enthaltenen und allen zur Verfügung gestellten »Soziobricks« (in Anlehnung an die Biobricks des iGem-Challanges) dienten wiederum anderen zur Weiterentwicklung, falls diese erforderlich sein sollte. Soziobricks sind einzelne Bausteine einer neuen Ordnung. In diesem Rahmen wäre auch denkbar, den vielversprechendsten Soziobrick wählen zu lassen. Möglicherweise würde bei dieser Art von kollaborativem Wettbewerb schon nach wenigen Runden bzw. Jahren eine neue ökonomische Ordnung erkennbar werden, die humanitär und ökologisch vorteilhafter und überdies praktikabel wäre.

Weitere Anreize, die zu neuen Erkenntnissen oder Innovationen verleiten können, sind Forschungspreise, etwa der Nobelpreis, die Fields-Medaille und viele andere. In der Regel genügt jedoch bereits die intrinsische Motivation von Forschern, um zu neuen Einsichten zu gelangen. Schließlich kann ein

Forscher im Vorfeld nur vage spekulieren, dass seine Entdeckung einmal mit einem Wissenschaftspreis honoriert werden wird.

Innerhalb marktwirtschaftlicher Strukturen gilt dagegen als selbstverständlich, dass in Forschungs- und Innovationsarbeit nur investiert wird, wenn dadurch Profite zu erwarten sind – und tatsächlich müssen Unternehmen nach dieser Logik agieren. Richtig ist aber auch, dass Zeit und Mühe auch dann in Innovationen investiert werden, wenn für die Beteiligten »nur« unbezahlte Gewinne zu erwarten ist: sie z. B. ihre Neugierde befriedigen können, Spaß haben, ihrer Abenteuer- und Entdeckungslust frönen können, Ruhm in Aussicht steht oder Sinn bzw. das Gefühl winkt, etwas Bedeutsames zu tun.

Ein Abbruch der innovativen Dynamik ist ergo auch jenseits marktwirtschaftlicher Anreize nicht zu befürchten. Von der Nutzung des Feuers und der Erfindung des Faustkeils ist die Geschichte der Menschheit eine Geschichte der stetigen Innovationen gewesen. In seinem Buch über die Historie der Weltwirtschaft schreibt Peter Jay, »dass die Menschen, wenn sie nur irgend können, nach der Bewahrung und Verbesserung ihrer materiellen Lebensbedingungen streben.«[36] Dies war in Zeiten vor und während der Marktwirtschaft so und dies wird auch in Zeiten nach ihr der Fall sein. Je größer der bestehende Wissensfundus dabei war, desto mehr Entdeckungen und Erfindungen konnten gemacht werden.

Innovationen gab es und wird es darum immer auch außerhalb von Märkten geben. Wahrscheinlich wird sich im postkapitalistischen Stadium die Art der Innovationen ändern. Deren primärer Antrieb besteht dann nicht im Erzielen von Profit. Folglich werden sich die Neuerungen in einer Welt, die ihren Naturverbrauch erheblich wird reduzieren müssen, auf längere und vielfältigere Nutzungsphasen, bessere Qualität, Sharing-Konzepte, Recycling und Umwelttechnologien verlagern sowie allgemein auf Grundlagenforschung und humanitäre Zwecke (etwa die Automatisierung inhumaner Arbeit).

Schließlich sind Innovationen kein Zweck an sich. Auf ihre Bedeutung für eine humanistische, friedliche, wissenschaftliche und umweltfreundliche Entwicklung kommt es an. Nicht die Quantität von Produkten oder Innovationen sollte im Vordergrund stehen, sondern deren Beitrag zur Erfüllung gesellschaftlich wichtiger Aufgaben und Ziele. Und auch in der Wissenschaft sollte wieder gelten: »Nicht der Wissenschaftler ist effizient, der möglichst viele Artikel publiziert, sondern derjenige, der einen wesentlichen Beitrag zur Erkenntnis bzw. zum Fortschritt liefert.«[37] Gemessen daran ist die qualitative Innovationsfreude in Marktgesellschaften weniger euphorisch zu bewerten, als dies Ökonomen für gewöhnlich tun.

---

36 Jay 2000, 415
37 Binswanger 2010, 220

3 Die große Transformation

Man kann die bestehende Wirtschaftsordnung *kritisieren* – dies ist im 19. und 20. Jahrhundert reichlich getan worden –, ohne sie grundlegend zu verändern. Möchte man dies, ist es notwendig, über die bloße Negation hinauszugehen und *konstruktiv* zu werden, indem man die bestehende Wirtschaftsordnung mit einer Alternative konfrontiert. Man muss dann *praktisch* werden und darlegen, wie diese realisiert werden könnte – so man der begründeten Ansicht ist, wie sie realisiert werden sollte. Mehr kann man als Sozialwissenschaftler nicht tun.

Zwei große Transformationen, die ökologische und die digitale, ereignen sich. Gegenwärtig scheint nicht die Frage zu sein, *ob* sich die Erde im Anthropozän befindet, sondern *wann* sie ins Anthropozän eingetreten ist. Als Eintrittsdaten werden das Jahr 1610 (Folgen der Entdeckung beider Amerikas), 1800 (Beginn der Industrialisierung), 1945 (Beginn der atomaren Verstrahlung) und 1950 (Beginn der Konsumgesellschaft) diskutiert. Das 21. Jahrhundert wird ein »grünes« Jahrhundert werden müssen, wenn die Folgen der *Umgestaltung globaler Ökosysteme* bewältigt werden sollen. Die digitale Transformation hat spätestens seit den 1990ern mit dem Aufkommen des World Wide Web eingesetzt. Das 21. Jahrhundert ist auch ein digitales Jahrhundert und in diesem wird die *Umgestaltung der Wirtschaft* zu bewältigen sein.

»Digitalisierung geschieht, und es war nicht an uns Menschen zu entscheiden, ob das Wissen automatisiert werden soll oder nicht. Die Logik der Technologie – ein Punkt, an dem sich die Philosophen ausnahmsweise einig sind – entzieht sich unserem Zugriff.«[1] Wer oder was sollte die Entwicklung aufhalten können? Wie bei jeder Neuerung formieren sich Gegenbewegungen, aber bremsen oder gar aufhalten werden sie sie wohl nicht. Wie die Elek-

---

1   Bunz 2012, 63

trifizierung wird auch die Digitalisierung alle Gesellschaften erobern. Zu faszinierend sind die Möglichkeiten, zu neugierig ist der menschliche Geist, zu zahlreich sind die sie vorantreibenden Personen, so viel Geld und Zeit werden in ihre Entwicklung investiert. Die digitale Transformation scheint sogar von größerer Reichweite als die ökologische zu sein, da sie Einfluss auch auf den Energie- und Ressourcenverbrauch haben wird. Beide Transformationen werden Wirtschaft und Gesellschaft verändern und zur Jahrhundertmitte wird man die Weltgesellschaft, verglichen mit der heutigen, kaum wiedererkennen.

Eine kollaborative Ökonomie, die eine Ökonomie des Digitalzeitalters werden könnte, weicht in wesentlichen Punkten von der hergebrachten Ökonomie ab. Sie fokussiert auf *Kooperation* statt auf *Konkurrenz*, auf *Dekommerzialisierung* statt auf *Kommerzialisierung*, auf *Produkte* statt auf *Waren*, auf *Human Centered Design* statt auf *Profit Centered Design*, auf *Lizenz- und Patentfreiheit* statt auf *Wissensverknappung* (d.h. auf *Copyleft* statt auf *Copyright*), auf *Bedürfnisbefriedigung* statt auf *Bedürfniskonstruktion*, auf *Nutzung* statt auf *Besitz*, auf *qualitatives* statt auf *quantitatives Wachstum*, auf *Effizienz* statt auf *Ineffizienz*, auf *Engagement* statt auf *Erwerbsarbeit*, auf *Zugangsgleichheit* statt auf *Chancengleichheit*, auf *intrinsische* statt auf *extrinsische Motivation*, auf *Mutualismus* statt auf *Egoismus*, auf die *Demokratisierung der Produktionsmittel* statt auf die *Postdemokratisierung der Politik*.

Damit verheißt sie, die aus der Marktwirtschaft hervorgehenden negativen externen Effekte abzufedern. Sie verheißt aber auch, deren Vorzüge zu bewahren. Zu ihnen zählen vor allem die gesicherte Befriedigung grundlegender menschlicher Bedürfnisse und eine dauerhaft hohe Produktivität.

Eine kollaborative Ökonomie gründet sich auf der Überzeugung, dass die von der alten Struktur verursachten Probleme nur von einer neuen Denkweise gelöst werden können. Man mag ihr in manchen Punkten nicht zustimmen, aber sie gibt eine Richtung vor, in die künftig weiter gedacht werden kann. Und doch ist das alles nur graue Theorie. Wie steht es um ihre praktische Verwirklichung? Noch scheint diese nicht zu drängen, wenngleich die Kritiken am Status quo vielfältig sind. Aber die Indizienlage deutet darauf hin, dass sich dies bald ändern könnte.

Tabelle 1 Gegenüberstellung zentraler Charakteristika zwischen der hergebrachten industriellen Ökonomie und einer kollaborativen Alternativökonomie

Marktökonomie (Industriezeitalter)	Kollaborative Ökonomie (Digitalzeitalter)
Private Aneignung der Produktionsmittel durch Kapitalisten (Produktion)	Die Unterscheidung zwischen Produzenten und Konsumenten verschwimmt (Peer-Production)
Privateigentum, Besitz von Konsumgütern (Konsum)	Verbreitete Nutzen- statt Besitzen-Konzepte (Sharing Economy)
Eigeninteresse und Gewinnmaximierung als die zentralen ökonomischen Anreize (Profit Centered Design)	Steigerung des Interesses am Gemeinwohl als zentraler Anreiz (Human Centered Design)
Wettbewerb auf Märkten um natürliche Ressourcen, Arbeitskräfte, Produkte und Profit	Kein Wettbewerb zwischen Unternehmen. Wettbewerbe als »Challenge Driven Innovation«
Aktiengesellschaften, Lizenzen, Patente	Kein Bedarf
Marketing zur Konsumsteigerung	Kein Bedarf
Wachstum als Folge des Wettbewerbs, d. h. die stetige Investitionen von Kapital mit dem Ziel, mehr Kapital zu erwirtschaften	Kein Wachstumszwang
Erwerbsarbeit; extrinsische Motivation zur Partizipation in Wirtschaft und Gesellschaft	Keine Erwerbsarbeit; intrinsische Motivation zur Partizipation in Wirtschaft und Gesellschaft
Chancengleichheit	Zugangsgleichheit

Kontinuität und Krisen

Zur 2007 einsetzenden Finanzkrise befragt, antwortete Andrew Haldane, der bei der Bank of England die Abteilung Finanzstabilität leitete: »Im Nachhinein betrachtet, haben wir ein Theoriegebäude gebaut, das auf höchst sonderbaren Annahmen beruhte«.[2] Hinterher ist man meistens schlauer, aber warum ist dies niemandem vor der Krise aufgefallen? Warnrufe gab es wohl, doch wurden sie nicht gehört. Gehört wurden vor allem jene, die dem bestehenden Theoriegebäude huldigten. Abweichler, dass wusste der philosophische Anthropologe Michael Landmann, hatten es schon in früheren Kulturen schwer:

---

2   Zit. in Storbeck 2013, 51

»Nur«, schreibt er, »wer die in einer Gemeinschaft herrschenden Anschauungen teilt und ihre Sitten befolgt, wird von ihr als vollwertiges Mitglied geschätzt. Gemeinsame Anschauungen und Sitten dienen als sozialer Kitt. [...] Tut man es nicht, so sinkt man im sozialen Prestige«.[3] Das Bedürfnis nach Gruppenzugehörigkeit fördert ein Gruppendenken, dass dessen Wandel zwar nicht unmöglich macht, aber erschwert.[4]

Abweichler, das wusste auch der Wissenschaftshistoriker Thomas Kuhn, haben es auch in der Wissenschaft schwer. Anerkennung gewinnt man im Forschungsbetrieb vorzugsweise durch Konformität, das heißt durch Lösen von Problemen im Lichte eines herrschenden Paradigmas und nicht durch die Kritik seiner grundlegenden Auffassungen. Es fällt etablierten Wissenschaftlern oft schwer, Ideen loszulassen, die sie entweder selbst entwickelt oder lange Zeit vertreten haben. Darum hat es der Nachwuchs schwer, wenn er nonkonforme Ansichten vertritt. Nicht anders in der Wirtschaftswissenschaft. »Viele Hochschulprofessoren versuchen noch die [makroökonomische] Zitadelle zu verteidigen«, meint Haldane. Und ganz im Sinne von Max Planck, der einmal meinte, eine neue wissenschaftliche Wahrheit verbreite sich nicht dadurch, dass ihre Gegner überzeugt würden, sondern dadurch, dass sie allmählich aussterben und durch eine junge, unvoreingenommene Generation ersetzt würden, argumentiert der Ökonom Paul Krugman: »Wissenschaftlicher Fortschritt vollzieht sich durch Beerdigungen«.[5]

Die Wirtschaftswissenschaft mag sich als eine Hard Science verstehen, doch menschelt es auch in ihr. Sich mit der Verteidigung eines Paradigmas zu befassen, ist an sich keine schlechte wissenschaftliche Praxis, da man ein solches nicht vorschnell aufgeben sollte – doch wird die Ablösung auch des vorherrschenden Theoriegebäudes ein zäher Prozess sein, in dem nicht nur objektive, sondern auch subjektive Widerstände zu überwinden sind. Beschleunigt wird dieser Vorgang allenfalls durch Krisen.

Krisen aber sind aus der Marktwirtschaft schon hervorgegangen, ohne dass ihr dies geschadet hätte. Nicht einmal der Neoliberalismus hat nach der jüngsten Finanzkrise Schiffbruch erlitten, weshalb Colin Crouch seinem letzten Buch den Titel THE STRANGE NON-DEATH OF NEOLIBERALISM gab: »Was

---

3 Landmann 1961, 155
4 Vielleicht sah sich Rogall (2011, 155) aus diesem Grund genötigt festzustellen, dass Umweltprobleme von der Standardökonomie weitgehend ignoriert werden: »Selbst nach der Jahrtausendwende beinhalten die meistverkauften Lehrbücher der Volkswirtschaftslehre keine eigenständigen Kapitel zur Umweltökonomie und Ökologischen Ökonomie, der Begriff Nachhaltige Entwicklung findet sich nicht einmal im Index. [...] Die erschreckende Innovationsfeindlichkeit zeigt symptomatisch den mangelnden Reformwillen dieser wichtigen Wissenschaftsdisziplin.«
5 Zit. in Storbeck 2013, 51

bleibt nach der Finanzkrise vom Neoliberalismus?« fragt er darin, und nennt die Antwort: »So gut wie alles. Die wirtschaftlichen und politischen Kräfte, die hinter dieser Agenda stehen, sind zu mächtig, als dass ihre Vorherrschaft ins Wanken gebracht werden könnte.«[6] Wenn trotz dieser Krise, trotz globaler Proteste und zahlreicher Kritiken nicht einmal das neoliberale Programm der Marktwirtschaft ins Wanken gerät, um wie viel schwerer dann erst die Marktwirtschaft selbst?

Vielleicht müssen harschere Krisen zur Initiierung des Wandels folgen – und das werden sie vermutlich. Am wahrscheinlichsten ist, dass sie vom Finanzsystem, von Blasen, Schulden, Zinsen und Spekulationen ausgehen, von ökologischen Veränderungen, von Krisen am Arbeitsmarkt und von einer sich vergrößernden sozialen Ungleichheit. Auf diese, das alte ökonomische Paradigma vermehrt in Frage stellenden Anomalien kann man warten und währenddessen einen Plan B elaborieren. Das war die Strategie von Milton Friedman. Im Vorwort zur zweiten Auflage von KAPITALISMUS UND FREIHEIT schreibt er über seinen neoliberalen Alternativentwurf zum damals vorherrschenden Keynesianismus: »Der Status quo hat große Autorität. Und die Leute sind nur dem Neuen gegenüber aufgeschlossen, wenn die bestehenden Einrichtungen nicht funktionieren. [...] Wenn sich die Leute für eine neue Lösung entscheiden, nehmen sie meist das, was vor ihnen liegt. Und daher bin ich mehr und mehr davon überzeugt, dass die Rolle von Büchern wie diesem hier in erster Linie darin liegt, Alternativen für bestehende Einrichtungen aufzuzeigen und lebendig zu halten, bis das Klima für eine ernsthafte Auseinandersetzung mit diesen Alternativen durch die Gemeinschaft mehr oder weniger günstig ist.«[7] Friedman sollte Recht behalten. Als der Keynesianismus in den 1970ern eine Inflation mitverursachte, war der Zeitpunkt für den Neoliberalismus gekommen. In den 1980ern griffen Reagan und Thatcher auf die vor ihnen liegende Alternative Friedmans zurück und begannen die keynianistische in die neoliberale Marktwirtschaft zu transformieren. Eine Krise, die eine Generalablösung der Marktwirtschaft begünstigt, ist nicht in Sichtweite, aber sie dürfte sich in den nächsten Jahrzehnten ereignen. Auf diese kann man warten und ausgearbeitete Alternativen bereithalten oder darauf hoffen, dass die Alternative schon vor einer ernsten Krise zunehmend mehr Fürsprecher und damit an Einfluss gewinnt.

Das ist eine Möglichkeit. Nicht die einzige. Auch keine wünschenswerte. Denn Abwarten bedeutet, die aus künftigen Notlagen hervorgehenden, humanistischen und ökologischen Krisen in Kauf zu nehmen. Es kann aber auch schnell gehen, wie z. B. der rasche Untergang des ehemaligen »Ostblocks« ge-

---

6   Crouch 2011
7   Friedman 1971

zeigt hat. Weil in der Bevölkerung die Loyalität zum System gering war, genügte ein Anstoß, um das Kartenhaus zusammenfallen zu lassen. Nicht anders war es beim Sturz der Regime in Tunesien und Ägypten im Arabischen Frühling. Die Loyalität der Welt zur Marktwirtschaft wird ebenfalls überschätzt. Die Finanzkrise, die zunehmende soziale Ungleichheit, Lobbyismus, die globale Umweltproblematik und weitere Schieflagen nähren die Antipathie zur gegebenen Wirtschaftsordnung umso mehr, je geringer die Zahl ihrer Nutznießer ist. Zusammengehalten wird das Kartenhaus des Kapitalismus noch von einigen, die vermeintlichen Segnungen des Wettbewerbs lobpreisenden Mythen (z. B. dem Fortschritts- und Effizienzmythos), von ihn konsolidierenden politischen Programmen und vom Fehlen einer ebenbürtigen Alternative.

Die Verwandlung der Weltwirtschaft

Statt auf Systemkrisen und deren Reformen zu warten, kann man aber auch schon in der Gegenwart oder nahen Zukunft mit der Umsetzung einer alternativen Wirtschaftsform beginnen. Dabei kann die Marktwirtschaft zunächst weiter wie bisher ablaufen. Aufbauend auf den »Bausteinen«, die Bergmann und Schor für eine alternative Wirtschaftsform vorgeschlagen haben, sind in Kapitel II.2 weitere hinzugefügt worden.

Bergmann und Schor gehen beide davon aus, dass Erwerbsarbeit in Zukunft nicht mehr wie in den letzten 200 Jahren das Fundament sein kann, auf

Tabelle 2   Die Bausteine eines alternativen Wirtschaftsmodells von Bergmann und Schor

Frithjof Bergmann (2005)	Juliet Schor (2012)
Zahl der Wochenarbeitsstunden pro Person auf etwa 20 reduzieren	Weniger Zeit für Erwerbsarbeit aufwenden
Zeit für Eigenversorgung nutzen	Zeit für Eigenversorgung nutzen (mittels Sharing, 3D-Druck, FabLabs, Urban Gardening etc.)
	Hinterfragen des eigenen Bedarfs (d. h. Suffizienz), Reduktion konsumsteigernder gesellschaftlicher Institutionen
Ausübung der inneren Berufung	Ausübung von Tätigkeiten für das Gemeinwohl

Die große Transformation

dem Wirtschaft und Gesellschaft errichtet sind. Je weniger Geld man aufwenden muss, um seinen Lebensunterhalt sichern zu können, so die weitere Überlegung bei beiden, desto größer die Unabhängigkeit von der Erwerbsarbeit. Die folgenden vor allem in den Kapiteln II.1 und II.2 dargelegten Bausteine, die anzeigen, in welche Richtung der Wandel gehen könnte, fußen auf Bergmann und Schor, gehen aber auch über sie hinaus:

(1) Tätigkeiten, die von KIs, Maschinen, von Algorithmen und Software qualitativ mindestens auf menschlichem Niveau ausgeführt werden können, sollten auch von ihnen ausgeführt werden, sofern die Zwischenmenschlichkeit nicht darunter leidet.

(2) Essenzielle materielle und immaterielle Elemente eines guten Lebens sollten Bürgern entweder möglichst günstig oder gar kostenfrei zugänglich gemacht werden (z.B. Mobilität, Bildung, Gesundheit, Kommunikation, Energie) oder Wohnen (Miete). Das Urheberrecht ist zu überdenken, denn es verknappt durch Preise künstlich, was unbegrenzt und kostenlos verfügbar sein könnte. Sind Autoren, Künstler von ihren Werken nicht existenziell abhängig, werden sie kaum geschädigt, viele aber begünstigt. Auch das Patentrecht ist vor diesem Hintergrund zu überdenken, zumal es den technischen und wissenschaftlichen Fortschritt in vielen Fällen bremst. Der marktwirtschaftliche Radius schrumpft, wenn die Anzahl der Märkte kleiner wird. Das ist der Fall, wenn gesellschaftliche Teilbereiche (wie die Gesundheit und Stromerzeugung) nichtkommerziell organisiert werden können.

(3) Institutionen, welche die weitere Selbstversorgung mit Lebensmitteln, Mobiliar, Kleidung ermöglichen, sollten nicht blockiert und bestenfalls gefördert werden. Je besser die Selbstversorgung funktioniert, desto geringer wird die Abhängigkeit von Unternehmen und desto dünner die Anzahl miteinander konkurrierender Firmen. Die Selbstversorgung kann im bestehenden Wirtschaftssystem expandieren.

(4) Institutionen, welche die gemeinschaftliche Nutzung von Dingen über deren Besitz stellen, sollten gefördert werden. Das ist sozial wie ökologisch sinnvoll, zumal die ökologischen Grenzen durch Sharing als »Freiheitsvoraussetzungsschutz« respektiert werden können. Die Ausweitung des Sharing-Angebots kann z.B. im Rahmen einer »Bibliothek der Dinge« ebenfalls innerhalb der gegebenen Struktur erfolgen. Je größer und nutzerfreundlicher das Angebot wird, desto attraktiver wird es (und desto unattraktiver wird das alte Modell).

(5) Institutionen, welche den Preis von Waren ohne Verbrauchermehrwert erhöhen und den Wunsch, mehr und Neues besitzen zu wollen fördern, sollten abgelöst werden (z.B. systemische Knappheit induzierende Marketing- und psychische Obsoleszenzmaßnahmen). Menschen sollten, wie Uta

von Winterfeld schreibt, nicht permanent »mehr haben wollen müssen«.[8] Dies erleichtert zugleich die Hinterfragung dessen, was man an materiellen Gütern tatsächlich benötigt (Suffizienz). Suffizienz ist auch deswegen ein wichtiger Baustein, da zu erwarten ist, dass in den kommenden Jahrzehnten immer mehr Dinge immer schneller und billiger hergestellt werden können. Damit der Ressourcenverbrauch nicht überhandnimmt, ist ein kluger Umgang mit dem technisch Möglichen erforderlich.

(6) Ermöglichung kollaborativer Produktionsprozesse, basierend auf Lizenzfreiheit, der ehrenamtlichen Mitarbeit einer globalen Online-Community, günstigen Produktionsverfahren (dazu bietet sich bislang der 3D-Druck an) und deren Herstellung in lokalen Mikrofabriken oder Copyshops. Dazu braucht es vor allem eine offene Onlineplattform, die zeigt, an welchen Produkten gerade gearbeitet und geforscht wird und die gemachten Fortschritte und Diskussionen dokumentiert. Alle den Designprozess betreffende Informationen sind offen und frei. Im Produktionsprozess anfallende Kosten könnten zumindest teilweise mittels Crowdfunding gedeckt werden. Was bei der Erstellung von Open-Source-Software bereits funktioniert, funktioniert auch bei Hardware, wie Praxisbeispiele zeigen.

(7) Förderung der Innovationsfreude durch Challenges, d.h. Wettbewerbe ohne Verdrängungscharakter, deren Ergebnisse und akkumuliertes Wissen allen verfügbar gemacht werden. Sie sollten jedoch nicht inflationär stattfinden werden, da dies die Attraktivität der Wettbewerbe entwerten könnte.

(8) Für eine Gesellschaft wichtige Tätigkeiten, die nicht von Maschinen ausgeführt werden können oder sollten, sind so zu gestalten, dass sie von Menschen intrinsisch motiviert ausgeübt werden. Die Tätigkeiten sollten nicht nach den Prinzipien der Kapitalverwertung gestaltet sein. Das impliziert die Reduktion der Tätigkeitszeit auf etwa zwanzig Stunden pro Woche. (Auf persönlichem Wunsch sollte natürlich auch länger gearbeitet werden können.)

(9) Abwandlung der Normalbiografien durch eine Verlängerung der Bildungsphase, die Wiedereinführung und Erweiterung eines verbindlichen Zivildienstes für alle, die Einführung regelmäßiger Sabbaticals und eines verspäteten Eintritts ins Rentenalter bei hinreichender Vitalität der Einzelnen.

Diese Bausteine sind, was sie scheinen: Bausteine. Sie sind noch nicht das neue Gebäude, das es in den kommenden Jahrzehnten zu errichten gilt. Je mehr solcher Bausteine zusammengetragen werden, je robuster sie beschaffen sind, je besser sie wie Legosteine zusammenpassen, desto mehr wird das Haus sichtbar und bewohnbar werden. Schon die hier versammelten Bausteine fördern

---

8 Winterfeld 2011

die Abkehr vom volkswirtschaftlichen Wachstumsparadigma, da bislang ein Großteil des Wachstums für die Schaffung neuer Arbeitsplätze und für sozialstaatliche Leistungen erforderlich ist. Entfällt die Notwendigkeit für diese, entfällt der Wachstumszwang. Weitere Bausteine sollten auch dies im Blick haben.

Mit dem *Steady-State*-Modell teilen diese Überlegungen die Überzeugung, dass die Ökonomie in die planetaren Grenzen eingebettet sein muss. Mit den Überlegungen zu einer *Postwachstumsökonomie* haben sie die Überzeugung gemein, dass der marktwirtschaftlich propagierte Steigerungszwang deinstalliert werden, der Energie- und Ressourcenverbrauch schrumpfen muss und Wachstum nicht das wirtschaftliche Hauptziel sein sollte. Zusammen mit der *Green Economy* halten obige Bausteine technische Innovationen zur Reduktion des ökologischen Impacts für erforderlich. Mit dem *Kapitalismus-3.0*-Konzept und der *Sharing Economy* befürworten sie die Idee der gemeinsamen Nutzung von Gütern und Ressourcen. Mit der *Gemeinwohl-Ökonomie* betonen sie den Vorrang der Kooperation vor der Konkurrenz und mit dem Modell des *bedingungslosen Grundeinkommens* legen sie Wert auf eine veränderte Auffassung von Arbeit und einen reformierten, Existenz sichernden Zugang zum Gütererwerb.

Doch wie steht es mit der Umsetzung? Die »Soziobricks« der kollaborativen Ökonomie können *parallel* zur bestehenden Wirtschaft eingeführt werden. Und das werden sie bereits in der Gegenwart: Nichtkommerzielle Angebote der Sharing Economy, Co-Creation für freie Hard- und Software, nichtkommerzielle Kooperationen bei der Produktion von Gemeingütern wie Wikipedia oder dem Angebot kostenfreier Bildungsangebote haben sich eine expandierende Nische im dominierenden System geschaffen.

Wie auch immer sich die Marktwirtschaft vor Jahrhunderten im Detail durchsetzte, sicher ist, dass damals eine traditionalistische Wirtschaftsweise von einer rationalen, profitorientierten verdrängt wurde. Auch damals *koexistierten* für eine Weile zwei Wirtschaftssysteme, die einer je unterschiedlichen Logik folgten. Damals mussten sich die traditionell Wirtschaftenden an das neue System anpassen, um von ihm nicht verschluckt zu werden. Vermutlich wird die Marktwirtschaft von demselben Prozess abgelöst und *nicht* von einer zum Sturz des Alten aufrufenden Revolution, wie sie etwa Marx vorschwebte. Zur gleichen Zeit können zwei Wirtschaftssysteme parallel laufen – ein kommerzielles und ein postkommerzielles –, und es wird sich zeigen, welches von beiden langfristig mehr Menschen von sich überzeugen kann. Auf diese Weise basiert der Prozess auf *Vernunft* und ist *demokratisch,* da sich jeder frei entscheiden kann, ob er der neuen Wirtschaftsweise den Vorzug geben möchte oder nicht.

Beobachtbar sind als Übergangsphänomene auch symbiotische Transformationen, in denen Unternehmen zwar nach Gesetzmäßigkeiten der Old Economy operieren, dabei aber Nischenpraktiken integrieren und die Nischen dadurch vergrößern. Konkret handelt es sich dabei um Unternehmen, die ihre Rolle auf das Anbieten einer Infrastruktur reduzieren und die kreativen Prozesse der Crowd bzw. Zivilgesellschaft überlassen (dabei aber den entstandenen Profit weitgehend für sich behalten). Wächst die Nische einer kollaborativen Ökonomie stetig, kann aus der anfänglichen Koexistenz die Verdrängung der Old Economy erwachsen. Ein solcher Wandel ist ein demokratischer Bottom-up-Prozess, bei dem dezentral auf der Erde verstreute Personen auf wenigen Onlineplattformen an Entwürfen und Angeboten transparent zusammenarbeiten und ihre Errungenschaften allen unentgeltlich zur Verfügung stellen. Dabei müsste es sich nicht einmal um eine große Anzahl von Individuen handeln. Bislang waren es stets wenige, die einen gesellschaftlichen Wandel angestoßen haben.

Egon Friedell merkt an, dass die Anfänge der *Renaissance* am Normalbürger fast unbemerkt vorüberzogen. Der Wandel ging aus der kulturellen Avantgarde hervor aus und war auch zunächst nur ihre Angelegenheit. Friedell konstatiert »erstens, daß die italienische Renaissance eine nahezu rein lateinische war, zweitens, daß sie sich die längste Zeit hindurch nur auf die Literatur erstreckt hat, drittens, dass selbst diese literarische Rezeption eine vorwiegend theoretische, akademische war«.[9] Auch Bertrand Russell betont, dass dieser Übergang von einer Minderheit getragen wurde: »Die Renaissance, an sich keine populäre Bewegung, war Sache einer kleinen Schar von Gelehrten und Künstlern und wurde von freigiebigen Mäzenen gefördert, besonders von den Medici und den humanistischen Päpsten. Ohne diese Schirmherren wäre sie weit weniger erfolgreich gewesen.«[10] Vermutlich wirkten nicht mehr als tausend Menschen (Gelehrte, Bankiers, Künstler und Fürsten) als Pioniere des neuen individualistischen Wertesystems, das an diesem Übergang zur Renaissance mit zu Grunde lag. Und vermutlich war es bei der *Aufklärung* nicht anders: 1784, da war die Aufklärung schon rund hundert Jahre im Gange, bemerkt Moses Mendelssohn: Die »Worte Aufklärung, Kultur, Bildung sind in unserer Sprache noch neue Ankömmlinge. Sie gehören [...] bloß zur Büchersprache. Der gemeine Haufe versteht sie kaum.«[11]

An der Digitalisierung der Gesellschaft sind ebenfalls vergleichsweise wenige Personen – vermutlich einige Hundert – entscheidend beteiligt. Die meisten befinden sich derzeit im Silicon Valley. Von ihnen stammen disruptive Ideen und/oder die finanziellen Mittel zu ihrer Umsetzung. Zahlenmäßig braucht es nicht mehr Personen, um auch dieses mächtige, »stählerne Gehäuse«, wie Max Weber den Kapitalismus einst ob seiner Beharrungskraft nannte, zu erweichen. Mittels der digitalen Möglichkeiten wird unerwartet einfach,

---

9 Friedell 1976, 204
10 Russel 1999 [1945]l, 508
11 Mendelssohn 1996 [1784], 3

was zuvor für Jahrhunderte als unmöglich galt. Wenige Individuen können die Voraussetzungen für nutzerfreundliche Möglichkeiten des kollaborativen, nichtkommerziellen Konsums und der kollaborativen, nichtkommerziellen Produktion schaffen. Dann braucht es Menschen, die intrinsisch motiviert mitmachen, ihre unerschöpfliche Kreativität, ihren dynamischen, nie versiegenden Erfindungsreichtum in das Netz einspeisen und die für ein gutes Leben notwendigen Produkte und Erfindungen außerhalb von Werkgeländen gemeinschaftlich kreieren – und sie tun dies auf verschiedenen Onlineplattformen bereits in der Gegenwart.

Sodann braucht es nutzerfreundliche Produkt-Service-Systeme, die möglichst vielen Bürgern einen möglichst günstigen und nutzerfreundlichen Zugang zu Produkten zu gewähren, die geteilt werden können. Eigentum kann man nach wie vor besitzen, aber viele Dinge kann man sich fortan auf praktische Weise leihen. Notwendig werden neue Formen des Teilens und der Zusammenarbeit ohnehin, wenn durch die Automatisierung immer mehr Berufe abgebaut werden und sich viele Menschen in prekären Arbeitsverhältnissen verdingen müssen. Notwendig wird auch die Abkehr von der Besitz-Konvention. Je mehr Menschen die Erde bevölkern, desto riskanter und irrationaler wird diese an sich schon ineffiziente Handhabung vieler Dinge.

Es braucht für die Verwandlung der Weltwirtschaft nicht nur *wenige Menschen*, es braucht dafür prinzipiell auch relativ *wenig Zeit*. Regierungen, speziell die der OECD-Staaten, sind eingebunden in Handels- und Freihandelszonen, in Vertragswerke des internationalen wettbewerbsorientierten Handels, von denen sie nicht oder kaum abweichen können. Ein gut organisierter Lobbyismus zügelt viele Reformvorhaben obendrein. Ist ein von Regierungen initiierter, transformativer Top-down-Prozess darum schlecht vorstellbar, wird dieser irrelevant, wenn sich die Wirtschaftsweise von unten, bottom-up, d.h. von der Zivilgesellschaft ausgehend transformiert. Da das Internet weltumspannend ist, können Elemente einer mutualistischen bzw. kollaborativen Ökonomie in kurzer Zeit in fast alle Länder vordringen (sofern Regierungen sie durch Geoblocking nicht aufhalten). Die globale Diffusionsgeschwindigkeit des World Wide Web ist hierfür selbst das beste Beispiel. Dinge, die gemeinsam auf Plattformen kreiert und allen zugänglich gemacht werden, können theoretisch in wenigen Jahrzehnten in jeder Stadt der Erde unter Umgehung von Produzenten und Warenhäusern realisiert werden.

Politisch könnte die neue Wirtschaftsweise gefördert werden. Kommunen könnten z.B., wie es die Stadtverwaltung von Seoul schon getan hat, die Einrichtung von Bibliotheken der Dinge (oder Mikrofabriken) durch die Bereitstellung geeigneter Räume unterstützen. Staatliche Fördergelder könnten die Einrichtung einer zentralen kollaborativen Produktionsplattform finanzieren. Solche Maßnahmen wären ob der Aussicht auf technische Massenarbeitslosigkeit gewiss angebracht und könnten den Prozess beschleunigen. Notwendig indes sind sie nicht, da die Einrichtungen auch selbstorganisatorisch durch Open-Source-Kollaboration verwirklicht oder via Crowdfunding finanziert werden können. Lokale Mikrofabriken bräuchte es künftig in jeder Stadt. Fab-Labs, die schon in Dutzenden Städten gegründet wurden, sind hierfür bereits existente Prototypen. Werden in ihnen vor allem Produkte entworfen, die gemeinschaftlich genutzt werden, beschleunigt das den Abnabelungsprozess von der gegebenen Wirtschaftsweise. Die Weiterentwicklung von 3D-Druck, 3D-Assembler und Deprinter ist dem Prozess ebenso förderlich, sowie die Anbindung von immer mehr Menschen ans Internet. Aber all das geschieht bereits mit großer Geschwindigkeit und wird auch weiterhin geschehen.

Politisch könnte dieser »organische« Wandel allerdings durch Regulierungen jedoch auch unterbunden und der Übergang vom Alten zum Neuen dadurch zeitlich verlängert werden – aus Angst vor Kontrollverlust, um die Interessen von Unternehmen und Verbänden gegen die neue zivilgesellschaftliche Konkurrenz zu schützen oder schlicht aus strukturkonservativen Gründen.[12] Um Wirtschaftsinteressen oder Arbeitsplätze zu schützen, könnte etwa der freie Zugang zu Quellcodes, könnten also Open-Source-Kooperationen untersagt werden. Ein solches Vorgehen entspräche allerdings dem einer Marktdiktatur, in dem Alternativen undemokratisch unterdrückt würden.

Auch gegen die Einführung der Demokratie hatten Aristokraten einst Vorbehalte, da sie der Vernunft der Bürger misstrauten. Dieses Misstrauen wurde von der Geschichte weitgehend widerlegt. Nun könnte es darum gehen, ökonomische Prozesse der Vernunft der Bürger zu überlassen und demokratische Politiker könnten mit Argwohn reagieren. Aber warum sollte nur Politik die Sache des Volkes sein, nicht auch die Ökonomie? Bürger wurden einst Produzenten, sie können auch Prosumenten werden. Eine Weile mag der Versuch, das Neue in die Struktur des Alten zu zwängen, gelingen. Das wahrscheinliche Ergebnis wäre jedoch, dass soziale Spannungen und Legitimitätsprobleme zunehmen und Wirtschaft und Gesellschaft schließlich doch restrukturiert werden müssen.

Es ist eine menschliche Tendenz, das Gegebene aus Sicherheitserwägungen nicht vorschnell loszulassen, und das wirft die Frage auf, was tatsächlich verloren ginge, wenn eine vom Wettbewerb zwischen Unternehmen gezeichnete Ökonomie abgelöst werden sollte?

---

12 Als der autoritäre Regierungschef Ungarns, Viktor Orbán, 2014 eine Steuer für das Up- und Downloaden von Daten einführen wollte (50 Cent pro Gigabyte), brachen landesweite Proteste aus. Die Bevölkerung Ungarns ließ sich in den Jahren davor viele Einschnitte gefallen (z. B. das Ende der Pressefreiheit), bei dieser Steuer war der Unmut jedoch so groß, dass Orbán die Steuer zurückziehen musste. Ähnliche Pläne könnten in anderen Gesellschaften ähnliche Reaktionen auslösen, so dass digitale Produkte auch künftig fast kostenlos verfügbar sein dürften.

III

Wozu Wettbewerb?

1972 veröffentlichte der Club of Rome LIMITS OF GROWTH, 1995 brachte die Group of Lisbon LIMITS OF COMPETITION heraus. Beiden Gruppierungen war mit ihren Schriften daran gelegen, die Menschheit vor einer Fehlentwicklung zu warnen. Diese hatte bei beiden einen wirtschaftlichen Ausgangspunkt. Die Gruppe von Lissabon vertrat drei Thesen: Erstens hätte der nach dem Zusammenbruch der Sowjetunion nun globalisierte und damit verschärfte Wettbewerb zu einem gesteigerten Wohlstand führen sollen, was er allerdings nicht getan hat. Die Verwüstung der Umwelt habe zugenommen, ebenso die soziale Ungleichheit. Damit traf eine seiner zentralen Vorhersagen nicht ein. Zwar nahm der materielle Wohlstand in den Schwellenländern zu, allerdings auf Kosten ökologischer und gesundheitlicher Kollateralschäden – und letztlich nimmt der Wohlstand einer Gesellschaft nicht zu, wenn sie ihre Umwelt verschmutzt. Dies ist die *theoretische* Grenze des Wettbewerbs.

Das Buch diskutiert zweitens eine *normative* Grenze: Diagnostiziert wurde, dass die globalisierte Marktwirtschaft das Korrektiv demokratischer Politik weitgehend ausgeschaltet hatte und die marktwirtschaftliche Logik stattdessen Politik gestaltete, was sich u. a. in nationalen Standortwettbewerben zeige. Nicht nur Unternehmen verfolgten Wettbewerbsstrategien, sondern auch die Nationalstaaten, und eine Folge dieser Entwicklung zeige sich im Abbau des Sozialstaats. Kaum hatten ehemals sozialistische Staaten ihr totalitäres Regime abgeschüttelt und eine demokratische Regierungsform übernommen, kritisierte die Gruppe, dass die Demokratie auch schon wieder ausgehöhlt würde. »Die Globalisierung der Wirtschaft scheint [...] den weltweiten Finanz- und Industrienetzwerken eine nie dagewesene Entscheidungsgewalt und Macht über das Schicksal von Millionen Menschen in aller Welt in die Hand« zu geben.[1]

Als Gegenreaktion zu dieser postdemokratischen Entwicklung formierte

---

1 Gruppe von Lissabon 1997, 18

sich mit zahlreichen NGOs eine außerparlamentarische Opposition. Verglichen mit den geballten Wirtschaftsinteressen war und ist ihr Einfluss jedoch eher gering. Und während sich die NGOs für universelle ökologische, soziale und humanitäre Belange einsetzen, treten Konzerne und Banken für ihre partikularistischen, Gewinn maximierenden Ziele ein. Letztere verursachen dabei jene ökologischen, sozialen und humanitären Probleme, derer sich NGOs anzunehmen versuchen. Weil sie aber wenig Einfluss haben und die Marktakteure (Staaten und Unternehmen) nur inadäquat auf die vom Wettbewerb ausgehenden negativen Effekte reagieren können, ist hier für die Gruppe von Lissabon eine *praktische* Grenze des Wettbewerbs erreicht.

Aus ihr folgt, drittens, die letzte These: Nicht durch eine konfrontative, sondern durch eine kooperative Steuerung könne die Entwicklung der Menschheit eine wünschenswerte Richtung einschlagen. Natürlich wird auch innerhalb miteinander konkurrierender Gruppen (z. B. Unternehmen) kooperiert, mag die Kooperation in Gruppen durch die Konkurrenz zwischen Gruppen sogar gesteigert werden. Diese Zusammenarbeit dient aber weniger der gegenseitigen Unterstützung, als der Benachteiligung anderer im Kampf um Geld und Ressourcen. Kooperation ist dabei nicht nur ein *Mittel*, um gegen die Konkurrenz bestehen zu können, sondern auch ein *Ziel*: Konkurrierende Unternehmen unter- oder überbieten einander, um mit Nachfragern einen Tausch, d. h. einen kooperativen Akt durchzuführen. Um sich selbst zu helfen, *müssen* aber Mitarbeiter eines am Markt operierenden Unternehmens Mitarbeiter anderer Unternehmen, auch die natürliche Umwelt und zuweilen gar Verbraucher schädigen. Aus dieser konkurrenzgerahmten Kooperation folgen vielfältige Probleme.

Aus dem Wettbewerbsmodus resultieren soziale Interaktionsformen, die problematisch sind, da Menschen dazu angehalten werden, gegeneinander und mit einem hohen Leistungsdruck zu arbeiten. John Stuart Mill, einer der klassischen Nationalökonomen und Gründerväter der Wettbewerbswirtschaft, machte denn auch keinen Hehl aus seiner Abneigung gegen diese. »Ich bekenne«, schrieb er in seinen GRUNDSÄTZEN DER POLITISCHEN ÖKONOMIE, »daß ich mich nicht mit dem Lebensideal derjenigen befreunden kann, welche dafür halten, daß fortwährendes Gegeneinanderankämpfen der normale Zustand menschlicher Wesen sei; daß das Sich-Drängen, Stoßen, Schieben, was den dermaligen Thypus des sozialen Lebens abgiebt, das wünschenswerteste Loos der menschlichen Gattung oder irgend etwas anderes sei als ein unerfreuliches Symptom einer Phase des industriellen Fortschritts. [...] Als der beste Zustand für die menschliche Natur erscheint jedoch ein solcher, in welchem während keiner arm ist, niemand reicher zu sein wünscht und niemand Grund zur Besorgnis hat, daß er durch die Bestrebungen anderer, die sich vorwärts drängen wollen, zurückgeschoben werde.«[2]

---

2   Mill 1869, 60 f.

Für Mill war Kapitalismus ein notwendiges Übel, ein Abschnitt der Geschichte, in dem die Menschen den Mangel durch die unsichtbare Hand überwinden. Ist der Mangel erst einmal beseitigt, wäre es wünschenswert die unsichtbare Hand wieder abzuschütteln, da ein gutes Leben trotz materieller Fülle durch sie nicht möglich sei. Obzwar die Marktwirtschaft sozialstaatlicher Modifikationen wegen nicht mehr jene ist, die Mill erlebt hat, ist das Gegeneinanderkämpfen der Marktakteure erhalten geblieben. Auf dem Markt streben Unternehmer nach demselben, nach Profit. »Und wenn«, so Hobbes, »zwei Menschen nach demselben Gegenstand streben, den sie jedoch nicht zusammen genießen können, so werden sie Feinde und sind in Verfolgung ihrer Absicht [...] bestrebt, sich gegenseitig zu vernichten oder zu unterwerfen.«[3] Konkurrenz und Misstrauen waren für Hobbes zwei von »drei hauptsächlichen Konfliktursachen« zwischen Menschen (als dritte nannte er Ruhmsucht). Wenngleich Hobbes nach heutigen Maßstäben bemessen auch dramatisierte und die Möglichkeit von strategischen Allianzen gänzlich ausschloss, wies er doch auf das grundsätzliche Problem der Wettbewerbswirtschaft hin, das auch bei Mill Unbehagen auslöste: Konkurrenz fördert das menschliche Gegeneinander.

Hobbes deutete jedoch einen Ausweg an, die in diesem Kapitel untersucht wird: Es müsste eine Möglichkeit gefunden werden, mittels derer die Akteure das, wonach sie streben, *gemeinsam genießen können*. Auf diese Weise wären die Konkurrenzsituation und das aus ihr resultierende Misstrauen aufgehoben.

Mythen des Wettbewerbs

Geht es um den Wettbewerb auf Märkten könnten die Meinungen asymmetrischer kaum sein. Die einen – so die Mitglieder der Group of Lisbon – sehen im Wettbewerb einen Konflikttreiber: Auf der Mikroebene, im zwischenmenschlichen Bereich legen Menschen Wert auf Kooperation, Vertrauen und Harmonie. Auf der Makroebene, im Wirtschaftsleben, sollen sie Konkurrenz, Misstrauen und Kampf leben. Darüber hinaus ist, wie im ersten Kapitel zu lesen war, der Wettbewerb die Ursache konstruierter Knappheit. Um im Wettbewerb zu obsiegen, ist Wachstum erforderlich. Wirtschaftswachstum ging bislang aber stets mit wachsenden Umweltproblemen einher.

Andere aber sehen in der Konkurrenzkonstellation etwas Gutes, ein Dienst an den Menschen, da er ihren Wohlstand und Fortschritt sowie moralische Werte, Vertrauen und Kooperation befördert, ohne die Transaktionen auf Märkten unmöglich wären. Seinen guten Ruf in der Wirtschaftslehre

---

3   Hobbes 1998 [1670], 95

hat der Wettbewerb, weil aus der Konkurrenzsituation zwar Lasten für Unternehmen, aber Vorteile für Dritte hervorgehen. Eben diese Vorteile sind ein Grund, warum die Marktwirtschaft trotz ihrer zahlreichen Kritiker Jahrhunderte überdauern konnte, warum die Idee des wirtschaftlichen Wettbewerbs ein theoretischer Fixstern moderner Gesellschaften wurde und manche Wirtschaftstheoretiker *nicht weniger,* sondern *mehr* Wettbewerb als Lösung der Gegenwartsprobleme erachten.

Für diese Fraktion ist der Wettbewerb eine, wenn nicht *die* Grundvoraussetzung, damit die unsichtbare Hand ihre gute Wirkung tun kann. Denn Monopole und Oligopole beuten die Konsumenten aus und beschränken die Produktion. Die Orthodoxie spricht der unsichtbaren Hand weitere positive Funktionen zu, z. B. die das Waren (a) durch den Wettbewerb *günstiger* angeboten werden und die Konsumenten dadurch niedrigere Lebenshaltungskosten haben. Oberflächlich betrachtet stimmt das, da z. B. die Arbeitsproduktivität stetig erhöht werden muss.[4] Da der Wettbewerb aber dazu neigt, die soziale und systemische Knappheit zu fördern, veranlasst er viele Verbraucher auch dazu, mehr Geld auszugeben, als dies in einer wettbewerbsarmen oder -freien Ökonomie notwendig wäre. Für die USA konnte Juliet Schor nachweisen, dass die Preise für viele Warengruppen (z. B. Kleidung, Elektronik, Möbel, Handwerk) zwischen 1998 und 2007 sanken, deren Konsum aber zugenommen hatte, wobei die psychologische Entwertung der Waren durch kürzere Modezyklen (bzw. die Forcierung der systemischen Knappheit) eine wichtige Rolle gespielt hat. 2007 kauften US-Konsumenten im Durchschnitt alle 5,4 Tage ein neues Kleidungsstück (1991 alle 10,7 Tage), wobei jedes Kleidungsstück stetig seltener genutzt, d. h. angezogen wurde. Geld sparen die Verbraucher durch diesen Rebound-Effekt nicht.[5] Zudem gehen günstige Preise oft mit Umweltverschmutzung und inhumanen Arbeitsbedingungen einher, wie sich etwa mit Verweis auf die Textil- oder Elektronikbranche leicht belegen lässt.

Daneben kursieren in der Literatur weitere Segnungen der Marktwirtschaft, die in den folgenden Abschnitten jedoch keine signifikante Rolle spielen, da sie offensichtlich unhaltbar sind oder in den vorigen Kapiteln bereits in Zweifel gezogen wurden. So die Handlungsfreiheit und diese ist (b) mit *Wahlfreiheit* und *Konsumentensouveränität* verschränkt. Die Verbraucher hätten die Wahl zwischen verschiedenen Angeboten und als Arbeitnehmer hätten sie die Chance zum Wechsel ihres Arbeitsplatzes. Konsumenten müssten nicht kaufen, was ihnen vorgegeben wird, da ihre Kaufpräferenzen festlegen, was auf

---

4 Viele digitale Produkte werden nahezu kostenlos gehandelt. Das liegt aber nicht am Wettbewerb, sondern daran, dass das Kopieren digitalisierter Produkte nur Strom und Zeit im Mikrobereich kostet, so die Infrastruktur dafür erst einmal steht. Digitalisierte Produkte sind auch außerhalb des Wettbewerbs fast frei erhältlich.

5 Schor 2010, 28–37

dem Markt angeboten wird und was nicht. Vielmehr würden die Unternehmen dazu gezwungen, sich an die Verbraucherwünsche anzupassen und darum sei der Markt unter Wettbewerbsbedingungen demokratisch. Das ist sicherlich nicht falsch, richtig ist es aber auch nicht. Denn die Praxis ist weniger demokratisch als die Theorie. Darum bleibt die Einrichtung von Warenhäusern nicht dem Zufall überlassen, sondern wird auf das Ziel der Konsumsteigerung, nicht das der Bedürfnisbefriedigung ausgerichtet. »Wenn wir«, so der Konsumforscher Paco Underhill, »nur in Geschäfte gingen, wenn wir etwas Konkretes kaufen müssten und wenn wir dort nur das kauften, was wir tatsächlich brauchten, würde die Wirtschaft zusammenbrechen.«[6] Mag sein, dass Underhill übertreibt. Die Warenumsätze aber würden rückläufig, würde nur gekauft, was gebraucht würde. Konsumpsychologen und Verbraucherforscher sorgen dafür, dass dieses Szenario nicht eintritt. Haben Kunden einen Igel im Geldbeutel, versuchen Psychologen, ihn zu entwenden. Sie gestalten einen Laden so, dass Kunden möglichst viel Geld ausgeben. Nicht die Belange des *Käufers*, die des *Verkäufers* stehen faktisch im Vordergrund. WARUM KAUFEN WIR? fragt Underhill im Titel seines Buches. Jenseits des Subsistenzkonsums, so seine gewiss simplifizierte Antwort, kaufen wir, weil wir dazu animiert werden. Und doch engagieren Verkäufer Spezialisten zur Einrichtung ihrer Läden nur und engagieren Produzenten Designer zur Gestaltung ihrer Verpackung nur, um ihren Umsatz zu steigern und um den der Konkurrenz zu senken. Die Sicherung der eigenen Marktexistenz ist, wie deren Gefährdung der übrigen Wettbewerber, das vorrangige Motiv – und das muss es sein. Der Konsument ist in vielen Warenhäusern weniger der autonom agierende König, sondern vielmehr das gelenkte Melkvieh und diese Verkehrung ist zugleich die subtile Abkehr von der Konsumentensouveränität.[7] Und schließlich unterbindet auch der Label-Dschungel souveräne Kaufentscheidungen.

---

6 Underhill 2012, 36
7 Sicherlich muss es sein, die Autonomie des Konsumenten zu beschneiden, wenn die von ihr ausgehenden kollektiven Kosten zu hoch werden – so bei sogenannten meritorischen und demeritorischen Gütern. Auch die steigende Rate von Herz-Kreislauferkrankungen belastet zunehmend staatliche Gesundheitssysteme, was eine politische Gegensteuerung legitimiert. Eingriffe in die individuelle Autonomie sind statthaft, wenn durch sie ein kollektiver Schaden abgewendet werden kann oder ein kollektiver Nutzen möglich wird (z. B. Zwangsabgaben für Bildung und Rente). In der Marktwirtschaft aber wird ohne einen höheren Zweck in die Autonomie des Einzelnen eingegriffen. Hierbei zum Zuge kommende Strategien wurden in Kapitel I dargelegt. Die Begründung, dass ohne solche Manipulationen der Konsumentscheidungen ein volkswirtschaftlicher und damit kollektiver Schaden entstünde, ist instabil. Schließlich bedingen steigende Konsum- und Produktionsraten einen ökologischen Schaden, der zu einem schwerwiegenderen kollektiven Schaden schon deswegen gerät, weil auch Volkswirtschaften von Umweltzerstörung beeinträchtigt werden.

Ferner steht die wettbewerbsorientierte Marktwirtschaft (c) für *Effizienz*, der Staat dagegen für die ineffiziente Verschwendung von Ressourcen. Das gesamte erste Kapitel über Knappheit lässt sich indes als eine Gegenthese auch dieses vermeintlichen Vorzuges lesen: Nicht nur dass natürliche Ressourcen verschwendet werden, um das Kaufniveau zu erhöhen oder hoch zu halten. Auch wird die Energie- und Ressourceneffizienz gerade wegen marktwirtschaftlichen Kalküls oft nicht umgesetzt. Als Resultat dieser gleich doppelten Ineffizienz, die der Denkweise entspringt, Gewinnmöglichkeiten maximal auszunutzen und Kosten zu meiden, schwinden essenzielle Erdsystemleistungen wie die meisten Gletscher im Anthropozän. Der Wirtschaftsphilosoph Karl Homann spricht der Marktwirtschaft indes eine andere Effizienz zu: »Markt und Wettbewerb erhalten die moralische Qualität ausschließlich deswegen zugesprochen, weil sie ›effizient‹ sind, d. h. weil sie allein in der Lage sind, die Chancen aller einzelnen für eine Lebensgestaltung nach eigenen Vorstellungen zu garantieren bzw. zu erweitern.«[8] Nun verschlechtert aber gerade die ökologische Ineffizienz des ökonomischen Wettbewerbs die künftigen Chancen aller (in Schwellen- und Entwicklungsländern schon die gegenwärtigen Chancen) einer guten und selbst gewählten Lebensgestaltung.

Der ökonomische Wettbewerb hat der Theorie zufolge außerdem (d) die *Funktion des Fortschrittsmotors*. Gerne beruft man sich dabei auf Hayek, für den »Wettbewerb *nur* deshalb und insoweit wichtig ist, als seine Ergebnisse unvoraussagbar und im ganzen verschieden von jenen sind, die irgendjemand bewußt hätte anstreben können«.[9] Fortschritt ist in diesem Sinne das Entdecken des Unbekannten, daher unvorhersehbar, und nichts befördert den Fortschritt mehr, als der Wettbewerb, da Unternehmen ständig in neue Ideen oder Produktionsmittel investieren müssen. Hayek wandte sich darum sein gesamtes Forscherleben lang gegen Planung und Steuerung – und tatsächlich wäre wohl eine Reihe von Gegenständen und Dienstleistungen ohne die Konkurrenzkonstellation auf den Märkten nicht oder erst verzögert entwickelt worden. Und doch ist dies bestenfalls die halbe Wahrheit. Kapitel II.2 zeigte, dass Innovationen ohne unternehmerische Konkurrenz (etwa durch staatliche Steuerung) erfolgen können und die Konkurrenzsituation die Eigenschaft hat, die innovative Dynamik zu bremsen.

Der Wirtschaftswissenschaftler Allan Meltzer nennt, neben den bereits erwähnten theoretischen Vorzügen, weitere, die für die Marktwirtschaft sprechen sollen. Denn diese sei (e) »the only system that achieves both economic growth and *individual freedom* and it *adapts* to the many diverse cultures in

---

8   Homann 1990, 41. Zu einer detaillierten Kritik an der marktwirtschaftlichen Effizienz siehe Thielemann (2010), 290–368
9   Hayek 2003 [1968], 133

the world.«[10] Nun ist die Marktwirtschaft zwar in nahezu alle Kulturen vorgedrungen, doch hat sie sich dabei nicht an die Kulturen angepasst, sondern einesteils die Kulturen an die eigenen Vorschriften. Zum anderen haben Kulturen, in denen die Marktwirtschaft verankert wurde, diese an eigene Werte und Traditionen angepasst. Auf diese Weise konnte ein skandinavischer, rheinischer, russischer oder chinesischer Kapitalismus entstehen. Kulturen passen sich an politische Systeme (siehe die Schweizer Demokratie und die afrikanische »Papierdemokratien«), Glaubenssysteme (siehe die christlichen Synkretismen in Lateinamerika) und eben auch ökonomische Systeme an. Es handelt sich um keine aktive Leistung der Marktwirtschaft, weshalb ihr der Meltzersche Vorzug nicht zugebucht werden kann. Und schließlich, darauf verweist der Rechts- und Nachhaltigkeitswissenschaftler Felix Ekardt wiederholt (und kontra Karl Homann), bedroht gerade die freie Marktwirtschaft die individuelle Freiheit und selbst gewählte Lebensgestaltung, indem sie deren materielle Basis (die Ökosystemleistungen) schmälert und der Entstehung von Öko-Diktaturen entgegenarbeitet.[11] Ökoautoritäre Maßnahmen werden beispielsweise seit einigen Jahren schon in Kalifornien umgesetzt, wo der Verbrauch von Wasser wegen anhaltender Dürre zunehmend rigider überwacht und die Definition und Strafe für Wasserverschwendung empfindlicher wird.

Auch jener vermeintliche Vorzug (f), den Luigi Zingales anmerkt, findet hier keine weitere Berücksichtigung: »Competition limits the possibility of earning extraordinary profits – and thus limits *income inequality* as well.«[12] Was für Gewerkschafter höhnisch klingen mag, folgt dem zunächst einleuchtenden Gedanken, dass hohe Löhne Managern nur in Firmen ausgezahlt werden können, die dank ihrer Größe oder Kartellzugehörigkeit keinen Konkurrenten fürchten müssen und darum mehr Einnahmen erwirtschaften können, als sie für Reinvestitionen benötigen. Firmen, die im harten Wettbewerb stehen, können sich den Luxus hoher Löhne dagegen nicht leisten, weshalb große Lohndifferenzen ein Indikator für zu wenig Konkurrenz sind. Nun waren Firmen im Frühkapitalismus dem härtesten Wettbewerb ausgesetzt. Zu dieser Zeit waren die Einkommensungleichheiten zwischen Industriekapitalisten und Proletariern vielleicht geringer als heute, aber immer noch beträchtlich, lebten die meisten Industriearbeiter außerdem in arger Not, gerade weil ihre Löhne so gering sein mussten.

In der Folge werden andere Funktionen des Wettbewerbs auf ihre Berechtigung hin untersucht. Darunter (g) die *Freiheit zur Teilnahme am Wettbewerb*. Die Marktteilnehmer können und wollen auf dem Markt ohne Wettbewerbsbeschränkungen handeln und ihre Waren feilbieten.

---

10   Meltzer 2012, ix
11   Ekardt 2010
12   Zingales 2012, 28 (im Original nicht kursiv)

Die Marktwirtschaft erziehe (h) zu *moralischen Verhaltensweisen*, zu Kooperation, Vertrauen und Ehrlichkeit sowie zu Tugenden wie Mut und Besonnenheit. Ohne Vertrauen (z. B. auf Geld als Tauschmittel) und Ehrlichkeit könne eine arbeitsteilige Wirtschaft nicht funktionieren, ohne Mut kein Unternehmen gegründet und ohne Besonnenheit nicht erfolgreich geführt werden. Damit würden Märkte gute Eigenschaften im Menschen befördern und das sei gut für die Menschheit.[13] Märkte förderten damit aber nicht nur *das Gute*, sondern auch *das Gute Leben*. Denn der Wettbewerb sei durch sozialgesetzliche Rahmenbedingungen so ausgerichtet worden, dass er einen wesentlichen Beitrag zu einem gelingenden Leben aller Marktakteure leiste.[14] Ungeachtet, dass Moral und Tugenden auch außerhalb von Märkten, z. B. in der Familie oder im Bildungssystem gefördert werden können, ist diese These so kontraintuitiv wie gewichtig. Sie betrifft eine der drei kulturellen Wertsphären (das Gute, Wahre und Schöne) und muss darum ernst genommen werden.

Fördert der Wettbewerb die Freiheit zur Teilnahme am Wettbewerb (wird er also von den Wettbewerbern gewollt?), fördert er das Gute? Im nächsten Abschnitt wird zunächst gefragt, ob es den Lehrbuchwettbewerb überhaupt gibt. Intuitiv handelt es sich bei ihm nämlich um eine solch raue Institution, dass es schwer fällt anzunehmen, sie würde von Unternehmern bereitwillig angenommen und aufrechterhalten. Und tatsächlich ist das nicht der Fall. Wo immer es geht (meist geht es aber nicht), scheuen Unternehmer die Konfrontation mit ihresgleichen. Und was überzeugte Marktwirtschafter für eine menschliche *Schwäche* halten, ist in Wahrheit ihre *Stärke:* Der Unternehmer ist nicht des Unternehmers Wolf, will es nicht sein. Natürlich gibt es Ausnahmen, aber die meisten Unternehmer stecken vielmehr in einem rauen System, in welchem sie sich friedlich einzurichten versuchen.

---

13 McCloskey 2006. Amüsant zu lesen ist die Rezension von Holt (2006) zu McCloskeys Buch.
14 Homann 2013, 2008

1 Die große Flucht

»›Wohlstand für alle‹ und ›Wohlstand durch Wettbewerb‹ gehören untrennbar zusammen; das erste Postulat kennzeichnet das Ziel, das zweite den Weg, der zu diesem Ziel führt.«[1] Diese hier von Ludwig Erhard vertretene Wettbewerbsgläubigkeit hat auch in den nachfolgenden Jahrzehnten kaum Patina angesetzt. »Competition«, schreibt Zingales ein halbes Jahrhundert später, »is an enormous source for good. To improve the economic system, we need more competition, not less.«[2] Er argumentiert für eine Politik, die »promarket«, aber »antibusiness« ist, womit er sich für eine Politik ausspricht, die es Unternehmen *nicht* ermöglicht, große Marktmacht und großen politischen Einfluss zu gewinnen. Kontrollieren Unternehmen erst einmal Markt und Politik, könne nicht mehr von einem freien Wettbewerb gesprochen werden, wäre ein Leistungsabfall die Folge, hätten die Konsumenten den Schaden. Antitrustgesetze sollten darum verhindern, wonach Unternehmen streben: nach Wachstum und Marktkonzentration, um den Wettbewerb entschärfen, Sicherheit gewinnen und in Ruhe Geld verdienen zu können. Zingales argumentiert für mehr Wettbewerb auch zwischen Kliniken und Universitäten, damit Patienten und Studenten vom permanenten Leistungsdruck der unsichtbaren Hand profitieren.

In der wirtschaftlichen Praxis ist es dagegen nicht untypisch, dass der Wettbewerb zwischen vielen Anbietern derselben Ware nach und nach umgangen und verdrängt wird, weil ihnen der Wettbewerb die Bürden der Preissklaverei zumutet – und in eben diese möchte sie Zingales ohne Fluchtmöglichkeit einkerkern. Denn anders stellen sich ja die vermeintlichen Segnungen der unsichtbaren Hand nicht ein, da nur der möglichst harte Wettbewerb zwischen

---

1 Erhard 1964, 9
2 Zingales 2012, xiv

Anbietern ähnlicher Waren das Allgemeine Wohl, erhöht, von dem allerdings die Anbieter und deren Mitarbeiter offensichtlich ausgenommen werden. Strategien zur Umgehung des Wettbewerbs sind standardökonomisch betrachtet eine Form von Marktversagen. Tatsächlich scheint hier aber das Verständnis des Menschen zu versagen.

Der Fluch des Wettbewerbs

Der Eintritt in den Wettbewerb auf Märkten und das Streben nach Wachstum sind *keine freiwilligen Entscheidungen,* die Unternehmer jeden Tag aufs Neue treffen. Sie haben hier nur wenig Handlungsspielraum und müssen vielmehr nach Wachstum streben, da sie innerhalb kompetitiver Bedingungen wirtschaften müssen, die das von ihnen verlangen. Nur wenigen Unternehmen ist es möglich, in einer wettbewerbsarmen und wachstumsfreien Nische existieren zu können. Und hätten Menschen im Rawlschen Urzustand eine Wahl, sich vor ihrem Eintritt in eine Gesellschaft für die dort geltende Wirtschaftsordnung entscheiden zu können, unwissend, welche Marktposition sie in dieser fortan einnehmen – ob arm oder reich von Geburt an, hoch oder gering qualifiziert, gesund oder krank, Arbeitnehmer oder -geber, kleiner, mittelständischer Unternehmer oder Industriekapitän, ob in einer solidarischen, kooperativen oder rivalisierenden Ökonomie wirtschaftend, im vollkommenen oder im regulierten Wettbewerb –, sie würden sich vernünftigerweise *nicht* für ihren Eintritt in den vollkommenen Wettbewerb, nicht für eine freie Marktwirtschaft entscheiden.

Wenn es möglich ist, wird in der ökonomischen Praxis auf die Freiheit, am Markt konkurrieren zu können, *verzichtet.* Viele Unternehmen möchten gar nicht ohne Wettbewerbsbeschränkungen agieren. Die ökonomische Handlungsfreiheit impliziert nämlich reichlich Handlungs*zwänge,* die bei Unterlassung bestraft werden und darum keine Wahlfreiheit lassen. Unternehmen streben darum beständig danach, wettbewerbsverzerrende Instrumente einsetzen zu können.

Es ist für gewöhnlich die Aussicht auf Geld, die dazu bewegt, ein Unternehmen zu gründen. In diesem anfänglichen Stadium werden die Gründer zuvorderst von der Verheißungen eines Vermögens motiviert, Zugang zu Wohlstand, Konsum und einem guten Leben zu bekommen. Hier *wollen* sie noch nach Profit streben. Haben sie sich jedoch erst einmal in den Sachzwängen der Marktwirtschaft verstrickt, *müssen* sie nach Profit streben. Selbst wenn der Wille zur Leistung, der (paradoxe) Wunsch nach Unabhängigkeit und Sicherheit, die Freude an der Sache etc. zur Unternehmensgründung treibt – gerät man auch über diese Wege in die Abhängigkeit wettbewerbsökonomischer

Sachzwänge. Der Kapitalismus ist, so Max Weber, dadurch charakterisiert, dass er ein nicht bloß auf den Handel, sondern ein auf Profit gerichtetes Wirtschaftssystem ist, dass er »identisch mit dem Streben nach Gewinn [...] nach immer *erneutem* Gewinn: nach ›*Rentabilität*‹ [ist]. Denn er muß es sein. Innerhalb einer kapitalistischen Ordnung der gesamten Wirtschaft würde ein kapitalistischer Einzelbetrieb, der sich nicht an der Chance der Erzielung von Rentabilität orientierte, zum Untergang verurteilt sein.«[3]

Mit dem asketischen Protestantismus hielt nach Weber ein neuer Geist in die einst von Subsistenz, Zünften und Gilden geprägte traditionalistische Wirtschaftswelt Einzug. Mit einem Mal traten außerhalb feudalistischer Strukturen Gruppen calvinistischer Händler, Handwerker u. a. Wirtschaftssubjekte auf und begannen, ihre Geschäfte auf rationale Weise zu führen, da sie meinten, ökonomischer Erfolg sei ein Zeichen göttlichen Wohlwollens. Als Calvinisten glaubten sie daran, dass jene, die emsig arbeiteten, sparten, Gewinn erwirtschafteten und diesen reinvestierten, für Gott lebten, dessen Ruhm vermehrten, und sich somit in seiner Gunst wähnen und annehmen konnten, nach dem Tode im Paradies wiederaufzuerstehen. Nicht länger wollten sie folglich nur konkret empfundene Wünsche befriedigen, sie sahen den Zweck ihres Tuns in der fortwährenden Steigerung ihres Gewinnes und lösten damit einen zuvor unbekannten Wettbewerb aus: »Wer nicht hinaufstieg, mußte hinabsteigen. Die Idylle brach unter dem beginnenden Konkurrenzkampf zusammen, ansehnliche Vermögen wurden gewonnen und nicht auf Zinsen gelegt, sondern immer wieder im Geschäft investiert, die alte behäbige und behagliche Lebenshaltung wich harter Nüchternheit«.[4]

Paradiesische Verheißung einerseits und Angst vor der Verdammnis andererseits waren den Calvinisten in einer Epoche, in der das Jenseits alles war, Antrieb zum rationalen Wirtschaften. Nach Weber verbreiteten sich die kapitalistischen Wirtschaftspraktiken weiter als es die religiöse Wurzel tat, da die ökonomischen Traditionalisten zu Rationalisten werden *mussten*. Weil die Traditionalisten von ihrem Auskommen abhängig waren, ihnen die Rationalisten dieses aber streitig machten, und ersteren daraufhin die Verarmung und – in einer Wirtschaftswelt ohne formales soziales Netz – womöglich das Abgleiten unter das Existenzminimum drohte, mussten auch sie rational wirtschaften. Mit dem kapitalistischen Geist traten Sachzwänge auf, welche die Marktakteu-

---

3   Weber (1991) [1920], 12 f. (im Original kursiv)
4   Ibid., 57. Dabei handelte es sich fürwahr um eine Kulturrevolution, wurde doch zuvor seit tausend Jahren mahnend von den Kanzeln gepredigt: »Seid arm auf Erden, um so reicher werdet ihr im Himmel belohnt werden!« Markus (10, 25) überlieferte von Jesus: »Eher geht ein Kamel durch ein Nadelöhr, als daß ein Reicher ins Reich Gottes gelangt«. Außerdem kündete er in der Bergpredigt: »Selig, die arm sind vor Gott; denn ihnen gehört das Himmelreich« (Matthäus 5, 3).

re ähnlich motivierten wie Himmel und Hölle den Calvinisten und dazu antrieben, gewinnsteigernd zu wirtschaften. Wie ein Flächenbrand konnte sich der rationale Kapitalismus nach Weber daraufhin ausbreiten und schließlich die ganze Welt überdecken.

Wie auch immer der neue Geist Einzug in die Ökonomie gehalten hat, hatte er einmal Fuß gefasst, verdrängte der Konkurrenzmechanismus die traditionalistische Wirtschaftsweise zunehmend, wurde das Wirtschaften rauer. Denn der Wettbewerb übt einen durch die Marktakteure nur schwer oder gar nicht kontrollierbaren Druck auf Preise, Kosten und Gewinne aus. Das Aufkommen der Konkurrenzwirtschaft zwängte die Marktakteure in unbehagliche soziale Beziehungen: Die meisten Unternehmer sahen sich auf einmal anderen Unternehmern gegenüber, die sie vom Markt verdrängen wollten und damit ihr Wohlbefinden gefährdeten: »Die Menschen entfalteten unter diesen Bedingungen eine extreme Leistungsbereitschaft, um sich aus der sie ängstigenden Lage zu befreien. Die Möglichkeit der Befreiung des geängstigten Individuums war jedoch durch die kapitalistischen Verhältnisse festgelegt. Der Weg führte über den ökonomischen Erfolg.«[5]

Die Konkurrenzwirtschaft verlangt vom Unternehmer zweierlei, einmal die *dauerhafte Anstrengung*, profitabler als die Konkurrenz zu wirtschaften. Dann muss die aus der Konkurrenzkonstellation resultierende *Unsicherheit* ertragen werden. Unternehmer, schrieb Schumpeter darum, befänden sich in der Marktwirtschaft »im ewigen Sturm«.[6] Verfechter der Marktwirtschaft beschönigen die beiden mit einem guten Leben offensichtlich unvereinbaren Bürden, dagegen mit dem Hinweis, dass die Marktwirtschaft die *Leistungsbereitschaft* und *Selbstverantwortung* aller beteiligten Akteure aktiviere und darum wünschenswert sei.

Aber Menschen sind für gewöhnlich nicht so, wie die Wettbewerbswirtschaft von ihnen zu sein verlangt. Menschen möchten sich nicht permanent anstrengen müssen und in unsicheren, stürmischen Verhältnissen leben bzw. wirtschaften. Max Weber wies darauf hin, dass präkapitalistische Arbeiter und Unternehmer weniger durch den *Mehrverdienst*, sondern durch *Minderarbeit* motiviert waren. (Dennoch war – siehe Kapitel II.2 – auch die traditionale Ökonomie innovativ.) Der Traditionalist »fragte nicht: wieviel kann ich am Tag verdienen, wenn ich das mögliche Maximum an Arbeit leiste, sondern: wieviel muß ich arbeiten, um denjenigen Betrag […] zu verdienen, den ich bisher einnahm und der meine traditionellen Bedürfnisse deckt? Das ist eben ein Beispiel desjenigen Verhaltens, welches als ›Traditionalismus‹ bezeichnet werden soll: der Mensch will ›von Natur‹ nicht Geld und mehr Geld verdienen, sondern einfach leben, so leben, wie er zu leben gewohnt ist, und soviel erwer-

---

5   Zinn 1980, 58
6   Schumpeter 1975 [1942], 148

ben, wie dazu erforderlich ist. Überall wo der moderne Kapitalismus sein Werk der Steigerung der ›Produktivität‹ der menschlichen Arbeit durch Steigerung ihrer Intensität begann, stieß er auf unendlich zähen Widerstand dieses Leitmotivs präkapitalistischer wirtschaftlicher Arbeit, und stößt er noch heute um so mehr darauf, je ›rückständiger‹ (vom kapitalistischen Standpunkt aus) die Arbeiterschaft ist, auf die er sich angewiesen sieht.«[7]

Weber deutete es an, und Wirtschaftsgeschichte, -ethnologie und -anthropologie bestätigen ihn: Der auf Produktivitätssteigerung ausgerichtete Geist des Wirtschaftens war Menschen und Kulturen in vorkapitalistischen Zeiten absolut unverständlich. Obwohl sich die moderne Gesellschaft als Leistungsgesellschaft definiert, hat sich die traditionalistische Einstellung bis in die Gegenwart erhalten: New Yorker Taxifahrer arbeiten für höhere Löhne nicht mehr, um mehr Geld zu akkumulieren – im Gegenteil. Sie arbeiten weniger, da sie ihren Job offenbar nur extrinsisch motiviert ausüben. Bei höheren Löhnen erreichen sie ihr Ziel, das täglich angestrebte Einkommen zu erwirtschaften, früher und können die gewonnene Zeit anderweitig genießen. Mehr d. h. länger arbeiten sie nur an Tagen, an denen sie nicht viel verdienen – also gezwungenermaßen.[8]

Nun sind New Yorker Taxifahrer keine repräsentative Gruppe. Ihr Verhalten deutet aber darauf hin, dass ein mächtiger, von außen einwirkender Druck erforderlich war und ist, um Wirtschaftsakteure dahingehend gefügig zu machen, dass sie über das notwendige Maß hinaus arbeiten. Darum kam Bourdieu im Rahmen seiner ethnologischen Feldforschung zu dem Ergebnis, dass das, was die gesamte moderne Wirtschaftswissenschaft unhinterfragt voraussetzt, nämlich einen natürlichen Hang des Menschen zur Kosten- und Gewinnberechnung, zum Sparen und zum Kredit, zur Investition und zur Profitsteigerung, dem Menschen mitnichten in die Wiege gelegt ist, sondern in jüngerer Zeit erst anerzogen bzw. aufgezwungen wurde. Wo marktwirtschaftliche Strukturen aber einmal institutionalisiert waren, strukturierten sie den Unternehmer, passten ihn an die Mechanismen des Marktes an.[9] Die Neigung zur Akkumulation von Waren, der Erwerb von Geld über das Notwendige hinaus, Produktionssteigerungen um der Produktion willen, waren den Menschen

---

7 Weber [1920] 1991, 50
8 Camerer et al. 2000
9 Bourdieu 2000. In diesem Zusammenhang sei erneut auf Gowdys Buch über prämodernes Wirtschaften verwiesen, in dem er festhält: »The view of human nature embedded in Western economic theory is an *anomaly in human history*. In fact, the basic organizing principle of our market economy – that humans are driven by greed and that more is always better than less – is a microscopically small minority view among the tens of thousands of cultures that have existed since Homo sapiens emerged some 200 000 years ago« (Gowdy 1997, xvii im Original nicht kursiv).

in allen Kulturen und Zeiten vor dem Einsetzen des Kapitalismus eine vollkommen abwegige Art, das Leben zu führen.

Und doch setzte sich das Abwegige durch. Der Mechanismus der Konkurrenz verdrängte die traditionelle Wirtschaftsweise, durch die rationale und (scheinbar) effiziente. Wer fortan auf dem Markt überdauern wollte, musste seine Kosten reduzieren, seinen Gewinn vergrößern, reinvestieren und stetig neue Kunden akquirieren. War die alte Wirtschaftswelt für Max Weber eine »*behagliche*«, nannte Joyce Appleby die neue eine »*unbarmherzige*«.[10]

Die neue Wirtschaft war *unethisch*, weil sie den Menschen eine Arbeitsweise aufzwang, die ihrer Vorstellung von einem guten Leben widersprach, und sie war *unmoralisch* wegen ihrer sozialen Nebenwirkungen. Friedrich Engels, ein Zeitzeuge des Frühkapitalismus, hielt in seinen Beobachtungen fest: »Die Konkurrenz ist der vollkommenste Ausdruck des in der modernen bürgerlichen Gesellschaft herrschenden Kriegs Aller gegen Alle. Dieser Krieg, ein Krieg um das Leben, um die Existenz, um Alles, also auch im Notfalle ein Krieg auf Leben und Tod, besteht nicht nur zwischen den verschiedenen Klassen der Gesellschaft, sondern auch zwischen den einzelnen Mitgliedern dieser Klassen; jeder ist dem anderen im Wege, und jeder sucht daher auch alle, die ihm im Wege sind, zu verdrängen und sich an ihre Stelle zu setzen. Die Arbeiter konkurrieren unter sich, wie die Bourgeois unter sich konkurrieren.«[11]

Dass die soziale Ordnung unter diesen Bedingungen überhaupt bestehen blieb, wunderte Engels zutiefst: »Überall barbarische Gleichgültigkeit, egoistische Härte auf der einen und namenloses Elend auf der anderen Seite, überall sozialer Krieg [...], überall gegenseitige Plünderung unter dem Schutz des Gesetzes, und das alles so unverschämt, so offenherzig, daß man vor den Konsequenzen unseres gesellschaftlichen Zustandes, wie sie hier unverhüllt auftreten, erschrickt und sich über nichts wundert, als darüber, daß das ganze tolle Treiben überhaupt noch zusammenhält.«[12]

Zur Zeit von Engels Niederschrift (1844–1845) waren die sozialen Härten des Wettbewerbs noch ungemildert und seine Beobachtung darum kaum übertrieben. Im Laufe der Zeit wurde der Wettbewerb durch den Sozialstaat, Gewerkschaften, das Insolvenzverfahren und andere Maßnahmen deutlich abgeschwächt. In Sozialstaaten muss der im Konkurrenzkampf unterlegene Unternehmer oder Arbeiter nicht mehr fürchten »zu verhungern, zu erfrieren, sich nackt bei den Tieren des Waldes zu betten«.[13] Gewiss leben die meisten Menschen in den klassischen Marktwirtschaften sicher wie in keiner vorangegangenen Epoche: Feindliche Stämme, Räuber, Sklavenhändler oder Tyrannen

---

10 Appleby 2011
11 Engels 1947 [1845], 77
12 ibid., 30
13 Ibid., 78

bedrohen hier niemandes Leib – das ist historisch gesehen keine Selbstverständlichkeit. Dennoch ist die unternehmerische Konkurrenz als Konfliktherd und Ursache für Unsicherheit und die Furcht vor einem nachteiligen sozialen Vergleich in diese Länder vorgedrungen. Darum registrierte Schumpeter in den 1940ern – rund siebzig Jahre nach der Einführung sozialstaatlicher Leistungen – noch immer eine »Atmosphäre der Feindschaft gegenüber dem Kapitalismus«.[14]

Die Flucht vor dem Wettbewerb

Der alte Fluch des Wettbewerbs veranlasst zur Flucht aus dem Wettbewerb. Die meisten Ökonomen sehen, geht es um das gute Leben, Märkte aus der *Perspektive des Konsumenten*: Der Wettbewerb zwischen Unternehmen befördert das Wohlergehen der Verbraucher. Diese hätten sich darum den Bedürfnissen der Verbraucher unterzuordnen. Dagegen analysieren Fligstein und Vanberg, wie seinerzeit Weber, Märkte aus der *Perspektive der Unternehmen* und verweisen auf die Nebenfolgen des Wettbewerbs. Aus dieser Perspektive sind Märkte ein Ort der Feindschaft, des Kampfes, ein Ort, an dem Unternehmen um Marktkontrolle ringen. Dabei ist Unsicherheit an den Märkten weit verbreitet, denn Änderungen der Nachfrage sind von einem Produzenten kaum vorhersehbar, ebenso wenig die Findigkeit der Konkurrenz. Investitionen, so der Wirtschaftspolitologe Vanberg, welche Unternehmer »in Anlagen zur Produktion eines bestimmten Gutes getätigt haben, können von heute auf morgen einen Großteil ihres Wertes verlieren, wenn das betreffende Produkt aufgrund einer neuen Erfindung kostengünstiger hergestellt werden kann oder gar durch ein neu eingeführtes Produkt in der Konsumentengunst verdrängt wird. Und ein durch mühsame Ausbildung und langjährige Praxis aufgebautes Humankapital kann über Nacht durch die Erfindung einer neuen Technologie dramatisch entwertet werden, mit entsprechenden Auswirkungen auf die Einkommensmöglichkeiten der von solcher Entwertung Betroffenen.«[15]

Michael E. Porter, die internationale Koryphäe der Wettbewerbsstrategie, nennt »Unsicherheit« gar als Kennzeichen des Wettbewerbs. Unsicherheit könne sowohl branchenintern, als auch aus dem Branchenumfeld entstehen. Mitte der 1980er schrieb er: »Die meisten Beobachter stimmen darin überein, daß die Unsicherheit im letzten Jahrzehnt dramatisch zugenommen hat, unter anderem aufgrund von Preisschwankungen für Rohstoffe, von Bewegungen auf den Finanz- und Währungsmärkten, aufgrund der Aufhebung staatlicher

---

14 Schumpeter1975 [1942], 107
15 Vanberg 2009, 158

Preiskontrollen, wegen der Elektronikrevolution und der Zunahme des internationalen Wettbewerbs.«[16]

Tatsächlich hat die Unsicherheit durch die Verschärfung des internationalen Wettbewerbs nach dem Untergang der sozialistischen Wirtschaft und dem Zustrom neuer kapitalistischer Gesellschaften mit geringen Lohnkosten und Steuervergünstigungen weiter zugenommen. Die bevölkerungsreichen BRIC- und MIST-Staaten sind nicht länger nur Exportmärkte, sondern starke Wettbewerber geworden, die ihre Konkurrenten zur Minimierung ihrer Kosten zwingen. Zudem wurde der nationale und internationale Wettbewerb durch die Deregulierungswelle in den 1990ern verschärft. Die Digitalisierung hat nach der Verbreitung des Internets den Handel weiter beschleunigt, und die Rohstoffpreise sind seit den 1990ern weiter gestiegen. Im 21. Jahrhundert hat sich zudem eine »High-Speed-Economy« etabliert. Viele Manager klagen, dass die Halbwertzeit strategischer Entscheidungen kürzer und die Unsicherheit darum größer geworden ist. Neue Waren tauchen auf und verschwinden wieder in knapper werdenden Zeitabständen. In der Smartphone-Industrie ist die Produktlebensdauer schon kürzer als ein Jahr und gerade die IT-Branche demonstriert mit versumpften Firmen wie IBM, Sony, Kodak, Grundig, Braun oder Nokia, dass die Gewinner von gestern die Verlierer von morgen sein können. Billig-Airlines haben staatliche Fluggesellschaften in Bedrängnis gebracht, Internetplattformen haben die klassischen Warenhäuser in die Not gezerrt, Buchverlage und Zeitungen blicken in eine ungewisse Zukunft. »Sprach man früher von Volatilität nur auf den Finanzmärkten, prägt der Begriff heute auch die Realwirtschaft. Unternehmen müssen wesentlich häufiger mit radikalen Marktveränderungen umgehen. Ganze Geschäftsmodelle und Traditionsunternehmen verschwinden vom Markt, während junge Unternehmen in wenigen Jahren zu Marktführern aufsteigen«, diagnostiziert Volker Brühl im Handelsblatt und rät: »Im Zeitalter der ›High-Speed-Economy‹ müssen erfolgreiche Unternehmen die Fähigkeit zur Innovation ebenso beherrschen wie zur konsequenten Restrukturierung bei negativen Marktveränderungen.«[17] In der Praxis bedeutet dies für Unternehmen, dass der Wachstumszwang einerseits größer geworden ist, denn große Unternehmen können sich leichter gegen die Risiken des Marktes schützen. Zugleich sind die Voraussetzungen betriebswirtschaftlichen Wachstums komplizierter geworden.

Im Konkurrenzkampf sind Unternehmen permanent einem Leistungsdruck ausgesetzt, der bis zum letzten Mitarbeiter weitergegeben wird. Porter persönlich nährt sogar den Verdacht, dass der ökonomische Wettbewerb Gemeinsamkeiten mit einem *Krieg* hat. In seinem vielaufgelegten und -übersetzten Opus WETTBEWERBSVORTEILE verwendet er unverhohlen einen mi-

---

16 Porter [1986] 2010, 561
17 Brühl 2013

litärischen Jargon mit Termini wie »Angriffs- und Verteidigungsstrategie«, »Abwehrtaktiken«, »Abschreckung«, »Voraussetzungen für den Angriff auf einen Branchenführer«, »Angriffsbahnen«, »Vergeltungsmaßnahmen«, »ein Unternehmen verletzen«, »Schlacht«, »Kampf«, »Kriegskasse« (zur Finanzierung von Abwehrmaßnahmen gegen Konkurrenten), um darzulegen, wie Unternehmen eine profitable Marktstellung erobern oder halten können.[18] Gängige Praktiken der »Industriespionage«, »Produktpiraterie«, »Patentkriege«, »Markenkriege« und »aggressiven Preisgestaltung« ergänzen diesen von Missgunst und Misstrauen gezeichneten Schauplatz Markt. Anders als in kriegerischen Akten werden beim ökonomischen Wettbewerb keine Menschen getötet oder verstümmelt (es sei denn, Kriege werden wegen wirtschaftlichen Gründen geführt[19]). Wohl aber wird die Konfrontation von Menschen gefördert, deren Lebensgefühl und das Schicksal vieler Menschen negativ beeinträchtigt.

Dabei spukt durch die Köpfe vieler Unternehmer und Manager die Frage: »Sind uns die Konkurrenten voraus?« Jene Konkurrenten, die ihrerseits Angst haben; Angst vor der Angst der anderen, die sie zu ungeahnten Leistungsschüben verhelfen und uns vom Markt verdrängen könnte. »Es kann«, so Vanberg, »nicht verwundern, wenn Menschen diese ständige Bedrohung ihrer Einkommensquellen durch den eigenen Einfluß vollkommen entzogene Veränderungen in marktlichen Bedingungen als belastend empfinden und wenn sie versucht sind, sich dieser Bedrohung zu entziehen, sei es durch ›private‹ Strategien der Wettbewerbsvermeidung (Kartellbildung o. ä.), sei es, indem sie auf dem Wege politischer Einflußnahmen Schutz vor Wettbewerb (Protektion) oder Kompensation für Wettbewerbsfolgen (Subventionen) zu erwirken suchen.«[20]

Dem Zustand des Ausgeliefertseins und des ständigen Zwangs, sich an veränderte Marktbedingungen anpassen zu müssen, versuchen sie sich in der *Konkurrenz* zu entziehen: z. B. durch *Kooperation*. Schon Simmel wusste, dass die (ökonomische) Konkurrenz zwei Seiten hat: »Man pflegt von der Konkurrenz ihre vergiftenden, zersprengenden, zerstörenden Wirkungen hervorzuheben und im übrigen nur jene inhaltlichen Werte als ihre Produkte zuzugeben. Daneben aber steht doch diese ungeheure vergesellschaftende Wirkung: sie zwingt den Bewerber, der einen Mitbewerber neben sich hat und häufig erst hierdurch ein eigentlicher Bewerber wird, dem Umworbenen entgegen- und nahezukommen, sich ihm zu verbinden, seine Schwächen und Stärken zu erkunden und sich ihnen anzupassen, alle Brücken aufzusuchen oder zu schlagen, die sein Sein und seine Leistungen mit jenem verbinden könnten.«[21] Die

---

18 Porter [1986] 2010, 605–672
19 Siehe Münkler 2002
20 Vanberg 2009, 158
21 Simmel 1903

Rivalität spaltet, kann die Rivalen aber auch zusammenführen, um einen beide Seiten verletzenden Kampf zu vermeiden – und der letztere Weg der Wettbewerbsvermeidung wird in der marktwirtschaftlichen Praxis eingeschlagen, so dies möglich ist. Hierin Anzeichen für den gewollten Wettbewerb auf Märkten zu erblicken, gleicht einer intellektuellen Verrenkung.

Gegen die Härten der Konkurrenz gerichtete Praktiken bestanden schon in vorkapitalistischen Zeiten. Kartellbestrebungen gab es in der Antike bei den Phöniziern, Ägyptern und Babyloniern. In Europa finden sie sich seit dem 13. Jahrhundert.[22] Auch Zünfte sollten ein friedliches Miteinander auf dem Markt und im Handel gewährleisten und Zünfte bildeten sich schon im 5. Jahrhundert v. Chr. im nördlichen Indien. Im 3. Jahrhundert v. Chr. sind sie für Müller, Bierbrauer, Eisenarbeiter und Fischer in Ägypten nachweisbar, später dann im Römischen Reich. Im frühen Mittelalter traten Zünfte zuerst in Italien auf und drangen von dort nach West- und Mitteleuropa vor. Im 13. Jahrhundert begannen sich Zünfte in Mitteleuropa und damit auch im deutschsprachigen Raum zu verbreiten, von wo aus sie sich nach Norden und Osten bis an die russische Grenze gelangten.[23]

Pfister weist darauf hin, dass sich parallel zur Stärkung des privatwirtschaftlichen Unternehmertums und Wettbewerbs während der Industrialisierung in den USA und im Europa des 19. Jahrhunderts auch die kooperativen Beziehungen zwischen Unternehmen verstärkten. Dies geschah in Form von Genossenschaften, Vereinen, Wirtschaftsverbänden und Kartellen.[24] Kartelle waren ökonomisch überall dort zwingend, wo die Investitionskosten in die Höhe schnellten, z. B. in der Stahl-, Chemie- und Elektroindustrie. Zum einen konnten sich immer weniger Unternehmen die teuren Maschinen und Infrastrukturen leisten, zum anderen taten sie sich in Preiskartellen zusammen. Denn um die hohen Investitionskosten durch harten Wettbewerb nicht zu gefährden, mussten die Unternehmen unbedingt sicherstellen, dass ihr Umsatz nicht unter die Investitionen fiel, andernfalls wären sie das Risiko der unsicheren Vorfinanzierung rationalerweise nicht eingegangen.[25]

»Verständlicherweise«, schrieb Galbraith in den 1970ern, »versucht die einzelne Firma, den Markt zu beeinflussen, um nicht von ihm versklavt zu werden.«[26] Und in den 1950er Jahren fasste Galbraith die Geschichte anti-kompetitiver Wirtschaftspraktiken wie folgt zusammen: »Die Pioniere im Kampf gegen die ökonomische Unsicherheit waren die *Unternehmen*. [...] Von den Uranfängen der kapitalistischen Gesellschaft an haben sich die Unternehmer

---

22 Barnikel 1972, 1 ff.
23 Kluge 2007, 459 ff.
24 Pfister 2001
25 Herrmann 2013, 56 f.
26 Galbraith 1974, 37

darum bemüht, diesen Unsicherheitsfaktor auszumerzen oder wenigstens in seiner Auswirkung zu mildern. Ein Monopol oder die restlose Kontrolle des Angebots und damit des Preises waren für das einzelne Unternehmen die Sicherheit, die man erstrebte. Auf dem Weg dahin gab es bereits verschiedene Möglichkeiten, sich vor den schlimmsten Stürmen zu schützen. Preis- und Produktionsabsprachen, Kartelle, behördlich fixierte Preise, Zulassungsbeschränkungen, Schutzzölle, Kontingentierung und viele andere Praktiken haben dazu beigetragen, die dem freien Wettbewerb entspringende Unsicherheit zu bekämpfen. Noch wichtiger: Dort, wo die Anzahl der betreffenden Firmen gering ist (und das ist charakteristisch für die moderne Industrie), anerkennt und respektiert man die wechselseitige Abhängigkeit und vermeidet eine Preispolitik, die für *alle* unangenehm sein könnte.«[27]

Die vielleicht perfideste Strategie sich den Regeln des Wettbewerbs zu entziehen, hatten Banken und Rating Agenturen praktiziert, indem sie es schafften, ihre Gewinne zu privatisieren, ihre Verluste aber der Gemeinschaft zuzumuten.[28]

Das Ziel von Unternehmen, ist für Fligstein bis heute schlicht die Vermeidung von Instabilität. Diese entsteht durch die Konkurrenz, welche »tends to destabilize all firms in a market. This is because it encourages all firms to undercut the prices of other firms, and this threatens the financial stability of firms.«[29] Zu ihrer Vermeidung arrangieren sich große Unternehmen einer Branche untereinander. Sie streben danach, den intensiven Wettbewerb zu vermeiden und bilden darum mit anderen Strategien zur gemeinsamen Marktkontrolle aus. Viele Aktivitäten von Unternehmen seien »*focused on mitigating the effects of competition*. So, for example, joint ventures are not only an opportunity for learning about a new production process but an attempt to co-opt potential competitors.«[30] Im Deutschen Reich bildete sich ein später

---

27 Galbraith 1958, 115 f. (im Original nicht kursiv)
28 In der 2007 von Banken verursachten Finanzkrise, die viele Millionen Menschen arbeitslos machte, große Banken der Pleite entgegen trieb und Regierungen Kosten bzw. Steuergelder in Billionenhöhe aufbürdete, um diese Banken zu retten, zeigte sich, dass Banken zwar Akteure des Wettbewerbs waren, jedoch außerhalb seiner ruhten. »Für sich selbst haben«, resümiert Lisa Herzog, »die Topmanager aus dem Finanzsektor nämlich geschafft, was sie für den Rest der Gesellschaft vermutlich vehement ablehnen würden: eine Absicherung gegen die Risiken, die ein ›freier‹ Markt mit sich bringt, und eine Teilnahme nur an den Bewegungen nach oben, nicht nach denen nach unten« (Herzog 2014, 79). Überdies wurde in den Jahren danach aufgedeckt (»Offshore Leaks«), dass Banken lange in großem Stil daran beteiligt waren, Gelder ihrer Kunden in Steueroasen zu schleusen und damit Beihilfe zur Steuerhinterziehung zu leisten.
29 Fligstein 2002, 68
30 Ibid., 74

»Deutschland AG« genanntes Modell heraus, in dem die großen Aktiengesellschaften auch branchenübergreifend miteinander so sehr verflochten waren, dass ein gefährlicher Wettbewerb zwischen ihnen kaum einsetzen konnte.

Solche kooperativen, wettbewerbsvermeidenden Strategien sollte es nach dem Modell des vollkommenen Wettbewerbs nicht geben – aber sie sind menschlich. Unternehmen sind keine reinen Nachfrageanpasser und sie sind der Willkür der Verbraucher weniger ausgeliefert, als das Standardmodell behauptet. Um der Unsicherheit generierenden Konkurrenzsituation zu fliehen, neigen sie zu Stabilität versprechenden Kooperationen. Denn »by cooperating with competitors, one competes less, by definition.«[31] Dabei haben es große Firmen leichter als kleine, ihre Stabilität zu erhöhen, da sie für Kooperationspartner strategisch interessanter sind und sie mehr externe Variablen kontrollieren können (z. B. die Preisgestaltung von Zulieferern, Entscheidungen von politischen Akteuren, Finanzierungshilfen). Dies wiederum impliziert, dass der Wunsch nach Stabilität ein Anreiz zum Wachstum des Unternehmens ist.

Für die Marktteilnehmer ist der Versuch also nahe liegend, sich dem ständigen Wettbewerbsdruck zu entziehen. Mittel dazu sind die Bildung wettbewerbsbeschränkender strategischer Allianzen mit anderen Unternehmen (z. B. in Kartellen) oder die Vergrößerung eigener Marktanteile bis zum Oligopol oder gar Monopol. Die gängigste Strategie dem Wettbewerbsdruck zu entkommen aber ist *Wachstum*. Jeder BWL-Studierende lernt die Gesetzmäßigkeiten der »Economies of Scale«, was meint, dass Skaleneffekte wirksam werden, die dazu führen, dass die durchschnittlichen Produktionskosten mit zunehmender Größe sinken.

Klassifizieren lassen sich die Economics of Scale in interne und externe Größenvorteile: Kann sich ein Unternehmen wegen seines gestiegenen Umsatzes eine Marketing-Agentur, Unternehmensberatung oder Label-Zertifizierung, einen (verbesserten) Zugang zur politischen Entscheidungsfindung oder die Übernahme eines Konkurrenten leisten, schafft es mit diesen außerbetrieblichen Maßnahmen Voraussetzungen für weiteres Wachstum. Innerbetrieblich profitiert ein Unternehmen von seiner gesteigerten Produktion, wenn es so in effizientere Maschinen investieren und mit ihnen den Absatz steigern kann. Große Firmen haben großen politischen Einfluss und kleine Firmen, müssen sich mit anderen kleinen Firmen in Verbänden zusammentun, können dabei aber einen Wettbewerbsvorteil der inländischen Konkurrenz gegenüber nicht durchsetzen. Verbänden fällt es folglich schwerer mit einer Stimme zu sprechen, es sei denn, es wird auf den gemeinsamen Nenner der beteiligten Unternehmen rekurriert, etwa die Realisierung von Wettbewerbsvorteilen gegenüber der ausländischen Konkurrenz.

---

31 Ibid., 75, vgl. Fligstein 1996

Durch Größenvorteile profitiert ein Unternehmen auch, wenn durch die zunehmende Produktion mehr Nebenprodukte anfallen, die zusätzlich verkauft werden können. Produziert ein Agrarbetrieb mehr Mais, fallen mehr Pflanzenreststoffe an, die zur Herstellung von Bioethanol oder -gas benötigt werden und dem Betrieb weiteres Wachstum bzw. Wettbewerbsvorteile verschaffen können.

Daraus resultiert das Prinzip *Wachse oder weiche*, das auch hinter Fusionen (hier werden Konkurrenten durch ihre »feindliche« Übernahme eliminiert) und Konzentrationsprozessen steht. Die globale Markenvielfalt täuscht darüber hinweg, dass viele Marken einem Großunternehmen bzw. Konzern u. a. deswegen gehören, weil das Unternehmen mit der Zeit andere Unternehmen mit deren Kapitalausstattung und Spezialwissen übernommen hat. Die weltweit größten Unternehmen bestehen aus einem Marken- und Firmengeflecht, dass sie vor den Unsicherheiten des Marktes schützen und weiteres Wachstum garantieren soll.

Der VW-Konzern umfasst gegenwärtig zwölf Automarken und teilt sich mit vier anderen Konzernen den halben globalen Automarkt auf. Andere Konzerne, z. B. Unilever, Nestlé, Henkel, Facebook oder Google vereinen eine noch weitaus größere Anzahl von Marken oder Firmen aus unterschiedlichsten Branchen unter ihrem Dach. Von großen Unternehmen geht, bildlich gesprochen, eine große Gravitationskraft aus. Wie Asteroiden in der Frühphase eines Sonnensystems zunächst nahe, kleinere Brocken anzogen, mit ihnen verschmolzen, an Masse und Anziehungskraft gewannen und Materie aus immer größerer Entfernung ansaugen konnten, bis sie ein Planet wurden, verleiben sich Konzerne kleinere Unternehmen ein und werden am Markt in der Regel einflussreicher.

Wachstum ist für Unternehmen ein angestrebter Ausweg aus den Unsicherheiten des Wettbewerbs und darum nicht das, wie Franz Böhm einmal meinte, »genialste Entmachtungsinstrument der Geschichte«.[32] Er ist kein Mittel zur Eindämmung großer privatwirtschaftlicher Macht, denn das hieße Unternehmen an deren Wachstum hindern zu müssen. Großunternehmen verfügen über große politische wie ökonomische Macht und müssen praktisch keinen Wettbewerber fürchten (weshalb der Wettbewerb in der Praxis eher ein Instrument zur Entmachtung der Politik wurde). Zum einen erschweren sie die Etablierung von Konkurrenten in ihrem Revier, zum anderen könnten sie diese einfach aufkaufen. Großunternehmen sind als Großkunden außerdem in der Position, Druck auf Zulieferer ausüben und zu deren Nachteil die Marktpreise bestimmen zu können. Und schließlich verfügen sie auch über reichlich Kapi-

---

32 Böhm 1960, 20

tal, um die Nachfrage kreieren, d. h. präferenzbildende Effekte bei den Konsumenten auszulösen.

Konzentrationsprozesse sind das logische Ergebnis einer Wirtschaftsordnung, die Unsicherheit durch harten Wettbewerb auslöst und durch die Möglichkeit, diese Unsicherheit durch Wachstum zu verringern. Die Marktwirtschaft fördert den Wettbewerb, dadurch aber auch die Wettbewerbs*vermeidung*.[33]

Nichts wünschen sich Unternehmen weniger, als das Polypol, d. h. die vollkommene Konkurrenz. Oligopole und Allianzen zwischen Konzernen prägen stattdessen die Industrie. In Deutschland beherrschen nur vier Lebensmittelhandelskonzerne rund 85 Prozent des Marktes. Zwischen ihnen herrscht vergleichsweise wenig Wettbewerb, dieser findet vor allem in den Niederungen der kleinen Unternehmen statt: Von den über drei Millionen in Deutschland ansässigen Unternehmen haben 99,7 Prozent weniger als 500 Mitarbeiter. Die meisten von ihnen sind zu klein, um oligopolistische oder andere wettbewerbsentlastende Privilegien genießen zu können.

Die Marktwirtschaft ist ein in der Praxis also sonderbares System. Gegenwärtig existiert, trotz zahlreicher Deregulierungen und Privatisierungen in den letzten Jahrzehnten, keine reine, wirklich freie Marktwirtschaft, kein vollkommener Wettbewerb. Der freie Markt, auf dem die unsichtbare Hand am effektivsten waltet, ist ein Idealbild, dem die Praxis aus verschiedenen Gründen nicht gerecht wird. So sind Unternehmen oft Forderer und Empfänger generöser, zuweilen »perverser« Subventionen: Fossile Energieträger werden weltweit mit ca. 550 Milliarden US-Dollar subventioniert und fast »ein Drittel des Wertes, den die weltweite Fischerei (zumeist handelt es sich um Hochseefischerei) erwirtschaftet, verdankt seine Existenz umfangreichen Subventionen. Die Landwirtschaftssubventionen belaufen sich weltweit auf ein Zehntel des landwirtschaftlichen Outputs.«[34] Mit einem freien Markt sind Subventionen, ob sie nun fossile oder regenerative Energieträger unterstützen, nicht kompatibel. Zuweilen werden sie aber von Ökonomen akzeptiert, wenn sie Marktfeh-

---

33 Konzentrationen wirken dem Wettbewerb auch in anderer Hinsicht entgegen: Zur Erklärung des Marktverhaltens von Großunternehmen, schreibt Schröter, könne »die *multiple contact theory* interessant sein. Dieser Ansatz der Wirtschaftswissenschaften geht realistischerweise davon aus, dass die meisten Unternehmen ihren Wettbewerbern nicht nur auf dem Markt für ein einziges, sondern für mehrere oder viele Produkte begegnen. Infolgedessen könnte ein Ausspielen von eigenen Wettbewerbsvorteilen auf einem bestimmten gemeinsamen Teilmarkt einen Entlastungsangriff auf einem anderen, weniger sicheren Teilmarkt auslösen. *Diese Konstellation kann zu Rücksichtnahme im Wettbewerb führen*« (Schröter 2011, 207 im Original nicht kursiv).
34 IEA 2013, Sukhedev 2013, 29 (Sukhdev beruft sich hier auf Schätzungen der UNEP (Towards a Green Economy) und der Weltbank (World Development Report 2008.)

ler korrigieren. So sind Subventionen für saubere Energieträger statthaft, wenn sie die negativen externen Effekte der Nutzung fossiler Energien kompensieren. Dennoch werden sie vergleichsweise kärglich gewährt.

Auch werden EU- und US-Landwirte staatlich subventioniert, »damit sie den Markt überleben, und Großkonzerne tun alles, um den Wettbewerb möglichst zu vermeiden, indem sie fusionieren, kooperieren oder vertikal integrieren [d. h. ihre Wertschöpfungskette von der Rohstoffentnahme an vom Markt möglichst entkoppeln]. Es stellt sich«, resümiert Ulrike Herrmann weiter, »eine Frage, auf die fanatische Marktwirtschaftler nie kommen würden: Gibt es irgendwo einen echten Markt? Ja, er existiert. Aber er findet meist in jenen Nischen statt, die die Wirtschaftspolitik noch nie besonders interessiert haben. Es sind die kleinen Selbstständigen, die sich im gnadenlosen Wettbewerb behaupten müssen. Ob Handwerker, Friseure, Gastwirte, Architekten, kleine Ladenbesitzer oder die Betreiber einer Reinigung – sie alle müssen sich der Konkurrenz stellen.«[35] Die Klein- und Kleinstunternehmen verkörpern die große Überzahl und die eigentliche Marktwirtschaft. Indes aber die kleinen Unternehmen die Härten des Wettbewerbs aushalten und stetig um ihr Überleben kämpfen müssen, genießen die großen politischen Rückhalt, hohe Umsätze und ein vergleichsweise hohes Maß an Sicherheit. Sich freiwillig dem Kampf ums Dasein auf konkurrenzverseuchten Märkten zu stellen, liegt nicht in ihrem Interesse. Groß war ihr Klagen und hektisch ihre Fusionswelle, als sie gegen Ende der 1980er, der Bedrohung einer neuen, gierigen Konkurrenz aus Ostasien und Osteuropa begegnen musste.

Der Fluch des Wettbewerbes motiviert zur Flucht vor dem Wettbewerb und diese Flucht endet in einer großen Marktkonzentration. Diese Konzentration ist dem Polypol so fern wie der Puma dem Pinguin. An der Spitze der weltweiten »Nahrungskette« standen 2010 147 international agierende Firmen – die wahren »Global Player« – die etwa 40 Prozent der internationalen Beteiligungen kontrollieren, davon stammen die wichtigsten aus der Finanzwirtschaft.[36] Die tausend größten Unternehmen hatten 2010 einen Erlös von 32 Billionen US-Dollar und einen Anteil am Weltmarkt von 49 Prozent. 1980 hatten die tausend größten Unternehmen dagegen nur einen Erlös von 6,99 Billionen US-Dollar (in 2010-Dollar) und einen Anteil von 33 Prozent am Weltmarkt. Innerhalb dieser Konzentration ist eine weitere enthalten: 38 Unternehmen erwirtschafteten 2010 ein Drittel der 32 Billionen US-Dollar und die Top-172 der tausend größten die Hälfte dieser Summe.[37]

Wenige Akteure haben einen großen ökonomischen (und politischen und ökologischen) Einfluss auf den Gang der Weltwirtschaft und der Entwicklung

---

35 Herrmann 2013, 70
36 Vitali et al. 2011
37 Eccles/Serafheim 2012

der Menschheit haben. Und deswegen sieht Colin Crouch in dieser Konzentration ökonomischer Macht auf wenige Unternehmen die schwerste, weil Demokratie und Freiheit bedrohende Form von Marktversagen.[38] Könnte man die 150 größten Unternehmen zur Übernahme globaler Verantwortung bewegen, würde dies die Weltwirtschaft transformieren. Andererseits sind diese Unternehmen die Profiteure des Gegebenen, haben sie einen relativ sicheren Platz an der Sonne eingenommen. Was sollte sie zu einem Wandel motivieren, warum sollten sie ein Running System wandeln?

Der Weg aus der Knechtschaft

DER WEG ZUR KNECHTSCHAFT hieß das Buch, mit dem Hayek in der Nachkriegszeit einem größeren Publikum bekannt wurde. In die Knechtschaft führte seiner Meinung nach die staatliche Kontrolle von Wirtschaft und Gesellschaft und die freie Marktwirtschaft sei der Weg aus ihr heraus. Im Nachhall der durch Diktaturen verursachten Gräuel des Zweiten Weltkrieges schien Hayeks These sehr plausibel zu sein. Doch auch der scharfe Wettbewerb zwischen Unternehmen, gleicht einer Knechtschaft, aus der sich jene, die die Mittel dazu haben, entziehen. Der Wettbewerb fördert Wachstums- und Konzentrationsprozesse, die wiederum zur Verzerrung des Wettbewerbs führen.

Dagegen fordern zwei Gruppen vehement den Erhalt oder gar die Verschärfung des ökonomischen Wettbewerbs: liberale Parteien und liberale Wirtschaftstheoretiker. Es sei, schrieb schon der ordoliberale Ökonom Franz Böhm, die »*Pflicht* aller Beteiligten, *sich dem Wettbewerb zu unterziehen.* [...] Die Teilnehmer an einem freien Wettbewerb sind jedenfalls nicht berechtigt, auf Kosten anderer Wirtschaftsgruppen unter sich gegenseitig kolleglale Rücksicht zu nehmen und sich über eine Abschwächung des gegenseitigen Leistungskampfes zu verständigen, sondern es ist umgekehrt ihre *Pflicht der Gesamtwirtschaft gegenüber, in den angespanntesten Leistungswettbewerb miteinander zu treten.*«[39] Diese Perspektive ist gewiss auf das Wohl des Verbrauchers ausgerichtet, weshalb auch Miksch mahnt, es sei »für die Beteiligten [...] der Wettbewerb *nicht nur ein Recht, sondern eine Pflicht.*«[40] Doch ist diese Perspektive lebensfremd, unterschlägt sie doch das Wohl der Unternehmer wie das der Arbeitnehmer, denn sie haben unter dem »angespanntesten Leistungswettbewerb« zu leiden. Der nur auf die Verbraucher fixierte Scheuklappenblick (ordo-)liberaler Ökonomen versperrte und versperrt ihnen die Sicht dar-

---

38 Crouch 2011
39 Böhm 1937, 102 (im Original kursiv)
40 Miksch 1937, 136 (im Original kursiv)

auf, dass letztlich auch Verbraucher nicht von einem harten Konkurrenzkampf profitieren. Als Unter- oder Arbeitnehmer, Bürger, Elternteil oder Naturliebhaber bekommen sie die Rechnung für den Preiskampf serviert. Permanenter angespannter Wettbewerb ist gleichzusetzen mit permanentem negativen Stress und dem menschlichen Wohlergehen abträglich. Die Stimmung ist unter Mitarbeitern in großen wie in kleinen Unternehmen, in denen um den Erhalt oder die Verbesserung der Wettbewerbsposition willen umstrukturiert oder gespart werden muss und Kündigungen anstehen, schlecht. Hier kämpfen und mobben viele gegen ihren persönlichen Abstieg und müssen dabei gegen andere kämpfen.[41]

Wer möchte sich einem solchen Wettbewerb freiwillig oder gar langfristig aussetzen? Böhm hatte den Wettbewerb »als das genialste Entmachtungsinstrument der Geschichte«[42] bezeichnet. Lehrbuchgemäß funktioniert die unsichtbare Hand ja auch am besten, wenn die Unternehmen am Markt klein und zahlreich sind. Sind sie klein, können sie nicht die Preise zu ihren Gunsten manipulieren, müssen sie, so die Annahme, kundenfreundlicher und effizienter wirtschaften.

Faktisch ist der Wettbewerb aber auch das *Gegenteil,* nämlich ein Instrument, dass die Konzentration von ökonomischer und damit politischer Macht begünstigt, weil er nicht gewollt wird. So weiß der Wirtschaftswissenschaftler Olten zu berichten: »Aus *einzelwirtschaftlicher* Sicht des im Wettbewerb stehenden Anbieters oder Nachfragers übt Wettbewerb zunächst nur Leistungsdruck aus, erschwert Absatz- oder Beschaffungsmöglichkeiten, erhöht das Ri-

---

41 Maximalen Leistungsdruck durch eine doppelte Konkurrenzsituation verursachen Bewertungssysteme (vor allem in US-Unternehmen angewandte »Forced Rankings«), welche die Leistungsfähigkeit von Mitarbeitern mit dem Ziel quantifizieren sollen, die Stärksten zu belohnen und die Schwächsten zu entlassen (Grote 2005). Auf diese Weise wird ein *intra*betrieblicher Konkurrenzkampf angefacht, der zum *inter*betrieblichen dazukommt, in diesem letztlich aber ein Wettbewerbs*nachteil* ist, da sich mit der Teamarbeit, dem Betriebsklima und der Binnenmoral auch die Produktivität abschwächt (Silverstein 2010). Unternehmen, die Forced Rankings anwenden und sich am Markt behaupten können, tun dies darum wahrscheinlich nicht *wegen,* sondern *trotz* dieser Praxis. In seinem Artikel MICROSOFT'S LOST DECADE macht Eichenwald (2012) als wesentlichen Grund für den Niedergang des einstigen Software-Giganten Forced Rankings verantwortlich, da es Mitarbeiter u. a. dazu zwang, die Leistung anderer zu schwächen, um im internen Wettbewerb besser dazustehen. Leistungsträger arbeiteten nicht mehr wie früher zusammen, der Konkurrenzkampf erwies sich letztlich als Innovationsbremse. Mittlerweile hat sich Microsoft von diesem Leistungssystem verabschiedet. Die interne Konkurrenzsituation verdrängte die interne Kooperation und das Ergebnis war für das Unternehmen nachteilhaftig. Womöglich lässt sich diese Erfahrung auch auf die interbetriebliche, eine produktive Zusammenarbeit zwischen Unternehmen vereitelnde Konkurrenzsituation übertragen.
42 Böhm zit. in Olten 1998, 23

siko, schmälert Erlöse und Gewinne bei den Anbietern, erhöht den Aufwand bei den Nachfragern. So ist es aus einzelwirtschaftlicher Sicht geradezu verständlich, daß Anbieter oder Nachfrager bereits, seitdem es Märkte gibt, versuchen, dem Wettbewerbsdruck zu entgehen, indem sie ihn in irgendeiner Form beschränken, um sich dadurch Vorteile zu verschaffen oder Nachteile abzuwehren. Es wird aber aus *gesamtwirtschaftlicher* Sicht auch verständlich, daß die marktwirtschaftlichen Wettbewerbsstrukturen sich langfristig selbst zerstören, wenn die Wettbewerbsprozesse den strategischen Zielen und Aktionen der Wettbewerber unkontrolliert überlassen bleiben. [...] Ohne einen wirtschaftspolitischen Schutz zerstört sich der Wettbewerb durch sich selbst.«[43]

Ohne einen rigiden politischen Schutz des Wettbewerbs tendiert die Wettbewerbswirtschaft zu einer Auflösung des Wettbewerbs, da dieser von den meisten Anbietern *nicht gewollt* wird. Mit anderen Worten ist eine *regulierende* Politik notwendig, welche die kooperativen Bemühungen von Unternehmen zur Erhöhung ihrer Sicherheit verhindern soll. Das ist nicht ohne Ironie, denn ordo- und neoliberale Marktökonomen argumentieren ja für einen strikt oder eingeschränkt *deregulierten,* auf jeden Fall aber ungehinderten Konkurrenzkampf. Diesen aber wollen die Unternehmen aus nachvollziehbaren Gründen nicht. Sie wenden darum Strategien an, die den Wettbewerb umgehen sollen und die effizienteste dieser Strategien ist das Oligopol oder Monopol. Sobald sich diese aber gebildet haben, soll die Politik regulierend eingreifen, um den Wettbewerb zu retten. Die Politik soll also jenen Wettbewerb wiederherstellen, den sich viele Unternehmen nicht wünschen und damit dies nicht passiert, konvertieren große Unternehmen, die einen Platz an der Sonne erreichen konnten, ihre ökonomische in politische Macht.

Schon aus diesem Grund richten die den Wettbewerb schützenden Kartellämter ihre Augen in der Regel nur selten auf die großen Unternehmen und deren Kartellverstrickungen, sondern auf vergleichsweise kleine Kartellfische (Bier, Wurst, Eiscreme, Speditionen). Große Konzerne wie VW sind für die heimische Regierung außerdem zu wichtig, als dass sie selbige den Unsicherheiten des Wettbewerbs ausliefern würde, zumal Arbeitsplätze und Steuereinnahmen riskiert würden. Ihre Strafe für Kartellabsprachen fällt meist relativ milde aus.

Große Unternehmen, streben nach Koordination, Kooperation und Kollusion. Marktökonomen bezichtigen solches Marktverhalten oft mit einem anderen K-Wort, dem der Konspiration. Unternehmen, die zusammenarbeiten, verhalten sich den Verbrauchern gegenüber konspirativ, da sie sich auf dessen Kosten bereichern. Dass es ihnen dabei auch um den Abbau von Unsicherheit gehen könnte, wird nicht thematisiert und damit unterstellt, dass die miteinan-

---

43 Olten 1998, 111 (im Original nicht kursiv)

der kooperierenden Unternehmen schurkisch agieren. Es ist dagegen zu vermuten, dass ein Zwang und Druck ausübendes Wirtschaftssystem die in ihm agierenden Akteure so wenig für sich gewinnt, wie ein Politiksystem, das Bürger unterdrückt.

Am Ende des 20. Jahrhunderts konstatiert denn auch Olten, dass die Wettbewerbspolitik unwirksam geblieben ist, der Drang der Unternehmen nach der Verringerung ihrer ökonomischen Unsicherheit also stärker war, als die Politik der Wiederherstellung dieser Unsicherheit. »Obwohl die gesetzlichen Grundlagen für die Wettbewerbspolitik in Deutschland und in der Europäischen Union seit ihrer Verankerung im Jahr 1957 immer wieder durch Novellierungen und Grundsatzurteile präzisiert, verschärft und aktualisiert worden sind, muß man feststellen, daß die Unternehmenskonzentration weiter fortschreitet, der Mißbrauch von Marktmacht nicht unterbunden werden konnte, sondern zugenommen hat, Kollusionen an der Tagesordnung sind. Dem Ziel eines freien und funktionsfähigen Wettbewerb ist man im Prinzip kaum oder gar nicht näher gekommen.«[44]

Solange der Markt Unsicherheit produziert und die Marktakteure diese Unsicherheit nicht aushalten, sondern minimieren möchten, wird es keinen freien Wettbewerb geben. Dieser ist, mit anderen Worten, unrealistisch weil unmenschlich, da er nicht mit der menschlichen Natur zu harmonieren scheint. Und darum kann sich der nicht-autoritäre Wettbewerb ohne staatliche Lenkung entgegen (ordo- oder neo-)liberaler Annahmen nicht durch sich selbst aufrechterhalten; er muss den Unternehmen und Menschen vielmehr *aufgezwungen* werden.

Wer möchte es Unternehmen verdenken, dass sie sich aus freien Stücken nicht der kompetitiven Unruhe hingeben möchten, dass sie durch den Einsatz wettbewerbsverzerrender Mittel versuchen, Vorzugsstellungen im Wettbewerb zu erlangen? Sir John Hicks brachte es auf den Punkt, als er in Bezug auf das Monopol einmal schrieb, »the best of all monopoly profits is a quite life.«[45]

---

44 Olten 1998, 204
45 Hicks 1935, 8. Binswanger (2010, 35) in anderen Worten: »Je weniger Anbieter es auf einem Markt gibt, umso besser geht es also den verbleibenden Anbietern. Unternehmen verstehen denn auch unter dem Begriff ›Marktwettbewerb‹ bzw. ›freier Markt‹ oder ›freier Wettbewerb‹ de facto etwas ganz anderes als vollständige Konkurrenz. Marktwettbewerb bedeutet für sie die Möglichkeit, die Konkurrenz auszuschalten, um auf diese Weise möglichst eine Monopolstellung zu erreichen. Nur so lassen sich langfristig hohe Gewinne [sowie Sicherheit und eben ein ruhiges Leben] erreichen«.

2 Guter Wettbewerb?

Seit dem 18. Jahrhundert wird darauf verwiesen, dass Frieden zwischen Ländern herrscht, die im beiderseitigen Nutzen miteinander Handel treiben und auch die EU basiert auf dem Prinzip der Zivilisierung durch Handel. Wie jedoch Kolonialkriege oder Golfkriege demonstrierten, deren Anlass der Zugang zu wirtschaftsrelevanten Ressource war, kann auch das Gegenteil eintreten. Der Handel kann verbinden und zivilisieren (obzwar Handel andererseits einen gewissen Grad an Zivilisiertheit bereits voraussetzt), er kann aber auch trennen und Konflikte zwischen Ländern und Unternehmen und innerhalb von Unternehmen schüren. Der Handel hat zwei Gesichter und dieses Eingeständnis erschwert die einseitige Herausstellung der Tugendhaftigkeit oder Untugend der Märkte.

Und doch: Eine internationale Zivilisierung lässt sich durch eine Wirtschaftsweise, die auf der freiwilligen Zusammenarbeit von Bürgern basiert, bei der die Gewinne einer Partei nicht zu Lasten einer anderen gehen, die es sich erlauben kann, ein Human Centered Design umzusetzen, vermutlich eher erreichen, als in einer kompetitiven, auf Profit und Expansion ausgerichteten Wirtschaftsordnung. Überdies ließen sich deren Defizite in der Wertsphäre des Guten abbauen.

Für das gute Leben ist die auf der Wettbewerbslogik basierende Marktwirtschaft nämlich in zweierlei Hinsicht ein Problem. Zum einen haben Märkte die Eigenschaft, dass sie *das Gute,* d.h. moralische Normen und Werte verdrängen können. Zum anderen gehen aus dem Wettbewerb Imperative hervor, die eine *gute Lebensführung* erschweren. Beide Einwände widersprechen der Annahme, dass sich das Gemeinwohl durch die unsichtbare Hand des Wettbewerbs stetig verbessert. Es geht in diesem Kapitel nicht um die These, dass die Marktgesellschaft eine unmoralische Gesellschaftsordnung wäre. Das ist sie ganz sicher nicht. Es geht hier aber um das Aufzeigen systemischer Defizite in der Wertsphäre des Guten. Es geht um die These, dass die Marktgesellschaft ganz sicher nicht die Gute Gesellschaft ist, die anzustreben das normative Ziel der Aufklärer war.

Moral im Wettbewerb

Der französische Schriftsteller Sébastien-Roche Nicolas de Chamfort (1741–1794) vermochte es, alles Nachdenken über Moral auf folgenden Punkt zu bringen: »Lass es dir und anderen gut gehen, ohne dir und anderen weh zu tun: das ist, glaube ich, die ganze Moral.« Der irische Erzbischof Richard Whately (1787–1863) gelangte zu derselben Einsicht: »A man is called selfish not for pursuing his own good, but for neglecting his neighbor's.«[1] Und es ist dieser Egoismus, dem auch Adam Smith eine Abfuhr erteilte: »Das Glück eines anderen zu zerstören, nur weil es unserem eigenen im Wege steht, ihm zu nehmen, was ihm wirklich nützlich ist, nur weil es für uns ebenso nützlich oder noch nützlicher sein kann, das wird kein unparteiischer Zuschauer gut heißen können«.[2] Die Verfolgung eigener Interessen ist für Smith legitim, doch ist entscheidend, *wie* die eigenen Interessen verfolgt werden. Nicht legitim ist für ihn die *gegen andere* gerichtete Verfolgung der eigenen Interessen.

Innerhalb der Wettbewerbslogik der freien Marktwirtschaft werden Unternehmer jedoch direkt oder indirekt dazu gedrängt, anderen weh zu tun und sie von der Verfolgung ihrer Interessen abzuhalten. Zwar kooperieren die Mitarbeiter eines Unternehmens miteinander, aber diese Kooperation ist gegen Mitarbeiter anderer Unternehmen gerichtet und darauf ausgerichtet, ihnen zu schaden. Unternehmen werden ferner dazu gedrängt die Interessen von Regierungen (durch Steuerhinterziehung), von Konsumenten und Klienten (etwa durch Etikettenschwindel und andere Formen der Desinformation), Angestellten (durch prekäre Arbeitsverhältnisse) und Organismen (durch die Beeinträchtigung ihrer Ökosysteme) zu missachten, um selbst gut leben zu können. Fachkräfte dagegen werden umgarnt, denn sie sind wertvolles Humankapital. Fachkräfte aber repräsentieren nicht das Gros der Arbeiterschaft und auch sie dürfen sich nicht sicher fühlen, wenn KIs in ihren Kompetenzbereich vorrücken.

Unternehmen werden von der Logik des ökonomischen Systems aufgefordert, Entscheidungen vorrangig auf der Grundlage von Profitanalysen zu treffen: Was kostet es, umweltschädliche Maschinen durch umweltfreundlichere zu ersetzen; ist es profitabler, Umwelt- oder Menschenschutzgesetze zu missachten? Vielleicht mag das Management die Arbeitsbedingungen in asiati-

---

1 Beide zit. in: Pies 2008, 31
2 Smith 1994 [1759], 122

Guter Wettbewerb?

schen Textilfabriken bedenklich finden, lässt dort aber dennoch produzieren, weil die Arbeitskosten gering sind – und Konkurrenzunternehmen ihre Herstellung bereits dorthin ausgelagert und so einen Kostenvorteil haben. Es ist fraglich, wie die unsichtbare Hand auf diese Weise das Gemeinwohl verbessern soll, zumal nahezu alle Unternehmen nach derselben Logik agieren müssen. Nur wo der Wettbewerbsdruck gering oder Moral ein Wettbewerbsvorsprung ist, können Unternehmen andere Wege gehen.

Was das Streben nach schnellen Gewinnen stützt, ist nicht das »krumme Holz der Humanität«, sondern die krumme Struktur der Marktwirtschaft.[3] Märkte unterstützen *unmoralische* Entscheidungen. Zwar heißt es bisweilen, der Markt sei moralisch. So meint Zingales, der Wettbewerb fördere eine moralische Tugend, indem er die Diskriminierung anderer bestrafe: »Competition generates social benefits, too, by *penalizing discrimination*. In a competitive market, individuals who want to discriminate against others, refusing to trade with them, wind up worse off themselves.«[4] Dieses Argument kann eine gewisse Plausibilität für sich verbuchen. Der Rassismus in den USA wurde jedoch nicht durch die Marktwirtschaft überwunden, sondern durch den Jahrzehnte langen Kampf vieler schwarzer Bürgerrechtler für die rechtliche Gleichstellung ihrer Mitmenschen (ebenso ging die Gleichstellung der Frau aus der Frauenbewegung hervor). Ein rassistischer Kaufmann mag Handel auch mit jemandem treiben, den er diskriminiert, missachten wird er ihn dennoch.

Und selbst wenn es heißt, Marktmechanismen seien wie Naturgesetze *amoralisch* – sie tendieren dazu moralische Entscheidungen zu untergraben und fördern solche, die das Gemeinwohl nicht verbessern: Als *Bürger* sind Menschen gegen Umweltverschmutzung, gegen Tierquälerei der Massentierhaltung, gegen Kinderarbeit und Sozialdumping. Als *Konsumenten* handeln sie dagegen anders und müssen im Allgemeinen billiges Fleisch, billige Kleidung oder generell Waren bevorzugen, die günstiger sind als gleichartige Konkurrenzprodukte. Und als *Unternehmer* müssen sie oft wider ihre Überzeugungen handeln, die sie als Bürger haben, da sie sonst vom Marktprozess eliminiert werden könnten. Hier zeigt sich die *Kehrseite der unsichtbaren Hand*: Ging

---

3 Und nicht zuletzt auch das als zumeist tragisch empfundene Kürze des menschlichen Daseins, die eine auf maximalen Genuss ausgerichtete Lebensführung plausibel macht. Zwar leben Menschen im Durchschnitt lange wie nie zuvor in der Geschichte der Menschheit, aber immer noch kurz. Könnten Menschen damit rechnen 200 Jahre oder älter zu werden, dehnte sich ihr Verantwortungshorizont entsprechend in die vom Prinzip Nachhaltigkeit geforderte Länge. Umweltprobleme und soziale Probleme, die aus heutiger Sicht die nächste Generation betreffen, würden dann zu eigenen Problemen und die Haltung zu ihnen eine andere. Heute müssen dagegen 40-Jährige, die in der Mitte ihres Lebens stehen und dem Prinzip Nachhaltigkeit zu folgen bereit sind, denken und handeln, als hätten sie noch mindestens 80 Jahre zu leben.

4 ibid., 31 (im Original nicht kursiv)

Smith davon aus, dass der Bäcker nicht aus moralischen Gründen Lebensmittel für andere bäckt, sondern aus finanziellen, begünstigt die Marktwirtschaft aus finanziellen Gründen unmoralische Handlungen. Nebst der individuellen Moral sind es nur noch gesetzliche Vorgaben, die ein frühkapitalistisches Abdriften sozialer Standards in die Inhumanität verhindern.

Zwar lassen sich manche Konsumenten, weniger vom Preis, sondern von moralischen Überlegungen leiten. Von dieser Gruppe wurde angenommen, sie könne eine Moralisierung der Märkte anstoßen.[5] Moralischer Konsum hat die Märkte bislang jedoch nicht transformiert. Es hat sich gezeigt, dass die Kaufkraft und damit der Einfluss politischer Konsumenten nicht hinreichend dafür sind, weil diese Gruppe (noch) zu klein ist. Die Mehrheit der Konsumenten muss sich wegen ihres limitierten Einkommens vom Preis leiten lassen, und billiger ist Fleisch aus der Massentierhaltung; billiger sind Waren, die unter menschenunwürdigen Bedingungen hergestellt wurden, und billiger sind auch Waren, die unter der Umgehung von Umweltschutzauflagen produziert wurden.

Jene, die moralisch konsumieren, werden im Grunde dafür *bestraft*: sie müssen höhere Preise zahlen, und das wird problematisch, wenn sich Verbraucher höhere Preise vermehrt nicht mehr leisten können, weil ihre Löhne sinken oder Jobs schwinden (siehe Kapitel I.3). Denn auch moralisch eingestellte Konsumenten werden sich die normativ höherwertigen Waren dann seltener leisten können. Umgekehrt wird mit niedrigen Preisen *belohnt,* wer Waren konsumiert, die unter sozial oder ökologisch bedenklichen Bedingungen geschaffen wurden. Hier zeigt sich eine Ineffizienz der Marktpreise und diese erklärt fast von selbst, dass eine nachhaltigere Verhaltensweise von Unternehmen oftmals *keine* größeren Gewinne nach sich zieht. Die vielfach geäußerte Annahme lautet: »Rücksichtsvoll handelnde Unternehmen erwirtschaften höhere Erträge, weil die Kunden verantwortungsvolles Verhalten durch ihr Kaufverhalten honorieren. [...] Der empirische Nachweis dieser plausiblen Argumentation fehlt auch hier weitgehend.«[6] Weder belohnen Marktmechanismen eine höhere Ressourcenproduktivität mit Wettbewerbsvorteilen und höheren Gewinnen (siehe Kapitel I.2) noch belohnen sie Corporate Social Responsibility damit. Die Hürde höherer Preise für umwelt- und sozialfreundliche Wa-

---

5   Zak 2008, Stehr 2007
6   Müller-Christ 2013b, 46. Genauer hierzu Müller-Christ (2013a, 92): »Außer Studien von Unternehmensberatungen, die nach Wettbewerbsvorteilen durch Nachhaltigkeit fragen, gibt es kaum ernsthafte deutsche Studien zum Zusammenhang zwischen Nachhaltigkeit und Unternehmenserfolg. Meistens wird in Studien der positive Zusammenhang nur postuliert und nicht gemessen. Selbst wenn es einen gäbe, könnte er plausiblerweise nur lauten, dass verantwortungsvollere Unternehmen nur so lange einen Wettbewerbsvorsprung haben, wie sich nicht alle Unternehmend der Branche verantwortlich verhalten.«

ren ist hoch, sie überwinden nur vergleichsweise wenige Konsumenten und vermutlich nur solche, die ein ausgeprägtes moralisches Bewusstsein haben.[7] Zudem wird Verbrauchern in der Marktgesellschaft ein ökonomisches Denken ansozialisiert, dass sie anleitet, günstigere Waren zu bevorzugen. Und oft bleibt Konsumenten schlicht keine Wahl, wenn sie über ein geringes Einkommen verfügen. Hier müssen sie billigen Preisen moralischen Reflexionen gegenüber den Vorrang einräumen.

Die Anreize sollten indes so beschaffen sein, dass »moralische« Waren *günstiger* und »unmoralische« teurer oder am besten gar nicht handelbar sind. Um dieses Missverhältnis teilweise zu beseitigen, wurde die Einführung »ökologisch wahrer« Preise vorgeschlagen. Diese müssten aber eigentlich auch »sozial wahr« sein, und ob ökologisch und sozial wahre Preise gerechte Preise wären, weil sie die unteren Einkommensschichten schlechter stellten, wäre dann ebenfalls zu diskutieren.

Armin Falk und Nora Szech konnten in einem berühmt gewordenen Experiment nachweisen, dass Akteure unter Marktbedingungen oft wider die eigenen moralischen Überzeugungen handeln.[8] Moralische Ansprüche spielen bei wirtschaftlich relevanten Entscheidungen eine weitaus größere Rolle, wenn sie allein verantwortet werden. In einem Markt mit vielen Akteuren tendieren Probanden hingegen dazu, moralische Bedenken nicht zu berücksichtigen, sondern auf den Markt abzuwälzen. Isoliert würde sich ein Unternehmer sehr wahrscheinlich dagegen entscheiden, Kinderspielzeug aus Kunststoff herzustellen, das gesundheitsschädliche Weichmacher enthält, nur weil er billiger ist. Unter Marktbedingungen sieht dies anders aus: Der bedenkliche Kunststoff kann hier zum Einsatz kommen, weil seine Wahl (solange nicht publik wird, dass er toxisch ist) einen Wettbewerbsvorteil verspricht. Und wenn schon nicht wegen eines Wettbewerbs*vorteils*, wird der Unternehmer zur Vermeidung eines Wettbewerbs*nachteils* dazu motiviert, auf den gefährlichen Kunststoff zurückzugreifen: »Wenn ich ihn nicht verkaufe«, kann er völlig zu Recht argumentieren »wird es jemand anderes tun. So oder so gelangt der billige Kunststoff auf den Markt und verwende ich ihn nicht, bleiben meine teureren Produkte im Regal stehen.«[9]

---

7 Stengel 2011, 266–292
8 Falk/Szech 2013
9 Manager der Lebensmittelkette Rewe waren willens, die Produktpalette umweltfreundlich umzugestalten, scheiterten aber an dieser Logik des Marktes: »Ganz zu Anfang haben die Manager erwogen, alles aus dem Sortiment zu werfen, was auch nur im Geringsten umweltfeindlich ist. Doch die Gegner eines solchen harten Kurses setzten sich mit dem Argument durch, dass dann Rewe leere Regale und die Konkurrenz volle Läden haben würde« (Schwägerl 2013, 31). Ein Unternehmen wie Rewe *muss* Geld verdienen und kann es sich darum nicht leisten, umweltfreundlich zu sein.

Das Schema wiederholt sich z. B. bei der Kinderarbeit: Ist es kostengünstiger, Kinder statt Erwachsene einzustellen, hat ein Produzent einen Kosten- und Wettbewerbsvorteil, wenn er dies tut. In der Folge müssen seine Konkurrenten ebenfalls Kinder einstellen, um einen Wettbewerbsnachteil zu vermeiden. Nur Gesetze können Kinder vor dem Verlust ihrer Kindheit wahren.

Im Allgemeinen sieht sich der einzelne Anbieter auf einem Markt mit vielen Anbietern weniger in der moralischen Pflicht, weil er sich damit rechtfertigen kann, einen nur geringen Einfluss auf das Geschehen zu haben. Zuweilen geht es auch um die ökonomische Existenz, die von einem Wettbewerbsnachteil bedroht werden kann.[10] Akteure handeln damit als Produzenten im Marktgeschehen gegen ihre Moralvorstellungen, die sie als Bürger haben.

Falk und Szech haben dieses Entscheidungsmuster mit fast 800 Probanden experimentell nachgewiesen und damit die Annahme oder Hoffnung Adam Smiths zumindest nicht bestätigt, dass die allen Unternehmern inhärente Moral die selbstischen Interessen der am Markt agierenden Unternehmer einzäunen würde: Die Teilnehmer der Studie wurden vor die moralische Entscheidung gestellt, auf einen Geldbetrag (zehn Euro) zu verzichten und damit das Leben einer jungen und gesunden Maus zu retten – oder stattdessen das Geld zu nehmen und die Maus zu opfern (wobei sie die Tötung per Video sahen).[11] Ein Teil der Probanden hatte die moralische Entscheidung, sich für das Geld oder die Maus zu entscheiden, für sich allein zu treffen. Diese Bedingung erlaubte Rückschlüsse auf die herrschenden moralischen Standards. Die übrigen Teilnehmer hatten diese Entscheidung unter Marktbedingungen zu treffen: Sie konnten ihre Maus zum Verkauf anbieten, mussten dies aber nicht (erhielten dafür aber auch kein Geld). Verkäufer und Käufer handelten um 20 Euro: Der Käufer erhielt 20 Euro abzüglich der bezahlten Summe, die der Verkäufer einstrich. Wurde nicht ver- oder gekauft, erhielt keiner der Akteure Geld. In jeder der zehn Handelsrunden standen sich sieben Käufer und neun Verkäufer gegenüber.

---

10 Die Situation ist im Leistungssport nicht anders, wo Sportler mit vielen Konkurrenten beim Kampf um Einkommen konfrontiert sind. Fördermittel oder Sponsorenverträge werden rasch gekürzt, wenn die Leistung nicht stimmt. Der permanente Leistungsdruck zwingt viele Sportler zum Doping, um sich einen Wettbewerbs*vorteil* zu verschaffen – oder um einen Wettbewerbs*nachteil* zu vermeiden. Der des Dopings überführte Radsportler Stefan Schumacher sprach über sein Motiv: »Ich hatte niemals den Wunsch, zu dopen. Ich wollte nur nicht gegenüber den anderen nachstehen. [...] Selbst wenn ich gesundheitlich angeschlagen war, wurde ich angetrieben, vorn im Feld zu fahren oder Tempo zu machen« (zit. in Kreuzer 2013).

11 Bei den Mäusen, dies wussten die Probanden nicht, handelte es sich um »überzählige« Labormäuse, die ohnehin getötet worden wären. Durch das Experiment konnten also Mäuse gerettet werden.

Isoliert, außerhalb des Marktes, entschieden sich 46 Prozent der Teilnehmer dafür, ihre Maus für zehn Euro zu töten. Unter Marktbedingungen waren es dagegen 76 Prozent, die eine Maus für zehn Euro oder weniger zu töten bereit waren. (Der Verkaufspreis der Mäuse sank nämlich von Runde zu Runde von durchschnittlich zehn auf sechs Euro und damit die Hemmschwelle, eine Maus zu opfern.) Das Ergebnis: Märkte erschweren den Erhalt moralischer Werte und Falk und Szech verdächtigen drei ihrer Eigenschaften dafür:
»First, in markets, it takes two people who agree on trading to complete a trade, implying that responsibility and feelings of guilt may be shared and thus diminished.
Second, market interaction reveals social information about prevailing norms. Observing others trading and ignoring moral standards may make the pursuit of self-interest ethically permissible, leading further individuals to engage in trade. […]
Third, markets provide a strong framing and focus on materialistic aspects such as bargaining, negotiation, and competition, and may divert attention from possible adverse consequences and moral implications of trading.«[12]
Nun wurden moralische Bedenken auch in zentralisierten Planwirtschaften, in denen nach Vorschrift produziert werden musste, verdrängt. Dies aber ist keine Legitimation für den Markt, sondern spricht vielmehr *gegen beide* Wirtschaftsordnungen. Der Wettbewerb begünstigt oder erzwingt durch den ihm inhärenten Druck Handlungen, die zu Lasten Dritter gehen. Obendrein rücken auf kapitalistischen Märkten Profitinteressen in den Vordergrund, wodurch gemeinwohlorientierte Werte verdrängt werden. Die Akteure agieren primär effizient, nicht moralisch. Als Folge können Marktakteure beobachten, dass andere Marktakteure eigennützig bzw. nicht im Sinne des Gemeinwohls handeln. Dadurch entwickelt sich eine deskriptive Norm, die darüber informiert, dass sich andere in ähnlichen Situationen unsolidarisch verhalten – und dies erleichtert ihre Übernahme.[13] Zudem können sich die Marktakteure gegenseitig moralisch entlasten. So entsteht ein das Verhalten steuerndes Überzeugungssystem, in dem gewinnmaximierende Handlungen erwartet und moralische Handlungen, obwohl sie möglich sind, kollektiv nicht erwartet werden.
Außerdem verändert sich die Einstellung zu Waren, die an Märkten gehandelt werden: Wer die biologische Welt als eine Menge verfügbare Rohstoffe, als *Naturkapital* erachtet, wird Flora und Fauna entsprechend einsetzen. Wer sich am CO_2-Handel beteiligt, darf für fünf Euro eine Tonne CO_2 emittieren, d. h. legal die Luft verschmutzen und zum Klimawandel beitragen. Umweltschutz ist dadurch keine *Verpflichtung*, die an sich wertvoll wäre und zu der man sich zum Wohle der Menschheit oder aus Rücksicht auf die Umwelt bekennen soll-

---

12 Falk/Szech 2013, 708
13 Cialdini et al. 1990

te, sondern ein *Geschäft*, an dem man sich rationalerweise nicht beteiligt, wenn es sich finanziell nicht lohnt. Der Unterschied hat praktische Auswirkungen: Zum einen kauft man das Recht, die Luft auch im Übermaß verschmutzen zu dürfen, wodurch unmäßige Verschmutzung jenen missbilligenden Charakter verliert, der ihr eigentlich zusteht: Man darf nun zum Klimawandel beitragen, man hat das Recht dazu, schließlich zahlt man dafür eine Gebühr. Wird mit CO_2 auf dem Markt gehandelt, entsteht außerdem ein Anreiz, den Handel zum eigenen Wettbewerbsvorteil zu manipulieren. Tatsächlich wurden schon mehrere Fälle (z. B. in der Deutschen Bank) von betrügerischem Handel mit Emissionszertifikaten aufgedeckt. Außerdem konnten Lobbyverbände die Anzahl und Verteilung der gehandelten Zertifikate im EU-Handelssystem zu ihrem Nutzen beeinflussen, wodurch der Preis pro Zertifikat in den Keller ging und mit ihm der wirtschaftliche Anreiz zur Einschränkung der Emissionen: Seit seiner Einführung 2006 hatte das EU-Handelssystem keine »Incentives« zur Verringerung des Ausstoßes von Kohlendioxid, dafür aber für den Neubau von Kohlekraftwerken setzen können, da die Zertifikate so günstig sind. Das eigentliche Ziel, die anthropogene Erderwärmung zu minimieren, wurde durch ökonomische Interessen verdrängt.

Homann macht es sich vor diesem Hintergrund einfach, wenn er einerseits anerkennt, dass der ökonomische Wettbewerb in Bezug auf öffentliche Güter (z. B. intakte Umwelt), kollektiv unvorteilhafte Entscheidungen begünstigt, er hier andererseits als Ausgleichsmechanismus den Ort der individuellen Moral erblickt. Sie kommt in Wettbewerbsprozessen dort zum Einsatz, wo Markt und Wettbewerb negative externe Effekte bedingen. Vermutlich dachte schon Adam Smith so, doch wie soll sich eine weitsichtige Moral innerhalb einer kurzsichtigen, primär auf den eigenen ökonomischen Vorteil bedachten Wirtschaftsordnung ausbilden können? Hierzu schweigt Homann.[14]

Das eigentliche Ziel, Krankheiten zu heilen, kann ebenfalls durch ökonomische Interessen verdrängt werden. Wird nämlich mit Medikamenten gehandelt, geht es nicht länger darum, Menschen von ihren Leiden zu befreien, sondern darum, aus ihrem Leid Profit zu erwirtschaften. Mazzuca berichtet davon, dass die Pharmabranche in den USA viel Geld von der Regierung zur Entwicklung neuer Medikamente erhalten hat. Die neuen Medikamente werden dann anschließend aber so teuer verkauft, dass viele Bürger sie sich nicht leisten können.[15]

Der Grund für solche normativen Verzerrungen liegt nach Michael Sandel darin, »dass Märkte nicht nur Güter zuteilen, sondern auch bestimmte Ein-

---

14 Homann 1990. Er verweist jedoch darauf, dass Moral, kann sie sich in den ökonomischen Handlungen nicht durchsetzen, in die ökonomischen Regeln (also in eine veränderte Wirtschaftsordnung) zu inkorporieren sei.
15 Mazzucato 2014, 211–242

stellungen gegenüber den gehandelten Gütern ausdrücken und diese verstärken. [...] Ökonomen gehen oft davon aus, dass Märkte die von ihnen gelenkten Güter unversehrt lassen. Doch das ist nicht wahr. Märkte beeinflussen die gesellschaftlichen Normen. Häufig zerfressen oder verdrängen Marktanreize andere, marktfremde Normen.«[16] In den zu handelnden Mäusen sahen viele der Probanden eine Handelsware, keine empfindungsfähigen Lebewesen und konnten deren Leben auch wegen dieser Abwertung ohne Skrupel gegen Geld eintauschen. Regenwaldflächen die abgebrannt werden, sind eine renditeträchtige Anlage. Mitarbeiter, deren Arbeitskraft ein Unternehmen gekauft hat, sind *Humankapital,* entlassene Arbeiter ein abgestoßener Kostenfaktor. Kinder werden zu Konsumenten gemacht von Unternehmen und Marketing-Agenturen ausgeforscht, um sie zu instrumentalisieren. Auch der Wert von Menschen verschiebt sich in der Marktgesellschaft ins monetäre. Ihr Wert als Subjekt gerät ins Abseits, in den Vordergrund rückt ihr Wert als (Wirtschafts-)Objekt bzw. Produktionsinput. Der Markt regt dazu an, dass Menschen instrumentalisiert bzw. *verdinglicht* und so nach einer niedrigeren Norm behandelt werden, als ihnen zusteht.[17] Allgemein gesprochen fördert der Markt das Absenken der Moral auf ein Niveau, das sich als profitabel erweist.

Es ist jedoch ein Fehler, dass Tugenden wie Altruismus, Großmut, Solidarität und Gemeinsinn in Marktgesellschaften zwar nicht unbedingt verdrängt, aber institutionell kaum gefördert werden. So sollte man meinen, es wäre eine moralische Selbstverständlichkeit, für eine Entwicklung einzutreten, welche die Menschheit vor Krisen bewahrt, die voraussichtlich mit viel Leid einhergehen werden. Nicht so in marktwirtschaftlichen Strukturen. Als die UN 2013 über tausend CEOs befragen ließ, was ihrer Meinung nach die größte Barriere für die Implementierung von Nachhaltigkeitsmaßnahmen in Ihre unternehmerische Praxis sei, sah ein Großteil von ihnen »one factor rising more than any other over the past decade: the lack of a link between sustainability and business value. [They] report that the lack of a clear link to business value is a critical factor in deterring them from taking faster action on sustainability.«[18] Belohnt die Wirtschaftsordnung eine moralisch angemessene Handlungsweise nicht mit Profit, können sie Unternehmer oft nicht umsetzen, selbst wenn sie sich als Bürger wünschten, normativ angemessen handeln zu können.

Aus diesem Grund muss Georg Müller-Christ, Inhaber des Lehrstuhls für Nachhaltiges Management konstatieren, es werde seit »über 40 Jahren [...] in der Managementlehre über das Thema Verantwortung diskutiert, ohne dass es zu konzeptionellen Durchbrüchen in der Verknüpfung von ökonomischer Rationalität (Gewinn, Effizienz) und Moral (Rücksicht, Verantwortung) gekom-

---

16 Sandel 2012, 16, 83
17 Siehe Honneth (2005) zum Begriff der Verdinglichung.
18 UN Global Compact 2013, 12

men ist. Die schlichte ökonomische Formel mit der Aussage, dass Gewinne dann entstehen, wenn die Erträge höher sind als die Aufwendungen, ist *die permanente Quelle von Rücksichtslosigkeiten«.*[19] Auch Shleifer erkennt an, dass der Wettbewerb moralische Werte verdrängt – und er zeigt dies an mehreren Beispielen: Kinderarbeit, Korruption, exzessive Managergehälter, Börsenkursmanipulationen, Kommerzielle Aktivitäten von Universitäten. Doch glaubt er nicht, dass die Gesellschaft durch Märkte unmoralischer wird. Denn »the very same market forces that might encourage unethical conduct also motivate firms to innovate and create new products, leading to economic growth. As societies grow richer, their willingness to pay for ethical behavior, through both government enforcement and private choices, increases as well. As a consequence, both moral and regulatory sanctions work better in the richer countries, leading to more ethical behavior.«[20]

Dahinter verbirgt sich die Inglehartsche These vom Wertewandel, wonach sich die Werte in Abhängigkeit von den materiellen Verhältnissen wandeln. Je wohlhabender Individuen werden, desto größer wird ihre Sorge über den Zustand der natürlichen Umwelt und der Demokratie, über Korruption und über die Ausbeutung anderer. Allerdings registrierte Inglehart einen solchen Wertewandel bereits in den 1970ern. Der Zustand der Umwelt hat sich (auch in Europa, wo die Artenvielfalt besonders rasch schwindet) seitdem verschlechtert, die Demokratie weist postdemokratische Züge auf, frühkapitalistische Arbeitsbedingungen in den Entwicklungs- und Schwellenländern empören zwar, ihre Waren (vor allem Textilien) werden dennoch gekauft. Außerdem zeigt sich völlig konträr zu Ingleharts Vermutung, dass die Zahlungsbereitschaft für teurere umweltfreundliche bzw. nachhaltige Waren gerade in den ärmeren Ländern wesentlich höher als in den wohlhabenden ist (in denen sie nur gering ausgeprägt ist), da die Menschen in ärmeren Ländern von Umweltproblemen bereits persönlich betroffen sind.[21] Und schließlich erschweren die drei von Falk und Szech genannten Eigenschaften der Märkte die Verbreitung moralischer Verhaltensweisen. Erstaunlicherweise nennt Shleifer dieses Gegenargument selbst in seinem Aufsatz: »Competition may take too long to work, and even in the long run it need not to work to promote ethical values.«[22]

Der Wettbewerb auf Märkten um Profite bietet zu viele Anreize und Gelegenheiten für moralwidriges Verhalten. Das zeigt sich auch daran, wie der Markt seine Kinder zu Konsumenten macht. Kinder wurden in der Geschichte schon oft für Machtzwecke verdinglicht, die Konsumgesellschaft aber ist die erste Gesellschaftsordnung der Geschichte, die (vor allem seit den 1980ern)

---

19 Müller-Christ 2013b, 54 (im Original nicht kursiv)
20 Shleifer 2004, 418
21 UN Global Compact 2014, 9 f.
22 Ibid., 417

ihre Kinder systematisch instrumentalisiert, damit das Konsumniveau gesteigert werden kann.[23] Der Okzident hat lange gebraucht, um die Kindheit zu entdecken; lange galten Kinder als kleine Erwachsene, die kämpfen und arbeiten mussten. Die Marktgesellschaft hat dagegen entdeckt, dass Kinder Konsumenten sind. Wie Erwachsene versucht das Marketing, auch sie zum Geld ausgeben zu animieren. In ihrem Buch BORN TO BUY über die Kommerzialisierung der Kindheit, berichtet Schor auch über die Mitarbeiter von Agenturen, die Werbung an Kinder adressieren. Diese sind nicht selten der Meinung, dass falsch ist, was sie tun, dass man Kinder schützen und nicht instrumentalisieren sollte. Diese Menschen haben echte Gewissensbisse, brauchen oder möchten aber andererseits das Einkommen, das ihnen ihre Tätigkeit finanziert.[24]

Kinder sind unkritischer als Erwachsene. »Deshalb konzentriert sich der Marketingstratege des 21. Jahrhunderts auf Kinder und Teenager. [...] Der Markt will Kinder, braucht Kinder, und Kinder fühlen sich dadurch geschmeichelt und geben den Verlockungen bereitwillig nach.«[25] Man kann versuchen, die Integration von Kindern ins Marktgeschehen als Beleg dafür zu nehmen, dass der Kapitalismus die Demokratisierung fördere, da er nun auch Kinder egalitär behandelt, sie am Markt partizipieren lässt, sie nicht diskriminiert, sondern ihnen eine Stimme verleiht sowie Wahlfreiheit und das Recht auf Teilhabe am Konsum. Aber dies zu tun bedeutet, das demokratische Anliegen missverstanden zu haben. In Demokratien soll nicht der Wähler instrumentalisiert werden, sondern der Gewählte ein Instrument des Volkes sein. Für Unternehmen macht es in marktwirtschaftlichen Verhältnissen aber Sinn, *umgekehrt* zu verfahren und die Nachfrager zu instrumentalisieren – auch und erst recht kindliche. Diese Verfahrensweise erinnert weniger an Demokratien, sondern vielmehr an Diktaturen, in denen die Wähler als Stimmvieh instrumentalisiert werden. Während Diktatoren ihr Volk aber aus eigenen Stücken missbrauchen und man ihnen darum böswillige Absicht unterstellen darf, werden Unternehmer von den anonymen Kräften der Marktwirtschaft dazu dirigiert, Werbeagenturen, Designer, Psychologen – und schließlich: Konsumenten jeden Alters für sich einzuspannen. Nicht böswillige Absicht, sondern die Not-

---

23 Schor 2005
24 Schor 2005, 186 ff.
25 Underhill 2012, 172. Schor (2005, 67) merkt an, dass Kinder ab acht Jahren Werbung gegenüber kritischer eingestellt sind. Marketing-Agenturen haben aber gelernt, diese Entwicklung für ihre Zwecke zu nutzen. »Advertisers have learned a lot about kids' skepticism and tried to use it to their advantage. They try to ally themselves with the skepticism by lampooning advertising, admonishing kids not to trust celebrity endorsers, or imparting a gritty realism to spots. These tactics are often successful in breaking down kids' defenses and fooling them about what is and is not an ad.«

wendigkeit, die eigene Marktposition sichern oder verbessern zu müssen, lenkt viele Unternehmen zu dieser Tat.[26]

Zu fragen wäre ferner, was an einer Ordnung moralisch sein könnte, in der sich ein Zehntel der Menschen drei Viertel der Einkommen und Vermögen angeeignet haben? Eine solche Ordnung erinnert eher an eine Aristokratie als an eine Demokratie.

Gut leben im Wettbewerb?

Schumpeter schrieb einmal, die kapitalistische Leistung bestehe nicht darin, »noch mehr Seidenstrümpfe für Königinnen zu erzeugen, sondern sie in den Bereich der Fabrikmädchen zu bringen«.[27] Der Wirtschaftsethiker Karl Homann kommt darum zu der Schlussfolgerung, dass der Markt zwar einerseits unmoralisch ist, weil Moral durch den Wettbewerb immer wieder unterwandert wird, wenn sich dadurch ein Wettbewerbsvorteil ergibt. Andererseits fördere der Wettbewerb (jedenfalls der sozialstaatlich regulierte) aber das Gute Leben aller und werde auf diese Weise selbst zu etwas Gutem: »Auf der *Mikroebene* beruht die Marktwirtschaft mit Wettbewerb auf Motivationen, die grundlegend am individuellen Vorteil orientiert sind und sein müssen und die für die moralische Motivation keinen – oder allenfalls einen geringen – Raum lassen. Daraus folgt, dass ökonomisches Handeln unter Bedingungen des Wettbewerbs nach dem Standardmodell allenfalls die Qualifikation klug verdient, keinesfalls aber moralisch sein kann. Auf der *Makroebene* dagegen verdient das System Wettbewerb wegen seines Beitrags zur allgemeinen Glückseligkeit die Qualifikation moralisch gut.«[28] Das ist eine gewitzte Argumentationsfigur, die sagt, Marktwirtschaft sei gut, weil sich Fabrikmädchen dank ihrer Seidenstrümpfe leisten können. Ihr implizit ist das konsequentialistische Urteil, der Markt sei gut, weil er gute Ergebnisse generiere.[29] In ihr ist aber auch die unsichtbare Hand Smiths zu erkennen – und diese zeichnet ein recht einfaches Bild vom Wohl des Einzelnen.

---

26 Unternehmer und Manager gelten weithin als Ausbeuter, doch tragen sie oft nicht die Hauptverantwortung, wenn sie Kinder zu ihren Gunsten manipulieren oder ihre Angestellten mit scheinbar rücksichtslosen Maßnahmen konfrontieren. Sie werden zu Handlungsweisen gedrängt, die sie außerhalb kapitalistischer Strukturen vermutlich nicht tätigen würden.
27 Schumpeter 1975 [1942], 114
28 Homann 2008, 5 (im Original nicht kursiv)
29 Zur Kritik am Konsequentialismus siehe Nida-Rümelin 1993

Guter Wettbewerb?

»Der Verbrauch allein«, notierte Adam Smith am Ende des 18. Jahrhunderts, »ist Ziel und Zweck einer jeden Produktion, daher sollte man die Interessen des Produzenten eigentlich nur soweit beachten, wie es erforderlich sein mag, um das Wohl des Konsumenten zu fördern. Diese Maxime leuchtet ohne weiteres ein, *so daß es töricht wäre, sie noch beweisen zu wollen*.« Im Anschluss daran zürnt Smith dem Merkantilismus, denn in dieser auf die Steigerung der Staatseinnahmen fixierten Wirtschaftsordnung, werde »das Wohl des Verbrauchers beinahe ständig dem Interesse des Produzenten geopfert, und man betrachtet offenbar die Produktion und nicht den Konsum, als letztes Ziel oder Objekt allen Wirtschaftens und Handelns.«[30]

Was hat sich seitdem verändert? Regierungen sind weiterhin auf eine Steigerung der Staatseinnahmen bedacht. Aus diesem Grund begünstigen sie das eine Prozent großer Unternehmen, die mehr als 500 Personen beschäftigen und überwiegend zur nationalen Wertschöpfung beitragen, indem sie diese vor dem Wettbewerb schützen. Das Wohl des Konsumenten, das sich durch echten Wettbewerb verbessern sollte, wird damit letztlich den Interessen von Großunternehmen geopfert.

Auch ist in der marktwirtschaftlichen Praxis mitnichten selbstverständlich, dass für das Wohl des Konsumenten produziert wird. Vielmehr ist Profitsteigerung das oberste Ziel des Wirtschaftens und dem Wohl der Konsumenten zu ihrem häufigen Nachteil übergeordnet. In dieser Hinsicht sind die Differenzen zwischen Merkantilismus und Kapitalismus verschwommen. Der Konsument, der nach Smith König des Marktes sein sollte, ist dessen Anhängsel. »Der Kapitalismus«, registriert Lester C. Thurow darum am Ende des 20. Jahrhunderts, »ist an einem einzigen Ziel interessiert – dem Interesse des einzelnen an der Maximierung des persönlichen Verbrauchs.«[31] Im Vordergrund marktwirtschaftlichen Handelns steht weniger die Befriedigung der Nachfrage, weniger das Wohl des Konsumenten, sondern vor allem die Kreation und Steigerung der Nachfrage, die Produktion und das Interesse der Aktionäre. Die Marktwirtschaft ist damit weniger eine *Ökonomie für den Menschen,* sondern vielmehr eine *Ökonomie für die Produktion.* Alle modernen Ökonomen sind sich einig darin, dass die Wirtschaft dem Menschen zu dienen habe und doch gilt in der freien Marktwirtschaft (und im unfreien Sozialismus), dass der Mensch der Wirtschaft dienen muss.

Die kompetitive Marktwirtschaft soll darum *das* Mittel sein, der größtmöglichen Zahl von Menschen die Möglichkeit zu gewähren, ein gutes Leben realisieren zu können. Zweifellos haben sich die materiellen Lebensbedingungen der Bürger in den klassischen Marktwirtschaften erheblich verbessert.

---

30 Smith 1978 [1789], 558 (im Original nicht kursiv)
31 Thurow 1996, 379

Dennoch bestehen Zweifel darüber, dass die Marktwirtschaft das beste oder effektivste Mittel für die Erreichung dieses Ziels ist. Einige Zweifel wurden bereits ausgeführt:

Die *These vom doppelten Reduktionismus* besagt, dass in der Marktwirtschaft lediglich eine Voraussetzung dafür, ein gutes Leben führen zu können, gefördert wird: Über das breite, sich stetig diversifizierende Angebot an Waren zu relativ günstigen Preisen wird zwar die Verbesserung des materiellen Lebensstandards angestrebt. Dieses Angebot richtet sich an Konsumenten.

Übersehen wird, dass Menschen nicht nur Konsumenten sind, sondern auch Arbeitnehmer, Unternehmer, Bürger, Elternteil und Teil der natürlichen Umwelt. Diese Trennung ist eine analytische, da jeder Konsument zugleich Bürger und oftmals Elternteil ist und folglich argumentiert werden kann, dass er auch als Bürger oder Elternteil davon profitiert, wenn er in seiner Rolle als Konsument Vorteile von der Marktwirtschaft hat. Diese analytische Trennung macht jedoch Sinn, weil es ihretwegen aufzuzeigen möglich ist, dass dies nicht zwingend der Fall sein muss (und oft genug nicht der Fall ist). Als Konsument profitiert ein Subjekt von niedrigen Preisen, als Arbeitnehmer muss es dafür einen niedrigen Lohn, geringe Sozialleistungen (in den USA bekommen 23 % der Erwerbstätigen keinen bezahlten Urlaubstag zugesprochen[32]) oder ein prekäres Arbeitsverhältnis in Kauf nehmen; als Bürger die Verschmutzung der Umwelt, die der Gesundheit schaden könnte; als Elternteil könnte der Preis im Zeitmangel für die Familie bestehen oder, der kurzen Befristung seiner Arbeitsverträge wegen, in einem unsicheren Planungshorizont, der eine Familiengründung gar nicht erst möglich macht. Der internationale Wettbewerb fordert von Unternehmen mehr Gewinn und höhere Arbeitsproduktivität. Außerhalb ihres Daseins als Konsument erfahren Marktakteure diesen Wachstumszwang als Verlust von Muße, Zeit (für Freunde, Familie, Hobbies), Sicherheit und Lebensqualität.

So erklärt sich, dass Arbeitsdruck und Stress die Erwerbstätigen auf hohem Niveau belasten: In Deutschland lag die Zahl aller Arbeitsunfähigkeitstage, die auf psychische Probleme und Verhaltensstörungen zurückgehen, 2012 bei rund 61,5 Millionen. Ungefähr jeder sechste Krankheitstag fiel damit in diese Kategorie.[33] Im STRESSREPORT DEUTSCHLAND 2012 sind Ursachen hierfür aufgelistet, die, wie es im Report heißt, seit den 1990ern an Intensität gewonnen hätten: »Spitzenreiter bei den Anforderungen aus Arbeitsinhalt und -organisation sind die Merkmale ›verschiedenartige Arbeiten gleichzeitig betreuen‹ (im Folgenden auch Multitasking genannt), ›starker Termin- und Leistungsdruck‹, ›bei der Arbeit gestört, unterbrochen‹ (im Folgenden auch Arbeitsun-

---

32 Ray et al. 2013
33 Meldung auf www.spiegel.de, 10. 8. 2014

terbrechungen genannt), ›sehr schnell arbeiten müssen‹ sowie ›ständig wiederkehrende Arbeitsvorgänge‹ (im Folgenden auch Monotonie genannt). [...] Festzuhalten bleibt zudem, dass ein Viertel der Befragten Pausen ausfallen lässt und dies in mehr als einem Drittel der Fälle damit begründet, zu viel Arbeit zu haben. Dabei geben ca. ein Fünftel an, mengenmäßig überfordert zu sein, und fast die Hälfte, dass Pausen nicht in den Arbeitsablauf passen. [...] Zugleich haben die im Zusammenhang mit der Arbeit häufig auftretenden gesundheitlichen Beschwerden überwiegend zugenommen. Und je mehr Beschwerden angegeben werden, desto höher fallen dabei auch die mit Arbeitsintensität assoziierten Anforderungswerte z. B. für ›starken Termin- und Leistungsdruck‹ oder Multitasking aus.«[34]

2011 publizierte die OECD eine Studie, aus der hervorging, dass jeder fünfte Arbeitnehmer in den wohlhabenden Nationen mit Depressionen und Angstzuständen zu ringen hat. Vor allem seien jüngere Arbeitnehmer betroffen. Als Ursache für diese pathologische Entwicklung werden die Arbeitsunsicherheit und der gestiegene Arbeitsdruck genannt. Es ist nahe liegend, dass solche Arbeitsverhältnisse ineffizient auch darum sind, weil mental oder körperlich beeinträchtigte Arbeitnehmer weniger produktiv sind. Entweder fehlen sie krankheitsbedingt am Arbeitsplatz oder sie arbeiten auf einem geringeren Leistungsniveau. Noch größere psychische Probleme als die Arbeitenden hätten jedoch die Arbeitslosen. Daraus folgt, dass eine das Individuum in die Gesellschaft und eine Gemeinschaft integrierende Tätigkeit die mentale Gesundheit zwar verbessert, aber nur, wenn der Arbeitsdruck und die Sorge, den Arbeitsplatz wieder zu verlieren, gering ist.[35] Man kann sich unschwer vorstellen, dass die Verknappung der Erwerbsarbeit im Zweiten Maschinenzeitalter diese Tendenz zunächst noch steigern wird.

Zudem resultiert der Wachstumsdruck im Verlust intakter Lebensräume und Arten. Kurz: *Wachstum* auf der einen Ebene verursacht *Verluste* auf der anderen. Der Preiskampf auf dem Markt erfolgt auf Kosten anderer Bedingungen, die für ein gutes Leben essenziell und nicht nur auf den materiellen Lebensstandard beziehbar sind – etwa die Ökosystemleistungen. Besonders deutlich bekamen dies im Frühjahr 2014 jene 400 Millionen Chinesen zu spüren, die Wochen lang unter erheblich gesundheitsgefährdendem Smog zu leiden hatten. Dieser wurde zu ca. 25 Prozent von Autoabgasen und zu ca. 60 Prozent aus den Emissionen von Kohlekraftwerken verursacht und ist damit ein Symbol des aggressiven chinesischen Wirtschaftswachstums. Dieses bereichert China mit Jobs, Autos und Energie – und macht sie krank.

---

34 Lohmann-Haislah,164
35 OECD 2011b

Ferner, so wurde argumentiert, befriedigt die Marktwirtschaft Bedürfnisse und unterstützt damit ein hohes Maß an Wohlbefinden. Zugleich geht von Mechanismen der Marktwirtschaft ein Druck aus, der die Erzeugung neuer Bedürfnisse erforderlich macht. Darum herrscht tatsächlich Güterknappheit, obwohl die Konsumgesellschaft den Erwerb von Waren in einem Ausmaß möglich gemacht hat, das es in der Geschichte der Menschheit noch nie gegeben hat. Falsch ist damit die klassische *Unersättlichkeitsthese*, wonach der Mensch von Natur aus immer mehr Wünsche als Mittel habe, diese befriedigen zu können. Die traditionalistische Weise des Arbeitens und Lebens dagegen zeigt: Der Mensch *ist* nicht unersättlich, in der Marktwirtschaft *soll* er unersättlich *sein*, denn es wird ihm schwer gemacht, zufrieden mit dem zu sein, was er hat. Daraus leitet sich dann die *Ineffizienzthese* ab: Der Markt ist, entgegen der klassischen oder neoklassischen Lehrmeinung, nicht die effizienteste Methode zur Befriedigung der menschlichen Bedürfnisse. Knappheit zu beseitigen ist das Ziel des Wirtschaftens, aber die Marktwirtschaft kann nur eine von drei Knappheitskategorien beseitigen, die absolute. Die soziale Knappheit ist ihr lieb, auf die systemische ist sie angewiesen. Sie gefährdet die Existenzgrundlage vieler Menschen, indem sie Ökosysteme der ineffizienten Befriedigung menschlicher Bedürfnisse opfert. Auf diese Weise hat die Marktwirtschaft ihren Anteil an den stagnierenden Zufriedenheitswerten trotz steigender Wirtschaftsleistung.

In der Marktwirtschaft befinden sich Unternehmen miteinander im Kampf um günstige Preise und dieser Wettbewerb verursacht – dies ist die *Unsicherheitsthese* – Druck und Unsicherheit, nicht nur bei den Arbeitnehmern, sondern auch bei den Arbeitgebern und dem Management (weshalb letztere nach Möglichkeiten suchen, sich dem Wettbewerbsstress entziehen zu können). Obendrein sind sozialstaatliche Leistungen seit den 1980er Jahren in eine bis heute anhaltende *Postwachstumsphase* eingetreten. Diese wurde in den 1980ern durch neoliberale Politik, in den 1990ern durch den Anpassungsprozess an den verschärften Standortwettbewerb und durch die Konjunkturprogramme zur Entschärfung der Finanzkrise von 2008 angefacht. Um das *Beschäftigungsniveau* halten oder verbessern zu können, sahen sich die Regierungen der klassischen Marktwirtschaften wiederholt gezwungen, Entscheidungen zu treffen, welche die *Beschäftigungsverhältnisse* verschlechtern. In vielen europäischen Ländern verschob sich die Sozialstaatspolitik *von der kollektiven Verantwortlichkeit zur Eigenverantwortlichkeit*.[36] Im Anschluss an die Finanzkrise von 2008 intensivierte sich diese Entwicklung, reduzierten sich sozialstaatliche Leistungen auf ein Minimum, um den Sozialstaat zu verschlanken und um die Bürger zur Eigeninitiative auf dem Arbeitsmarkt zu aktivieren.

---

36 Lessenich 2013

Die Bürger wurden mit Verweis auf das liberale Normativ aufgefordert, Verantwortung für sich und zugleich für die Gesellschaft zu übernehmen. Sie sollen sich durch eigene Bemühungen rasch in den Arbeitsmarkt (re-)integrieren, dadurch zur Stabilisierung der Ökonomie und zur finanziellen und administrativen Entlastung des Staates beitragen. Diese Entwicklung hat die Sorge vor dem Verlust des eigenen Arbeitsplatzes und damit die Unsicherheit gesteigert. Stress und Unsicherheit blockieren eine gute Lebensführung. Unsicherheit besteht auch in Form eines Unbehagens vor der Zukunft: Da mehr und mehr natürliche Ressourcen, biotische und abiotische, fossile und mineralische, benötigt werden, um Produktion und Konsum zu steigern, verknappen sich nicht erneuerbare Ressourcen und intakte Lebensräume.

Die globalen Kerninstitutionen IWF, Weltbank, Europäische Kommission und nahezu alle staatlichen Regierungen verfolgen gegenwärtig einen Wachstumskurs, um Investitionen anschieben, Arbeitsplätze schaffen, soziale Sicherheit und Bildung finanzieren, die Staatsverschuldung abtragen und die innere Ordnung (auch die Wirtschaftsordnung) aufrechterhalten zu können. Auf diesem Kurs soll die menschliche Zivilisation doch noch in eine freundliche Zukunft gesteuert werden. Allerdings haben die Kerninstitutionen ihren Kurs ja streng genommen nie verlassen, sie halten vielmehr seit Jahrzehnten an ihm fest – mit dem Ergebnis, dass die kollektive Fortschrittserwartung in den klassischen Wachstumsgesellschaften erodiert ist. Der bisherige Kurs scheint damit keine *Lösung*, sondern das *Problem* zu sein und je länger er beibehalten wird, desto mehr schlagen utopische in dystopische Erwartungen um. Diese werden von einer Politik gespeist, die Wachstum auf Kosten sozialstaatlicher Leistungen und schrumpfender Ökosystemleistungen erwirtschaftet.

In der Vergangenheit war die Zukunft dagegen besser: Mit der Einführung der Marktwirtschaft im 18. Jahrhundert und erst Recht mit der Einführung der sozialen Marktwirtschaft am Ende des 19. Jahrhunderts ging der Optimismus einher, dass sich der materielle Wohlstand und die Lebensqualität künftiger Generationen zunehmend verbessern würde. Flackerte diese Hoffnung nur kurzfristig auf, ist dieser Optimismus in den meisten der klassischen marktwirtschaftlich organisierten Nationen am Beginn des 21. Jahrhunderts in eine Erwartungshaltung umgeschlagen, wonach man nur noch hofft, dass die künftig zu erwartenden sozialen und ökologischen Krisen nicht gar so schlimm ausfallen, wie zu befürchten ist.

In einer Umfrage von Boston Consulting Groups stimmten in Deutschland nur 13 Prozent der Befragten der Aussage zu, »die nachfolgende Generation wird ein besseres Leben haben«. In Frankreich (12 %) und Italien (15 %) war die Zustimmung ähnlich gering, in Großbritannien lag sie bei 28 Prozent. Auch in den USA ist das Vertrauen in die Zukunft rückläufig. Die dortige Mittelschicht ist in der ersten Dekade des 21. Jahrhunderts ärmer und kleiner geworden und 85 Prozent der Angehörigen der Mittelklasse meinen, dass es schwieriger geworden sei, den heutigen Lebensstandard aufrechtzuerhalten.[37] Womöglich sind diese Umfragewerte nur eine Momentaufnahme, entstanden unter dem Eindruck der Finanzkrise. Doch selbst wenn sich die Wirtschaft wieder erholen sollte, wird dies den Optimismus nicht langfristig beflügeln können. Dagegen sprechen die Verknappung von Ökosystemleistungen und der Erwerbsarbeit.

Der einstige Fortschrittsoptimismus des Westens hat sich indes vor allem nach Osten, in asiatische Schwellenländer, verlagert. Während steigende Wachstumsraten dort einerseits eine *Verbesserung der Lebensqualität* in Aussicht stellen, wird diese Erwartung jedoch durch eine gravierende Verschlechterung der ökologischen Randbedingungen flankiert. Die meisten der weltweit schmutzigsten Städte finden sich in Asien. Das ökonomische Wachstum wird dort mit z. B. erheblicher Luftverschmutzung, entsprechenden gesundheitlichen Belastungen und so mit einer *Verschlechterung der Lebensqualität* erkauft. Obendrein lassen Prognosen zum Klimawandel vermuten, dass weiten Teilen Asiens im 21. Jahrhundert Veränderungen bevorstehen, die das Leben dort künftig beschwerlicher und unsicherer machen.

Die in Aussicht stehende zunehmende Beschwerlichkeit des Alltags wird sich aber nicht allein auf Asien beschränken, sondern nahezu alle Länder betreffen. Dies zumindest ist die Aussage des OECD-Reports »2050« und die Prognose »2052« vom Club of Rome.[38] Die menschliche Gesellschaft, so die beiden Berichte, wird bei wachstumsfixiertem business as usual in den kommenden Jahrzehnten zunehmend mit Problemen konfrontiert werden, die aus Ressourcenabbau, Umweltverschmutzung, Klimawandel, Stellenabbau, Armut und sozialer Ungleichheit resultieren.

Damit scheidet auch das strukturkonservative Argument aus, wonach eine Legitimation für den Erhalt der gegebenen marktwirtschaftlichen, wachstumsfixierten Struktur nicht die *Steigerung*, sondern der bloße *Erhalt* des gegenwärtigen Wohlstands ist. Schließlich besteht die Möglichkeit, »dass Wachstum dem Wohlstand dient, dass anhaltendes Wachstum eine notwendige Bedingung für bleibenden Wohlstand darstellt, und dass unsere Fähigkeit zu gedeihen ohne Wachstum wesentlich geringer sind.«[39] Die gegenwärtigen Entwicklungen deuten dagegen darauf hin, dass die kommenden Jahrzehnte *wegen* wirtschaftlichem Wachstum nicht besser werden. Weder im Osten noch im Westen. Wahrscheinlicher ist ein Rückgang des Wohlbefindens einer sehr großen Zahl von Menschen.

Und entgegen der Lehrmeinung ergibt sich aus dem Wettbewerb nicht automatisch ein Antrieb zum effizienteren Einsatz von Energie und Ressourcen, d. h. zur ökologischen Entlastung – im Gegenteil wird dieser Antrieb

---

37 Pew Research Center 2012
38 OECD 2012, Randers 2012
39 Jackson 2011, 66

durch Marktmechanismen oft sogar blockiert. Dies ist die Antipode der *kulturellen Fortschrittsthese*: Das Fortschrittsversprechen der Moderne, wonach das Leben in der Zukunft ein besseres als in der Gegenwart werden sollte, ist in den klassischen marktwirtschaftlich organisierten Gesellschaften trotz bemerkenswerter technischer Fortschritte verblasst. Dies ist auch in den Arbeitsverhältnissen begründet. In ärmeren Ländern und Schichten ist die Arbeit oft gesundheitsgefährdend, weil sie körperlich anstrengend oder gefährlich ist. In wohlhabenderen Ländern und Schichten verlagert sich das Gesundheitsrisiko von der physischen in die psychische Dimension. Hier sind es Leistungsdruck und Stress, das dadurch entstehende Gefühl *gelebt zu werden statt zu leben* und sich darum fremd im eigenen Leben zu fühlen, was Bürger zunehmend zum Arzt und Psychologen treibt. Das Leben verheißt auf höheren Stufen des Wohlstandes, eine andere Kategorie von Belastung zu ertragen. Ob es dadurch besser wird, ist Ansichtssache.

Michael Sandel verweist darauf, dass wir eigentlich nicht in marktwirtschaftlich organisierten Gesellschaften, sondern in Marktgesellschaften leben. In diesen habe die Marktlogik in immer mehr Bereiche Einzug gehalten und dabei einer Verdrängung des Guten Vorschub geleistet. Anstatt durch moralische Normen würden Handlungsentscheidungen über Leben, Krankheit und Tod, Umweltverschmutzung und vieles mehr auf der Grundlage ökonomischer Kosten-Nutzen-Kalküle getroffen. In solchen Gesellschaften erodiere der Gemeinsinn und das Verantwortungsbewusstsein, woraus die *These von der doppelten Verdrängung des Guten* folgt: Die Marginalisierung moralischer Normen geht zu Lasten der guten Lebensführung, da sich das »Klima« in ihnen verschlechtert. Verbraucher werden nicht als Subjekte, sondern als Objekte behandelt, die zum Mehrkonsum verführt werden, deren Verbrauchsverhalten durch zahlreiche Strategien instrumentalisiert wird. Unentwegt sind die Subjekte und Verbraucherschutzorganisation auf der Hut vor Täuschungsversuchen. Vielsagend schon, dass es überhaupt Verbraucherschutzorganisationen bedarf. Sie sind die Antwort auf Institutionen, die Misstrauen generieren und eine gute Lebensführung erschweren.

Hieraus wiederum leitet sich die *Werturteilsthese* ab, die weniger aus Erkenntnis besteht, dass der Marktwirtschaft Werturteile zu Grunde liegen, sondern vielmehr darin, dass der Wettbewerb manchen Werturteilen der Marktwirtschaft entgegenarbeitet: Die Märkte sollen dem Wohl des Einzelnen dienen – nur aus diesem Grund sollen Unternehmen überhaupt miteinander in einen Preis- und Qualitätswettbewerb treten. Allerdings unterläuft dieser Kampf um Ab- und Umsätze u. a. die Autonomie des Einzelnen, und es wird durch die Degradation ökologischer Systeme auf Kosten der nächsten Generationen gewirtschaftet.

Diese fünf Thesen – die These vom doppelten Reduktionismus, die Ineffizienzthese, die Unsicherheitsthese, die These von der Verdrängung der Moral und die Werturteilsthese – sind in ihrer Summe die *ethische Kritik* an der Marktwirtschaft: Diese erweist sich als Konfliktherd und erschwert die Möglichkeit, ein gutes Leben führen zu können.

Das ethische Problem der Schumpeterschen Fabrikmädchen liegt folglich darin, dass die Arbeit in der Fabrik stressig, prekär, unwürdig, inhuman und umweltschädlich sein kann, damit die in ihr produzierten Seidenstrümpfe billig werden; dass sie dort nicht arbeiten möchten, dies aber müssen, weil sie keine echte Alternative haben; dass die Mädchen vom Markt dazu erzogen werden, ständig neue Seidenstrümpfe haben zu wollen; weil die Seidenstrumpfmode z. B. rasch wechselt oder die Qualität von Seidenstrümpfen willentlich so schlecht ist, dass sie sich ständig neue kaufen müssen (zumindest für Nylonstrümpfe ist dies belegt). Die Fabrikmädchen können sich dank ihrer Arbeit Seidenstrümpfe leisten, doch eigentlich möchten sie etwas anderes: eine interessante, sinnvolle Arbeit; ein gesundes Leben in einer sauberen Umwelt und ein Leben in einer Gesellschaft, in der sie nicht ständig auf der Hut sein müssen, weil andere es auf ihr Geld abgesehen haben; mehr Gemeinschaft und Solidarität; mehr Zeit für sich und Sicherheit für die Familie; ein optimistische Erwartung für ihre eigene und die Zukunft ihrer Kinder.

Man mag argumentieren, moralisch und/oder ethisch werde der Wettbewerb erst durch eine gute gesetzliche Rahmenordnung, die das Gute und das Gute Leben fördere, d. h. gute Handlungen mit Profit belohnt. Doch konnte eine solche Rahmenordnung, wegen des (internationalen) Wettbewerbs seit Jahrhunderten nur sehr eingeschränkt zustande kommen.

Gesundheit im Wettbewerb

Ein elegantes Wirtschaftssystem befriedigt die biologischen Grundbedürfnisse des Menschen dauerhaft, bereitet anderen keine Unsicherheit, beschneidet weder den materiellen Wohlstand noch die individuelle Freiheit, fördert Innovationen und ein gesundes Leben in gesunden Umwelten.

Das wichtigste Element eines guten Lebens ist Gesundheit und verglichen mit den von Wund- und Zahnfäule, Läusen, Nieren-, Peitschen-, Spul,- und Bandwürmern geplagten Menschen vergangener Zeiten, leben Menschen im Durchschnitt heutzutage wesentlich gesünder. Gesünder, aber lange noch nicht gesund und oft muss das gesundheitliche Wohl hinter die Realisierung von Profiten zurücktreten.

So sind am Markt operierende Unternehmen freiwillig oft nicht dazu bereit, von ihren Waren ausgehende Gesundheitsgefährdungen zu enthüllen. Im Gegenteil, müssen sie, um ihren Markterfolg nicht zu gefährden, alles tun, um mögliche Gefahren zu verschleiern. Ein Beispiel dafür ist die Zigarettenindustrie. Jahrzehnte lang hat sie versucht, die Weltöffentlichkeit über die von ihren Erzeugnissen ausgehende Gefährdung zu täuschen.[40] Die WHO wies am Weltnichtrauchertag 2013 darauf hin, dass die Tabakindustrie ihr Marketing im Zuge schärfer werdender Restriktionen verändert hat und sich nun gezielt an junge und noch eher unkritische Menschen wendet. So würden beispielsweise 13–15-jährigen mit fünfmal größerer Wahrscheinlichkeit kostenlose Zigaretten angeboten als Erwachsenen, wissend, dass die meisten Raucher unter 20 Jahre alt sind, wenn sie mit dem regelmäßigen Rauchen beginnen.[41]

Weil Fett, Salz und Zucker das Mundgefühl verbessern und das Belohnungszentrum des Gehirn aktivieren, den Appetit steigern und dazu verleiten, mehr zu konsumieren als notwendig wäre, überdies billige, Lebensmittel haltbar machende Additive sind, verarbeitet sie die Lebensmittelindustrie in hohen, gesundheitsschädlichen Mengen in ihren Fertigprodukten – und *schafft durch ihr Angebot die Nachfrage*. Das Verlangen entsteht durch Waren, die Verlangen erzeugen.[42] Durch Produkte wie diese wird das eigentliche Anliegen der Wirtschaft, Bedürfnisse zu befriedigen statt sie zu erzeugen, einmal mehr ad absurdum geführt.

Zusammen mit mangelnder Bewegung ist die überreiche Kalorienzufuhr durch fett-, salz- und zuckerhaltige Fertigprodukte die Hauptursache dafür, warum seit den 1980ern (seitdem wird weniger zu Hause gekocht) zunehmend mehr Menschen weltweit aus zunehmend mehr Fett bestehen und daraus resultierende Krankheiten auf dem Vormarsch sind.[43] Die intendierte, reichliche Verwendung dieser Zutaten ist eine marktkonforme Produktbindungsstrategie und innerhalb dieser ökonomischen Rahmenbedingungen sogar dann vernünftig, wenn die Lebensmittelhersteller um die negativen Effekte auf die Gesundheit der Verbraucher wissen und sie in Kauf nehmen, um Gewinne zu erzielen. Unvernünftig wird sie jedoch, wenn man nicht das unternehmerische Wohl, sondern das Allgemeinwohl im Blick hat.

Wo Unternehmen Profit zu machen gezwungen sind, um am Markt überleben zu können, versuchen sie offensiv, ihre spezifischen, und darunter auch gemeinwohlschädlichen Interessen zu vertreten. Zweifellos ist das Vorgehen der Zigaretten-Konzerne unmoralisch, aber es ist marktwirtschaftlich ratio-

---

40 Brandt 2007
41 WHO 2013
42 Moss 2013, Kessler 2010
43 Ng et al. 2014. Hier zeigt sich auch, wie Unternehmen aus marktwirtschaftlichen Gründen wissenschaftliche Studien verzerren: Analysen, bei denen mindestens ein beteiligter Autor der Lebensmittelindustrie angehörte oder von ihr finanzielle Unterstützung erhielt kamen fünfmal häufiger zum Ergebnis, dass zwischen dem Konsum zuckerhaltiger Erfrischungsgetränke und einer Gewichtszunahme kein Zusammenhang besteht, als Studien, bei denen kein Interessenkonflikt vorlag (Bes-Rastrollo et al. 2013).

nal. Und ein Lebensmittelhersteller, der auf hohe und steigende Umsätze angewiesen ist, bevorzugt rationalerweise Lebensmittel, die diesem Ziel dienlich sind – also solche, die die Verbraucher anregen, mehr von ihnen zu verbrauchen. Die Logik des Marktes drängt ihn dazu, so vorzugehen. »No sugar, no fat, no sales«, zitiert der New York Times-Journalist Michael Moss einen CEO der Lebensmittelindustrie und bei Kessler bekennt ein Food-Designer, sei die Lebensmittelindustrie »the manipulator of the consumers' minds and desires.«[44]

Moralische Bedenken werden im Wettbewerb um den Geschmack und Absatz mit dem Verlust von Marktanteilen bestraft. Wie bei Zigaretten spielen der Gesundheitsaspekt und das Allgemeinwohl erst dann eine Rolle, wenn die angerichteten Schäden und der öffentliche Unmut groß geworden sind. Zigaretten reduzieren eine Anspannung, die man ohne sie nicht empfinden würde; manche Lebensmittel steigern den Appetit, den man ohne sie nicht hätte. Diese Waren haben keinen Nutzen für den Verbraucher, der ja durch die Befriedigung eines Bedürfnisses entsteht. Sie erhöhen vielmehr die Wahrscheinlichkeit, dass er ungesund lebt und krank wird. Diese Lebensmittel bergen darum ein hohes *Kosten*potenzial. Moss und Kessler weisen darauf hin, dass eine Vielzahl übergewichtiger Menschen unter ihrem Aussehen und Essverhalten leiden. Einerseits möchten sie so nicht sein, andererseits können sie dem hohen Lustwert, der sie adipös machenden Lebensmittel nicht widerstehen. Selbstvorwürfen und Selbsthass folgen irgendwann Diabetes oder Herz-Kreislauferkrankungen – viele Betroffene leiden also erst psychisch und dann physisch.

Dieses Leiden wirkt sich auch auf die Volkswirtschaft aus. Zum einen wegen der indirekten Kosten, die durch krankheitsbedingte Fehlzeiten entstehen. Zum anderen durch die direkten Kosten, die zur Behandlung der Betroffenen anfallen. In China leiden viele Menschen nicht nur an Krankheiten, die aus verschmutzter Luft und einem hohen Zigarettenkonsum resultieren, sondern zunehmend auch an Diabetes, das vor allem aus dem hohen Konsum salzigem und fettigem Essens und stark zuckerhaltiger Soft Drinks sowie Alkohol resultiert. 114 Millionen Chinesen, das sind ungefähr zehn Prozent der volljährigen Bevölkerung leidet an Typ 2-Diabetis. Schätzungsweise 493 Millionen Chinesen haben einen zu hohen Blutzuckerspiegel und befinden sich damit im Diabetes-Vorstadium. Die Behandlungskosten der Typ 2-Patienten belaufen sich auf rund 500 Milliarden US-Dollar. 1980, vor dem Eintritt Chinas in die Marktwirtschaft, waren weniger als ein Prozent der chinesischen Bevölkerung an Diabetes erkrankt. Auch in anderen asiatischen Ländern ist Diabetes seitdem auf dem Vormarsch und in den USA, dem Mutterland der fett-, salz- und zuckerhaltigen Lebensmittel, ist die Verbreitungsrate von Typ 2-Diabetes

---

44 Moss 2013, 236; Kessler 2010, 21

so hoch wie in China (11,3 Prozent).[45] Die Lebensmittelhersteller jener Fertigprodukte möchten ihre Kunden nicht krank machen, aber sie möchten ihre Waren so gut wie möglich verkaufen. Dazu zwingt sie der von Börse und von Investoren ausgehende Druck.

Das wichtigste Element eines guten Lebens ist Gesundheit – weshalb die bestmögliche Therapierung von Krankheiten und Linderung von Schmerzen basal für ein humane Gesellschaft und ein humanes Gesundheitssystem sein und allen Betroffenen zuteilwerden sollte. Und tatsächlich sind humanistische Werte – das Arbeiten mit Menschen, die Hilfeleistung für andere – der bedeutendste Anlass für junge Menschen Medizin zu studieren, indes das Motiv »Verdienstaussichten« einen der hintersten Plätze einnimmt. »Hier könnte«, mutmaßen die Autoren der Studie, zugleich »einer der Gründe für die zunehmende Zahl an Studienabbrechern liegen: Die berufliche Realität in den Kliniken wird bereits während der Ausbildung als abweichend von diesen Idealen erkannt.«[46]

Der Zweck eines Krankenhauses besteht darin, Menschen von ihren Krankheiten und Verletzungen zu befreien. Er besteht nicht darin, bestimmte Budgets einzuhalten. Der Klinikalltag aber ist, wie das Gesundheitswesen, seit einigen Jahrzehnten von den Mechanismen des Marktes strukturiert, weshalb Gesundheit in der Marktgesellschaft zuvorderst ein Geschäftsfeld geworden ist, in dem es um die Einhaltung von Budgets wie um die Erwirtschaftung von Gewinnen geht. Gewiss, schon im Mittelalter und in der Renaissance war dies nicht anders, verkauften durch die Lande ziehende Quacksalber, Kurpfuscher und Barfußärzte bizarre Elixiere, zuweilen gegen eigens erfundene Krankheiten (z. B. blasse Haut und Sommersprossen). An den Eid des Hippokrates fühlten sie sich nicht gebunden, sie brauchten Geld und sie bekamen es. Geld muss auch Jahrhunderte später die primäre Rolle bei der Behandlung von Krankheiten spielen – mit der Folge, dass Gesundheit allen medizinischen Fortschritten zum Trotz in mehrfacher Hinsicht beeinträchtigt wird. Die Behandlung von Krankheiten und die Gesundheitssysteme sind im Laufe der Jahrhunderte fraglos besser geworden. Dennoch bestehen Defizite, die der ökonomischen Kalkulation entspringen und die Therapierung negativ beeinträchtigen.

So sind Gesundheitssysteme durch das Vordringen marktwirtschaftlicher Zwänge verändert worden – oft zum Nachteil der Patienten. Der Wettbewerb, der seit den 1990er Jahren Einzug ins deutsche Gesundheitswesen vieler Länder gehalten hat, sollte der Weg zu einer besseren medizinischen Qualität, zu mehr Effizienz und zu weniger Bürokratie sein. Tatsächlich führte der Wettbewerb zum Stellenabbau vor allem von »nicht erlösrelevantem« Pflege- und

---

45 Xu et al. 2013
46 Sönnichsen et al. 2005, 224

Reinigungspersonal. Die Betreuung und die Hygiene verschlechterten sich folglich zu Lasten der Patienten. Durch die Umstellung des Abrechnungssystems auf Kopfpauschalen sind im deutschen Gesundheitssystem ökonomische Kalkulationen dem Wohl des Patienten zunehmend übergeordnet. Kliniken werden seitdem nicht mehr die tatsächlich anfallenden Kosten erstattet, sondern einzelne Behandlungen mit einer Pauschale vergütet, die zudem permanent sinkt. Ein ständiger Kostendruck ist die Folge.[47]

Ferner ist die Zahl der Operationen stetig gestiegen, nicht aber, so der Ökonom Mathias Binswanger, weil mehr Patienten mehr Eingriffe nötig gehabt hätten, sondern wegen des Zwangs, dass Krankenhäuser nun Profite erwirtschaften müssen. »Früher war das Hauptziel eines Krankenhauses, kranke Menschen wieder gesund zu machen. Dass die Kosten dabei nicht aus dem Ruder liefen, war eine Nebensache. Heute steht die Nebensache im Vordergrund. Das gesamte Gesundheitswesen wird zunehmend nach ökonomischen Kriterien gesteuert, auch die Krankenhäuser. Darin liegt das Problem. Die Patienten sind zu einer Art Portfolio geworden. Wie optimiert man es? Indem man die Diagnosen so stellt, das lukrative Fälle dabei rauskommen.«[48] Die Kosten eines Krankenhauses werden durch Operationen gedeckt, bei denen es Gewinne machen kann. Patienten werden wie auf einem Fließband abgewickelt, was zur Folge hat, dass Patienten über zu wenig Zuwendung und Ärzte über Stress klagen. Beide sind sie ein Anhängsel des Marktes geworden. Es fehlt an Zeit und zwischenmenschlicher Wärme, sie mussten dem Wettbewerb geopfert werden.

Zuweilen werden gar wie im Mittelalter Krankheiten erfunden, um Elixiere gegen sie verkaufen zu können: Die Pharmaindustrie hat dazu beigetragen, dass der noch als gesund geltende Grenzwert des Cholesterinspiegels zunehmend gesenkt wurde. Auf diese Weise sind mehr Menschen behandlungsbedürftig, was die Nachfrage nach cholesterinsenkenden Arzneien steigen lässt. Ein Pharmaunternehmen hat in Deutschland mit reichlich Werbeaufwand sogar versucht, die Ejaculatio praecox als Krankheit zu deklarieren (obwohl hier keine organische Fehlfunktion am Werk ist), um ein Medikament verkaufen zu können, dass den Samenerguss um zwei Minuten verzögert.[49] Das allerdings ist ein noch harmloses Beispiel. Die milliarden- und millionenhohen Strafzahlungen, die Pharmaunternehmen in den letzten Jahren zahlen mussten, belegen vielmehr, dass der von ihnen ausgehende Schaden immens ist. Pfizer musste 2009 nach einem Gerichtsentscheid 2,3 Milliarden US-Dollar Entschädigung zahlen, GlaxoSmithKline drei Milliarden (2011), Abbot 1,5 Milliarden (2012), Eli Lilly 1,4 Milliarden (2009), Johnson & Johnson 1,1 Milliarden (2012), Vioxx 950 Millionen US-Dollar (2011), Merck 670 Millionen (2007), Purdue Phar-

---

47 Manzei/Schmiede 2014
48 Binswanger 2013, vgl. Hacke et al. 2015, Mikich 2013, Pennekamp 2012
49 Knauer 2013

ma 635 Millionen (2007), Norvatis 423 Millionen (2010) und Sanfo-Aventis 95 Millionen US-Dollar (2009). Die Unternehmen wurden der Vermarktung nicht zugelassener Arzneien überführt, der Korruption, der falschen Darstellung von Forschungsergebnissen und dem bewusste Verschweigen schädlicher Wirkungen von Medikamenten. Zwischen 1991 und 2012 mussten Pharmaunternehmen bei gerichtlichen Vergleichen insgesamt rund 30 Milliarden US-Dollar Strafe zahlen.[50]

Überdies nimmt die Pharmaindustrie offenbar Einfluss auf medizinische Fachzeitschriften und die Leitlinien zur medikamentösen Therapierung von Krankheiten. Bislang blieb meist intransparent, wie als Behandlungsstandard geltende Leitlinien erstellt wurden. Klar ist jedoch, dass die in ihnen genannten Medikamente einen erhöhten Absatz verheißen. Die Analyse der Leitlinienerstellung hat nun zweierlei hervorgebracht: Zum einen manipulieren pharmazeutische Unternehmen Arzneimittelstudien zu ihren Gunsten, zum anderen haben viele Leitlinienautoren finanzielle Verbindungen mit pharmazeutischen Unternehmen.[51] Aus medizinischer Sicht handelt es sich dabei um eine bedenkliche Vorgehensweise, zumal sich Leitlinien-Arzneien nicht selten schon als kontraproduktiv erwiesen haben. Letztlich braucht es unabhängige Gutachter zur Bewertung von Arzneimitteln und unabhängige Autoren für die Leitlinien. Innerhalb der Marktwirtschaft geht es Pharmaunternehmen um finanzielle Gewinne. Auch sind es die Börse und Investoren, die sie dazu antreiben.

Dass ein Gesundheitswesen auch jenseits marktwirtschaftlicher Einflüsse auf hohem Niveau gut funktionieren kann, zeigt das Beispiel Kuba, wo die gesundheitliche Versorgung aller kostenlos ist.[52] Obwohl dort Geräte selten auf dem neuesten Stand der Technik sind, steht die Gesundheit der Menschen im Vordergrund. Die Ärzte gelten als exzellent ausgebildet, die medizinische Versorgung ist nahezu kostenlos, die Kindersterblichkeit ist niedrig, die Lebenserwartung hoch, die Impfquote sehr hoch, die Quote an Infektionskrankheiten gering und kubanischen Forschungslabore bringen viele neue pflanzliche Alternativmedikamente hervor, die obendrein effektiv sind. In Kuba gab es bislang es kaum salz-, fett- oder zuckerhaltige Fertigprodukte zu kaufen, ist die

---

50 Gøtzsche 2015, 59–69, 76, 80
51 Schott et al. 2013
52 In Artikel 50 der kubanischen Verfassung heißt es: »Jeder hat ein Recht auf Schutz und Erhalt der Gesundheit. Der Staat garantiert die Wahrnehmung dieser Rechte: durch kostenlose medizinische Behandlung und Betreuung, auch im Krankenhaus, über das Netz der medizinischen Einrichtungen, Polikliniken, Krankenhäuser, prophylaktischen Zentren sowie Spezialbehandlungen; durch kostenlose zahnmedizinische Behandlung; durch die Entwicklung und Verbreitung von Hygieneprogrammen und Gesundheitserziehung; medizinische Untersuchungen in gewissen Zeitabständen, Impfprogramme und sonstige vorbeugende Maßnahmen zum Erhalt der Gesundheit.«

Ärztedichte zudem höher als in Deutschland, arbeiten viele Ärzte als Familien- oder Nachbarschaftsärzte, deren Arbeitsschwerpunkt die Prävention ist. Jeder Gemeinde sind einen oder mehrere Hausärzte zugeteilt, die über Jahrzehnte hinweg für dieselbe kleine Gruppe von Menschen verantwortlich sind, sie und ihre Lebensumstände gut kennen. Auf diese Weise sollen Kosten gesenkt werden, und das funktioniert trotz einiger Defizite recht gut. Diese vor allem für Krankheitsvorbeugung und einfache Behandlungen gedachte Ebene ist zugleich die erste im kubanischen Gesundheitssystem. Fälle, die dort nicht versorgt werden können, kommen in Polikliniken, welche die zweite Ebene sind. Dort finden ambulante Behandlungen statt und für stationäre Aufenthalte wird man in allgemeine Krankenhäuser, Spezialkliniken oder Forschungszentren – die dritte Ebene – transportiert.

Auch im kubanischen Gesundheitswesen gibt es Mängel: viele Ärzte sind unterbezahlt, viele Medikamente in Apotheken nicht vorhanden, die Ausstattung in den Kliniken ist marode.[53] Diese Mängel sind teilweise das Resultat internationaler ökonomischer Sanktionen und dennoch ist die kubanische Bevölkerung gesünder als die US-Amerikanische. Das kubanische Gesundheitswesen gilt mittlerweile sogar als Vorbild für alle Länder, die reichen wie die armen.[54]

---

53 Henkel 2002
54 Lamrani 2014, Gorry 2014

3 Der Sinn des Wirtschaftens

David Riesman fragte sich schon 1957, in den Anfängen der Überflussgesellschaft, welches Ziel die Gesellschaft habe, wenn die absolute Knappheit überwunden und die meisten materiellen Wünsche befriedigt seien. Er wusste keine Antwort: »Wir haben keine zureichenden Pläne für Ersatzziele, und wir haben nicht die politische Maschinerie, um Verständnis und Unterstützung dafür zu schaffen, dass derartige Pläne entwickelt werden.«[1] Sechzig Jahre später steht eine Antwort noch immer aus. Alle Gesellschaften verfolgten in den Jahrzehnten danach das materielle Wachstumsprogramm weiter – bis dessen ökologische Kehrseite zunehmend auffiel. Ein neues gesellschaftliches Ziel wurde zwar in den 1980ern benannt: die nachhaltige Entwicklung. In der Praxis wurde der alte Kurs bis heute fortgesetzt. Statt von *Growth* ist nun von *Green Growth* die politische Rede, womit auch die nachhaltige Entwicklung zum Anhängsel des Marktes geworden ist.

Das Streben der Menschen, ahnte Thomas Hobbes, zielt auf zweierlei: Es »gehen die willentlichen Handlungen und Neigungen aller Menschen nicht nur darauf aus, sich ein *zufriedenes Leben* zu verschaffen, sondern auch darauf, es *zu sichern*.«[2] Dieses Verlangen ist so groß, dass es Menschen dazu veranlasst, ihre ursprüngliche Freiheit aufzugeben, um sich einer allgemeinen Gewalt unterzuordnen. Diese, gemeint ist der Staat, ermöglicht das friedliche Miteinander der Menschen, da sie Schutz und Muße gewährt (niemand muss für seinen eigenen Schutz sorgen, dadurch entstehen Freiräume). Umgekehrt: Der Staat legitimiert sich, indem er die strukturellen und materiellen Bedingungen schafft, die seinen Bürgern *dauerhaft* ein zufriedenes Leben ermöglichen. Damit Individuen nämlich ein gutes Leben führen können, müssen Gesellschaften bestimmte Bedingungen erfüllen. Legitimationskrisen in Form von

---

1 Riesman 1973 [1964], 270
2 Hobbes 1998 [1670], 75 (im Original nicht kursiv)

Revolutionen entstehen, wenn soziale Strukturen der Befriedigung menschlicher Grundbedürfnisse (z.B. absolute Knappheit, Freiheit, Anerkennung) entgegenstehen. Der Staat ist damit kein Zweck, sondern ein Mittel.

Auch die Wirtschaft ist kein Zweck. Auch sie ist ein Mittel zu dem Zweck, Menschen die materielle Grundlage eines guten Lebens dauerhaft gesichert verfügbar zu machen. »Der Zweck eines Wirtschaftssystems«, schreibt Galbraith, »besteht darin, die von der Allgemeinheit geforderten Waren und Dienstleistungen zu liefern. Ohne ein solches System, das Nahrungsmittel erzeugt, verarbeitet, verpackt und verteilt, das Stoffe herstellt und Kleidung daraus schneidert, Häuser baut und sie einrichtet, das Ausbildung und ärztliche Versorgung zur Verfügung stellt, für Recht und Ordnung sorgt und eine Verteidigung aufbaut, wäre das Leben recht schwierig.«[3]

Für ein gutes Leben notwendig sind Güter, welche die biologischen Grundbedürfnisse befriedigen – und Sicherheit, also die Abwesenheit des Gefühls, dass man Gefahr laufen könnte, diese Bedürfnisse einmal nicht mehr befriedigen zu können. Denn eben dies sind nach der Maslowschen Bedürfnispyramide die grundlegenden Bedürfnisse aller Menschen, aller Kulturen, zu allen Zeiten: Die Sicherung der biologischen Grundbedürfnisse und das Gefühl von Sicherheit. Übersetzt bedeutet dies die Überwindung der *absoluten Knappheit* und die Realisierung von (wirtschaftlicher) *Sicherheit*.[4] Ein gutes politisches wie ökonomisches System, dass dem Menschen dienen soll, muss folglich mindestens diesen beiden Ziele dienen und einem dritten: Es muss dafür sorgen, dass nachfolgende Generationen ihre biologischen Grundbedürfnisse ebenfalls sichern können.

Der Ur-Zweck allen Wirtschaftens aber besteht in der dauerhaften Versorgung der Menschen mit Gütern, die sie zum Selbsterhalt benötigen und ihnen das Leben erleichtern; *in der dauerhaften Befreiung von materieller Not* – vernünftigerweise ohne dabei natürliche Lebensgrundlagen und Menschen zu schädigen. So fand auch das Anliegen von Adam Smith, den Wohlstand der Nationen zu erhöhen, seine Rechtfertigung in der damals omnipräsenten Armut, die der Masse die Möglichkeit nahm, ein gutes Leben führen zu können.

Die Sicherung der materiellen Grundbedürfnisse gleicht im Umkehrschluss dem, was Amartya Sen als wichtigstes Entwicklungsziel ansieht: Freiheit. Nicht um Wahlfreiheitfreiheit auf dem Markt, nicht um eine von staatlichen Interventionen befreite Marktwirtschaft geht es ihm dabei, sondern um die Beseitigung von Unfreiheiten, die ein gutes Leben zu führen unmöglich machen. Unfreiheiten entstehen für Sen, wenn grundlegende menschliche Bedürfnisse nicht gesichert sind: Unterernährung; ein Gesundheitswesen, das Menschen die bestmögliche Fürsorge vorenthält; Mangel an Trinkwasser,

---

3   Galbraith 1974, 19
4   Maslow 1977

mangelhafte Infrastruktur und ein mangelhaftes Bildungssystem sind die Ursachen für bestehende Unfreiheiten. Eine ÖKONOMIE FÜR DEN MENSCHEN muss sich vorrangig auf deren dauerhafte Beseitigung konzentrieren.[5] So sah es auch Ludwig Erhard: »Es ist und bleibt«, vermerkte er in seinem Klassiker WOHLSTAND FÜR ALLE, »der letzte Zweck jeder Wirtschaft, die Menschen aus materieller Not und Enge zu befreien. Darum meine ich auch, daß, je besser es uns gelingt, den Wohlstand zu mehren, umso seltener werden die Menschen in einer nur materiellen Lebensführung und Gesinnung versinken. Die Wohlstandsvergrößerung schafft umgekehrt erst die Grundlage, den Menschen einer primitiven, nur materialistischen Denkweise zu entreißen –; sie sollte es jedenfalls tun.«[6] Die endgültige Befreiung aus materieller Not, der Gewinn an Unabhängigkeit, um sich aus dem primitiven Materialismus erheben zu können – dies war für Erhard das Ziel allen Wirtschaftens. Wird es erreicht, konnte sich Erhard ein Rückzug der Wirtschaft vorstellen. Denn es sei dann die Frage zu stellen, »ob es noch immer richtig und nützlich ist, mehr Güter, mehr materiellen Wohlstand zu erzeugen, oder ob es nicht sinnvoller ist, unter Verzichtsleistungen auf diesen ›Fortschritt‹ mehr Freizeit, mehr Besinnung, mehr Muße und mehr Erholung zu gewinnen.«[7]

Eine Wirtschaftsordnung erfüllt ihre Aufgabe, wenn sie die absoluten Bedürfnisse aller Bürger einer Gesellschaft permanent decken kann und diese dafür wenig Aufwand betreiben müssen, damit sie ihre Kapazitäten für reifere und höhere Aufgaben nutzen und Muße für selbstbestimmte Aktivitäten haben können. Die gegenwärtige Ökonomie hat zwar, was die Bereitstellung von Nahrung, Kleidung, Obdach betrifft, die absolute Knappheit in den industrialisierten Gesellschaften überwunden, dennoch hält sie die meisten Menschen (a) im Hamsterrad des aufwändigen Gelderwerbs gefangen und erzeugt unentwegt relative Armut und neue Knappheiten. Ferner enthält die gegenwärtige Wirtschaftsordnung (b) den meisten Menschen das Gefühl der dauerhaften materiellen Sicherheit vor. Schließlich (c) basiert die Möglichkeit, Zugang zu den materiellen Voraussetzungen eines gelingenden Lebens zu bekommen, auf dem Prinzip der Chancengleichheit, das zwar gut gemeint ist, aber jene Gleichheit eben nicht einlösen kann (siehe Kapitel II.1). Künftig schwinden die Chancen, einen hinreichenden Zugang zu den materiellen Grundgütern eines

---

5 Sen 2003
6 Erhard 1964 [1957], 222 f. An anderer Stelle (228) schrieb er: »Ich bin bei alledem weit entfernt, das ›Wirtschaftliche‹ überzubewerten. Ich glaube, daß sowohl für das Individuum wie auch für ein Volk als Ganzes eine funktionsfähige Wirtschaft sichergestellt sein muß, um die Grundlage für jedes höhere Streben und die Erfüllung geistig-seelischer Anliegen zu gewinnen. Erst wenn die materielle Basis der Menschen geordnet ist, werden diese frei und reif für ein höheres Tun.«
7 ibid., 233

guten Lebens zu erhalten gar, sollten die Chancen, einen ausreichend gut bezahlten Beruf bekommen zu können, infolge der sich abzeichnenden Automatisierung geringer werden.

Indem also die Wettbewerbswirtschaft Ungleichheit und neue Angebote hervorbringt, schafft sie *Unzufriedenheit;* indem sie Unternehmen und Staaten (als Unternehmensstandorte) gegeneinander anzutreten zwingt, schafft sie *Unsicherheit.* Und indem sie Arbeitnehmer durch Algorithmen oder KIs ersetzt und die Degradation von Ökosystemen begünstigt, schafft sie abermals Unsicherheit. Indem sie nun Unzufriedenheit erzeugt, dient die Marktwirtschaft nicht den *Konsumenten* und indem sie Unsicherheit erzeugt, dient sie nicht den gegenwärtigen und weniger noch den künftigen *Menschen.*

Daraus ergibt sich die Schlussfolgerung, dass die Marktwirtschaft, obzwar ihr Warenausstoß so ungeheuer groß ist, ihren ureigenen Zweck nur bedingt erfüllt. Smith, Erhard, Galbraith und Sen machten deutlich, dass Wirtschaften kein Selbstzweck ist, sondern eine *untergeordnete* Rolle einnimmt. Wirtschaft, das sollte lediglich *ein Anhängsel der Gesellschaft und des Menschen* sein. Sie tritt für die Menschen, für ihre Befreiung aus den Kümmernissen des Alltags und für das Gemeinwohl ein. Folgerichtig stellen Robert und Edward Skidelsky Überlegungen für eine Neuausrichtung von Staat und Wirtschaft an, zumal das permanente Streben nach Wachstum ihrer Meinung nach den Blick dafür verstelle, dass das wirtschaftliche Problem eben behoben sei. »Unter solchen Umständen sollte es das Ziel von Politik und anderen Formen kollektiven Handelns sein, für eine wirtschaftliche Organisation zu sorgen, die die guten Dinge im Leben – Gesundheit, Achtung, Freundschaft, Muße und andere – uns allen zugänglich macht.«[8] Nicht Wirtschaftswachstum sollte das übergeordnete Ziel der Wirtschaftspolitik sein, sondern die Gestaltung von Rahmenbedingungen, die es allen Menschen erleichtern, ein gutes Leben führen zu können. Aus dieser Perspektive ist der eigentliche Nutzen der Wirtschaft zwar bedeutend, aber vergleichsweise gering geworden.

Dagegen begann dieses Buch mit der Feststellung, dass die gegebene Wirtschaftsordnung eine *übergeordnete* Rolle in der Gesellschaft einnimmt. Das hat zum einen politische Gründe. Politisch betrachtet ist der hohe Warenausstoß gar nicht interessant. Die hohe Produktion ist lediglich ein Mittel zu dem Zweck, so vielen Menschen wie möglich einen Arbeitsplatz zu verschaffen und so die soziale Ordnung zu wahren. In ökonomischen Krisen wird ja auch *nie der Rückgang des Warenausstoßes* beklagt – schließlich haben die meisten Menschen der OECD-Länder das Notwendige bereits und müssen sich regelmäßig nur mit Lebensmitteln neu versorgen –, sondern *der Verlust von Arbeitsplätzen.* Ohne Arbeitsstelle fühlen sich Menschen nicht wertgeschätzt, sie

---

8 ibid.

müssen befürchten, ihre Miete nicht mehr zahlen zu können, sie werden unzufrieden und das ist wählerstimmenrelevant. Arbeitslose erhöhen außerdem die staatlichen Sozialausgaben. Beides drängt Regierungen zu einer wachstumsfreundlichen Politik.

Dagegen sind die meisten Unternehmen (ebenfalls um ihrer Stabilität willen) auf einen hohen Warenausstoß bedacht. An sich ist die gesellschaftliche Bedarfsdeckung das Ziel des Wirtschaftens; auf Unternehmensebene ist es jedoch die Steigerung des Gewinns, um sich gegen die Unsicherheiten des Wettbewerbs wappnen zu können. Daraus ergibt sich ein Widerspruch, denn in der Marktwirtschaft operierende Unternehmen können kein Interesse an der dauerhaften Befriedigung von Bedürfnissen haben. »Dass eine Unternehmung sich als Aufgabe die Versorgung des Marktes setzt, ist eine ganz unmögliche Vorstellung«, schrieb der Nationalökonom Wilhelm Rieger in den 1950ern und ergänzte: »Von den Unternehmern aber könnte man eher behaupten, dass sie es außerordentlich bedauern, wenn sie den Markt versorgen; denn je länger er nicht versorgt ist, desto länger die Aussicht auf Absatz und Gewinn. Nichts hört der Kaufmann so ungern wie dies: Ich habe keinen Bedarf, der Markt ist versorgt.«[9] Da eine Volkswirtschaft die Summe ihrer Unternehmen ist und diese kein Interesse an der gesellschaftlichen Bedarfsdeckung haben, kann der eigentliche Zweck des Wirtschaftens unter diesen Bedingungen nicht realisiert werden, zudem beginnt der Mensch an diesem Punkt der Wirtschaft zu dienen.

Unsere Gedanken kreisen darum noch immer um die Produktion und ihr Wachstum – und sie werden unter marktwirtschaftlichen Bedingungen auch dann noch um sie kreisen, wenn sich die Produktion verhundertfacht hat. Regierungen, Angestellten und Unternehmen geht es letztlich um Sicherheit und Stabilität und eben dazu muss die Wirtschaft in den gegebenen Verhältnissen wachsen. Aber gerade Sicherheit und Stabilität erodieren auf dem Kurs stetigen Wachstums.

Die große Frage lautet also, ob der Ur-Zweck allen Wirtschaftens unter alternativen ökonomischen Bedingungen realisiert werden kann. Dann kommt es darauf an, dass dieses Ziel maximal menschen- und umweltfreundlich erreicht wird. Die Marktwirtschaft schneidet defizitär ab, was die Erreichung des Ziels und den Weg zum Ziel angeht: Sie erzeugt neue Knappheiten, degradiert Ökosysteme (Kapitel I.2) und ist einen weiten Weg davon entfernt, menschenfreundlich zu sein (Kapitel I.1, III.1, III.2). Zwar kann sie Menschen durch die Forcierung der Automatisierung aus inhumanen Jobs befreien, innerhalb der gegebenen Ordnung stürzt sie viele Menschen dabei in unsichere Lebenslagen (Kapitel I.3), in denen sie sich entweder nutzlos fühlen, sozial stigmati-

---

9 Rieger 1959 [1928], 44 ff.

siert sind oder sich essenzielle Waren und Dienstleistungen nur noch unzureichend leisten können.

Von einer kollaborativen Ökonomie, in der nützliche Dinge selbstbestimmt und gemeinschaftlich designt werden, in der Dinge geteilt werden, in der Automatisierungsprozesse nicht als Bedrohung wahrgenommen werden müssen, sondern als Entlastung, in der keine materielle Unzufriedenheit erzeugt werden muss, ist nicht zu erwarten, dass sie das ur-wirtschaftliche Ziel schlechter realisiert, als die Marktökonomie. Und es ist zu erwarten, dass der neue Weg zu diesem Ziel weniger steinig (d.h. menschen- und umweltfreundlicher) als der alte ist. Dieser neue Weg scheint zudem in die Richtung des gesellschaftlichen Ziels einer nachhaltige Entwicklung zu führen, indes der alte Weg von diesem Ziel wegzuführen scheint.

Schluss

Vor »unserer Zeit«, schrieb Polanyi in den 1940ern, »hat es noch niemals eine Wirtschaftsform gegeben, die, und sei es auch nur im Prinzip, vom Markt gelenkt worden wäre. [...] Trotz der im 19. Jahrhundert hartnäckig verbreiteten akademischen Beschwörungsformeln haben Gewinn und Profit beim Güteraustausch in der menschlichen Wirtschaftstätigkeit vorher nie ein wichtige Rolle gespielt.«[1] Was wird in der Zeit nach 2020 sein? Ökonomen sehen in der eigendynamischen Steuerung der Märkte durch das Profitstreben einen Fortschritt – und in gewisser Weise ist er das auch gewesen. Gleichwohl sind die durch das Profitstreben verursachten Kosten immer höhere geworden. Die Marktwirtschaft mag ein Fortschritt gewesen sein, sicher ist sie nicht das Ende der Wirtschaftsgeschichte. Wie der Merkantilismus und die Planwirtschaft wird auch die Marktwirtschaft einmal ein ökonomischer Kadaver sein – und wie seine Vorgänger im Nachhinein kaum beweint werden.

Die Technik- und Kulturgeschichte lehrt, dass die Entwicklung von Errungenschaften in beiden Bereichen eine bestimmte Richtung nimmt: In der Technikgeschichte werden neue Produkte entwickelt und anschließend mit dem Ziel verbessert, das menschliche Dasein zu erleichtern und von ihm anfangs noch ausgehende, negative externe Effekte, wie Gesundheits-, Moral- oder Umweltschäden zu minimieren. Natürlich werden sie in der Marktwirtschaft vorrangig mit dem Ziel entwickelt und verändert, Gewinn zu realisieren. Dennoch können sie das eigentliche Ziel, nämlich menschen- und umweltfreundlicher zu werden, dabei langfristig nicht ignorieren. In kleinen Schritten lenkt sie die objektive Vorstellung vom Besseren in diese Richtung. Ein Produkt ist ideal, wenn es rasch und frei von externalisierten Kosten hergestellt werden kann, einfach – ohne Aufwand (von Zeit, Geld, Wissen) – zugänglich und nutzbar ist, ein Bedürfnis schnell und hinreichend ohne Folgeschäden be-

---

1 Polanyi 1978 [1944], 71

friedigt. In diese Richtung strebt, über Jahrtausende hinweg betrachtet, auch der medizinische Fortschritt. In diese Richtung strebt auch das Gesundheitssystem. Dieses ist ideal, wenn es einfach zu verstehen ist, jedem die bestmögliche Behandlung in kürzester Zeit und umstandslos ermöglicht, d. h. ohne Zugangsbedingungen (eine bestimmte Klassenzugehörigkeit, eine bestimmte Geldsumme etc.), ohne Folgebelastungen und ohne die Ärzte dabei überzustrapazieren. Es ist dann maximal menschenfreundlich, wenn es sich selbst überflüssig gemacht hat, niemand also mehr krank werden muss. Ein fernes Ziel, aber das der Gesundheitsforschung und -strukturentwicklung anstreben sollten.

Das gleiche Prinzip gilt auch für das Wirtschaftssystem. Die Klagen über seine negativen Auswirkungen, der kulturelle Wandel, der Wandel kollektiver Werte (von den Babyboomern, zu den Generationen X, Y und Z entfernt sich jede Generation etwas weiter vom marktwirtschaftlichen Ethos[2]) und neue technische Möglichkeiten lenken es in eine bestimmte Richtung. In welche, das haben Denker schon vor Jahrhunderten geahnt.

Nachdem Thomas Morus anno 1516 UTOPIA veröffentlicht hatte, wurde bis ins 20. Jahrhundert eine große Anzahl von Utopien verfasst. Davor, im Mittelalter, konnten keine Utopien geschrieben werden, da die damalige Gesellschaftsordnung als eine gottgewollte galt und keine bessere denkbar war. Mit der Emanzipation vom mittelalterlichen Weltbild aber begann die Sozialreflexion als Suche nach einer Gesellschaftsform, die allen Menschen ein besseres Leben ermöglicht. Utopien sind, so der Historiker Thomas Nipperdey, der »Entwurf einer möglichen Welt, die *bewußt* die Grenzen und Möglichkeiten einer jeweiligen Wirklichkeit übersteigt und eine substantiell andere Welt anzielt, eine Welt, die sich durch ein hohes Maß an Vollendung auszeichnet. Dieser Entwurf ist ein Gedanken-Experiment, aber er ist nicht als bloßes Spiel gemeint, sondern beansprucht eine gewisse Verbindlichkeit des So-soll-es- und So-kann-es-sein.«[3]

In Utopien werden die jeweils gegenwärtigen gesellschaftlichen Strukturen analysiert, kritisiert und mit einem theoretischen Gegenentwurf konfrontiert, der zeigt, in welcher Welt wir leben und in welcher besseren Welt wir leben könnten. Dabei impliziert jede Utopie bestimmte Annahmen vom Wesen des Menschen, da die utopische Gesellschaft so strukturiert ist, dass sie diesem am besten gerecht wird.

---

2   Glaubt man einer Umfrage der Marktforschungsagentur Nielsen, wünschten sich 2014 43 Prozent aller Deutschen für ein Unternehmen zu arbeiten, dass sich dem Thema Nachhaltigkeit verpflichtet fühlt. Dabei zeigte sich, dass dieses Motiv umso ausgeprägter ist, je jünger die Arbeitnehmer sind: Angehörige der Generationen X und Y, also die heute 20- bis 49-Jährigen, wählen ihren Job doppelt so häufig nach diesem Kriterium aus wie Zugehörige der Babyboomer-Generation (siehe nielsen.com).

3   Nipperdey 1962, 359 (im Original kursiv)

Schluss

Fern davon, unrealistische Traumgespinste zu sein, fragten die früheren Utopien »unablässig nach den institutionellen Bedingungen des menschlichen Daseins und Glücks, nach den Gerechtigkeitsprinzipien seiner Ordnung und nach der Rationalität ihrer Umsetzung.«[4] In diesem Sinne waren Utopien begründete Visionen des sozialen Fortschritts und durch ihre Gegenwartsdiagnose und Sozialkritik ein Vorläufer soziologischen Denkens. Hier wie dort ist das Interesse das gleiche und auf die Bedingungen der Möglichkeit, ein gutes menschliches Leben führen zu können, ausgerichtet. Und das macht Utopien interessant.

Was also ist der gemeinsame Nenner der in 500 Jahren Utopiegeschichte von Thomas Morus bis Star Trek verfassten utopischen Werke? Auf einer abstrakten Ebene gilt, dass »the common end of the utopias was the eradication of conflict, crime and misery, and the creation of social harmony«.[5] Wie aber kann dieser Zustand realisiert werden? Dazu muss man auf die konkrete Ebene der Utopien wechseln. Auf dieser, schreibt Cales, wurde der »Besitz von Eigentum und die daraus resultierende soziale Ungleichheit [...] für die wichtigsten Probleme gehalten, mit denen sich der Utopismus beschäftigt hat. Die utopische Tradition, die nach der Veröffentlichung von *Utopia* im Jahr 1516 folgte, war gekennzeichnet durch das Gemeindeeigentum in unterschiedlichen Formen. [...] Wenn Utopien imaginäre Gemeinschaften sind, dann sind sie ausdrücklich ›gleichere‹ imaginäre Gesellschaften: Die durch Luxus auferlegte Differenzierung hat sich über die Zeitalter als der größte Feind von Utopia erwiesen.«[6]

Schölderle ergänzt, dass die utopischen Gemeinsamkeiten den »Rekurs auf die Vernunft, die Identifizierung von Geld und Privateigentum als Wurzel allen Übels, das Motiv der sozial gezüchteten Verbrecher, die Geringschätzung für Gold und Silber, [...] die Mobilisierung aller Arbeitskraftressourcen, die Kürze des Arbeitstages oder der Verzicht auf die Produktion unnützer Güter« implizieren.[7] Kurz: In nahezu allen abendländischen Utopien war die Vorstellung, ohne oder gegen das Geld zu leben, vertreten. Die ersehnte Weltharmonie, sie führte über die Aufhebung der Geldwirtschaft.[8]

Entscheidend für ein gutes Leben ist in den utopischen Entwürfen damit die Frage nach der guten Wirtschaft, nach ökonomischen Strukturen, in welchen individueller Besitz, Vermögen, soziale Ungleichheit und lange Arbeitstage als Faktoren identifiziert werden, die der Realisierung eines guten Lebens der größtmöglichen Zahl hinderlich im Wege stehen. Und doch nahm die his-

---

4 Schölderle 2012, 159
5 Goodwin 1978, 2
6 Cales 2011, 206
7 Schölderle 2012, 157
8 Seibt 2001

torische Entwicklung einen anderen Verlauf. Was gewünscht wurde, hatte zumeist keine inhaltliche oder strukturelle Verwandtschaft mit dem, was wurde. Ist dies ein Hinweis, dass die Utopien fehlerhafte Annahmen über die menschliche Natur enthielten? Wenn ja, entwertet dies die in den Utopien enthaltenen Sozialkritiken?

Nein. Der gemeinsame Nenner der utopischen Entwürfe kann nicht einfach als irrtümlich abgetan werden. Die Verfasser utopischer Romane waren keine murrenden Narren. Sie gehörten überwiegend der intellektuellen Elite ihrer Zeit an. Sie wussten zumeist um ihre grundlegenden Bedürfnisse und die ihrer Mitmenschen. Neue Beurteilungen geben ihnen außerdem insofern Recht, als dass die Akkumulation von Besitz und Vermögen nicht zwingend mit einer zunehmenden kollektiven Zufriedenheit einhergeht. Dagegen zeigt sich, dass Gleichheit bzw. eine geringe soziale Ungleichheit eine zentrale Rolle für eine größere Zufriedenheit in der Gesellschaft spielt.[9]

Die visionäre Kraft der Utopien war jedoch gering im Vergleich zu jener faktischen, die von der Eigendynamik sich entfesselnder Marktmechanismen ausging und Mensch, Gesellschaft und Ökosysteme zu ihrem Anhängsel machte. Die Kraft des Kapitalismus entstammt nicht zuletzt der in ihm liegenden Annahme, das Gemeinwohl könne durch Güterwohlstand, Eigennutz und Konkurrenz maximiert werden. Zudem war die Gleichheit in vielen Utopien eine durch viele Verbote erzwungene: Die Utopien vermochten es nicht »eine Form der Gleichheit zu definieren, die mit Freiheit kompatibel ist.«[10] Die »freie« Marktwirtschaft dagegen galt (und gilt) als Bedingung für die Freiheit des Einzelnen.

Ein Utopia konnte mit der Marktwirtschaft nicht errichtet werden, wenngleich sich der materielle Wohlstand dank ihrer spürbar verbesserte und man dachte, Utopia mit dem Sozialstaat nahe gekommen zu sein. Mit der Zeit aber wurde der Schatten der Märkte größer. Heute sieht sich die Marktwirtschaft so vielseitiger Kritik ausgesetzt wie nie zuvor in ihrer Geschichte. Zudem konfligiert die Annahme, eine Ökonomie, die auf das Wohl der Verbraucher fixiert ist, könne auch das Wohl der Unternehmer, Arbeitnehmer oder Bürger befördern. Faktisch wird das Wohl der einen Fraktion auf Kosten der anderen erkauft. Da aber niemand nur Verbraucher, sondern mindestens auch Arbeitnehmer und Bürger ist, kann Utopia mit der Marktwirtschaft nie verwirklicht werden.

Doch dämmert auf Grundlage der Digitalisierung eine auf Zugangsgleichheit zu den Gütern ausgerichteten We-Economy herauf, die auf Offenheit, freiwilliger Kooperation, Gegenseitigkeit, Gleichrangigkeit, Teilen und globalem

---

9 Wilkinson/Pickett 2009
10 Cales 2011, 206

Handeln basiert. Sie könnte die Menschheit näher an Utopia heranführen, als dies die Me-Economy zu tun vermochte.

Arbeiten Menschen global und kooperativ zusammen und nicht konfrontativ und gegeneinander, wie es bislang die Regel war, verbindet dies die Menschheit auf eine neue Weise. Es entsteht mehr als zuvor ein Zusammengehörigkeitsgefühl und dies ist notwendig auch für den Übergang von der Staatenwelt zu einem Weltstaat, der irgendwann einmal erfolgen sollte. Schließlich tun sich Menschen seit ihrer Entstehung in immer weiträumiger, umfassender und heterogener werdenden Gesellschaften zusammen. Nach und nach wird sichtbar, dass die digitale Revolution weit mehr als nur die schnellere Vermittlung und Verarbeitung von Informationen ist.

Seit den 1970ern werden das Ende der industriellen Gesellschaft und der Aufstieg der »Informationsgesellschaft« diskutiert. Für Alvin Toffler ereignet sich die gesellschaftliche Entwicklung wellenartig. Die erste Welle trat mit dem Aufkommen agrarischer Gesellschaften auf, die zweite mit der Industriegesellschaft im 17. Jahrhundert und die die dritte setzte am Ende des 20. Jahrhunderts ein. Mit ihr beginnt der Aufstieg der Informationsgesellschaft.[11] Arbeiteten die Menschen in der ersten Welle mehrheitlich auf dem Acker, so arbeiteten sie in der zweiten in der Fabrik. In der dritten geht die Zahl der Arbeiter in Produktionsbetrieben erheblich zurück. Erstmals verwendete Toffler den Begriff »Prosumer« für Personen der dritten Welle, die Hersteller der von ihnen gebrauchten Dinge sind. Die dritte Welle wird außerdem durch erneuerbare Energieträger, durch Physik, Raumfahrt, Informatik und Biologie geprägt, und auch in diesen Hinsichten sollte Toffler Recht behalten.

»War die Industriegesellschaft eine güterproduzierende, so ist die nachindustrielle Gesellschaft eine Informationsgesellschaft«, schrieb der Soziologe Daniel Bell ein paar Jahre zuvor.[12] Tatsächlich scheint sich das Ende der Industriegesellschaft und -wirtschaft erst im 21. Jahrhundert mit Nachdruck zu vollziehen – aber anders als Bell meinte. Er sah einen Übergang charakterisiert vor allem durch die Verlagerung von der Güterproduktion zur Dienstleistungswirtschaft, durch die Verdrängung klassischer Arbeiter aus den klassischen Industrien und der Landwirtschaft durch akademische Experten, durch den Einzug computergestützter Technik in Unternehmen und Gesellschaft. Diese Charakteristika zeichnen sich tatsächlich immer deutlicher ab. Allerdings deutet nun vieles darauf hin, dass die Güter zunehmend weniger in zentralisierten Fabriken gefertigt werden, sondern dezentral in kooperativen Netzwerken und unter Umgehung von Unternehmen. Eine Verlagerung der Berufsstruktur ist ebenfalls erkennbar, künftig dürften sich jedoch vermehrt Berufe auflösen –

---

11 Toffler 1980
12 Bell 1975, 353

darunter auch akademische. Künstliche Intelligenzen werden zunehmend Aufgaben übernehmen und Menschen von Arbeiten im Produktions- und Dienstleistungsbereich entbinden.

Dass eine allmähliche Abkehr vom Wirtschaftssystem der Industrialisierung geboten ist und außerdem zunehmend dringlich wird, war Gegenstand der Einleitung und von Teil I und Teil III. Die hier vertretene Antwort auf die Frage, ob eine humanistische und ökologische Marktwirtschaft möglich ist oder die Marktwirtschaft überdacht werden müsste, war folglich letztere. Ein Wirtschaftssystem, das essenziell auf Konkurrenzkampf, Gewinn- und Produktionssteigerung und Konsumismus basiert, wird auch in den Strukturen einer Green Economy oder einer anderen marktwirtschaftlichen Variante ökologische und soziale Krisen generieren. Die Entwicklung einer *nachhaltigen Marktwirtschaft* war damit nicht das Anliegen dieses Buches, sondern die Entwicklung einer *nachhaltigen Wirtschaft*, die allen Menschen *Zugangsgleichheit* zu den materiellen Grundgütern eines guten Lebens gewährt und dabei als *Freiheitsvoraussetzungsschutz* junger und künftiger Generationen, die planetaren Grenzen respektiert. Aus welchen Bausteinen diese Ökonomie indes bestehen könnte, wurde im zweiten Teil dargelegt. Alle drei Teile zeichnen mit dickem Pinsel auf großer Leinwand ein Bild, welches die Abenddämmerung der Marktwirtschaft zeigt. Denn es geht im Digitalzeitalter immer besser auch ohne sie.

Thema in Kapitel I.2 war der schrumpfende *Safe Operating Space for Humanity* durch den wachsenden Energie- und Ressourcenhunger der Menschheit und der daraus resultierende abnehmende Umfang verschiedener Ökosystemleistungen. Der Ressourcenhunger ist eine Folge der Anstiftung zum subsistenzüberschreitenden Konsum (Kapitel I.1) und entgegen der Lehrmeinung ist der Markt eben nicht effizient darin, menschliche Bedürfnisse unter Knappheitsbedingungen zu befriedigen. Vielmehr ist zu diskutieren, ob die Marktwirtschaft die Verschwendung knapper Mittel fördert, da eines ihrer Charakteristika die organisierte materielle Unzufriedenheit ist. Marktmechanismen haben die Tendenz, das Konsumniveau und mit ihm den Energie- und Ressourcenverbrauch zu steigern, während sie gleichzeitig die Effektivität von Maßnahmen schmälern (Effizienzstrategie, Emissionshandel, Öko-Steuern, Produktlabel), die diesen Verbrauch bzw. ökologische Belastungen reduzieren sollen.

Schließlich haben die Mechanismen des Marktes eine dritte Tendenz: die Reduktion von Lohnkosten durch die Reduktion menschlicher Mitarbeiter. Die Digitalisierung bietet hierfür völlig neue Möglichkeiten und in Kapitel I.3 stand der schrumpfende *Safe Operating Space for Capitalism* im Fokus, verursacht u. a. durch technische Massenarbeitslosigkeit und dezentrale Produktionsverfahren (allen voran 3D-Drucker). Die Anpassungsfähigkeit der Marktwirtschaft an neue soziale und technische Bedingungen ist zwar nicht zu

Schluss

unterschätzen, gleichwohl könnte die Situation skurril werden, wenn die gesellschaftliche Produktivität durch technischen Fortschritt einerseits so hoch wird wie nie, der gesellschaftliche Wohlstand durch technische Arbeitslosigkeit und abnehmende Investitionen andererseits jedoch dahinschwindet. Das passt nicht zusammen und ist nicht die Schuld der technischen Entwicklung. Technik ist stets neutral und ihre Anwender entscheiden über ihre Verwendung. Im 21. Jahrhundert bietet die Technik allerdings die einmalige Chance, einen großen Teil der Menschheit aus inhumanen Berufen zu befreien. Zu einem humanistischen Problem wird diese Chance indes, wenn sich das ökonomische System nicht wandelt und es die Menschen in der Abhängigkeit von Erwerbsarbeit gefangen hält.

Legitimitätsprobleme hat die gegebene Wirtschaftsweise schon in der Gegenwart, was wird in der Zukunft sein? In Kapitel III.1 wurde dargelegt, dass die konkurrenzorientierte Wirtschaftsweise in der Praxis auch von Unternehmern oft verschmäht wird. Diese Perspektive wird selten eingenommen, da viele Theorien der vergangenen hundert Jahre die Ausbeutung der Arbeiter durch Unternehmer fokussierten, wobei erstere als Lämmer und letztere als Wölfe galten. In manchen Fällen mag das richtig gewesen sein, im Allgemeinen scheint es sich hier jedoch um einen Mythos zu handeln, denn wölfisch sind vor allem die Regeln einer auf Konfrontation und permanentes Wachstum angelegten Ökonomie.

Der Rückhalt der Marktwirtschaft scheint damit nur trügerisch stabil zu sein und bröckelt mit jeder geplatzten Finanzblase und mit wachsender Arbeitslosigkeit weiter. Tatsächlich neigt die Wettbewerbswirtschaft ohne politischen Schutz zu einer Auflösung des Wettbewerbs, da Unternehmen danach streben, den Wettbewerb zu umgehen. Auch die Verfechter einer von politischen Eingriffen weitestgehend freien Marktwirtschaft benötigen politische Eingriffe, um die Unternehmen im Wettbewerb zu halten. Bei technischer Massenarbeitslosigkeit kann in Demokratien jedoch keine Partei den Wettbewerb schützen.

Viele positive Funktionszuschreibungen, die sich um den Wettbewerbsmodus ranken, lassen sich bei genauerer Betrachtung nicht aufrechterhalten. Dies war der rote Faden, der sich durch den zweiten und dritten Teil zog, und u. a. am technischen Fortschritt zeigte sich, dass dieser mitnichten durch den Wettbewerb zwischen Unternehmern befördert wird – eher ist das Gegenteil der Fall. Mazzucato zeigt, dass Unternehmen zwar oft Steuererleichterungen und den schlanken Staat fordern, tatsächlich aber massiv von der Forschungsfinanzierung durch Steuern abhängen und Steuern dennoch nicht selten hinterziehen. Ohne staatliche Forschungsförderung wäre weder die Bahn-, noch die Luft-, noch die Raumfahrt, weder die Informationstechnologie noch das Internet, weder die Laser-, noch die Solar- noch die Nanotechnologie, weder die Kernkraft noch die – sollte sie tatsächlich nutzbar gemacht werden können –

Fusionskraft entwickelt worden. Patente und Lizenzen erschweren es überdies, mit dem Wissen anderer arbeiten zu können, und wenn Wissen künstlich verknappt wird, resultiert daraus ein gebremster Wissenszuwachs. Die Dynamik der Marktgesellschaft ist zweifellos hoch, bleibt aber hinter den Möglichkeiten zurück.

Ein weiteres Irrlicht des Wettbewerbs ist die Tugendhaftigkeit des Wettbewerbs. Doch nicht wegen, sondern trotz des Wettbewerbs findet man Altruismus, Vertrauen, Hilfsbereitschaft und Kooperation in Marktgesellschaften. Sie sind ein elementarer Bestandteil der conditio humana und expandieren durch die sich seit den 1990ern ausweitende Vernetzung der Menschheit auf ein neues Niveau. Kollaborative Konsum- und Produktionspraktiken sind das Resultat.

Benkler sieht durch die kollaborative Wirtschaftsweise die Möglichkeit, zwei zentrale Prozesse der industriellen Ökonomie umzukehren: Konzentration und Kommerzialisierung.[13] Anders als in der Marktwirtschaft produziert die kollaborative Ökonomie keine *Waren,* sondern *Produkte.* Waren werden wegen ihres Tauschwertes hergestellt, Produkte wegen ihres Gebrauchswertes. Waren werden kommerziell verkauft, Produkte sind so weit wie möglich nichtkommerziell zugänglich. Eine Ware darf nicht frei verfügbar sein, sonst ist sie keine, sie muss knapp sein. Intendierte Knappheit ist eine geschaffene, soziale Form der Warenproduktion. In der kollaborativen Ökonomie spielt sie keine Rolle, da in ihr keine miteinander konkurrierenden Unternehmen die Produktion a) auf sich konzentrieren und b) durch den Aufkauf anderer Unternehmen zur Konzentrierung neigen. Produkte können in der digitalen Ökonomie von Bürgern kooperativ erstellt und genutzt werden. Dass dies funktioniert, demonstrieren viele Beispiele.

Und mehr: Der Verknappung von Natur kann durch kollaborativen Konsum bzw. gemeinschaftliche Nutzungsformen entgegengewirkt werden, der Verknappung der Arbeit durch kollaborative Produktion und der Verknappung von Wissen durch Open-Source-Kooperationen. Die systemische Knappheit kann durch das Auslaufen des Konkurrenz- und Wachstumsparadigmas enden, also durch den Übergang zum kollaborativen Wirtschaftssystem. Die soziale Ungleichheit kann durch die zunehmende Demonetarisierung verringert werden und damit auch die relative Armut und mit ihr das Gefühl der materiellen Unzufriedenheit. All das wird von Jahr zu Jahr realistischer. Denn die digitale Entwicklung bietet neue und unvorhergesehene Möglichkeiten der Partizipation, wodurch Ideen, Interessen und Netzwerke geteilt werden. Dies wird die (Kommunal-)Politik, Organisationsentwicklung und Wirtschaft sehr beeinflussen. Überdies wirkt die Einführung neuer, intelligenter und vielseitiger werdenden Maschinen ebenfalls an einer ökonomischen Transformation mit.

---

13 Benkler 2006, 32

Schluss

Die Alternative zu einer kooperativen Wirtschaft ohne Wettbewerbsmechanismen scheint eine Marktwirtschaft zu sein, welche unter noch größeren Konkurrenzverhältnissen steht. In nicht ferner Zukunft (im Grunde schon in der Gegenwart) können Unternehmen, die aus fünf oder fünfzig Mitarbeitern bestehen, Unternehmen mit Tausenden Mitarbeitern ernsthafte Konkurrenz machen – und sollte die Automatisierung der Wirtschaft fortschreiten, werden sie das vermehrt müssen. Schwinden reguläre Jobs müssen sich in marktwirtschaftlichen Verhältnissen zunehmend neue, kleine Start-ups gründen, um ihren Gründern ein Auskommen sichern zu können. Das Ergebnis wäre eine Ökonomie bestehend aus noch mehr Firmen, die den bestehenden, aber auch sich gegenseitig Konkurrenz machen. Der Kampf um Marktanteile würde härter und unübersichtlicher und all die im dritten Teil des Buches aufgeführten negativen Effekte des Wettbewerbs würden gesteigert wahrgenommen werden. Wünschenswert scheint eine solche Entwicklung nicht zu sein und zwingend ist sie auch nicht. In den Kapiteln II.1 und II.3 wurde anhand von acht Bausteinen gezeigt, dass der weitere Gang der Wirtschaft auch eine Richtung einschlagen kann, die vom Szenario der »totalen Konkurrenz« weg führt.

Auf diesem kollaborativen Pfad sinkt obendrein der Stellenwert des Geldes. »Dass Geld nicht von heute auf morgen von der Erdoberfläche verschwinden wird«, so Mercedes Bunz, »wie ein Gesicht, das man am Meeresufer in den Sand gemalt hat, ist klar. Das bedeutet aber noch lange nicht, dass es für alle Zeiten das Zentrum unserer Gesellschaft bilden muss. Unsere Vergangenheit lehrt uns, dass es auch anders geht. Die Digitalisierung bietet uns heute die Möglichkeit, eine andere Zukunft zu gestalten. Und aus ihr wird, was wir aus ihr machen.«[14] Solche Sätze sagen sehr viel aus und wären noch vor zwanzig Jahren nicht geschrieben worden. Was werden die Sätze aussagen, die in zwanzig Jahren geschrieben werden?

Neue Ideen teilen oft das Schicksal, zunächst irrational zu wirken und erst später vernünftig. Vernünftig war es zunächst zu glauben, die Erde sei flach und zentral, die Zeit linear, der Raum starr, Arten unveränderlich, Gebirge ewig, Materie dinglich und biologische Alterungsprozesse unabwendbar. Dann wusste man es besser. Vernünftig war es lange auch zu glauben, dass Menschen Geld brauchen, um zu wirtschaften; Lohn, um zu arbeiten; Wettbewerb, um innovativ zu sein; Unternehmen, um zu produzieren; Eigentum, um Dinge zu nutzen; Dinge, um Status zu symbolisieren. Man wird es besser wissen. Und Historiker des 22. Jahrhunderts werden diese Erkenntnis einen Fortschritt nennen.

---

14 Bunz 2012, 160

Literatur

The Ad Hoc Committee on the Triple Revolution (1964). *The Triple Revolution.* (http://scarc.library.oregonstate.edu)
Adorno, Theodor et al. (1969). *Der Positivismusstreit in der deutschen Soziologie.* München, Luchterhand
Akerlof, George A./Shiller, Robert J. (2009). *Animal Spirits.* Frankfurt/M., Campus
Alexander, Samuel/Ussher, Simon (2012). *The Voluntary Simplicity Movement.* in: Journal of Consumer Culture, 1, 66-86
Alexander, Samuel (2012). *The Sufficiency Economy.* Simplicity Institute Report 12s, Melbourne
Amstrong, Karen (2014). *Im Namen Gottes.* München, Pattloch
Anderson, Chris (2013). *Makers.* München, Hanser
Arrison, Sonia (2011). *100 plus.* New York, Basic Books
Asmar, Toufic El (2013). *Fruchtbarer Boden.* in: U. Bardi: Der geplünderte Planet. München, Oekom, 65-73
Bahl, Friederike (2014). *Lebensmodelle in der Dienstleistungsgesellschaft.* Hamburg, HIS
Baier, Andreas et al. (2013). *Stadt der Commonisten.* Bielefeld, Transcript
Barber, Benajmin (2007). *Consumed.* Frankfurt/M., Campus
Bardi, Ugo (2013). *Der geplünderte Planet.* München, Oekom
Barnikel, Hans-H. (1972). *Theorie und Praxis der Kartelle.* Darmstadt, Wissenschaftliche Buchgesellschaft
Barnowsky, A. D. et al. (2011). *Has the Earth's sixth mass extinction already arrived?* in: nature, 471, 51-57
Baßeler, Ulrich et al. (2010). *Grundlagen und Probleme der Volkswirtschaft.* Stuttgart, Schäffer-Poeschel, 19. Aufl.
Batra, Rajeev et al. (2009). *Advertising Management.* Dehli, Dorling Kinderley
Bayerl, Günter (2013). *Technik in Mittelalter und früher Neuzeit.* Stuttgart, Theiss

Bayly, Christopher A. (2008). *Die Geburt der modernen Welt*. Frankfurt/M., Campus
Becker, Gary S. (1982). *Ökonomische Erklärung menschlichen Verhaltens*. Tübingen, Mohr
Becker, Udo J. et al. (2012). *Externe Autokosten in der EU-27*. TU Dresden (www.greens.efa.eu)
Beirat für Biodiversität und Genetische Ressourcen (2010). *Biopatente – eine Gefährdung für Nutzung und Erhaltung der Agrobiodiversität?* Berlin (www.bmel.de)
Bell, Daniel (1975). *Die nachindustrielle Gesellschaft*. Frankfurt/M., Campus
Benedikt XVI. (2009). *Caritas in Veritate*. Vatikan (www.vatican.va)
Benkler, Yochai (2012). *Das selbstlose Gen*. in: Harvard Business Manager, 3, 32–41
Benkler, Yochai (2011). *The Penguin and the Leviathan*. London, Random House
Benkler, Yochai (2006). *The Wealth of Networks*. New Haven, Yale University Press
Bergmann, Frithjof (2004). *Neue Arbeit, neue Kultur*. Freiamt, Arbor
Berners-Lee, Tim/Fischetti, Mark (1999). *Der Web-Report*. Düsseldorf, Econ
Bes-Rastrollo Maira et al. (2013). *Financial conflicts of interest and reporting bias for the association between sugar-sweetened beverages and weight gain*. in: PLOS Medicine, 12,1–9
Bilkau, Kristine. *Die Glücklichen*. München, Luchterhand
Binswanger, Mathias (2013). *»Sie brauchen ein neues Gelenk«*. Interview in: Die Zeit, 25. 4., 21
Binswanger, Mathias (2012). *Die Tretmühlen des Glücks*. in: E.P Fischer/K.Wiegandt (Hg.) Dimensionen der Zeit, Frankfurt/M., S. Fischer, 248–267
Binswanger, Mathias (2010). *Sinnlose Wettbewerbe*. Freiburg, Herder
Binswanger, Mathias (2006). *Die Tretmühlen des Glücks*. Freiburg, Herder
BMFSFJ (2013). *Motive des bürgerschaftlichen Engagements*. Berlin (www.bmfsfj.de)
BMFSFJ (2011). *Zivildienst als Sozialisationsinstanz für junge Männer*. Berlin (www.bmfsfj.de)
Böhm, Franz (1960). *Demokratie und ökonomische Macht*. in: Institut für ausländisches und internationales Wirtschaftsrecht (Hg.) Kartelle und Monopole im modernen Recht, Bd. 1, Frankfurt/M., 3–24
Böhm, Franz (1937). *Die Ordnung der Wirtschaft als geschichtliche Aufgabe und rechtsschöpferische Leistung*. Ordnung der Wirtschaft, Bd. 1, Stuttgart, Kohlhammer
Boserup, Esther (1965). *The conditions of agricultural growth*. London, Allen & Unwin
Botsman, Rachesl/Rogers, Roo (2010). *What's Mine Is Yours*. London, Collins
Bourdieu, Pierre (2000). *Die zwei Gesichter der Arbeit*. Konstanz, UVK
Bourdieu, Pierre et al. (1993). *Das Elend der Welt*. Konstanz, UVK

Bowles, Jeremy (2014a). *The computerisation of European jobs.* (www.bruegel. org)
Bowles, Jeremy (2014b). *54 % of EU jobs at risk of computerisation.* (www.bruegel.org)
Branas, Charles C. et al. (2015). *The Impact of Economic Austerity and Prosperity Events on Suicide in Greece.* in: BMJ open, 1 (http://bmjopen.bmj.com)
Brandt, Allan M. (2007). *The Cigarette Century.* New York, Basic Books
Brembs, Björn/Brennicke, Axel (2015). *Wir flexibilisieren uns zu Tode.* in: FAZ, 7.1. (www.faz.net)
Browne, Mark A. et al. (2011). *Accumulation of Microplastic on Shorelines Worldwide.* in: Environmental Science & Technology, 21, 9175–9179
Brühl, Volker (2013). *Firmen im Dauerstress.* in: Handelsblatt, 19.02., 27
Brynjolfsson, Erik/McAfee, Andrew (2014). *The Second Machine Age.* Kulmbach, Plassen
Brynjolfsson, Erik/McAfee, Andrew (2011). *Race against the Machine.* Lexington, Digital Frontier Press
Buchanan, Richard (2001). *Human Dignity and Human Rights: Thoughts on the Principle of Human-Centered Design.* in: Design Issues, 3, 35–39
Buchstein, Hubertus/Nullmeier, Frank (2006). *Einleitung: Die Postdemokratie-Debatte.* in: Forschungsjournal Neue Soziale Bewegungen, 19, 16–22
Cales, Gregory (2011). *Ideale Welten.* Stuttgart, Theiss
Castells, Manuel (2010). *The Information Age.* Oxford, Wiley Blackwell
Camerer, Colin et al. (2000). *Labor Supply of New York City Cab Drivers.* in: D. Kahnemann/A. Tversky (eds.) Choices, Values, and Frames. Cambridge, Cambridge University Press, 356–370
Ceballos, Gerado et al. (2015). *Accelerated modern human-induced species losses.* in: Science Advances, 5,open access (advances.sciencemag.org)
Chang, Ha-Joon (2011). *23 Things They Don't Tell You About Capitalism.* London, Penguin
Chen, Yuyu et al. (2013). *Evidence on the Impact of Sustained Exposure to Air Pollution on Life Expectancy from China's Huai River Policy.* in: PNAS, 32, 12936–12941
Cialdini, R. B. et al. (1990). *A focus theory of normative conduct.* in: Journal of Personality and Social Psychology, 58, 1015–1026
Clark, Eric (1989). *The Want Makers.* New York, Viking
Coase, Ronald (1960). *The Problem of social Cost.* in: Journal of Law and Economics, 3, 1–44
Corcoran, Katja et al. (2011). *Social Comparison.* in: D. Chadee (Hg.) Theories in Social Psychology. Oxford, Wiley-Blackwell, 119–139
Corneo, Giacomo (2014). *Bessere Welt.* Berlin, Goldegg
Costanza, Robert et al. (2014). *Time to leave GDP behind.* in: nature, 16.1., 283–285
Cowen, Tyler (2011). *The Great Stagnation.* New York, Dutton

Crouch, Colin (2011). *Das befremdliche Überleben des Neoliberalismus*. Berlin, Suhrkamp
Crouch, Colin (2008). *Postdemokratie*. Frankfurt/M., Suhrkamp
Cutter, Bo (2013). *Die Wir-AG*. in: The European, 3, 78 f.
Czech, Brian (2013). *Supply Shock*. Gabriola Island, New Society Publishers
Daly, Herman, E. (2009). *Steady-State-Ökonomie*. in: Zeitschrift für Sozialökonomie. 162/163, 39–42
Daly, Herman, E. (1992). *Steady-State Economics*. London, Earthscan
Daly, Herman, E. (1973). *Towards a Steady-State Economy*. San Francisco, Freeman
Dannoritzer, Cosima (2011). *Kaufen für die Müllhalde*. Dokumentationsfilm, arte
Delhaye, Christine (2006). *The Development of Consumption and the Individualization of Female Identity*. in: Journal of Consumer Culture, 1, 87–115
Delhey, Jan/Dragolov, Georgi (2013). *Why Inequality Makes European Less Happy*. in: European Socioogical Review, online Nov. 10
Deutsch, Morton (1976). *Konfliktregelung: Konstruktive und destruktive Prozesse*. München, Reinhardt
Deutschmann, Christoph (1999). *Die Verheißung des absoluten Reichtums*. Frankfurt/M., Campus
Diefenbacher, Hans/Zieschank, Ronald (2011). *Woran sich Wohlstand wirklich messen lässt*. München, Oekom
Dietz, Rob/O'Neill, Dan (2013). *Enough is Enough*. San Franciso, Berett-Koehler
Dörre, Klaus/Neis, Matthias (2010). *Das Dilemma der unternehmerischen Universität*. Berlin, Edition Sigma
Dörre, Klaus et al. (2010). *Landnahme, Beschleunigung, Aktivierung. Dynamik und (De-)Stabilisierung moderner Wachstumsgesellschaften*. Jena, Antrag auf Förderung einer Kolleg-Forschergruppe der DFG
Dörre, Klaus (2009). *Die neue Landnahme*. in: Dörre et al. (Hg.) Soziologie, Kapitalismus, Kritik. 21–86, Frankfurt/M., Suhrkamp
Eccles, Robert G./Serafheim, George (2012). *Top 1,000 Companies Wield Power Reserved for Nations*. (www.bloomberg.com)
EEA (2015). *The European Environment*. Copenhagen (eea.europa.eu)
Egger, Garry/Swinburn, Boyd (2010). *Planet Obesity*. Crows Nest, Allen and Unwin
Ehrenberg, Alain (2004). *Das erschöpfte Selbst*. Frankfurt/M., Campus
Eichenwald, Kurt (2010). *Microsoft's Lost Decade*. in: Vanity Fair, 8, 108–113 & 132–135
Ekardt, Felix (2010). *Das Prinzip Nachhaltigkeit*. München, C. H. Beck
Elsner, Jens/Weber, Arnd (2014). *Beachfront Commons*. in: Telecommunications Policy, 8, 709–714
Engels, Friedrich (1947) [1845]. *Die Lage der arbeitenden Klasse in England*. Berlin, Dietz

Erhard, Ludwig (1964) [1957]. *Wohlstand für alle.* Düsseldorf, Econ
Etzioni, Amitai (1996). *Die faire Gesellschaft.* Frankfurt/M., S. Fischer
Falk, Armin/Szech, Nora (2013). *Morals and Markets.* in: Science, 6133, 707–711
FAO (2013). *Food wastage footprint.* (www.fao.org)
Felber, Christian (2010). *Die Gemeinwohl-Ökonomie.* Wien, Deuticke
Fichtner, Ullrich et al. (2013). *Vom Ende der Unschuld.* in: Spiegel, 36, 62–67
Fisahn, Andreas (2008). *Vollzugsdefizite im künstlichen Markt.* in: E. Altvater/ A. Brunnengräber (Hg.) Ablasshandel gegen Klimawandel? Hamburg, VSA, 51–66
Fischbach, Rainer/Wollenberg, Klaus (2003). *Volkswirtschaftslehre I.* 12. Aufl. München, Oldenbourg
Fligstein, Neil (2002). *The Architecture of Markets.* Princeton, Princeton University Press
Fligstein, Neil (1996). *Markets as Politics.* in: American Sociological Review, 61, 656–673
Ford, Martin (2015). *The Rise of the Robots.* New York, Basic Books
Ford, Martin (2009). *The Lights in the Tunnel.* Acculant Publishing
Forrero-Pineda, Clemente (2006). *The Impact of Stronger Intellectual Property Rights on Science and Technology in Developing Countries.* in: Research Policy, 6, 808–824
Frank, Robert H. (2009). *Post-Consumer Prosperity.* in: The American Prospect, 20.3.
Frank, Robert H. (2007). *Falling behind.* Berkely, University of California
Franziskus (2015). *Laudato Si.* Vatikan (www.vatican.va)
Franziskus (2013). *Evangelii Gaudium.* Vatikan (www.vatican.va)
Frey, Carl B./Osborne, Michael A. (2013). *The Future of Employment.* Working Paper, University of Oxford (www.futuretech.ox.ac.uk)
Fried, Johannes (2010). *Das Mittelalter.* München, C. H. Beck
Friedell, Egon (1976). *Kulturgeschichte der Neuzeit.* Bd. 1, München, dtv
Friedman, Milton (1971) [1962]. *Kapitalismus und Freiheit.* Stuttgart, Seewald
Friedman, Milton (1970). *The Social Responsibility of Business is to Increase its Profit.* in: New York Time Magazine, 13.9.
Fulcher, James (2007). *Kapitalismus.* Reclam, Stuttgart
Fuller, Steve (2011). *Humanity 2.0.* New York, Palgrave Macmillan
Füller, Christian (2015). *Im Zweifel sind die Lehrer schuld.* in: FAZ.net, 26.1.
Gagnon, Marc-A./Lexchin, Joel (2008). *The Cost of Pushing Pills.* in: PLoS Medicine, 1, (www.plosmedicine.org)
Galbraith, John K. (1974). *Wirtschaft für Staat und Gesellschaft.* Frankfurt/M., Büchergilde Gutenberg
Galbraith, John K. (1958). *Gesellschaft im Überfluß.* München, Droemersche Verlagsanstalt
Gammelin, Cerstin (2014). *Macht, Milliarden, Meinungsmacher.* in: SZ, 17.5.
Gekeler, Moritz (2012). *Konsumgut Nachhaltigkeit.* Bielefeld, Transcript

Gershenfeld, Neil (2012). *How to Make Almost Anything.* in: Foreign Affairs, 6, 43–57
Globescan (2012). *Economic System Seen as Unfair: Global Poll.* (www.globescan.com)
Gøtzsche, Peter C. (2015). *Tödliche Medizin und organisierte Kriminalität.* München, riva
Goldin, Claudia/Katz, Lawrence F. (2010). *The Race between Education and Technology.* Harvard University Press
Goldstein, Seth et al. (2005). *Programmable Matter.* in: Computer, 6, 99–101
Goodwin, Barbara (1978). *Social Science and Utopia.* Sussex, The Harvester Press
Gorry, Connor (2014). *Cuba calling: what this small island can teach the world about disease control.* in: The Guardian, 23.10. (www.theguardian.com)
Gowdy, John (ed.) (1997). *Limited Wants, Unlimited Means.* Washington D.C., Island Press
Graeber, David (2012). *Inside Occupy.* Frankfurt/M., Campus
Grames, Patrick et al. (2011). *Open Source Hardware.* in: Zeitschrift für wirtschaftlichen Fabrikbetrieb, 5, 314–320
Groll, Tina (2014). *Die Arbeit frisst uns auf.* in: ZEIT online, 6.8. (www.zeit.de)
Gross, Peter (1994). *Die Multioptionsgesellschaft.* Frankfurt/M., Suhrkamp
Grote, Dick (2005). *Forced Ranking.* Boston, Harvard Business School Publishing
Gruppe von Lissabon (1997). *Grenzen des Wettbewerbs.* München, Luchterhand
Hacke, Werner et al. (2015). *Eine verpasste Chance.* in: Deutsches Ärzteblatt, 7, A 272f.
Hallpike, Christopher R. (2001). *Norm und Normlosigkeit einer Gesellschaft in den Bergen Papuas.* in: G. Dux/F.Welz (Hg.) Moral und Recht im Diskurs der Moderne. Opladen, Leske + Budrich, 45–66
Hallpike, Christopher R. (2000). *Moralphilosophie und die historische Entwicklung des moralischen Verstandes.* in: M. Endreß/N. Roughley (Hg.) Anthropologie und Moral. Würzburg; Königshausen & Neumann, 359–393
Harari, Yuval N. (2013). *Eine kurze Geschichte der Menschheit.* München, DVA
Häring, Norbert (2010). *Markt und Macht.* Stuttgart, Schäfer-Poeschel
Hamburgisches WeltWirtschaftsinstitut (2007). *Bedingungsloses Grundeinkommen und Solidarisches Bürgergeld.* Hamburg (www.hwwi.org)
Hann, Chris/Hart, Keith (2011). *Economic Anthropology.* Cambridge, Polity Press
Hartard, Susanne (2006). *Die Halbtagsgesellschaft.* Wiesbaden, Nomos
Hauchler, Ingomar (2012). *Wert und Unwert des Wachstums.* in: H. Rogall et al. (Hg.) Jahrbuch Nachhaltige Ökonomie 2012 I 2013. Marburg, Metropolis, 149–176
Haug, Wolfgang F. (2009). *Kritik der Warenästhetik.* Frankfurt/M., Suhrkamp

Hayek, Friedrich A. (2003). *Der Wettbewerb als Entdeckungsverfahren.* in: ders. Gesammelte Schriften Bd. 4, Tübingen, Mohr Siebeck
Heinberg, Richard (2011). *The End of Growth.* Gabriola Island, New Society Publisher
Henkel, Knut (2002). *Kubas Gesundheitssystem.* in: Lateinamerika Nachrichten, Sept/Okt
Hennecke, Hans J. (2008). *Friedrich August von Hayek zur Einführung.* Hamburg, Junius
Herdzina, Klaus (1999). *Wettbewerbspolitik.* Stuttgart, Lucius & Lucius
Herly, Estelle L. A./Radermacher, Franz J. (2012). *Ökosoziale Marktwirtschaft,* in: H. Rogall et al. (Hg.) Jahrbuch Nachhaltige Ökonomie 2012 I 2013. Marburg, Metropolis, 281–300
Herrmann, Ulrike (2013). *Der Sieg des Kapitals.* Frankfurt/M., Westend
Herzog, Lisa (2014). *Freiheit gehört nicht nur den Reichen.* München, C. H. Beck
Herzog, Lisa (2013). *Inventing the Markets.* Oxford University Press
Hesse, Christian/Oschema, Klaus (Hg.) (2010). *Aufbruch im Mittelalter.* Ostfildern, Thorbecke
Hicks, John (1935). *The Theory of Monopoly.* in: Econometrica 1, 1–20
Hill, Rod/Myatt, Tom (2010). *The Economics Anti-Textbook.* London, Zed Books
Hobbes, Thomas (1998) [1670]. *Leviathan.* Frankfurt/M., Suhrkamp
Hobsbawm, Eric (1998). *Das Zeitalter der Extreme.* München, dtv
Hoffmann, Johannes/Scherhorn, Gerhard (2012). *Nachhaltigkeit als Herausforderung für die marktwirtschaftliche Ordnung.* APuZ, Nr. 27–28, 39–45
Hofstetter, Yvonne (2014). *Sie wissen alles.* München, Bertelsmann
Holt, Jim (2006). *Bobos in Paradise.* in: The New York Times, 30.7. (www.nytimes.com)
Homann, Karl (2013). *Wirtschaftsethik – Die Marktwirtschaft als moralisches System.* in: NovoArgumente online (novo-argumente.com)
Homann, Karl (2008). *Was bringt die Wirtschaftsethik für die Wirtschaft?* Abschiedsvorlesung an der LMU München, 17.7. hg. vom Wittenberg-Zentrum für Globale Ethik, Diskussionspapier 2008-4 (www.wcge.org)
Homann, Karl (1990). *Wettbewerb und Moral.* in: JCSW 31, 34–56
Honneth, Axel (2005). *Verdinglichung.* Frankfurt/M., Suhrkamp
Hüther, Gerald/Hauser, Uli (2012). *Jedes Kind ist hoch begabt.* München, Knaus
IEA/OECD (2013). *A Tale of Renewed Cities.* Paris (www.iea.org)
IEA (2013). *World Energy Outlook 2013.* Paris (www.iea.org)
IEA (2011). *World Energy Outlook 2011.* Paris (www.iea.org)
Ignatieff, Michael (2014). *We need a new Bismarck to tame the machines.* in: Financial Times, 10.2. (www.ft.com)
Illouz, Eva (2007). *Der Konsum der Romantik.* Frankfurt/M, Suhrkamp
Ioannidis, John P. (2005). *Why Most Published Research Findings are False.* In: PLoS Medicine, 8, 696–701
Jackson, Tim (2011), *Wohlstand ohne Wachstum.* München, Oekom

Jahn, Harald A. (2015). *Das Wunder des Roten Wien.* Bd. II, Wien, Phoibos
Jay, Peter (2000). *Das Streben nach Wohlstand.* Berlin, Propyläen
Johannes Paul II. (1987). *Sollicitudo Rei Socialis.* Vatikan (www.vatican.va)
Johannes Paul II. (1981). *Laborem Exercens.* Vatikan (www.vatican.va)
Johnson, Steven (2012). *The Internet? We Built That.* in: The New York Times Magazine, Sept 21 (www.nytimes.com)
Jones, Nicola (2014). *The learning machines.* in: Nature, 505, 146–148
Joost, Gesche (2012). *Partizipative Formen der Gestaltung und der Verwicklungen von Theorie und Praxis.* in: M. L. Hofmann (Hg.) Der menschliche Faktor. München, Fink, 59–72
Kahneman, Daniel (2012). *Schnelles Denken, langsames Denken.* München, Siedler
Kaku, Michio (2012). *Die Physik der Zukunft.* Reinbek, Rowohlt
Kapp, K. William (1979) [1963]. *Soziale Kosten der Marktwirtschaft.* Frankfurt/M., S. Fischer
Kassaei, Amir (2013). *»Echte Kämpfer essen keinen Honig – sie kauen Bienen«.* Interview in: SZ Magazin Gesellschaft/Leben, Nr. 11
Keats, Sharada/Wiggins, Steve (2014). *Future Diets.* ODI Report (www.odi.org.uk)
Keen, Andrew (2008). *The Cult of the Amateur.* New York, Doubleday
Keil, Thomas (1999). *Ressourcenbeschränkungen und Wirtschaftswachstum.* Marburg, Metropolis
Kennedy, Paul (1997). *In Vorbereitung auf das 21. Jahrhundert.* Frankfurt/M., Fischer
Kersting, Wolfgang (2009). *Verteidigung des Liberalismus.* Hamburg, Murmann
Kessler, David (2010). *The End of Overeating.* London, Penguin
Keynes, John M. (1966) [1936]. *Allgemeine Theorie der Beschäftigung, des Zinses und des Geldes.* Berlin, Duncker & Humblot
Keynes, John M. (1930). *Wirtschaftliche Möglichkeiten für unsere Enkelkinder.* in: The Nation & The Athenaeum, 11. u. 18. Okt
Kharas, H./Gertz, G. (2010). *The New Global Middle Class: A Cross-Over from West to East.* Washington DC, Wolfensohn Center for Development
Kluge, Arnd (2007). *Die Zünfte.* Stuttgart, Steiner
Knauer, Ronald (2013). *Vorzeitiger Samenerguss – ist das eine Krankheit?* in: Tagesspiegel, 17.07.
Knobloch, Clemens (2012). *Wir sind doch nicht blöd: Die unternehmerische Hochschule.* Münster, Westfälisches Dampfboot
Knoflacher, Hermann (2009). *Virus Auto.* Wien, Ueberreuter
Kohlberg, Lawrence (1996). *Die Psychologie der Moralentwicklung.* Frankfurt/M., Suhrkamp
Krausmann, Fridolin et al. (2009). *Growth in global material use, GDP and population during the 20th century.* in: Ecological Economics 68, 2696–2705
Kreiß, Christian (2014). *Geplanter Verschleiß.* Berlin, Europa Verlag

Kremer, Dennis (2014). *Der coolere Blickwinkel.* in: FAZ, 25.8. (www.faz.net)
Kreutzberger, Stefan/Thurn, Valentin (2011). *Die Essensvernichter.* Köln, Kiepenheuer & Witsch
Kreuzer, Arthur (2013). *Schneller kaputt.* in: FAZ, 17.5. (www.faz.net)
Kucklick, Christoph (2014). *Die granulare Gesellschaft.* Berlin, Ullstein
Kuhn, Thomas S. (1967). *Die Struktur wissenschaftlicher Revolutionen.* Frankfurt/M., Suhrkamp
Kurz, Constanze/Rieger, Frank (2013). *Arbeitsfrei.* München, Riemann
Kuttner, Robert (1985). *The Poverty of Economics.* in: Atlantic Monthly, Febr., 74–84
Lackner, Klaus et al. (2012). The urgency of the development of CO_2 capture from ambient air. in: PNAS, 33, 13156–13162
Lakhani, Karim R. et al. (2006). *The Value of Openness in Scientific Problem Solving.* Working Paper(www.hbs.edu)
Lamrani, Salim (2014). *Cuba's Health Care System: a Model for the World.* in: Huffington Post, 10.8. (www.huffingtonpost.com)
Landmann, Michael (1961.) *Der Mensch als Schöpfer und Geschöpf der Kultur.* München, Reinhardt
Langer, Alexandra et al. (2008). *Zu viel des Guten? Zum Einfluss der Anzahl von Ökolabels auf die Konsumentenverwirrtheit.* in: Marketing, 1, 19–28
Lanier, Jaron (2014). *Wem gehört die Zukunft?* Frankfurt/M., Hoffmann und Campe
Lassalle, Ferdinand (1972). *Arbeiterlesebuch und Studientexte.* Reinbek, Rowohlt
Latouche, Serge (2009). *Farewell to Growth.* New York, Wiley & Sons
Lawson, Tony (2009). *The current economic crisis: its nature and the course of academic economics.* in: Cambridge Journal of Economics, 4, 759–777
Lazonick, William (2009). *Sustainable Prosperity in the New Economy?* Kalamazoo, Upjohn Institute for Employment Research
LeBlanc, Steven A. (2003). *Constant Battles.* New York, St. Martin's Press
Le Goff, Jacques (2011). *Geld im Mittelalter.* Stuttgart Klett-Cotta
Lee, Changhoon (2004). *Kritik der neoklassischen Umweltökonomik.* Frankfurt/M., Peter Lang
Lessenich, Stephan (2013). *Die Neuerfindung des Sozialen.* Bielefeld, transcript
Lessenich, Stephan (2009). *Mobilität und Kontrolle.* in: Dörre et al. (Hg.) Soziologie, Kapitalismus, Kritik. 126–177, Frankfurt/M., Suhrkamp
Lessig, Lawrence (2012). *Republic, Lost: How Money Corrupts Congress.* New York, Hachette Book Group
Leontief, Wassily (1982). *Academic Economics.* in: Science, 4555, 104–107
Levine, Mark (2009). *Share My Ride.* New York Times, 5.3.
Lewandowski, Bartosz et al. (2013). Sequence-Specific Peptide Synthesis by an Artificial Small-Molecule Machine. in: nature, 339, 189–193
Lewis, Michael (2014). *Flash Boys.* New York, Norton & Company
Ling, Losee L. et al. (2015). *A new antibiotic kills pathogens without detectable resistance.* in: nature, online 7.1.

Lohmann-Haislah, Andrea (2012). *Stressreport Deutschland 2012*. Dortmund (www.baua.de)
London, Bernard (1932). *Ending the Depression through Planned Obsolescence*. University of Wisconsin (http://upload.wikimedia.org)
Luthiger, Benno (2004). *Alles aus Spaß? Zur Motivation von Open Source-Entwicklern*. in: Gerhing/Lutterbeck (Hg.) Jahrbuch Open Source. Berlin (www.opensourcejahrbuch.de)
Manzei, Alexandra/Schmiede (Hg.) (2014). *20 Jahre Wettbewerb im Gesundheitswesen*. Wiesbaden, Springer
Manzini, Ezio/Vezzoli, Carlo (2002). *Product-Service Systems and Sustainability*. Paris, UNEP Publisher
Manzini, Ezio (1994). *Design, Environment and Social Quality*. in: Design Issues, 1, 37–43
Margolin, Victor (1998). *Design for a Sustainable World*. in: Design Issues, 2, 83–92
Martin, Laura et al. (2014). *Conservation opportunities across the world's anthromes*. in: Diversity and Distributions. 7, 745–755
Martin, Roger L. (2011). *Fixing the Game*. Boston, Harvard Business School Publishing
Marx, Karl/Engels, Friedrich (2001) [1867]. *Das Kapital*. Bd. 1 in: MEGA, Bd. 23. Berlin, Dietz
Maslow, Abraham H. (1977). *Motivation und Persönlichkeit*. Freiburg, Walter
Mazzucato, Mariana (2014). *Das Kapital des Staates*. München, Kunstmann
McCloskey, Deirdre N. (2006) *The Bourgeois Virtues*. University of Chicago Press
McKinsey Global Institute (2015). *Debt and (not much) Deleveraging*. (www.mckinsey.com)
Mendelssohn, Moses (1996) [1784]. *Über die Frage: Was heißt aufklären?* S. 3–8, in: E. Bahr (Hg) Was ist Aufklärung? Stuttgart; Reclam
Merkel, Angela (2003). Rede der Vorsitzenden der CDU Deutschlands auf dem 17. Parteitag der CDU Deutschlands am 1.12. in Leipzig
Miegel, Meinhard (2014). *Die unerwiderte Liebe der Menschen zum Kapitalismus*. in: FAZ, 17.8. (www.faz.net)
Miegel, Meinhard (2010). *Exit*. Berlin, List
Mikich, Sonia (2013). *Enteignet*. München, Bertelsmann
Miksch, Leonhard (1937). *Wettbewerb als Aufgabe*. Stuttgart, Kohlhammer
Mill, John S. (1869). Gesammelte Werke, Bd. 7, darin: *Grundsätze der politischen Ökonomie*, Bd. 3. Leipzig, Tues's Verlag
Millenium Ecosystem Assessment (2005). *Ecosystems and Well-Being*. Washington D.C. (www.unep.org)
Miller, Michael J. (2014). *Software, Robots to Replace a Third of Jobs by 2025*. auf: http://forwardthinking.pcmag.com
Meltzer, Allan H. (2012). *Why Capitalism?* Oxford, Oxford University Press

Monck, Adrian (2012). *To Serve Society Better, Capitalism Needs a Redesign.* (www.weforum.org)
Mora, Camilo (2014). *Revisiting the Environmental and Socioeconomic Effects of Population Growth.* in: Ecology and Society, 1 (online)
Morgenstern, Matthias et al. (2013). *From never to daily smoking in 30 months.* in: British Medical Journal, 6, open access
Morris, Ian (2011). *Wer regiert die Welt?* Frankfurt/M., Campus
Moss, Michael (2013). *Salt, Sugar, Fat.* New York, Random House
Mouffe, Chantal (2011). *Postdemokratie und die zunehmende Entpolitisierung.* in: APuZ, 1/2, 3-5
Mulligan, Mark (2014). *The Death of the Long Tail: The Superstar Music Economy.* (www.promusk.dk)
Müller-Christ, Georg (2013a). *Sustainable Leadership.* in: Die Unternehmung, 2, 90-108
Müller-Christ, Georg (2013b). *Ambitionsniveau eines nachhaltigen Managements.* in: H. Schäfer/K. Krummerich (Hg.) Handbuch Nachhaltigkeit, Wiesbaden, 45-61
Münch, Richard (2011). *Akademischer Kapitalismus.* Berlin, Suhrkamp
Münkler, Herfried (2002). *Die neuen Kriege.* Reinbek, Rowohlt
Nair, Chandran (2011). *Der große Verbrauch.* München, Hanser
Naish, John (2008). *Enough.* London, Hodder & Stoughton
Neckel, Sighard (2008). *Flucht nach vorn.* Frankfurt/M., Campus
Ng, Marie et al. (2014). *Global, regional, and national prevalence of overweight and obesity in children and adults during 1980-2013.* in: The Lancet, 9945, 766-781
Nida-Rümelin, Julian (1993). *Kritik des Konsequentialismus.* München, Oldenbourg
Nipperdey. Thomas (1962). *Die Funktion der Utopie im politischen Denken der Neuzeit.* in: Archiv für Kulturgeschichte, 44, 357-378
Nordhaus, William (2013). *The Climate Casino.* Yale University Press
Northrop, Emily (2000). *Normative Foundations of Introductory Economy.* in: The American Economist, 1, 53-61
OECD (2012). *2050.* Paris (www.oecd.org)
OECD (2011a). *Divided we Stand.* Paris (www.oecd.org)
OECD (2011b). *Sick on the Job?* Paris (www.oecd.org)
Olson, Mancur (1992). *Die Logik des kollektiven Handelns.* Tübingen, Mohr
Olten, Rainer (1998). *Wettbewerbstheorie und Wettbewerbspolitik.* München, Oldenbourg
Opschowski, Horst (2009). *Wohlstand neu denken.* Gütersloh, Gütersloher Verlagshaus
Oreskes, Naomi/Conway, Erik M. (2010). *Merchants of Doubt.* New York, Bloomsbury Press
Packard, Vance (1960). *The Waste Makers.* New York, David McKay
Paech Niko (2012). *Befreiung vom Überfluss.* Müchen, Oekom

Palfrey, John/Gasser, Urs (2008). *Born digital*. New York, Basic Books
Papanek, Victor (1985). *Design for the Real World*. London, Thames & Hudson
Paqué, Karl-H. (2013). *Lest doch bitte euren Popper richtig*. in: FAZ, 12.6. (www.faz.net)
Paqué, Karl-H. (2012). *Wert des Wachstums*. S. 15-19, in: Paqué et al. Wachstum, Wohlstand, Lebensqualität. APuZ, Nr. 27-28, 15-27
Peler, Claudia/Burgard, Nora (2014). *Co-Economy: Wertschöpfung im digitalen Zeitalter*. Berlin, Spinger
Pennekamp, Johannes (2012). *In der OP-Fabrik*. in: FAZ, 11.8.
Pew Research Center (2012). *Fewer, Poorer, Gloomier. The Lost Generation of the Middle Class*. Washington D.C. (auf: www.pewsocialtrends.org)
Pfister, Ulrich (2011). *Die wirtschaftlichen Folgen von Zünften – ein Überblick*. in: M. Müller et al. (Hg.) Regulierte Märkte: Zünfte und Kartelle. Zürich, Chronos, 25-38
Pierenkemper, Toni (2009). *Wirtschaftsgeschichte*. Berlin, Akademie Verlag
Pies, Ingo (2008). *Markt und Organisation*. in: W. Kersting (Hg.) Moral und Kapital. Paderborn, mentis, 27-60
Pigou, Arthur C. (1932). *The Economics of Welfare*. London, Macmillan
Piketty, Thomas (2014). *Das Kapital im 21. Jahrhundert*. München, C.H. Beck
Pink, Daniel H. (2010). *Drive*. Salzburg, Ecowin
Polanyi, Karl (1978) [1944]. *The Great Transformation*. Frankfurt/M., Suhrkamp
Porter, Michael E./Kramer, Mark R. (2011). *Creating Shared Value, Rethinking Capitalism*. in: Harvard Business Review, 1/2, 62-77
Porter, Michael E. (2010) [1986].*Wettbewerbsvorteile*. Frankfurt/M., Campus
Randers, Jorgen (2012). *2052: Der neue Bericht an den Club of Rome*. München, Oekom
Rauner, Max/Schröder, Thorsten (2015). *Die Cogs kommen*. in: Zeit Wissen, 2 (www.zeit.de)
Ray, Rebecca et al. (2013). *No-Vacation Nation revisted*. Center for Economic and Policy Studies (www.cepr.net)
Redlich, Tobias (2011). *Wertschöpfung in der Bottom up-Ökonomie*. Berlin, Springer
Reichmuth, Matthias/Schröder, Gerd (2013). *Möglichkeiten der Energieeinsparung in Wirtschaft, Privathaushalten und Verkehr*. in: B. Demuth et al. (Hg.) Energielandschaften – Kulturlandschaften der Zukunft? Berlin, BfN-Skripten 337, 63-76
Reuter, Norbert (2010). *Stagnation im Trend*. in: Zeitschrift für Sozialökonomie, 166/167, 21-32
Rieger, Wilhelm (1959) [1928]. *Einführung in die Privatwirtschaftskehre*. Erlangen, Palm und Enke
Riesman (1973) [1964]. *Wohlstand wofür?* Frankfurt/M., Suhrkamp
Rifkin, Jeremy (2014). *Die Null-Grenzkosten-Gesellschaft*. Frankfurt/M., Campus

Rifkin, Jeremy (2007) [2000]. *Access*. Frankfurt/M., Campus
Rifkin, Jeremy (1995). *The End of Work*. Putnam Publishing Group
Ritzi, Claudia/Schaal, Gary S. (2010). *Politische Führung in der ›Postdemokratie‹*. in: APuZ, 2/3, 9–15
Rogall, Holger/Scherhorn, Gerhard (2012). *Green Economy*. in: H. Rogall et al. (Hg.) Jahrbuch Nachhaltige Ökonomie 2012 I 2013. Marburg, Metropolis, 17–44
Rogall, Holger (2011). *Grundlagen einer nachhaltigen Wirtschaftslehre*. Marburg, metropolis
Rosa, Hartmut (2005). *Beschleunigung*. Frankfurt/M., Suhrkamp
Russell, Bertrand (1999) [1945]. *Philosophie des Abendlandes*. Zürich, Europaverlag
Russell, Bertrand (1974a) [1957]. *Lob des Müßiggangs*. in: ders. Lob des Müßiggangs. Zürich, Coron, 69–88
Russell, Bertrand (1974b) [1957]. *Was für den Sozialismus spricht*. in: ders. Lob des Müßiggangs. Zürich, Coron, 177–212
Sachs, Wolfgang (1990). *Die Liebe zum Automobil*. Reinbek, Rowohlt
Samuelson, Paul (1948). *Foundations of Economic Analysis*. Harvard University Press
Sand, Isabell et al. (2007). *Abschätzung von Potenzialen zur Verringerung des Ressourcenverbrauchs im Automobilsektor*. Wuppertal (www.resourcenproduktivität.de)
Sandel, Michael (2012). *Was man für Geld nicht kaufen kann*. Berlin, Ullstein
Sarewitz, Daniel (2012). *Beware the creeping cracks of bias*. in: nature, 7397, 149
Sawall, Achim (2015). *E-Books dürfen nicht weiterverkauft werden*. in: Zeit online, 14. 4. (www.zeit.de)
Schaffer, Axel/Stahmer, Carsten (2005). *Die Halbtagsgesellschaft – Ein Konzept für nachhaltigere Produktions- und Konsummuster*. in: GAIA, 3, 229–239
Schmidt Christian (2006). *Individualität und Eigentum*. Frankfurt/M., Campus
Schneider, Beat (2005). *Design – eine Einführung. Entwurf im sozialen, kulturellen und wirtschaftlichen Kontext*. Berlin, Birkhäuser
Schölderle, Thomas (2012). *Geschichte der Utopie*. Wien, Böhlau
Schor, Juliet B. (2010). *Plenitude*. New York, The Penguin Press
Schor, Juliet B. (2005). *Burn to buy*. New York, Scribner
Schott, Gisela et al. (2013). *Besteht ein Einfluss pharmazeutischer Unternehmen auf Leitlinien?* in: Deutsches Ärzteblatt, 35/36, 575–583
Schridde, Stefan/Kreiß, Christian (2013). *Geplante Obsoleszenz*. Gutachten im Auftrag der Bundestagsfraktion Bündnis 90/Die Grünen (www.murksnein-danke.de)
Schröter, Harm G. (2011). *Das Kartellverbot und andere Ungereimtheiten*. in: M. Müller et al. (Hg.) Regulierte Märkte: Zünfte und Kartelle. Zürich, Chronos, 199–211
Schumacher, E. F. (1977). *Die Rückkehr zum menschlichen Maß*. Reinbek, Rowohlt

Schumpeter, Joseph A. (1975) [1942]. *Kapitalismus, Sozialismus und Demokratie*. München, Francke
Schwägerl, Christian (2013). *Der Weg in die andere Zukunft*. in: Geo, 8, 26–34
Seibt, Ferdinand (2001). *Utopica*. München, Orbis
Seidel, Hagen (2012). *Deutsche sehen düstere Zukunft für ihre Kinder*. in: Die Welt, 11.06.
Seidl, Irmi/Zahrnt, Angelika (2010). *Postwachstumsgesellschaft*. Marburg, metropolis
Sen, Amartya (2003). *Ökonomie für den Menschen*. München, dtv
Sennett, Richard (2014). *»Wir müssen die Arbeit umverteilen«*, Interview in: ZEIT online, 3.7.
Sennett, Richard (2012). *Zusammenarbeit*. München Hanser
Sennett, Richard (1998). *Der flexible Mensch*. Berlin, Berlin Verlag
Shiller, Robert J. (2012). *Finance and the Good Society*. Princeton, Princeton University Press
Shleifer, Andrei (2004). *Does Competition Destroy Ethical Behavior?* in: American Economic Review, 2, 414–418
Silverstein, Carl (2010). *The Good, the Bad, and the Ugly*. in: Perspectives on Work, 4 (www.lera.uiuc.edu)
Simmel, Georg (1903). *Soziologie der Konkurrenz*. in: Neue Deutsche Rundschau, 10, 1009–1023
Skidelsky, Robert/Skidelsky, Edward (2013). *Wie viel ist genug?* München, Kunstmann
Skinner, Burrhus F. (1973). *Jenseits von Freiheit und Würde*. Reinbek, Rowohlt
Slade, Giles (2007). *Made to Break*. Harvard University Press
Smith, Adam (1978) [1789]. *Wohlstand der Nationen*. München, dtv
Smith, Adam (1994) [1759]. *Theorie der ethischen Gefühle*. Hamburg, Meiner
Sobel, Dava (1996). *Längengrad*. Berlin, btb
Solow, Robert (2013). *Arbeit ohne Ende*. in: The European, 3, 76 f.
Sönnichsen, Andreas et al. (2005). *Motive, Berufsziele und Hoffnungen von Studienanfängern im Fach Medizin*. in: Zeitschrift für Allgemeinmedizin, 81, 222–225
Statista (2014). *Anteil ausgewählter Industriezweige am BIP 1970–2009*. (http://de.statista.com)
Steffen, Will et al. (2015a). *Planetary Boundaries*. in: Science, online 15.1. (www.sciencemag.org)
Steffen, Will et al. (2015b). *The trajectory of the Anthropocene: The Great Acceleration*. in: The Anthropocene Review, 1, 81–98
Steffenhagen, Hartwig (2004). *Marketing*. Stuttgart, Kohlhammer
Stehr, Nico (2007). *Die Moralisierung der Märkte*. Frankfurt/M., Suhrkamp
Stengel, Oliver (2016). *Die Neuerfindung der Land- und Viehwirtschaft*. in: S. Engler et al. (Hg.) Regional, Innovativ & Gesund. Göttingen, Vandenhoeck & Ruprecht i. E.
Stengel, Oliver (2011). *Suffizienz*. München, Oekom

Stiglitz, Joseph E. (2003). *The Roaring Nineties*. New York, Norton
Storbeck, Olaf (2012). *Professoren, hört die Signale!* in: Handelsblatt, 203, 50 f.
Streeck, Wolfgang (2015). *»Das kann nicht gutgehen mit dem Kapitalismus«*. Interview mit F. Krauß in: Wirtschaftswoche, 8.1. (www.wiwo.de)
Sturm, Bodo/Vogt, Carsten (2011). *Umweltökonomik*. Berlin, Physica
Sumner, Jenny et al. (2009). *Carbon Taxes: A Review of Experience and Policy Design Considerations*. National Renewable Energy Laboratory (www.nrel.gov)
Sukhdev, Pavan (2013). *Corporation 2020*. München, Oekom
Tapscott, Don/Williams, Anthony D. (2009). *Wikinomics*. München, dtv
TEEB (2010). *Die ökonomische Bedeutung der Natur in Entscheidungsprozesse integrieren*. Synthese-Report. (www.teebweb.org)
Thaler, Richard H./Sunstein, Cass R. (2009). *Nudge*. Berlin, Econ
Thielemann, Ulrich (2010). *Wettbewerb als Gerechtigkeitskonzept*. Marburg, Metropolis
Thomas, Hugh (1984). *Geschichte der Welt*. München, DVA
Thompson, Clive (2008). *Build It. Share It. Profit*. in: Wired Magazine, 11, 166–176
Thorpe, Ann (2010). *Design's Role in Sustainable Consumption*. in: Design Issues, 2, 3–16
Thurow, Lester C. (2004). *Die Zukunft der Weltwirtschaft*. Frankfurt/M., Campus
Thurow, Lester C. (1996). *Die Zukunft des Kapitalismus*. Düsseldorf, Metropolitan
Toffler, Alvin (1980). *Die Dritte Welle*. München, Goldmann
Tomasello, Michael (2010). *Warum wir kooperieren*. Berlin, Suhrkamp
Treek, Till v. (2012). *Did inequality cause the U.S. financial crisis?* IWK Working Paper, No. 91 (auf: www.boeckler.de)
UN Global Compact (2014). *The Consumer Study*. (www.unglobalcompact.org)
UN Global Compact (2013). *The UN Global Compact-Accenture CEO Study on Sustainability 2013*. (www.unglobalcompact.org)
Underhill, Paco (2012). *Warum kaufen wir?* Frankfurt/M., Campus
Vanberg, Viktor J. (2009). *Wettbewerb und Regelordnung*. Tübingen, Mohr Siebeck
Vanderborght, Yannick/Parijs, Philippe Van (2005). *Ein Grundeinkommen für alle?* Frankfurt/M., Campus
Verhaeghe, Paul (2013*). Und ich? Identität in einer durchökonomisierten Gesellschaft*. München, Kunstmann
Vezzoli, Carlo/Manzini, Ezio (2010). *Design for Environmental Sustainability*. London, Springer
Victor, Peter (2008). *Managing without Growth*. Cheltenham, Edgar Elgar
Vitali, Stefania et al. (2011). *The Network of Global Corporate Control*. in: PLoS ONE, 10 (www.plosone.org)
Vogl, Joseph (2015). *Der Souveränitätseffekt*. Zürich, Diaphanes

Watson, Peter (2003). *Das Lächeln der Medusa*. München, Goldmann
WBGU (2014). *Zivilisatorischer Fortschritt innerhalb planetarischer Leitplanken*. Berlin (auf: www.wbgu.de)
Weber, Max (1991) [1920]. *Die protestantische Ethik*. Gütersloh, Gütersloher Verlagshaus
Weisman Alan (2013). *Countdown*. München, Piper
Weisman, Alan (2009). *Die Welt ohne uns*. München, Piper
Weizsäcker, Ernst U. et al. (2010). *Faktor Fünf*. München, Droemer
Welsch, Norbert (2015). *Leben ohne Tod?* Berlin, Springer
Welzer, Harald (2013). *Der Abschied vom Wachstum als zivilisatorisches Projekt*. in: H. Welzer/K. Wiegandt (Hg.) Wege aus der Wachstumsgesellschaft. Frankfurt/M., S. Fischer, 35–59
Wheeler, Tim/Braun, Joachim (2013). *Climate Change Impacts on Global Food Security*. in: Science, 6145, 508–513
WHO (2014). 7 million premature deaths annually linked to air pollution. News release, 25.3. (www.who.int)
WHO (2013). *Key messages – World No Tobacco Day 2013*. (www.who.int)
Wiedmann, Thomas O. et al. (2013). *The Material Footprint of Nations*. in: PNAS, 20, 6271–6276
Wiegandt, Klaus (2013). *Hindernisse auf dem Weg zu einer nachhaltigen Entwicklung*. in: H. Welzer/K. Wiegandt (Hg.) Wege aus der Wachstumsgesellschaft. Frankfurt/M., S. Fischer, 60–89
Wiek, Armin et al. (2012). *From complex systems analysis to transformational change: a comparative appraisal of sustainability science projects*. in: Sustainable Science, 1, 5–24 Wilcox, Chris et al. (2015). Threat of plastic pollution to seabirds is global, pervasive, and increasing. in: PNAS, 31.8. (www.pnas.org)
Wilkinson, Richard/Pickett, Kate (2009). *Gleichheit ist Glück*. Haffmans & Tolkemitt
Winterfeld, Uta v. (2011). *Vom Recht auf Suffizienz*. in: W. Rätz et al. (Hg.) Ausgewachsen! Hamburg, VSA, 57–65
Wood, Ellen M. (201). *Die Grenzen des Kapitalismus*. in: Blätter für deutsche und internationale Politik, 12, 55–64
Woll, Artur (2011). *Volkswirtschaftslehre*. Vahlen, München
World Bank (2013). *Turn Down the Heat*. Washington DC (www.worldbank.org)
Wright, Eric O. (2013). *Transforming Capitalism through Real Utopias*. in: American Sociological Review, 1, 1–25
Xu, Yu et al. (2013). *Prevalence and Control of Diabetes in Chinese Adults*. in: The Journal of the American Medical Association, 9 (http://jama.jama-network.com)
Zak, Paul J. (Hg.) (2008). *Moral Marktes*. Princeton University Press
Zalasiewicz, J. et al. (2015). *When did the Anthropocene begin?* in: Quaternary International, Jan. 15.

Zalasiewicz, J. et al. (2010). *The New World of the Anthropocene.* in: Environment Science & Technology, 7, 2228–2231

Zingales, Luigi (2012). *A Capitalism for the People.* New York, Basic Books

Zinn, Karl G. (1980). *Die Selbstzerstörung der Wachstumsgesellschaft.* Reinbek, Rowohlt

GPSR Compliance

The European Union's (EU) General Product Safety Regulation (GPSR) is a set of rules that requires consumer products to be safe and our obligations to ensure this.

If you have any concerns about our products, you can contact us on

ProductSafety@springernature.com

In case Publisher is established outside the EU, the EU authorized representative is:

Springer Nature Customer Service Center GmbH
Europaplatz 3
69115 Heidelberg, Germany

www.ingramcontent.com/pod-product-compliance
Lightning Source LLC
LaVergne TN
LVHW011006250326
834688LV00004B/95

*9 7 8 3 6 5 8 1 1 7 5 8 0 *

Literatur

Zalasiewicz, J. et al. (2010). *The New World of the Anthropocene.* in: Environment Science & Technology, 7, 2228–2231
Zingales, Luigi (2012). *A Capitalism for the People.* New York, Basic Books
Zinn, Karl G. (1980). *Die Selbstzerstörung der Wachstumsgesellschaft.* Reinbek, Rowohlt

GPSR Compliance

The European Union's (EU) General Product Safety Regulation (GPSR) is a set of rules that requires consumer products to be safe and our obligations to ensure this.

If you have any concerns about our products, you can contact us on

ProductSafety@springernature.com

In case Publisher is established outside the EU, the EU authorized representative is:

Springer Nature Customer Service Center GmbH
Europaplatz 3
69115 Heidelberg, Germany

www.ingramcontent.com/pod-product-compliance
Lightning Source LLC
LaVergne TN
LVHW011006250326
834688LV00004B/95